교육행정직, 교원임용고시 및
소방안전교육사 시험 등 준비

교육학 개론

김성제·강주영 지음

교육학 개론

초판 1쇄 발행 2022년 08월 15일

지 은 이   김성제·강주영
발 행 인   권선복
편   집   오동희
디 자 인   서보미
전 자 책   권보송
발 행 처   도서출판 행복에너지
출판등록   제315-2011-000035호
주   소   (157-010) 서울특별시 강서구 화곡로 232
전   화   010-3267-6277, 02-2698-0404
팩   스   0303-0799-1560
홈페이지   www.happybook.or.kr
이 메 일   ksbdata@daum.net

값 25,000원

ISBN 979-11-92486-13-0(13370)

Copyright ⓒ 김성제·강주영, 2022

도서출판 행복에너지는 독자 여러분의 아이디어와 원고 투고를 기다립니다. 책으로 만들기를 원하
는 콘텐츠가 있으신 분은 이메일이나 홈페이지를 통해 간단한 기획서와 기획 의도, 연락처 등을 보
내주십시오. 행복에너지의 문은 언제나 활짝 열려 있습니다.

교육행정직, 교원임용고시 및
소방안전교육사 시험 등 준비

교육학 개론

김성제·강주영 지음

도서
출판 행복에너지

자고로 교육(敎育)은 인간의 삶이 이루어지는 어느 상황에서나 이루어지고 모든 인간은 자신의 성장을 위해서 학습을 필요로 합니다. 한 개인을 온전한 인격체로 성장시키는 교육은 개인이 속해 있는 시대와 사회가 요구하는 사람다운 행동 특성과 능력을 지니도록 이끌어줍니다.

교육의 현상 및 행위에 관한 학문적 탐구과정과 그 과정을 통해 얻는 지식체제를 교육학이라고 합니다. 이런 지식체제를 가독성(可讀性) 있게 제대로 기술한 이 교재가 출간됨을 뜻깊게 생각합니다. 본 교재는 교육학개론의 일반적인 교과 편제를 따르면서 세부 내용도 논리적이고 체계적으로 수록했습니다. 또한, 인터넷 연수를 듣는 것처럼 '생각해보기', '복습점검', '연습문제', 그리고 '학습정리' 등으로 영역을 구분하여 학습자에게 맞춤식으로 편성되었습니다. 미디어 리터러시 기능이 뛰어난 요즘 세대의 수험생에게 잘 맞는 교재라고 생각합니다.

제4차 산업혁명(産業革命)의 시대가 도래하면서 우리는 그동안 경험해보지 못한 혁신적인 변화에 직면하고 있습니다. 이러한 상황에서 우리 교육은 많은 지식을 아는 것보다 기존 지식을 잘 활용하고 이를 바탕으로 새로운 지식을 창출해내는 창의적(創意的)인 인재를 키워내야 합니다. 창의적인 인재를 키우기 위해 교육을 하는 사람들에게는 교육학이 기본적인 지식이 되어야 합니다. 교육학의 전반적인 측면과 저자의 직접 강의와 교육현장실무를 하면서 얻은 경험을 투영해 집필된 이 책은 간과하기 쉬운 교육에 대한 기본적인 지식을 탄탄하게 만들어줄 것입니다.

본문에 나오는 '역사(歷史)를 알아야 미래(未來)를 바라볼 수 있습니다.'라는 구절처럼, 지난 교육의 역사를 알아야 미래교육을 고민하고 새로운 역사도 쓸 수 있습니다. 이 책이 교육학에 처음 입문하는 학생들에게 첫 계단이 되고 학업의 토대가 되기를 바랍니다. 끝으로 대학교에서 「교육학개론」을 강의하는 교수와 현직 초등학교 교사의 실무적인 다양한 경험을 함께 융합해 완성한 저자들에게 힘찬 격려의 박수를 보냅니다. 감사합니다.

2022년 8월 2일
대구광역시 교육감
강은희

　　그동안 수많은 교육학 관련 서적들이 시중에 출판되었습니다. 그렇지만 전반적인 이해가 빠르도록 쉽게 접근해 정리한 기본서 및 수험서를 찾지 못해 공무원시험, 자격시험을 준비하는 데 우왕좌왕했던 기억이 납니다. 이에 교육학을 전공하고 현재 대학교에서 교육학을 가르치는 강사 및 현직 교사가 협업하여 대한민국 수험생들을 위한 기본교재를 집필하게 되었습니다. 본 교재는 교육학에 입문하여 처음에 개념잡기를 하면서 핵심내용을 전체적으로 정리할 수 있도록 체계화했습니다. 그래서 교육학을 처음으로 시작하며 토대를 튼튼히 구축하려는 전공자 및 비전공자 모두에게 맞춤형으로 구성되었습니다. 누구보다 더 수험생의 마음으로 공감하며 기본개념을 튼튼히 세울 수 있도록 충청남도 및 인천광역시에서 2번씩이나 교원임용고시에 합격한 경험을 살려 핵심내용을 엮었습니다. 또한 본 교재 한 권으로 간단히 예습과 복습을 통해 실전문제에 적응할 수 있도록 구성되었으며 반복하여 이해하면서 공부하면 교육행정직 객관식 시험, 교원임용고시(주관식논술 및 실기면접), 소방안전교육사(1차시험 및 2차시험) 등 고난이도의 전문시험에 당당히 합격하기에 충분하도록 「교육학개론」 수험서로서 최적화를 추구하였습니다. 이렇게 수험서를 세상에 내놓으면서 진로를 정해 준비하는 학우들에게 심오한 학문적인 깊이와 가치보다는 수험생들의 기나긴 고독과 싸움의 과정에 직접적인 도움을 줄 수 있도록 청량제 같은 역할을 하는 것이 집필목적입니다.

또한 소방안전교육사로서 대학교에서 「교육학 개론」을 강의하면서 수강생들의 반응에 관심을 갖고 기존 수험서의 내용을 참고하여 자체 집필한 교안을 중심으로, 학생들의 질문과 수험생들의 가독성(可讀性)을 고려하여 이해가 잘 안 되는 부분들을 상술하는 방향으로 집필했습니다. 또한 현직 초등학교 교사로서 「2015 개정 교육과정」 및 「2022 개정 교육과정」에 의해 실무에서 학생들을 직접 지도하면서 배운 현실적으로 중요한 핵심내용을 가미시키는 장점을 살렸습니다.

본서가 마무리되어 출판되도록 물심양면으로 지도와 감수 및 추천을 해주신 선배, 동료 교수님(선생님) 그리고 대구광역시 강은희 교육감님께 머리 숙여 감사를 드립니다. 또한 이 작은 결실이 완성되기까지 교정과 내용확인 등으로 도와주신 권선복 대표님 등 도서출판 행복에너지 임직원들에게도 고마운 마음을 전합니다. 감사합니다.

2022년 8월 1일
청라국제도시에서
김성제·강주영 씀

CONTENTS

인간과 교육

제1장

학습 목표	1. 세계관, 인간관, 교육관에 대해 설명할 수 있다. 2. 교육의 본질과 필요성을 설명할 수 있다. 3. 교육의 가능성과 한계성에 대해 설명할 수 있다.
학습 목차	1. 세계관과 인간의 이해와 교육관 2. 교육의 본질과 필요성 3. 교육의 기본 전제 4. 교육의 가능성과 한계성 5. 유전과 환경의 관계성

생각해보기

교육은 인간이 스스로 명신성한 생활을 구현하도록 하며, 교육은 인간이 스스로를 명확하게 인식하게 하고, 자연과 화합하게 하며, 신과 하나가 되도록 인간을 이끌어 준다. 그렇기 때문에 교육은 인간으로 하여금 자기 자신과 인류를 인식시키게 하며, 또한 신과 인간을 인식시킨다.

이런 인식 위에서 교육은 인간으로 하여금 순수하고 신성한 생활을 구현하도록 이끌어야 할 것이다.

- 자료: W. A. F. Froebel(1826), 『인간의 교육』에서

<table>
<tr><td colspan="2">제1절   세계관, 인간의 이해와 교육관</td></tr>
<tr><td>1. 세계관</td><td>우주; 기계론; 유기체론; 인간중심; 유신론; 무신론</td></tr>
<tr><td>2. 인간본성에 관한 견해</td><td>성선설; 성악설; 백지설; 교육의 필요성; 교육의 역할</td></tr>
<tr><td>3. 교육관</td><td>행동주의; 자연주의; 실존주의; 심리학; 학습자 중심</td></tr>
</table>

1. 세계관

1) 의의

인간이 세계, 사물, 자연, 우주를 바라보는 관점(외적 세계에 대한 해석)임. 신이 어떻게 우주와 세계를 창조하였는지에 대해 인지하고 판단하는 관점에 영향을 주게 됨. 근세 이후 지나친 이성중심의 학자들은 무신론적 관점을 주장하는 등 다양한 관점이 있음.

2) 종류

1 정밀한 기계로 보는 관점(기계론적 세계관)

2 동식물의 살아있는 생명체적인 관점(유기체론적 세계관)

3 신을 닮은 인간중심의 관점(인간중심의 세계관)

(1) 정밀한 기계로 보는 관점(기계론적 세계관)
- 세계를 등질적인 부품의 조합으로 이루어진 기계로 보는 세계관이다.

11

- 고전 고대에도 있었는데, 유력한 세계관으로서 등장한 것은 17세기 이후의 유럽이다.
- 기계시계를 모델로 하여 데카르트에 의해 정식화되고, 근대과학 및 공업사회의 발달과 함께 확산되었다.
- 일정한 운동을 영원히 계속하는 등질적인 물질세계로 파악하였다.
- 모든 것은 量(량)으로 환원되고, 힘은 밖에서 주어지며, 모든 것이 법칙에 지배되고 있는 세계이다.
- 모든 것은 시계처럼 움직이고, 정확·정밀하게 구성되는 것이 이상적이라 보았다.
- 인간도 이 견지에서 취급되기 때문에 구성부품의 하나이고, 인체와 기계의 상위는 존재하지 않는데 외과의학은 그 전형이다.
- 18세기 후반 이후 쇠퇴했는데, 20세기에 들어와서 부활하고, 컴퓨터를 모델로 해서 재등장하였다.
- 기계는 물론, 인간도 사업도 정치도 이 견지에서 보는데 20세기 후반 이후 더욱더 지배적 이론이 되었다.
- 효율성, 생산성의 강조와 비인간화의 단점이 있다.
- 스파르타, 산업공장, 강한 군인, 힘센 무기가 예이다.
- 성악설, 백지설과 상통한다.

(2) 동식물의 유기체(살아있는 생명체)적인 관점(유기체론적 세계관)
- 세계 전체를 살아있는 것으로 보는 세계관이다.
- 세계는 그 내부 사물의 탄생과 성장 과정에 있으며, 무정형의 혼돈에서 질서 있는 것으로 형성되어 분화발전을 이루는 것으로 본다.
- 세계를 목적론적인 것, 역사적인 것으로 보는 세계관이다.
- 세계의 많은 지역·시대에서 보이며, 현재 유력한 세계관이다.

- 그 근저에는 진보관이 있어서 자연·인생·교육·사업·정치 등 모든 것이 발전되는 것으로 보며, 가치나 행동 기준도 이 관점에서 본다.
- 선하다고 보는 것은, 이 내적목적과 자기의 목적을 일치시키고, 그를 향해서 전진하는 것이다.
- 유럽에서는 아리스토텔레스주의라고 하는 전통이 있고, 헤겔이나 마르크스주의 세계관도 이 유형이다.
- 유럽에서는 13세기 및 18세기 후반부터 19세기에 걸쳐서 특히 지배적이다.
- 생물이나 기술은 물론 국가나 언어도 이 견지에서 취급된다.
- 물론 쇠퇴나 죽음도 같은 범주에서 인식하며, 형태나 체제의 교체·혁명 사상도 이에 포함된다.
- 아시아에서도 고대 중국에서 유력한 세계관으로, 일반적으로 농업 사회에서 지배적인 세계관이다.
- 인간화, 매력, 가치성을 강조한다.
- 성선설과 상통한다.
- 아테네, 소크라테스, 루소, 존 듀이 등

(3) 신을 닮은 인간중심의 관점(인간중심의 세계관)

- 인간이 세계의 중심이며, 궁극적인 목적이라고 보는 세계관이다.
- 인간의 본질적 특징은 인간이 사회적 존재라는 사실에 기초하고 있다.
- 인간의 자주성, 창조성, 사회적 협조성, 의식성을 강조한다.
- 사물의 존재 및 발생은 모두 목적에 의해서 규정된다는 목적론적 인식과 연결된다.
- 물질에서 인간으로의 범주적 전환이 보인다.
- 인간중심의 물질론: 물질의 자기보존성 및 자기발전성

- 인간중심의 생명론: 인간의 본질적 특성으로서 생명
- 인간이 우주의 중심이며, 다른 모든 사물은 인간의 행복이나 필요를 충족하기 위하여 있는 것이다.
- 세계 속에서의 인간은 존귀 그 자체이다.
- 인본주의, 구성주의, 실존주의
- 매즐로우, 로저스 등

2. 인간본성에 관한 견해(인간관)

1) 의의
인간이 자신과 타인을 보는 내적, 외적의 다양한 해석이다.

2) 종류

(1) 성선설(性善說)
- 인간은 원래 선하므로 잘 이끌어주어 완성시켜 주자는 것. → 능동적 인간
- 소크라테스, 루소 등 하나님이 선하게 만든 인간 주장, 맥그리거의 Y형
- 헬레니즘 시대의 스토아 학파 중심으로 자연에 근거하여 공동의 이

성 법칙을 강조함.

- 인간은 단지 자연의 이성 법칙에 따라서 행하기만 하면 이것이 최고로 선(善)한 행위라고 주장
- 키게로(Ciecero, B. C. 106~43)와 세네카(Ceneca, B. C. 4~A. D. 65)에서부터 루소에 이르러 절정
- 루소는 인간의 본성은 본래 선한 것인데, 문명과 사회 제도의 영향을 받아 악하게 되었다고 하며 "자연이 만든 사물은 모두가 선하지만 일단 인위(人爲)를 거치면 악으로 변한다."고 주장한다.
- 피히테(Fichte, 1762~1814), 프뢰벨(Fröbel, 1782~1852) 등도 인간의 품성이 선하다고 봄.
- Rousseau의 에밀(Emile)의 서론: "조물주가 삼라만상을 창조하는 순간에는 모두 선하다. 그러나 그것이 인간의 손으로 넘어오는 순간부터 타락하기 시작한다."
- 맹자의 4단(인의예지) 강조, 시비를 가리는 마음, 양심 및 감사하는 자세 등
- 교육의 필요성은 악해지지 않게 안내자의 역할을 하는 것이다.

(2) 성악설(性惡說)

- 인간은 원래 악하므로 교육, 체벌을 통해 선하게 만들어야 함
- 서양에서는 기독교 윤리 사상에서의 원죄설에서 찾음. 인간은 태어나면서 죄를 짓고 출생했다는 관점으로 인간의 본성이 악하다는 데 의심할 여지가 없다. 중세의 아우구스티누스(Augustinus, 354~430)로 이어졌고, 그 후 마키아벨리(Marchiavelli, 1447~1527)의 군주론으로 계승되는데, 마키아벨리는 당시 이탈리아 사회의 부패를 직접 보고 인간의 본성이 악하다고 단정했다.
- 사회 계약론자 홉스(Hobbes, T., 1588~1679)는 자연 상태를 "만인의 만인

에 대한 투쟁 상태"라 가상하여 인간의 본성이 악하다는 것을 단정했다.

- 염세주의 철학자 쇼펜하우어(Schopenhauer, 1788~1860)는 죄악이 인간 본성 가운데 뿌리 깊게 박혀있기 때문에 제거할 방법이 없다고 하였다.
- 순자(荀子)는 "인간의 성품은 악하다. 선한 것은 인위(人爲)이다."라고 주장함. 선은 인위로서 인간이 노력하면 성취되는 것이며 이를 '화성기위(化成起僞)'라 함. 감각적 욕망은 무절제하며 동물과 유사하다고 보았다.
- 순자의 관점은 행위 규범으로서의 예(禮)를 강조한 점에 잘 나타나 있다. 맹자는 인간의 내심 성찰을 위주로 후세 성리학의 이기 심성 철학(理氣心性哲學)에 영향을 주었고 순자는 예의법정(禮儀法正)을 강조하여 법가(法家)사상이 나오는 계기를 주었다.
- 교육의 필요성은 교사중심의 훈육 강조, 개인 안위 ➡ 수동적 인간

(3) 백지설(白紙說)

- 로크(J. Locke)의 심의백지설(tabura rasa)로, 인간의 타고난 마음은 백지와 같다는 것.
- 인간은 선하지도 악하지도 않고, 경험(환경)에 영향 받는다(환경만능설).
- 교육을 통하여 얼마든지 우리가 원하는 바람직한 인간과 바람직한 사회를 만들어 낼 수 있음을 강조한다.
- 로크의 교육관은 '인간의 소질을 발견하여 이에 따른 교육을 실시해야 한다', '소질을 본성에 따라 발전시켜야 한다.'는 것이다.
- 칸트도 도덕상의 선악이 개인의 의지 이외의 어떤 것에 귀속한다는 것을 인정하지 않았으며, 인성 중에서 선에 대한 능력과 악에 대한 능력이 동시에 있다는 것을 인정하였다. J. 듀이도 인성의 본질에는 선악이 없고, 그 환경과의 상호접촉으로 선해질 수도 악해질 수도 있다고

하였다.

- 고자(告子)는 인간의 본성에는 선도 악도 없다고 하였다. "인간의 본성이 선과 불선(不善)으로 나뉘어 있지 않은 것은 마치 물이 동서로 나뉘어 있지 않은 것과 같다."고 하여 성무선악설이라고 한다.
- 사람의 심성·심리발달은 교육에 영향 받음 ➡ 수동적 인간
- 교육이란 미성숙자를 성숙케 하는 과정으로 보는 입장, 주입(input)식, 주형(鑄型), 습관형성으로서의 교육을 강조하며 주변환경과의 상호작용 및 사회화의 과정으로 설명한다.
- 묵가의 백포설 - 인간의 본성은 흰색의 비단천이다.

3. 교육관

교육은 인간을 대상으로 이루어지는 활동이기에 우선 인간을 이해하는 방식에 따라 교육에 대한 관점도 자연히 달라진다.

교육이 역사적으로 전개되어 오는 과정에서 드러난 대표적인 인간이해와 교육의 유형은 크게 행동주의적 교육, 자연주의적 교육, 실존주의적 교육으로 나누어진다.

1) 행동주의적 교육관

- 인간의 조작적 변화 가능성을 믿는 교육관
- 겉으로 나타나는 인간의 행동에 관심을 가짐.
- 교육은 인간의 행동을 계획적, 목적적으로 변화시키는 일이라고 봄.
- 교육의 목적보다 인간을 변화시키는 방법과 효율성에 관심을 둠.
- '만드는 교육'이다. 성악설/백지설
- 주형(鑄型)으로서의 교육
- 인격이나 도덕성 등의 문제에는 관여 안 함(비인간화 단점)
- 와트슨(J. B. Watson), 스키너(B. F. Skinner) 등의 행동주의 심리학에 기초

2) 자연주의적 교육관

- 인간의 자연적 성장 가능성을 믿는 교육관
- 교육이란 인간이 가지고 태어난 소질이나 성향 또는 능력이 자연의 질서에 따라 잘 자라도록 도와주는 것임. 인간을 성장 가능한 유기체적 존재로 봄
- '기르는 교육'이라고 함. 학습자의 활동이 중심이 되어 수행되었다.
- 교육을 외부로부터 지식을 전달, 주입하거나 어떠한 영향을 주는 행위가 아니라 내부로부터의 성장을 돕는 일이라고 간주하기 때문에 소극적 교육 또는 간접적 교육이라고 함.
- 현대 아동중심 교육사상의 기초가 됨.
- 주역이나 장자의 사상 등 동양철학에서 투영된 교육, 서양에서의 자연주의 교육, 즉 루소(J. J. Rousseau), 페스탈로치(J. H. Pestalozzi), 프뢰벨(W. A. F. Fröebel), 몬테소리(M. Montessori), 닐(A. S. Neill) 등이 대표적임.

3) 실존주의적 교육관

- 인간의 초월적 전환과 비약의 가능성을 믿는다.
- 행동주의 교육과 자연주의 교육이 인간의 성장, 발달의 점진적이고 연속적으로 이루어짐을 전제로 하는 반면, 실존적 교육관은 인간이 비약적, 초월적, 순간적으로도 변화 가능하다고 봄.
- 19세기 말 유럽에서 실존주의가 등장하면서 크게 부각되기 시작.
- 실존주의에서는 만남, 초월, 결단, 각성 등을 중시한다.
- 부버(M. Buber)의 만남의 교육학이 대표적인 예.

교육의 본질과 필요성

1. 교육의 본질	인간형성; 가치형성; 사회화; 문화전달; 자아실현
2. 교육의 필요성	개인의 완성; 국가 발전; 인적 자본; 사회통합; 문화유산
3. 교육의 기본전제	인간; 신념; 성장; 변화가능성; 계획

1. 교육의 본질

1) 인간형성 작용으로서의 교육

교육의 보편적인 본질은 '인간을 인간답게 하는 일'로서 교육을 개인완
성 또는 개인의 신장작용이라고 보는 관점이다. 이러한 인간형성 작용
으로서의 교육은 교육의 본질을 사회와의 관련보다는 한 개체로서의
인간의 완성에 두고 교육을 자아실현, 자아완성, 인간형성, 조성작용에
필요한 것으로 본다.

2) 가치형성 작용으로서의 교육

인간형성 작용에서 중심이 되는 것은 신체적 성장이나 지적 발달보다
도 정신적 성장, 즉 사람으로서 갖추어야 할 이상적인 가치를 형성하는
것이다. 이러한 맥락에서 교육은 가치를 형성하는 과정이며, 가치 기업
이다.

3) 사회화 과정으로서의 교육

사회나 국가라고 하는 전체적인 틀 안에서 찾으려는 사회적 관점에서의 교육은 그 사회의 성원을 사회화함으로써 우선 그 사회에 적응할 수 있는 자질을 갖추게 하고, 나아가서 이런 성원의 사회적인 참여를 통해서 새로운 가치, 새로운 체제, 새로운 문화의 창출을 꾀하여 사회혁신을 위한 기반을 조성하는 기능을 지닌다. 사회화 과정으로서의 교육은 인간형성을 목적으로 한다고 하더라도 개인의 완성에 두기보다는 민족이나 국가의 발전과 사회개조에 공헌하는 인간형성을 중시한다. 이러한 사회화 과정으로서의 교육 본질관에는 기존 사회의 이념에 맞게 개인을 적응시키려는 교육의 사회적응 기능과 교육을 통하여 기존 사회를 보다 나은 사회로 개혁하려는 교육의 사회 개혁적 기능 혹은 사회 개조(개혁)적 기능이 있다.

4) 문화전달 작용으로서의 교육

사회 존속의 수단으로 시작된 교육은 인류가 수천 년의 역사를 통해 축적해 온 여러 영역에 걸쳐 좋은 경험, 즉 문화유산을 다음 세대에 계승 유지시키고 나아가서 그들의 창의적 활동을 통해서 발전 확장시키는 기능을 지닌다. 여기서 중요한 것은 문화 역시 학습을 통해서 획득된 결과물이며, 문화의 형성, 전수, 계승, 전달 역시 교육을 통해서만 가능하다는 사실이다. 따라서 한 개인이 문화의 내용을 학습하지 못하면 인간다운 인간으로서의 사회생활은 불가능하게 된다. 그러므로 교육은 현존하는 문화와 사회적 질서를 유지함과 동시에 문화향상과 사회진보의 도구로서 보다 나은 사회를 건설하기 위한 수단이 되는 것이다.

2. 교육의 필요성

인간은 본질적으로 무한한 성장가능성을 소유한 존재이며 신(神)과 동물과의 중간적인 존재라고 할 수 있다. 만일 인간이 신(神)과 같이 전지전능하다면 교육이 필요 없을 것이며, 동물과 같이 교육효과가 없어도 교육할 필요가 없을 것이다. 독일의 철학자 칸트(I. Kant)는 "인간은 교육을 필요로 하는 유일한 동물"이라고 하였다. 다르게 표현하면, 교육이란 인간에게만 해당된다는 뜻이다. 인간이 아닌 다른 동물, 예를 들어서 집에서 기르는 개나 고양이는 우리가 훈련을 시키지만 교육하지는 않는다. 그러면 왜 인간은 교육을 필요로 하는가? 인간이 교육을 필요로 하는 이유를 다음과 같이 구분해 살펴본다.

1) 개인적 측면: 개인의 완성

가능성을 가진 자연적 존재로서의 인간을 바람직한 인간으로 육성하려면 오직 교육에 의존할 수밖에 없다. 그리고 국가·경제·사회·문화 등의 발전도 결국 개인의 완성에서부터 출발한다. 그러므로 개인의 완성은 다른 모든 발전의 원동력이 되는 것이다. 개인의 완성을 위한 교육은 다른 어느 것보다도 중요하다.

만물의 영장이라고 하는 인간은 오히려 다른 동물에 비해 스스로 살아갈 수 있는 능력을 갖추지 못한 상태로 태어난다. 따라서 인간은 생존을 위해서 장기간의 교육을 필요로 한다. 교육학자 겔렌(A. Gehlen)은 인간을 "결핍존재(Maengelwesen)"라고 하였는데, 인간의 생물학적 '결핍'은 또한 '인간의 변화가능성'을 뜻하는 것으로 인간과 다른 동물들과의 차이를 만들어 준다.

2) 국가적 측면: 국가발전의 원동력

교육은 국가의 흥망성쇠와 밀접한 관련이 있으며, 그래서 모든 국가는 국민교육을 국가의 가장 중요한 정책으로 삼는다. 현대의 국가는 교육받은 국민을 필요로 하고 있으며 국가는 국민에게 교육을 요구하고 국민은 국가에 대하여 교육받을 의무를 지닌다. 국가는 국민교육을 질적으로 향상시키기 위하여 충분한 시설을 갖추어 주어야 하며 국민은 이를 국가에 요구할 수 있다. 또한 교육을 질적으로 향상시키기 위해서는 국가발전의 토대가 되는 국민정신과 애국심을 고취시킴으로써 나아가 건전한 국가발전이 기대될 수 있다.

3) 경제적 측면: 인적 자본의 공급

국가에 있어서 고도의 경제성장은 생산의 기본요소인 토지(자원), 노동, 자본에 의해서 달성되기보다는 외적 요소인 개인의 심리적 특성, 사회의 특성, 교육 등의 요인에 의해서 가능하며, 특히 교육에 의한 인간 능력, 인력의 개발을 중요시함으로써 달성된다.

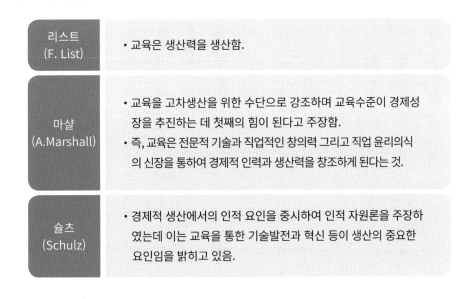

리스트 (F. List)	• 교육은 생산력을 생산함.
마샬 (A.Marshall)	• 교육을 고차생산을 위한 수단으로 강조하며 교육수준이 경제성장을 추진하는 데 첫째의 힘이 된다고 주장함. • 즉, 교육은 전문적 기술과 직업적인 창의력 그리고 직업 윤리의식의 신장을 통하여 경제적 인력과 생산력을 창조하게 된다는 것.
슐츠 (Schulz)	• 경제적 생산에서의 인적 요인을 중시하여 인적 자원론을 주장하였는데 이는 교육을 통한 기술발전과 혁신 등이 생산의 중요한 요인임을 밝히고 있음.

4) 사회적 측면: 사회화와 사회통합, 사회적 충원

교육과 사회의 관계에서는 교육의 사회적 기능과 사회의 교육적 기능이 있다.

교육의 사회적 기능	교육을 통하여 사회적 필요를 충족시키는 것
사회의 교육적 기능	사회의 여러 가지 활동이 교육행위를 대행하는 것

그러므로 교육과 사회는 상호 유기적이고 보충적이며 불가분의 관계에서 서로 영향을 주고받는다.

교육은 사회가 사회구성원들에게 요구하는 공통의 가치관, 행동규범, 생활양식을 습득시켜 사회가 해체되지 아니하고 존속 발전하도록 하는 사회통합기능을 담당하며, 한편으로 교육은 산업사회에서 필요로 하는 인력을 양성하여 적재적소에 배치하는 사회충원기능을 담당한다. 나아가서 교육은 한 개인의 사회적 지위를 결정해 주는 요인으로 간주되고 있으며 사회가 안고 있는 현실적인 문제를 개선하고 이상적인 사회를 건설하는 사회개혁의 중심적인 토대를 마련해 준다.

5) 문화적 측면: 문화유산의 계승·발전

교육은 문화를 전달하고 보존하며 발전·창조시킨다. 그러므로 교육이 없으면 문화는 중단되거나 말살될 것이다. 교육은 문화 속에 내포된 것 중에 가치 있는 문화만을 문화유산으로 계승하고 그것을 다음 세대에게 전달함으로써 그들로 하여금 기존의 문화를 수용하게 할 뿐 아니라 새로운 문화창조에 참가하여 공헌할 수 있는 힘을 길러주는 작용을 하는 것이다. 광의로 볼 때 사회화 기능에 속하는 이러한 교육의 문화유산 전달기능은 사회구성원들 행동규범의 동질성 유지를 위해 중요하다. 그러므로 교육은 문화활동의 하나인 동시에 문화창조의 원동력이 된다는 점에서 중요성이 부각된다.

3. 교육의 기본전제

농부가 봄철에 밭에 나가 씨앗을 뿌리는 것은 몇 가지 전제 또는 믿음을 기반으로 하는 것처럼, 교육을 하는 사람들 또한 인간과 교육에 대한 몇 가지 신념을 기초로 한다.

1) 인간에 대한 신념

교육의 성립은 최우선적으로 인간에 대한 신념에서 출발한다. 즉, ① 인간의 존엄성에 대한 신념 ② 인간의 주체성에 대한 신념·인간의 성장가능성에 대한 신념 그리고 ③ 인간의 성장가능성에 대한 신념, 그리고 ④ 인간의 과학적 이해가능성에 대한 신념으로 구분한다.

1. 인간의 존엄성에 대한 신념

- 인간은 누구를 막론하고 존엄하다는 전제하에 균등한 교육의 기회를 제공받고, 누구나 교육을 받을 수 있다는 것
- 인간의 존엄성은 자유민주의의 기본철학인 동시에 궁극적인 가치규범
- 교육은 바로 이러한 인간 삶의 궁극적 가치를 실현하기 위한 장치
- 한마디로 교육은 인간은 존엄한 가치가 있는 존재라는 신념을 바탕으로 하여 인간의 기본적 권리를 신장시키고 행복한 삶을 영위하도록 하기 위해 존재.

2. 인간의 주체성에 대한 신념

- 인간은 자연과 환경에 적응하지만 다른 한편으로는 자연과 환경을 움직이고 개조할 수 있으며, 또한 자신의 운명을 스스로 결정할 수 있다는 가정이 전제되어야 함
- 인간은 자신의 삶을 능동적이고 자율적으로 결정하고 책임질 수 있다는 신념인 것
- 즉, 인간은 환경에 예속된 존재가 아니며 미래를 수동적인 자세로 기다리는 존재가 아니라는 전제하에 삶을 주체적으로 살아나가는 데 필요한 적극적인 인생의 가치관·태도·능력을 길러주기 위해 교육은 성립됨

3. 인간의 성장가능성에 대한 신념

- 인간은 태어날 때는 아무런 힘이나 능력이 없지만 환경 또는 교육이라는 힘을 통하여 무한히 성장하게 됨
- 인간과 동물의 근본적인 차이를 보면, 동물은 극대의 현실성과 극소의 잠재가능성을 갖고 태어나지만, 인간은 극소의 현실성과 극대의 잠재가능성을 갖고 태어난다는 것
- 교육은 인간이 생후의 경험이나 환경에 따라서 무한히 성장 변화할 수 있다는 전제하에 인간의 가능성을 현실로 옮겨가는 과정인데 그 잠재 가능성의 발견을 돕는 것 역시 교육임
- 따라서 교육은 인간에게 무한한 잠재 가능성을 인정하는 전제하에 성립됨

- 인간은 육체적이고 지적인 존재일 뿐만 아니라 영적인 존재임
- 여기서 '인간은 과학적으로 이해할 수 있다'는 명제는 인간이 심리학적인 연구의 대상이라는 뜻임
- 즉, 인간행동의 원인과 결과의 관계성을 체계적으로 탐구하여 이를 교육실제에 적용함으로써 교육의 효과를 제고할 수 있다는 신념임
- 이는 인간이해의 중심적인 방법이 인간행동의 법칙을 발견하는 데 초점을 두어야 한다는 논리임

2) 변화에 대한 신념

교육이 인간행동을 변화시키는 일이라면 교육은 인간이 변화한다는 신념을 전제로 하여 성립될 수 있다. 인간을 변화시킬 수 있다는 전제하에 성립되는 교육은 인간을 바람직하게 변화시킴으로써 이것이 원동력이 되어 사회, 세계, 자연도 변화시킬 수 있다는 신념과 연결된다. 즉, 사회개혁, 국가발전, 자연개발도 실현가능하다는 전제가 성립되는데, 이 모두가 인간의 변화로 말미암아 가능하다. 그래서 교육과 관련된 용어의 개념은 '변화'의 의미를 내포하는데 예를 들면 '발달'이나 '학습'의 개념정의에서 드러난다. 그리고 변화할 수 있다는 신념의 전제는 발전적이고 진보적인 것을 전제해야 한다.

3) 계획에 대한 신념

교육이 인간에 대한 신념과 변화에 대한 신념을 바탕으로 성립된다고 하더라도 이를 실천해 가는 데는 계획성이 필요하다. 어떻게 변화시킬 것이며 어떤 방법으로 변화시킬 것인가를 의미하는 것이 계획성이다. 인간의 행동특성은 여러 가지 형태의 경험에 의해 변화되는데 시간의 흐름

에 따라 저절로 변화되는 성숙(成熟)현상도 있고, 자연적·무의도적인 경험에 의한 학습(學習)현상도 있으며 학교에서의 교수(敎授, teaching)활동을 통해 배우게 되는 변화가 있다. 여기서 계획적이라는 범주에는 앞의 2가지 경우는 제외됨을 뜻하는데 계획적이라는 의미는 다음을 내포한다.

❶ 교사가 기르고자 하는 인간의 행동특성에 대한 명확한 목적의식을 갖고 있다는 것이 전제된다.

❷ '이렇게' 하면 행동특성이 '이렇게' 변화한다는 명확한 이론과 경험적 실증의 뒷받침이 있다는 것을 뜻한다. 즉, 이는 교육이 과학적인 패러다임(paradigm) 속에서 이론과 경험적 실증의 체계화를 이루어야 한다는 것을 뜻한다. 그러므로 교육은 철저하게 과학의 경험적 실증의 토대 위에 서야 한다.

교육의 가능성과 한계성

1. 교육의 가능성 (possibility)	잠재가능성; 생물학; 사회존재론; 인격주의; 도야성
2. 교육의 한계성	유전적 요인; 환경적 요인; 야생아 빅터; Amala; 맹모삼천지교
3. 유전과 환경의 관계성	1930년대; 유전; 환경; 상호작용; 레빈

1. 교육의 가능성(possibility)

인간은 '교육을 필요로 하는 동물'임과 동시에 '교육이 가능한 동물'이다. 교육은 사람을 사람답게 살도록 하는 작용으로서 피교육자의 교육가능성을 전제로 하며 훌륭한 사람이 될 수 있다는 교육의 가능성을 기초로 하여 모든 교육활동이 전개된다. 교육의 가능성은 잠재가능성 (potentiality)과 같은 의미로 사용되며 외부로부터 영향을 받아 변화할 수 있는 성질, 즉 교육에 의해 변화할 수 있는 성질을 뜻한다. 인간은 후천적인 환경의 자극에 능동적으로 반응해 부단히 자기를 갱신시킬 수 있는 可塑性(가소성, plasticity)과 陶冶性(도야성, educability)을 지닌 존재이다. 교육하는 사람에 따라 사람이 어느 정도 교육을 받아서 변화할 수 있는지에 대한 예측이 다를 수 있겠지만, 인간의 교육가능성을 믿지 않는다면 교육을 시작하지 않을 것이다. 또한 환경만능설 또는 교육긍정설이라고도 하며 환경이나 교육의 힘으로 인간의 소질의 변화가 가능하다는 주장이다. 유전적 제한요인이 있더라도 인간의 성장과 발달이 가능하다는 것으로, 주창자로는 칸트(I. Kant), 라이프니츠(G. W. Leibniz), 로크(J. Locke), 공자, 주희와 이황 등이 있다. 교육의 가능성은 여러 관점에서 해석 가능한데 이는 교육활동이 다면적이고 복잡한 상황에서 이루어지며 목적과 방법도 다양하기 때문이다.

생물학적 관점	가장 불완전하고 미숙한 존재로 태어나는 바, 무한한 가능성과 교육 필연적인 존재로 파악
사회 존재론적 관점	사회적 존재인 인간은 사회 속에서 태어나 사회화 과정을 통해 성장
인격주의적 관점	이성적 동물로서 윤리적, 도덕적 존재인 동시에 지성의 작용에 의해 스스로 가치를 판단하고 선택하는 인격적 존재

1) 생물학적 관점(생리심리학적인 관점)

인간은 가장 불완전하고 미숙한 존재로 태어나는 바, 무한한 가능성과 교육 필연적인 존재로 파악함. 학습자 심신의 근육운동을 의도적으로 통제하여 기계적인 습관을 길러주는 가능성과 연습에 의한 숙달의 능력을 교육가능성이라고 봄.

2) 사회존재론적 관점

사회적 존재인 인간은 사회 속에서 태어나 사회화 과정을 통해 성장한다. 인간을 사회적으로 형성하여 하나의 사회적 존재로서의 집단을 위하여 공헌할 뿐만 아니라, 그 과정에서 보람과 만족을 느끼게 하는 것이 교육가능성이라고 봄.

3) 인격주의적 관점(인간학적 관점)

이성적 동물로서 윤리적, 도덕적 존재인 동시에 지성의 작용에 의해 스스로 가치를 판단하고 선택하는 인격적 존재임. 인격의 자율적인 판단과 자유로운 창조행위를 할 수 있는 것으로 보고 인간 스스로 인격의 특성을 자각하고 자유로운 창조적 활동의 주체자가 될 수 있는 가능성을 의미함.

인간은 인간다운 삶을 살아가기 위해서 교육을 필요로 한다. 인간은 생물학적으로 인간으로 태어나지만, 인간만이 추구하는 가치를 구현하면서 '인간다운 삶'을 살아가야 한다. 즉, 생물학적 인간으로 태어나서 교육을 통하여 인간다운 인간으로 되어가는 것이다. '인간됨'이라는 표현이 뜻하는 바가 그것이다.

2. 교육의 한계성

교육의 가능성을 인정하면서도 왜소(矮小)한 인간으로서 모든 인간을 잘 육성할 수 있다고 보지 않는다. 교육의 힘이 무한하고 전능한 것이 아니라 어느 정도 한계가 있다. 교육의 결과로 나타나는 그 효과에 회의적인 몇 가지 요인이 있다.
교육의 효과가 인간의 내적 요인인 유전과 외적 요인인 환경에 의해 제한을 받게 되므로 그 한계가 존재하는 것이다. 한계성의 유형은 다음과 같다.

1 소질, 지능, 체질, 체형 등과 같은 개인이 선천적으로 타고난 유전적 영향

2 후천적 · 교육적 · 환경적 조건

1) 선천적으로 타고난 유전적 요인의 입장

교육의 효과는 유전적 요인(선천적 소질이나 지능)이 후천적 영향인 환경보다 더 큰 영향을 미친다는 입장이다. 소질이란 인간의 신체적 기능 내지 정신적 기능의 잠재적 능력을 말한다. 유전에 의해 결정되어지는 신체의 강약, 지능의 우열, 정서, 의지의 강약 등은 교육에 의해서 변화시킬 수 없거나 극히 미약한 효과만 기대 가능하다. 숙명론 또는 유전 우세설에 관한 연구로는 ❶ O. Edward의 우수가계에 대한 연구, ❷ Max Juke의 열등가계에 대한 연구 ❸ Kallikak의 우열가계 비교연구 등이 있다.

2) 후천적·교육적 환경적 요인의 입장

교육의 효과는 후천적 영향(환경)이 유전적 요인보다 더 큰 영향을 미친다는 입장이다. 환경이란 개체에게 직접, 간접으로 영향을 주는 모든 자극으로서 인간은 환경과 상호작용하여 생득적으로 타고난 소질을 제한당하게 된다. 그리고 자연적, 지리적 조건이나 사회적, 문화적, 기후적 조건도 구체적으로 영향을 미치게 된다. (ex: 환경우세론, 교육만능설, 교육가능설)

레빈(K. Lewin)은 행동을 인간의 개체와 환경과의 함수관계로 파악했다. 즉, 행동은 개체의 내면적 특성과 환경의 구체적인 조건과 함수관계를 맺고 있다는 것이다. 그래서 환경은 독자적으로 존재하는 것이 아니며 인간의 성장발달도 환경과의 상호작용에 의해서 전개된다고 보았다. 이런 면에서 교육은 환경과의 기능적 관계하에서 개체의 성장을 조성하는 작용이라고 할 수 있다. 환경 우세설에 관한 연구로는 다음의 것이 있다.

Aveyron의 야생아 빅터 *	1799년 프랑스 남부 아베롱지역에서 발견된 12살 소년 '빅터'를 젊은 의사가 양육을 하면서 연구한 결과, 자신에게 필요한 환경에 대해서만 지능이 발달된다는 결론.
Amala와 Kamala 사례 **	1920년 인도 늑대굴에서 구출한 늑대소녀를 목사부부가 9년간 교육시킨 결과, 늑대가 키워온 소녀는 결국 늑대처럼 행동했다. 인간이 제 기능을 개발하지 못하고 잘못된 습성에 전염되면 더 나쁜 상태를 초래하게 된다는 교훈이다.

그 외 맹모삼천지교의 사례도 들 수 있을 것이다. 위의 사례연구 등에서 알 수 있는 교훈은 인간은 만들어지는 것이며, 나쁜 환경과 습성 가운데 길러지는 것은 백지상태보다 더 좋지 않다는 것이다.

3. 유전과 환경의 관계성

인간형성에 있어서 유전과 환경 중 어느 것이 더 결정적인 영향을 미치는가 하는 문제의 결론은 아직도 명확하게 판명되지 않았다. 유전적인 소질을 충분히 발휘할 수 있도록 환경을 구비해 주어야 하며 개인의 교육적 의지와 노력에 의해서 그의 소질을 최대한 발전시킬 수 있음을 인식할 뿐이다.

* 빅터는 처음에 표정이 전혀 없었으며 말도 하지 못했다고 한다. 향기로운 냄새나 악취에도 반응이 없었으나 호두 같은 식물에는 민감하게 반응했다. 높은 곳에 둔 먹을 것을 의자를 이용해 손에 넣으려는 지혜도 없었다. 오로지 인간의 감시망을 피해 도망가려는 생각밖에 없었다. 따라서 빅터의 지능이 덜 발달된 것이 아니라 자기 자신에게 꼭 필요한 환경에 대해서만 지능이 발달된다고 보고서는 쓰여 있다. 따라서 인간의 발달은 반드시 정해진 방향이 아니라 환경에 따라서 전혀 다른 방향으로도 발달할 수 있다는 것이다.

** 잘못된 습성에 물들게 되면 차라리 백지상태에서 교육하는 것보다 더 나쁜 결과를 초래한다는 것을 알 수 있음.

1) 1930년대 이전

유전의 영향으로 선천적인 소질이 강조됨. 유전 〉 환경

2) 1930년대 이후

점차 후천적인 환경, 즉 교육의 힘이 더욱 강조됨. 즉, 그동안 유전의 힘으로 추측되었던 것이 후천적 환경에 의해 많이 개선될 수 있다는 사실이 밝혀졌기 때문임. 유전 〈 환경

3) 현대의 통설: 유전·환경 상호작용설

인간형성은 선천적 소질과 후천적 교육의 2가지 힘에 의해서 이루어진다고 봄. 내적 요인으로서의 유전과 외적 요인으로서의 환경은 인간의 특질을 결정지으며 두 요인의 최대한계는 교육의 한계이다.

우드워즈(R. S. Woodworth)의 발달공식	• $D = f(H \cdot E)$ • 인간의 발달은 유전과 환경의 상호작용 함수
레빈(K. Lewin)의 행동공식	• $B = f(P \cdot E)$ • 인간의 행동은 개체와 환경과의 함수관계 • 개인의 선택에 의한 역동성이 나타남 • 인지주의 학습이론에 연결
스턴(W. Stern)의 폭주설	• 인격은 유전과 환경의 상호작용을 폭주(輻輳)(convergence)라고 함. • 인격은 유전과 환경이 한곳으로 집중(폭주)하는 점에서 생성된다. 즉, 내부적 소질인 유전과 외부적 환경인 양자의 영향이 폭주(두 개의 수레바퀴가 움직이는)하여 이루어진다는 것이다. 둘 다 전제조건인 셈이다.
고트샬트(K. Gottschaldt)	• 유전과 환경의 길항작용으로 설명

문제 1 인간을 바라보는 성선설과 관련이 있는 것을 고르시오.

① 루소   ② 로크
③ 홉즈   ④ 순자

정 답 ①

해 설 Rousseau의 에밀(Emile)의 서론에서 강조한다.

문제 2 교육이란 미성숙자를 성숙케 하는 과정이라고 보는 입장의 내용이
아닌 것을 고르시오.

① 주입(input) 중시   ② J. Locke의 백지설
③ 사회화의 과정   ④ Socrates의 산파술

정 답 ④

해 설 Socrates의 산파술은 이미 성숙한 인간에서 이끌어내는 방법을
교육으로 파악한다.

문제 3 인간에게 교육의 가능성과 관련 내용에 해당하지 않는 사항을
고르시오.

① 도야성   ② 성장 가능성
③ 소질 만능설   ④ 가소성

정 답 ③

해 설 소질 만능설은 교육의 효과를 부정하는 교육의 가능성 불신론의 입장이다.

- 세계관, 인간관에 따라 시기 장소별로 교육관 및 교수-학습이론이 변화, 발전해 왔다.

- 인간이 세계, 사물, 자연을 바라보는 관점인 세계관과 인간이 자신 타인을 보는 내적, 외적의 다양한 해석인 인간관에 따라 교육을 바라보는 관점과 접근법이 달라진다.

- 세계관은 정밀한 기계로 보는 관점, 살아있는 유기체로 보는 관점, 신을 닮은 인간중심의 관점으로 나눠진다.

- 인간본성에 관한 견해는 크게 성선설, 성악설, 백지설로 나눠진다.

- 인간이해와 교육관의 관계는 크게 행동주의적 교육, 자연주의적 교육, 실존주의적 교육으로 나누어진다.

- 교육의 본질로서는 1) 인간형성 작용으로서의 교육 2) 가치형성 작용으로서의 교육 3) 문화전달 작용으로서의 교육 4) 사회화 과정으로서의 교육으로 구분된다.

- 교육의 필요성에는 1) 개인적 측면에서의 개인의 완성 2) 국가적 측면에서의 국가 발전의 원동력 3) 경제적 측면에서의 인적 자본의 공급 4) 사회적 측면에서의 사회화와 사회통합 및 사회적 충원 5) 문화적 측면에서의 문화유산의 계승 및 발전 등이 있다.

- 교육의 기본 전제로서는 크게 1) 인간에 대한 신념 2) 변화에 대한 신념 3) 계획에 대한 신념으로 나누어 고찰이 가능하다.

- 교육의 가능성은 1) 생물학적 관점 2) 사회 존재론적 관점 3) 인격주의적 관점으로 고찰된다.

- 교육은 기본적으로 변화가능성, 가소성, 도야성을 전제로 한다. 그러나 일정한 한계가 있는데 1) 선천적으로 타고난 유전적 요인의 입장 2) 후천적, 교육적, 환경적 요인의 입장으로 나눈다.

- 유전과 환경의 관계성에서는 현대에서 유전과 환경의 상호작용설이 인정받고 있다.

명언 한마디

옳은 행동을 하고 남보다 먼저 모범을 보이는 것이 교육이다.   - 순자 -

다음 학습 예고

다음 Chapter에는 "**02. 교육학의 기초**"에 대해 학습하겠습니다. 수고하셨습니다.

교육학의 기초

제2장

학습 목표	1. 교육의 개념에 대해 설명할 수 있다. 2. 교육의 성립과 목적에 대해 설명할 수 있다. 3. 교육의 유형과 유사용어들에 대해 설명할 수 있다.
학습 목차	1. 교육의 개념 2. 교육의 성립과 목적 3. 교육의 유형과 유사용어

복습점검 │ 다음 설명이 맞으면 O, 틀리면 X를 하세요.

문제 1 살아있는 동식물적인 유기체적 세계관은 소크라테스, 마르크스주의와 일맥상통한다.

정 답   O

해 설   유럽에서는 소크라테스, 아리스토텔레스주의, 헤겔이나 마르크스주의
세계관도 이 유형이며 지배적인 사상임.
일반적으로 농업사회에서 지배적인 세계관이다.

문제 2 인간에 대한 성악설은 프뢰벨(Fröbel)의 기본적인 교육관이다.

정 답   X

해 설   루소(Rousseau), 프뢰벨(Fröbel, 1782 1852) 등은 인간의 품성이
기본적으로 선하다고 봄.

문제 3 부버(M. Buber)의 만남의 교육학은 대표적인 실존주의적 교육관의
예이다.

정 답   O

해 설   실존주의적 교육관에서는 만남, 초월, 결단, 각성 등을 중시하며
부버(M. Buber)의 만남의 교육학이 대표적인 예이다.

교육의 개념

1. 교육의 어원적 의미	어린이; 세계관; 인생관; Pedagogy; Education; 맹자;
2. 교육의 정의 유형	규범적 정의; 기능적 정의; 조작적 정의; 계획; 인간행동; 변화
3. 교육의 3차원	목적; 내용; 방법; 바람직; 바람직한 인간

1. 교육의 어원적 의미

'교육이란 무엇인가'라는 질문에 대하여 한마디로 표현하기는 매우 어려운 일이다. 왜냐하면 교육이란 무엇인가에 대한 답은 교육이 처한 시대적 상황이나 국가의 이념에 따라 추구하는 인간상에 따라 달라질 뿐만 아니라, 각 개인이 가진 세계관과 인생관에 따라서도 달라지기 때문이다. 그럼에도 불구하고 역사적으로 여러 문화가 교육을 어떻게 이해했는가를 살펴보면 어느 정도 비교적 객관적인 교육의 정의에 접근할 수 있을 것이다. 그러면 여기에서 몇몇 문화권에서의 교육의 어의(語義)에 대하여 살펴보기로 한다.

1) 고대 그리스어: pedagogy

- 교육 또는 교육학을 뜻하는 영어의 pedagogy 및 독일어의 Paedagogik은 고대 그리스어 paidagogos에서 유래하였다. paidagogos는 '어린이'라는 뜻의 paidos와 '이끈다'라는 뜻의

agogos의 합성어로, 고대 그리스 사회에서 교육을 맡았던 교노(教奴)인 pedagogy들이 귀족층의 어린이들을 학교, 공원, 체육관, 박물관 등 공공의 교육장소로 이끌고 다니면서 무언가을 가르쳐 주었다는 데서 유래하였다.

(教 = 가르치다 = Pedagogy)

- 오늘날 pedagogy는 education에 비해 학문으로서의 교육학을 의미할 때 많이 사용된다.

2) 라틴어: education

- 교육에 해당하는 영어와 불어의 education은 라틴어의 educare에서 유래된 것으로, 이는 e(밖으로)와 ducare(이끌어내다)라는 말의 합성어로서, 학습자의 타고난 잠재적 소질과 능력을 '밖으로 이끌어낸다'는 뜻을 가지고 있다. 이는 인간이 선천적으로 무한한 잠재가능성을 지니고 태어났다는 가정이 전제되어 있다.

(育 = 기르다 = Education)

3) 독일어

- '교육하다'라는 뜻의 독일어 동사인 erziehen도 er(밖으로)와 ziehen(끌다, 이끌어 내다)의 합성어로서 라틴어의 educare와 비슷한 뜻을 포함하고 있다.

4) 한자어

- 교육(教育)이라는 한자어는 『맹자』의 진심편(盡心篇) 상편에 처음으로 등장하는데, "득천하(得天下) 영재이(英才而) 교육지(教育之) 삼락야(三樂也)"가 바로 그것이다. 이는 "천하의 뛰어난 영재를 얻어 교육하는 것

이 군자의 세 번째 즐거움."이라는 뜻이다. 한자어의 교육의 뜻은 여러 가지로 해석할 수 있으나, 교(敎)는 '가르치다'라는 뜻이고, 육(育)은 '기르다'는 의미로서, 교육이란 일반적으로 성숙한 사람이 미성숙한 사람에게 바람직한 것을 제시해 주어 바른 곳으로 이끌어서 인간이 타고난 품성을 기르도록 돕는다는 뜻으로 풀이된다.

- 교육활동에 적용시켜 보면, 교육은 교육자와 학습자 간의 안과 밖에서의 인격적인 상호작용이 전제되어야 함을 뜻한다.

5) 우리말

- 우리나라에서 교육을 의미하는 단어는 '가르치다'와 '기르다'이다. '가르치다'의 고어는 '치다'인데 이 말은 본래 '가르치다(敎)'와 '가리키다(指)'라는 두 가지 의미를 갖고 있었다.

- '가르치다'라는 말은 '갈다'와 '치다' 또는 '다'와 '치다'의 합성어로 생각할 수 있다. '갈다'는 '새 것으로 갈다', '논밭을 갈다' 등의 의미이고, '다'는 '샤', 즉 현대의 '이르시되', '가라사대'로서 교훈·훈계의 의미이다.

- '치다'는 식물의 가지를 베어내는 것이나 길러서 번식시킨다는 의미로서 외부적 힘을 가한 조성(助成)의 의미를 지닌다고 볼 수 있다. '갈다' 또는 '가라다'는 '연마하다', '시비를 판단하여 말하다'는 뜻이 있고 '대장장이가 연장을 치다'라는 말에서 무디고 쓸모없는 것을 가지고 연장을 만든다는 뜻으로, 인간에게 적용하면, 미성숙한 인간을 성숙하고 유능한 인간으로 개발한다는 뜻으로 이해된다.

- '가리키다', 즉 '손가락으로 목표나 방향을 알린다'는 뜻 등을 함축하고 있다.

- '기르다'는 '동·식물을 사육하거나 재배한다'는 뜻으로 미성숙자의 선

천적·내부적 능력을 이끌어 내는 것을 의미한다. 우리가 '동물이나 식물을 기른다'라는 말에서도 사용하는 것으로 '보살펴서 자라게 한다'는 뜻, '육체나 정신을 단련하여 강하게 한다.' '익숙하게 익힌다.' 등의 뜻을 가진다. 즉, '기르다'는 학습자가 내면에 가지고 있는 소질이나 잠재력을 드러내도록 하는 것, 계발하는 것을 뜻하는 자연주의적 교육관에 기초한다.

- 이와 같이 우리말 '가르치다'와 '기르다'의 어원은 교훈, 선별, 경작, 사육 등의 의미를 가지고 있다

[출처: 교육관련 국제기구 지식정보원(2011. 6. 17.). 교육의 어원. 한국학술정보(주)]

6) 여러 어원의 공통점

- 여러 문화권에서 사용한 '교육'을 뜻하는 단어의 어원에는 두 가지 공통점이 있다.

1　배우고 익힐 가치가 있는 무엇인가를 외부로부터 학습자에게 전수

2　학습자의 내부에 있는 소질, 잠재력을 밖으로 이끌어내어 개발하도록 도움

Socrates는 이런 의미에서의 교육활동을 산파술(産婆術)로 비유하였다.

- 그러므로 교육이란 피교육자의 잠자는 가능성을 계발시켜 이상적 인간으로 만드는 의도적인 작용이다.

2. 교육의 정의 유형

교육을 보는 관점이 다양한 만큼 교육에 대한 정의도 다양하다. 교육에

대한 정의 유형은 일반적으로 규범적 정의, 기능적 정의, 조작적 정의로서 3가지 유형으로 구별할 수 있다.

1) 규범적 정의(normative definition)

- 규범적 정의는 교육을 가치지향적 활동으로 보는 입장에서 교육의 내재적 가치, 즉 교육활동 속에 들어 있는 바람직한 가치와 결부시켜 내리는 정의를 말한다. 교육을 '인간을 인간답게 형성하는 작용', 또는 '인격함양의 과정'이라고 정의하는 형태이다. 예를 들면, '교육이란 사람다운 사람을 형성하는 일이다.', '교육은 인격완성 내지 자아실현의 과정이다.' 같은 것이다. 교육의 철학적, 윤리학적 입장을 강조하는 학자들은 흔히 규범적 정의를 사용한다.
- 강령적, 목적적 정의라고도 한다. 사람답게 하기를 주장하는 규범적 정의가 가지는 추상적인 측면 때문에 비판을 받기도 한다.
- 가치판단을 전제로 한 교육의 이해와 교육관의 집약된 표현이다. 전통적 교육관인 주입(注入)으로서의 교육관, 행동주의 심리학에 기초한 주형(鑄型)으로서의 교육관, 학문중심 교육학인 계명(啓明)으로서의 교육, 능력심리학으로서의 도야(陶冶)로서의 교육, 성장으로서의 교육, 자아실현으로서의 교육 등이 있다.

2) 기능적 정의(functional definition)

- 기능적 정의는 교육을 자체 목적이 아니라 다른 어떤 것을 이루기 위한 도구나 수단으로 보고 교육을 정의하는 것이다. 예를 들면, '교육은 국가발전을 위한 수단이다.'와 '사회적 지위상승의 수단이다.' 같은 정의가 그것이다.

개인의 입장	취업을 위한, 승급을 위한 수단
사회적 입장	사회발전을 위한, 문화유산을 계승, 발전시키는 수단
경제적 입장	인력양성을 위한 수단

- 비본질적, 수단적, 약정적 이해이며, 교육활동을 하는 과정에서 나타 남. 교육의 도구적, 외재적 가치를 중시해서 교육으로 이룰 수 있는 결과에만 관심을 둔다.
- 교육은 일면 다른 것을 이루기 위한 수단인 측면도 가지고 있지만, 교육을 수단으로만 본다면 교육은 본연의 자율성을 상실하게 된다.

3) 조작적 정의(operational definition)

- 조작적 정의는 계획적, 의도적인 교육의 결과로 인간행동의 변화를 이 끌어내는 것에 초점을 두는 정의이다. 교육의 개념에서 추상성을 제거 하고 과학적으로 명확히 규정하고자 하는 경우에 흔히 사용되며, 교 육을 '인간행동의 계획적 변화'라고 한 정의가 대표적이며 주로 관찰 가능한 행동의 변화에 관심을 둔다. 조작적 정의를 구체적으로 파악하 려면 정의요소(인간행동·변화·계획적)들에 대한 분석적 이해가 중요하다.
- 교육활동의 기술적, 서술적이고 보편적, 일반적, 관행적, 공학적, 가 치중립적인 이해이다. 교육과정의 결과이며 습관형성으로서의 교육 이다.
- 조작적 정의하의 중요한 포인트는 첫째, 인간행동이다. 교육은 인간 을 만드는 것에 직접적인 관심을 둔다. 여기서의 행동은 포괄적인 의 미를 갖는 과학적인 용어이다. 인간행동을 구체화하여 이해하는 것 이 교육을 보다 체계적이고 효과적으로 수행하는 토대가 된다.

- 둘째, 변화이다. 교육은 인간행동을 변화시키는 데 관심이 있다. 여기서 변화란 육성·조성·함양·계발·교정·개선·발달·증대 등을 포함하는 포괄적인 개념이다. 교육은 인간의 변화/성장 가능성을 전제로 해야 하며 교육을 통해 이루고자 하는 변화는 가치지향적(value oriented)이어야 한다.
- 셋째, 계획적이다. 기본적으로 '저절로'가 아니라 '계획에 의한 것'이어야 한다. 교육프로그램을 뜻하며 이는 기르고자 하는 인간행동에 관한 명확한 설정과 교육목적이 있고 교육이론과 실증적 뒷받침이 있는 계획과 과정이 있는 것을 의미한다.

3. 교육의 3차원

1) 목적
- 교육은 목적 지향적 행위, 즉 유목적적인 행위로서 목적이 없는 교육이란 상정할 수 없다.
- 어떤 사람으로 교육하려고 하는가에 대해 한마디로 "바람직한 인간"이라고 정의할 수 있다.

2) 내용
- 설정된 목적에 도달하기 위해 무엇을 교육해야 하는가에 대한 것이다.

3) 방법
- 설정된 목적에 도달하기 위하여 선정한 교육내용을 어떻게 하면 효과적으로 달성할 수 있는가에 대한 것이다.

교육의 성립과 목적

1. 교육의 성립조건	교육의 3요소; 의도성; 계획성; 가치지향성; 전인성
2. 교육의 목적 (무엇을 위한 교육인가?)	교육; 목적; 내재적 목적; 외재적 목적; 수단적 가치; 가치
3. 교육의 기능	개인적 기능; 정치적 기능; 경제적 기능; 사회적 기능; 교육

1. 교육의 성립조건

1) 교육의 3요소

- 교육의 주체인 교사, 교육의 객체인 학생, 교육의 내용이다. 교육의 3요소가 서로 기능적으로 상호작용할 때 교육의 효과는 증진된다. 그리고 교육환경을 추가해서 교육의 4요소라고 부르기도 한다. 교육의 3요소 또는 4요소는 상호작용을 통해 실천적으로 교섭할 때 그 가치가 나타난다.

2) (형식적)교육의 일반적인 성립조건

(1) 의도성

어떤 활동이 교육적 활동이 되기 위해서는 뚜렷한 목적의식이 전제되어야 한다. 목적의식이 구체적일수록 어떻게 가르칠 것인가의 문제가 명확해진다. 교육은 바람직한 인간을 육성시키기 위한 의도적 활동이어야 한다는 것이다.

(2) 계획성

어떤 활동이 교육적 활동이 된다는 것만 분명한 목적의식뿐만 아니라 교육목적을 달성하기 위한 적절한 내용과 지도방법을 선정하고 계획에 따른 실천전략을 수립해야 하는 것을 의미한다. 교육활동의 성립과 목적달성을 위한 계획적인 내용의 선정과 지도방법의 수립을 의미한다.

(3) 가치지향성

교육의 목적과 방법이 반사회적·반인륜적이지 않아야 함을 의미한다. 행동변화의 가치성을 의미하는 것으로 교육은 본질적으로 가치 있는 것을 지향하고 선택하는 일이 포함되어야 하며, 도덕적 판단에 어긋나서는 안 된다는 점이다.

(4) 전인성

교육은 인간행동의 영역 중 어떤 특정 부분의 변화를 목적으로 하는 것이 아니라, 지·덕·체·기의 조화로운 발달과 전인적 성장을 목표로 삼아야 함을 의미하는 것이다. 전인격적인 성장은 교육활동을 구분 짓는 기준일 뿐만 아니라 일반적인 교육목적이기도 하다. 자기실현성이라고도 하며, 교육의 궁극적 목적은 자아실현을 돕는 것이기에 교육자는 하나의 조력자로 머물고, 어떤 인간으로 자라고 무엇을 배우는가에 있어서의 주체는 학습자임을 강조하여 학습자가 선택하는 인간으로서의 충실한 성장을 돕는 일이 교육이어야 한다.

2. 교육의 목적(무엇을 위한 교육인가?)

교육의 전반적인 과정을 통하여 실현되어야 할 궁극적 가치를 의미한다. 교육의 목적은 '무엇을 위한 교육인가?'에 대한 답변으로 교육의 개념과 교육의 수단에 관심을 갖는다. 교육목표보다 포괄적 개념으로서 실현가능성이 있는 이상적인 인간상을 형성하는 일이다. 보편적으로 추구되는 교육의 궁극적인 목적은 자아실현의 가능성을 최대한 발현시키는 것이다. 교육목적의 기능으로는 ❶교육활동의 방향제시 기능 ❷교육내용의 선정·조직과 교수학습 지도방법의 선정기준 제시 기능 ❸교육평가의 기준제공 기능 ❹교육활동의 통제기능이다.

1) 교육의 내재적 목적

- 교육의 내재적 목적은 교육이 다른 무엇을 이루기 위한 수단이 아니라 교육의 개념 또는 교육의 활동 그 자체가 가지고 있는 목적을 말한다. 교육의 본질적 가치와 관련된다. J. Dewey는 교육의 과정이 자체적으로 그 목적이라고 주장했다. R. S. Peters는 교육은 어떤 것의 수단이 아닌 그 자체의 기준 또는 준거를 목적으로 삼는다고 보았다.
- 교육의 내재적 목적으로는 합리성의 발달, 지식의 형식 추구, 자율성 신장, 자아실현 등을 들 수 있다.

2) 교육의 외재적 목적

- 교육의 외재적 목적은 교육이 다른 목적을 이루기 위한 수단으로 사용되는 것을 뜻한다. 교육의 비본질적 가치, 수단적 가치이다.
- 경제성장, 직업준비, 생계유지, 출세 등은 교육의 외재적 목적의 예인데 이때 교육은 사회 현실과 개인의 필요를 잘 반영하는 데 관심을

두게 된다.

- T. F. Green은 교육이 하나의 도구와 같아서 인간이 선택하는 어떤 목적으로도 이용될 수 있다고 주장했으며, G. Langford는 교육이 활동 그 자체이며 그것은 주어진 목표를 달성하기 위해 의미를 갖는 것이라고 주장했다.

3. 교육의 기능

1) 교육의 개인적 기능

(1) 능력의 조화적 발달

교육은 인간의 성장 가능성과 성장력을 바탕으로 인간다운 인간으로 길러주는 기능을 가진다. 인간다운 인간이란 지·덕·체의 조화로운 발달을 이룬 전인(全人)을 말한다.

(2) 인격의 형성

교육은 민주 사회의 시민으로서 자신의 행동과 사고와 생활의 규칙을 자율적으로 결정하고 통제할 수 있는 인격을 형성시킨다.

(3) 자아실현 기능

교육은 학습자로 하여금 나름대로의 목적적인 생활을 사회 속에서 추구하면서 살아갈 수 있도록 한다.

2) 교육의 정치적 기능

(1) 콜맨(Coleman)의 이론

- 『교육과 정치발전』에서 교육의 역할은 정치적 사회화와 정치적 충원, 정치적 통합이다.

(2) 알몬드(Almond)와 버바(Verba)의 이론

- 『시민문화』에서 정치문화의 유형을 구분했다. 정치발전은 다음의 3단계를 거치며, 여기에서 가장 발달된 형태는 참여적 정치문화이며, 이것은 교육을 통하여 형성된다고 주장했다.
- 향리적 정치문화, 식민적 정치문화, 참여적 정치문화의 형태로 변화 발전한다.

3) 교육의 경제적 기능

❶ 교육은 한 사회의 경제생활의 방식을 유지시킨다.

❷ 교육은 기술을 개발하고 훈련함으로써 생산력과 인력을 창조하는 기능을 한다.

❸ 교육은 개인의 소득과 국민 전체의 소득을 향상시켜 준다.

4) 교육의 사회적 기능

(1) 사회·문화의 보존적 기능

교육은 문화유산을 계승·유지시킴으로써 사회·문화를 보존한다. 즉, 교육은 한 사회·문화가 지닌 가치 체계나 생활양식을 성인세대가 후세대에게 전해주는 기능을 한다.

(2) 사회·문화의 창조적 기능

교육은 끊임없이 변화하고 있는 사회 속에 새로운 지식·기술·태도·사고방식 등의 제공을 요청받고 있다. 교육은 문화의 전승과 보존에서

나아가 문화의 가변성과 상대성을 받아들여 보다 나은 문화를 창조할
수 있게 한다.

(3) 사회·문화의 통합적 기능

한 사회나 문화 속에 이질적인 요소들을 각기 독자의 고유성을 유지하
면서 전체적으로 갈등이나 충돌이 최소화되도록 조정해 주는 것을 말
한다. 즉 교육을 통하여 이질적인 가치관이나 신념체계, 사고방식, 관
습 등의 조화로운 통합을 기해주고 아울러 연대의식을 형성해 나간다.

교육의 유형 및 유사용어들

1. 교육의 유형과 종류	형식적 교육; 비형식적 교육; 전인교육; 평생교육; 열린교육; 노작교육
2. 교육과 유사용어	교육; 유사용어; 사회화; 교화; 훈련; 수업
3. (소방)교육학의 성립	교육학; 사상; 이론; 이론과 실천; 일반적 정의; 인간관; 교육관; 목적

1. 교육의 유형과 종류

1) 교육의 유형

(1) 형식적 교육(Formal Education)

- 의도적 교육 또는 정규교육이라고 하며 협의의 교육을 뜻한다.
- 특정한 지도자와 학습자 그리고 사전에 잘 조직된 교육 내용을 요소로 하여 의도적이고 계획적으로 교육하는 것이다.
- 목적을 달성하기 위하여 계획성, 방향성, 조직성, 일관성, 계속성을 가지고 교육활동이 이루어진다.
- 형식적 교육의 전형은 교육의 3요소를 갖춘 학교교육이지만, 사회교육기관(강습소, 양성소 등)에서 의도적인 교육이 실시되면 여기에 속한다.

(2) 비형식적 교육(Nonformal Education)

- 비의도적 교육 또는 비정규적 교육이라고도 하는데, 광의의 교육을

의미한다.

- 일정한 조직이나 체계 또는 형식 없이 이루어지는 교육의 형태이다.
- 인간이 사회생활 그 자체를 통하여 성원 상호 간에 감화와 영향을 주고받음으로써 이루어지는 인간형성의 과정이다.

2) 교육의 종류

- **가정교육**
- **전인교육**(Whole-minded Education)：산업사회의 인간소외현상으로 야기된 교육의 비인간화 현상을 없애기 위하여 인간성 회복을 위한 교육의 이념과 방법을 구현하여 인지적·정의적·기능적인 모든 면에서 조화적으로 발달된 인간, 즉 자아실현을 궁극적으로 도모하는 교육이다.
- **평생교육**(Life-long Education) 및 **환경교육**
- **열린교육**: 다양성과 개별성, 그리고 자율성과 창의성을 폭넓게 포용하는 열린 마음으로 행하는 학습자 중심의 다양하고 융통성 있는 교육이다.
- **대안교육**: 전통적인 학교교육의 폐단에 반발하여 일어난 거시적 학교개혁운동으로서 학습자의 행복, 자유, 창의성, 개성 및 개별화 등을 강조한다.
- **특수교육과 영재교육**: 남달리 영특하고 우수한 재능을 타고난 학생들을 위해 마련한 특수화된 교육을 말하며 특수교육의 한 영역에 속한다.
- **노작(勞作)교육**: 신체적 활동과 정신적 활동을 통한 교육이다 (learning by doing). 학교교육이 주지성(主知性)을 강조하는 서적 학교로서 타율적이고 수동적이며 비활동적인 성격을 띠고 있음에 반하

여, 학생들의 자기활동을 통한 노작적 학습을 전개시키려는 것을 강조한 교육을 말한다. 루소도 지식교육보다 노작교육을 강조했으며 페스탈로치는 "노작교육의 원리가 현실을 조화시킬 수 있는 유용한 교육방법이다"라고 주장했다. 프뢰벨은 놀이 및 노작교육의 원리를 유아교육의 2대 원리로 제시했다.
- 통일교육 및 양성평등교육 등이다.

2. 교육과 유사용어

1) 사회화
- 인간은 사회를 떠나서는 존재할 수 없는 동물이다. 그러므로 각 개인은 자신이 속한 집단의 언어, 관습, 가치, 생활양식, 행동양식 등의 문화를 내면화시켜 가면서 사회의 구성원이 되어 가는데 이 과정을 사회화라고 한다.

2) 교화(敎化, indoctrinating)
- 교화는 아동의 준비도를 대체로 고려하지 않고 특정 교육내용을 기계적, 일방적으로 주입하고 무비판적으로 받아들이게 하는 형태로 일어난다.
- 교화에 의한 교육은 대부분의 전통적인 도덕교육과 종교교육의 형태가 대부분이다. 특정 사회의 유지 발전을 위한 사회적 기능의 한 부분으로 작용하기도 한다.
- 교화는 사회적 동화의 형태로서 개인의 사회화에도 기여한다.

3) 훈련

- 훈련은 주로 특정한 직종에서 업무능력을 개발하는 것을 뜻한다.
- 제한된 기술의 연마, 가치중립성, 변화성은 부분적, 기계적이고 반복적 연습이 강조점이다.
- 인간 특성의 일부 변화 등

4) 수업

- 일반적으로 특정한 공간에서 행해지는 가르치고 배우는 활동을 뜻한다. 전통적인 교사중심 교육에서 학습자의 능동적인 역할이 중시되면서 '교수-학습'활동이라는 용어가 많이 사용된다.

3. 교육학의 성립

교육학의 성립과 발전은 교육사적 측면에서 3가지 단계로 나누어 볼 수 있다.

사상으로서의 교육학	교육학의 전사에 해당하는 시기
이론으로서의 교육학	Herbart에 의해서 대표되는 시기, 교육학의 성립과 이론적 전제의 시기
이론·실천으로서의 교육학	교육학의 분화와 체계화의 시기. Durkheim의 공헌

학문으로서의 교육학의 성립과정에 있어서 Kant, Herbart, Durkheim의 공헌은 매우 크다.

1) 교육학의 일반적 정의

교육학이란 교육의 다양한 현상을 기술·설명·예언·통제하여 그 성과를 체계화한 하나의 과학체계이다.

2) 교육학의 성립과정

(1) I. Kant의 교육학

- 대학에서 역사상 최초로 교육학 강의를 개설함. 1776년 4회에 걸쳐 교육학을 강의하였고 그 내용을 모아 1803년 『Kant의 교육학』을 출간하였음.
- 강의 첫 줄에 '인간은 교육을 필요로 하는 유일한 동물이다.'라고 규정하면서 교육이란 양육·훈련·문화를 익히는 일을 포함하는 교수로 이해되어야 한다고 정의함.
- 인간은 교육에 의해서 인간이 되어진다고 주장하며 교육의 가능성을 신뢰함.

(2) 교육학의 학문적 체계화

- 교육학이 하나의 독립된 학문으로 체계화된 것은 J. F. Herbart의 사변적 교육학의 영향이 크다.
- J. F. Herbart는 교육의 목적을 『윤리학』에서, 교육의 방법을 『심리학』에서 구하면서 교육학을 하나의 독립된 학문으로 출범시켰다.

(3) 교육의 과학

- J. F. Herbart의 사변적 교육학을 전통적 교육학이라고 하며 그 방법론으로 도입한 심리학은 표상심리학으로서 지나치게 주관적인 성격을 가지고 있다.

- 교육학이 하나의 과학으로 정립된 것은 E. Durkheim의 객관적·실증적 교육학에 기초를 둔다.
- E. Durkheim은 19세기 교육학자로서 「교육의 과학」을 정립시키고, 교육사회학의 아버지로 불린다.

(4) 전통적 교육학과 교육과학의 구분

전통적 교육학	교육의 본질·목적·방법·제도·행정의 원리를 규범적으로 규정한 교육학
교육 과학	교육을 사회적·역사적 사실로 보고 그 성질 및 기능을 가치중립적으로 연구하는 교육학

(5) 교육학의 학문적 성격에 관한 Kirst와 O'Connor의 논쟁

- 방법론적 측면에서 규범과학이냐 경험과학이냐에 관한 논쟁이다.

Kirst의 입장	교육에서 가치 판단을 배제할 수 없다는 규범적 입장
O'Connor의 입장	교육에서 가치중립성을 강조한 경험과학의 입장

3) 소방안전교육개념

(1) 인간관

인간관
Maslow의 인간욕구 5단계론에 기초하여 볼 때, 인간은 본질적으로 안전을 추구하는 존재인데 안전한 방법, 태도를 몰라서 못 한다는 입장임

(2) 교육관

교육관
· 지식, 기능을 가르치고 능력, 가치관을 기르게 하면 개인적, 집단적 안전의 추구가 가능함 · 백지설에 기초해 안전한 지식, 기능, 태도에서 미성숙한 학습자가 성숙하고 완전한 안전화를 이루려 노력하는 것이 교육임 · 교육 과정을 위해 의도적이고 조직적으로 지도할 수 있는 지식과 기능을 보유하여 바람직한 가치관을 소유한 소방안전교육사가 필요함

- 전문적인 안전에 관한 지식, 기능, 태도를 가지고 이를 효과적으로 수행하는 소방안전교육사와 학습자 및 매개체인 교육내용의 3요소를 갖추어야 안전교육이 수행될 수 있다.

(3) 교육의 목적

인간을 어떻게 변화시킬 것인가의 사안이다. 안전한 지식(知)과 기능(體)을 가진 능력을 통해 바람직한 태도(德)와 도덕적이고 인격적인 가치관을 가진 생활실천인을 육성하는 것이다. 예를 들어, 소방안전교육을 통해 너와 우리의 안전을 주체적으로 수행할 수 있는 자주적 인재를 양성하는 것이다.

소방교육이념	국민의 안전한 삶을 구현해서 나와 우리의 안전한 삶을 형성함
소방교육목적	지식과 기능 및 안전을 구현할 태도를 가진 생활 안전인을 육성함
소방교육목표	수단 및 방법(지진대피요령, 소화기 사용방법, 화재 대피교육 훈련) 소방안전적인 지식과 기능, 태도를 갖춘 생황 안전인을 육성함

(4) 교육의 내용과 방법: 무엇을 어떻게 가르칠 것인가의 사안이다

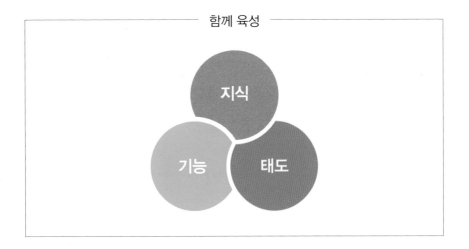

- 지식, 기능, 태도를 같이 육성해야 한다. 불을 끌 수 있는 기능을 가지고 있더라도 남의 아픔과 피해를 이해할 수 있는 마음 즉, 역지사지의 관점이 형성되지 않았다면 결국은 쓸모없는 교육이 되는 것이다.

- 결국 인성교육적인 현대의 교육흐름과 접목시켜 교육전개가 필요하다.
- 만드는 교육(M) + 기르는 교육(R) + 인성 교육(人, 따뜻한 마음, 함께하는 마음)
- 차가운 이성 + 강하고 건강한 육체 + 따뜻한 마음

소방교육	만드는 교육(M) + 기르는 교육(R) + 인성 교육(人, 따뜻한 마음, 함께하는 마음)
소방안전교육인	차가운 이성 + 강하고 건강한 육체 + 따뜻한 마음

연습문제

문제 1 다음 중 서양에서 사용되는 교육의 어원의 개념은?

① 끄집어내다.　② 바로잡다.

③ 주입하다.　④ 기르다.

정 답　①

해 설　인간은 선천적인 잠재가능성을 가지고 태어났다는 전제하에 이를
　　　계발시키는 과정을 교육으로 본다.

문제 2 다음에서 교육의 규범적 정의에 해당하는 것은?

① 교육은 국가발전을 위한 수단이다.

② 교육은 인격완성 내지 자아실현의 과정이다.

③ 교육은 자체 목적이 아니라 다른 어떤 것을 이루기 위한 도구나 수단이다.

④ 교육은 "인간행동의 계획적 변화"이다.

정 답　②

해 설　①과 ③은 기능적 정의이며, ④는 조작적 정의이다.

문제 3 다음 중 교육과 훈련의 의미를 가장 잘 설명한 것은?

① 교육이나 훈련은 모두 가치지향적 활동과 관련이 있다.

② 교육은 지식의 전달에 관심을 두지만 훈련은 인간 특성의 일부분에 관심을 둔다.

③ 훈련을 교육으로 볼 수 없는 중요한 이유는 지식과 이해를 보장하지 못하기
　 때문이다.

④ 교육이나 훈련의 방법상의 공통점은 기계적이고 반복적 학습이란 점이다.

정 답　③

해 설　①의 경우 교육은 가치지향적이고 훈련은 가치중립적임. ②의 경우 교육은
　　　지식의 전달이 아니라 신념체계의 변화 내지는 지식과 신념의 형성과 관련이
　　　있으며 ④의 경우 훈련만 방법이 기계적이고 반복적인 학습이다.

- 교육의 개념에서 교육의 어원적 의미를 살펴볼 때 서양에서는 학습자의 타고난 소질과 능력을 밖으로 이끌어 내어 계발시키는 것을 교육의 의미로 이해한다.

- 교육의 정의 유형에는 1) 규범적 정의 2) 기능적 정의 3) 조작적 정의로 나눌 수 있다.

- 교육의 3차원으로 볼 때, 1) 목적 2) 내용 3) 방법으로 볼 수 있다.

- 교육의 3요소로는 교육의 주체인 교사, 교육의 객체인 학생, 매개체인 교육의 내용이 있다.

- 형식적 교육의 일반적인 성립조건에는 1) 의도성 2) 계획성 3) 가치지향성 4) 전인성이 있다.

- 교육의 목적은 크게 1) 교육의 내재적 목적 2) 교육의 외재적 목적으로 구분한다.

- 교육의 기능은 1) 개인적 기능 2) 정치적 기능 3) 경제적 기능 4) 사회적 기능으로 구분된다.

- 교육의 유형은 1) 형식적 교육과 2) 비형식적 교육으로 나눈다.

- 교육의 종류에는 가정교육, 학교교육, 전인교육, 평생교육, 열린교육, 대안교육, 특수교육 등이 있다.

- 교육과 유사용어로는 사회화, 교화, 훈련, 수업 등이 있다.

- (소방)교육학의 성립에서, 독립된 학문으로 체계화 된 것은 J. F. Herbart이고 하나의 과학으로 정립된 것은 E. Durkheim에서 기초가 되었다.

다음 학습 예고

다음 Chapter에는 **03. 교육의 역사**에 대해 학습하겠습니다. 수고하셨습니다.

교육의 역사

제3장

학습목표 및 목차

학습 목표	1. 서양교육사 및 한국교육사의 각 시대를 구분하여 열거할 수 있다. 2. 각 시대의 교육적 특징과 내용을 열거할 수 있다. 3. 주요 교육사상가의 교육론을 설명할 수 있다.
학습 목차	1. 서양교육사 I(그리스, 로마, 중세, 르네상스, 종교개혁 및 반종교개혁기) 2. 서양교육사 II(17세기 실학주의 교육, 18세기 계몽주의 교육, 19세기 신인문주의 교육) 3. 한국교육(삼국, 고려, 조선시대, 근대 교육)

복습점검 다음 설명이 맞으면 O, 틀리면 X를 하세요.

문제 1 "교육이란 아름다운 사람을 형성하는 일이다."라는 것은 교육에 대한 규범적 정의이다.

정 답 O

해 설 교육에 대해 교육활동 속에 들어있는 바람직한 가치와 결부하여
가치지향적인 방향으로 정의를 내리는 유형이다.

문제 2 대체로 '협의의 교육'이라고 할 때는 비형식적 교육(Nonformal Education)을 말한다.

정 답 X

해 설 형식적 교육(Formal Education)은 의도적 교육 또는 정규교육이라고
하며 협의의 교육을 뜻한다.

문제 3 교육과 달리 "훈련"은 주로 특정한 직종에서 업무능력을 반복적으로 개발하는 것이다.

정 답 O

해 설 R. S Peters의 훈련에 대한 정의에 의하면, 제한된 기술의 연마를 목적으로
하는 가치중립과 부분적 변화 및 기계적이고 반복적인 연습을 의미한다.

제1절	서양교육사 I
1. 고대 그리스·로마의 교육	스파르타; 아테네; 로마; 인본주의; 소피스트; 군사훈련; 스콜레
2. 중세의 교육	가톨릭교; 내세중심; 기사교육; 도제교육; 대학 성립
3. 르네상스의 교육	문화운동; 이탈리아; 휴머니즘; 사회적인문주의; 문예부흥
4. 종교개혁기 및 반종교개혁기의 교육	루터; 만인제사장설; 아동존중사상; 교육의 기회균등; 로욜라

1. 고대 그리스·로마의 교육

1) 고대 그리스의 교육

고대 그리스의 문화는 로마문화와 함께 서양문화의 근본을 이루며 전반적으로 인본주의적 성격을 지녔기 때문에 인본주의의 원조라고 한다.

(1) 스파르타의 교육

가) 시대적 배경 및 교육의 성격

- 스파르타는 도리아(Doria)족이 세운 도시국가이다.
- 주민의 구성은 노예와 반(半) 자유민이 90~95%를 차지, 정복자인 스파르타인(완전한 시민)은 5~10% 정도였다.
- 스파르타인은 대내적으로는 항상 피지배계급의 반란을 경계하는 한편, 대외적으로는 정복전쟁을 했기 때문에 교육은 엄격한 훈련위주의 성격을 띠었다.

| 1 집단주의적 | 2 전체주의적 | 3 군국주의적 |

- 스파르타의 교육목적은 강한 신체적 힘과 군사적인 기술 및 용기, 투철한 애국심과 복종심을 지닌 훌륭한 군인을 양성하는 것이다.

나) 교육의 과정

어린 아이의 출생 즉시부터 국가가 엄격히 관리한다. 즉, 남자아이가 태어나면 건강진단을 실시하여 합격해야 가정에서 양육될 기회를 주는 반면, 불합격하면 밖에 버리게 하였다. 30세가 되어야 결혼할 수 있었고 참정권도 부여받았다.

0~6세	가정교육의 시기. 가정에서 양육할 때에도 엄격하게 길렀음
6~8세	국가 교육의 시기. 6세가 되면 국가교육기관에서 공동생활을 하며 신체 단련 및 기초 군사훈련을 실시함
18~20세	전문적인 군사훈련을 실시함
20~23세	현역 군인 생활을 하며 실전 훈련도 실시함

(2) 아테네의 교육

가) 시대적 배경 및 교육의 성격

- 이오니아(Ionia)족이 세운 도시국가로서 기원전 6세기 초까지는 귀족 정치의 형태였으나 페르시아 전쟁(BC 500~497)에서 아테네가 승리함으로써 민주정치의 기틀이 마련됨.
- 아테네에서는 비교적 자유롭고 개인주의적인 경향이 우세하여 아테네의 교육은 인문주의적, 자유주의적, 진보적인 특징을 가진다.

나) 초기 아테네의 교육

- 페르시아 전쟁을 기점으로 그 이전의 교육이다.
- 교육목적: 심신의 조화로운 발달을 목적으로 하여 지혜의 인간상을 추구하였고, 자유인으로서의 교양을 위한 교육이었다.
- 스콜레(schole)에 모여 교육을 받았는데, 오늘날의 학교 school은 이에서 유래한다.
- 여성은 현모양처(賢母良妻)가 되기 위해 가정에서 교육되었으며 지적 교육은 무시되었다.

- **교육과정**

7~16세	체육학교와 음악학교에서 신체단련을 위한 각종 운동경기 및 읽기, 쓰기, 셈하기를 포함하여 현악기와 피리 등을 가르침
16~18세	유사시를 대비하기 위한 군사훈련 및 시민 생활에 필요한 것을 가르침. 이후 2년간은 군사훈련과 함께 군대 생활을 수행함
20세 이후	자유로운 시민 생활이 가능함

다) 후기 아테네의 교육

- 페르시아전쟁에서 승리함으로써 정치, 경제, 사회적으로 크게 변화

한 시기로서 특히 민주주의의 발달로 인해 교육에서도 개인주의, 자유주의 등 민주주의적 특징이 나타났다.

- 교육목적은 출세를 위한 준비로 개인능력의 발전을 꾀하였다.

(3) 소피스트의 교육

- 소피스트는 BC 4세기에 걸쳐 아테네에서 활동한 지식인이다.
- 웅변술, 수사학, 기하, 음악, 천문학, 문법, 법률, 정치, 경제, 역사, 변증법 등 출세에 필요한 지식을 가르쳤다. 이는 후에 7자유학과로 발전하였다.
- 현실주의적, 생활중심적, 인간중심적, 주관주의적, 주지주의적, 상대주의적 가치관을 신봉하였다.
- 서양 최초로 보수를 받고 가르친 직업교사이다.
- 학생들에게 적합한 교육과정을 계획하여 합리적으로 가르침으로써 수업의 전문화를 꾀하였다.

(4) 고대 그리스의 철학자

- 소크라테스, 플라톤, 아리스토텔레스 등이 있다.

2) 고대 로마의 교육

- 로마인들은 실용적이고 현실적인 민족으로서 정치, 군사, 법률 등의 분야에서 제도나 조직 등을 발달시켰다.
- 로마의 교육은 공화정시대와 제정시대로 구분된다.
- 공화정시대 교육목적: 공적인 생활을 할 수 있는 시민, 즉 무기를 다룰 줄 알며 법률을 알고 국가생활을 잘 하는 시민을 양성하는 데 있었다. 가정이 중심이 되어 부모가 실생활과 관련된 내용을 가르쳤으며, 그 외

올바른 행위와 사회적 의무, 책임의식을 강조했고 단순한 읽기, 쓰기, 셈하기 및 12동판법의 조문암기 외에 영웅들의 전기도 들려주었다.
- 공화정 말기에는 사립초등학교인 루두스(Ludus)가 설립되었다.
- 제정시대의 교육목적: 실생활에 유용한 인물, 즉 지적·도덕적으로 유능한 웅변가를 양성하는 것이었다.

2. 중세의 교육

1) 개관
- 서양의 중세는 게르만 민족의 대이동으로 서로마 제국이 멸망한 476년부터 동로마 제국이 멸망한 1453년까지 약 1000년의 시기를 이른다. 이 시기는 10세기까지를 중세 전기, 그 이후를 중세 후기로 나눌 수 있다.
- 가톨릭교가 지배한 시대로 종교적 맹신과 미신에 사로잡혀 인간의 이성이 위축된 시대로 흔히 암흑시대라고 불린다.

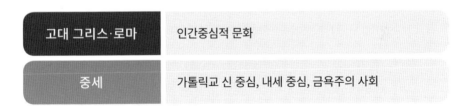

고대 그리스·로마	인간중심적 문화
중세	가톨릭교 신 중심, 내세 중심, 금욕주의 사회

- 전반적으로는 가톨릭교사상이 교육이념과 교육내용을 지배하였으나, 세속교육으로는 기사도 교육이 있었고 후기에는 시민교육과 대학교육도 발생하였다.

2) 유형

(1) 가톨릭교 교육

- 교육의 목적: 하나님을 공경하고 하나님에게 순종하는 기독교적인 인간형성에 있었다.
- 교육의 성격: 내세중심, 초자연주의, 금욕주의, 세계주의적 성격을 띤다.
- 교회부설학교가 등급에 따라 설치되어 있다.

(2) 세속교육

가) 기사교육

- 기사교육은 봉건제도의 산물로서 기사학교가 따로 존재한 것은 아니었다.
- 교육목적: 기독교 정신을 갖춘 무인양성에 있었다. 즉, 하나님과 영주에게 충성하고 약자와 부녀자를 보호하며 교회와 국가를 지키는 기사를 기르는 것이다.
- 교육과정과 교육내용: 7~14세에는 시동기(侍童期)로 영주의 저택이나 궁정에서 기초훈련을 받는다. 교육내용은 궁정생활의 예법, 읽기, 쓰기, 셈하기, 노래, 악기연주법, 씨름, 승마, 수영, 권투 외 간단한 무기 사용법에 관한 것이다. 그리고 14~20세에는 기사의 종자(從子)가 되기 위해 기사 7예(藝)* 등의 내용을 체계적으로 배운다. 21세에는 기사임명식이 치러지고 기사자격이 부여된다.

나) 도제교육

- 형식적인 교육기관에서 이루어지는 것이 아니라 전문가에게 개인적

---

* 승마, 수영, 궁술, 검술, 사냥, 체스, 시 짓기 등

으로 기술교육을 받는 비형식적 교육이다.

- 도제교육은 도제(Lehrling), 직공(Gesell), 마스터(Master)의 세 단계로 구분된다. 도제는 10세 전후의 소년이 마스터와 같이 살면서 봉사와 함께 기술을 배우는 단계이다. 도제에서 직공으로 승격되면 임금을 받으면서 일한다. 훈련을 받아 직공이 자신의 최고 작품을 소속된 조합에 제출하여 심사에 합격하면 그 기술분야에서 마스터가 된다.
- 도제 교육제도는 유럽근대학교의 직업교육제도의 원형이 되었다.

3) 대학의 성립과 발달

(1) 개관

- 대학은 서양 중세의 산물로 초기의 대학은 세워진 것이 아니라 자생적(自生的)으로 형성되었고, 이어서 인가(認可)절차를 거쳐 정식으로 설립되는 식이었다.

자연발생 → 인가 또는 창립

- 12세기 무렵부터 2~3백 년의 세월을 두고 형성되었으며 중세 때 형성된 특징들이 오늘날까지도 대체로 유지되면서 정체성을 간직하고 있다.
- 왕권, 교권과 함께 대학은 서양 중세사회를 주도한 주요 세력이 되었다.

(2) 성립과 발전

- 중세 대학이 출현하는 12세기는 중세사회의 변화, 의식의 변화가 일어난 시기이다.
- 십자군 전쟁을 통하여 1100년과 1200년 사이에 그때까지 잘 알려지

지 않았던 외부세계의 문화, 아랍어 철학서나 그리스의 고전, 동방서적과 외국의 책과 사상, 과학과 문물이 흘러들어오면서 학문이 발달하였고, 이는 당대의 의식 있는 사람들의 지적 욕구를 자극하여 중세의 의식이 깨지는 변화를 가져왔다.

- 지적 욕구가 충만한 학생들, '기꺼이 배우고 기꺼이 가르치려고 하는' 열성적인 젊은이들이 국경을 넘어서라도 유명한 스승을 찾아 집결함으로써 각지에 자생적으로 나타났다.

- 집을 떠나 타지, 타국에 온 학생들은 자신들을 보호하고, 주민이나 교사들에 대한 방어수단으로 단결할 필요가 있었고, 그리하여 학생조합을 결성하게 되었는데 이것이 대학의 전신 또는 모태라고 할 수 있다.

- 오늘날 대학(university)의 어원인 'universitas'는 원래 대학이라는 의미와는 관계가 없고, 중세에 유행하던 동업자 조합(corporation)이나 길드를 의미한다.

(3) 중세대학의 구성

- 상부학부: 신학부, 의학부 등
- 하부학부: 학예학부(교양학부)

(4) 중세대학의 특권

- 대학의 자치권에 기초하여 교수와 학생에게는 병역, 부역, 세금이 면제되었다.
- 대학에서는 독립된 법정이 설치되어 대학 내의 재판권을 가지고 있었는데, 이것은 일종의 치외법권적 특권이다.
- 대학은 학위수여식을 가졌다. 학위에는 학사, 석사, 박사가 있다.

- 학장, 총장 선출 등의 자치권이 보장되었다.
- 교수와 학생에게는 마음 놓고 자유롭게 여행할 수 있는 신분상의 보호와 자유가 보장되었다.
- 학문의 자유를 위해 투쟁하였고, 학문의 자유가 허용되었다. 예를 들어 중세대학은 학문의 자유를 위해 맹휴를 일으켰으며, 아리스토텔레스의 저작을 연구할 자유가 허용되었다.

3. 르네상스의 교육

1) 개관
- 중세와 근세 사이에 서유럽에 나타난 문화운동이다.
- 이탈리아에서 13세기에 시작되어 점진적으로 발전하여 14세기에 점점 더 확고해지고, 알프스의 북쪽으로 건너가면서 1500년 이후에 완성되었다.
- 르네상스(Renaissance)라는 명칭은 '재생(再生)하다', '부활(復活)하다'라는 의미를 가진 'renasci'라는 동사에서 유래한다. 그래서 '문예부흥', '고전부흥'이라고도 한다.

2) 르네상스의 중심사상: 휴머니즘
- 르네상스의 중심사상인 휴머니즘(humanism)은 '인간주의(人間主義)', '인문주의(人文主義)', '인본주의(人本主義)', '인간중심주의', '인도주의(人道主義)', '인류주의' 등으로 다양하게 번역되며, 그 핵심은 '인간'이 삶의 중심에 자리하고 있다는 뜻이다.
- 중세의 신 중심적 세계관, 내세주의적 세계관으로부터 탈피하여 인간정신을 해방하려는 운동으로 개인의 권리와 존엄을 옹호하고 한

인간으로서 가지는 개성에 대한 존중이 강조되었다.

- humanism은 그리스어 'humanitas'에서 나온 말로 인간을 궁극의 목적, 최고의 가치로 보며 현실 긍정, 현세인을 긍정하는 이념이다.
- 고대 자유교육이 부활되고 중세에 도외시되었던 체육도 새로운 관점에서 고려되었다.
- 르네상스의 교육은 웬만한 인격을 지닌 교양인을 만드는 데 두었다.
- 대중적 운동이 아니라 메디치 집안과 인문주의 법왕들의 후원을 맡은 소수의 학자, 예술가들에게 국한되었다.

- **구분**

개인적 인문주의	이탈리아에서 존재
사회적 인문주의	16C 알프스 산맥 이북 유럽의 나라에서 존재

3) 휴머니즘의 인간상

- 인간은 자신의 삶을 주도하며 자신의 행위들과 결단에의 자유를 가지며, 자신에게 고유하고 유일회적이며 다른 것과 대체할 수 없는 자신의 삶을 형성하여 나가야 하는 존재이다.
- 태어날 때 가능성만을 가지고 결정되지 않은 개인이 금수처럼 되는가 아니면 하나님에게 가까운 인간이 되는가는 개인의 결단에 달려 있으며 이는 또한 필연적으로 자기 행위에 대한 책임도 요구한다.
- 이것은 인간에게 인간의 존엄성을 지키기 위한 하나의 권리이기도 하지만 동시에 누구도 대신하여 덜어줄 수 없는 짐이기도 하다. 인간은 단순히 인간의 몸을 받아 태어난 상태에서 진정한 인간으로 자신

을 스스로 형성해 나가야 하는 의무를 지게 되는 것이다. 인문주의자들의 눈에는 인간은 도야를 통하여 진정한 인간이 될 수 있다.

4. 종교개혁기 및 반종교개혁기의 교육

1) 종교개혁기의 교육

(1) 개관

- 종교개혁은 루터가 〈면죄부(免罪符)에 관한 95개조 논제〉의 항의문을 비텐베르크대학의 교회 정문에 게시한 것이 발단이 되어 일어났다. 종교개혁 그 자체만이 아니라 봉건사회의 모순과 그에 대한 불만으로 사회를 개혁하고자 한 운동이었다.
- 르네상스의 인간 재생운동은 일부 지식층이나 중산층에만 국한되었지만, 종교개혁은 서구사회 전체의 모습과 방향을 전환시킨 대중적인 운동이다. 대표적인 교육사상가로는 루터, 쯔빙글리(U. Zwingli, 1484~1531), 칼뱅(J. Calvin, 1509~1563), 멜란히톤(Ph. Melanchthon, 1479~1560) 등이 있다.

(2) 루터(M. Luther, 1483~1546)의 교육사상

신앙에 의한 의인(義認)	인간은 선행에 의해서가 아니라 오직 믿음으로 구원을 받음
성서주의	교회 조직의 권위가 아니라, 성서만이 신앙 규범이 되어야 함
만인 제사장설	모든 기독교인이 사제의 중재가 없이도 독자적으로 하나님의 계시를 받을 수 있으며, 사제와 마찬가지로 하나님의 계시를 받고 사제로서의 직분을 감당해야 함

- 교육목적: 신앙인이자 현세에 충실한 인간양성에 있다. 즉, 내세를 위한 참된 신앙인이 되는 것과 동시에 현세에서의 가정과 직업, 교회와 국가에 대한 의무를 충실히 수행하는 도덕적인 인간양성을 교육목적으로 강조하였다.
- 아동존중사상: 아동은 신이 맡기신 선물로 아동은 존중받아야 한다. 그러므로 부모는 가정교육을 통해서 아동의 신체발달과 정신교육, 신앙교육을 수행해야 한다.
- 직업: 직업은 하나님이 내리신 '소명'으로서 현세에 인간이 충실하게 수행해야 하는 것이다. 따라서 하나님의 영광을 나타내는 수단으로서 직업인, 전문인의 육성을 강조하였다.
- 교육의 기회균등과 의무교육 사상: 국가는 빈부귀천, 남녀 구별 없이 교육을 실시해야 한다. 즉, 교육의 기회균등을 위한 공교육과 의무교육을 실시해야 한다.
- 교육내용: 성서와 교리문답, 모국어, 음악, 체육 외에 고전어, 즉 그리스어, 라틴어, 히브리어와 문법, 역사, 문학 등을 중시했다.

2) 반종교개혁기의 교육

(1) 개관

- 반종교개혁은 종교개혁 운동에 대항하여 가톨릭 교도들을 자극하여 가톨릭 교회 내부에서 일어난 운동이다. 예수회(the Society of Jesuit)가 주도하였다.

(2) 예수회의 교육

- 예수회는 1540년 성 이그나티우스 데 로욜라(Ignatius de Loyola, 1491~1556)가 사비에르(f. Xaviet, 1506~1552) 등과 함께 프랑스 파리

에서 창설한 가톨릭의 남자 수도회이다.

- 예수회의 목표: 회원 각자의 인격완성, 종교·교육·문화사업을 통하여 높은 도덕심과 인내, 소명(召命)에 따르는 생활을 하도록 이웃에게 봉사하는 것을 목표로 한다.

- 교육사업: 1547년 처음으로 예수회 대학을 개설한 이래, 세계 곳곳에 226개의 단과대학과 종합대학을 설립하였으며 4000여 개의 중·고교와 기타 교육기관 등을 세워 운영하고 있다.

- 교육방법: 학습할 내용을 잘게 나누어서 한 번에 조금씩 학습하도록 했다.

- 수업은 강의와 반복의 두 단계로 구분되었다.

- 학습동기 유발의 중요성을 인식하여 정교한 동기유발 방법을 사용했다. 즉, 의무감, 부모를 기쁘게 하려는 마음, 경쟁심, 모방 심리 등을 활용하였다.

- 우수한 교사양성에 특별한 관심과 노력을 기울였다.

- 예수회의 교육활동은 교수방법의 개발, 교사양성체제의 발전 그리고 중등 및 고등 교육기관의 보급에 큰 공헌을 한 것으로 평가되고 있다.

제2절	서양교육사 II
1. 17세기 실학주의 교육	코페르니쿠스; 갈릴레이; 코메니우스; 과학적 실학주의; 실학
2. 18세기 계몽주의 교육	칸트; 루소; 자연주의; 소극적 교육론; 개성; 에밀
3. 19세기 신인문주의 교육	그리스 문화; 존중; 역사주의; 국가주의; Pestalozzi
4. 현대의 교육 경향	교육; 민주화; Ellen Key; Maria Montessori; J. Dewey

1. 17세기 실학주의 교육

1) 개관

- 르네상스 이후 세속화 경향, 즉 현세적 삶에 대한 관심이 증대되었다.
- 17세기에는 특히 자연세계에 대한 관심과 함께 코페르니쿠스와 갈릴레이, 뉴턴, 베이컨, 데카르트 등이 등장함으로써 자연과학이 크게 발달하고 과학적 지식이 급증하면서 실학주의가 발생하였다.
- 자연과학의 발달로 자연과 사회의 여러 사실 및 사물에 대한 감각적 경험과 이해를 추구하면서, "언어 이전에 사물"이 중시되었다.
- 교육목표: 실생활에서 유능한 인간 양성을 목적으로 실제성과 실용성을 강조한다.
- 교육내용: 고전어나 고전, 신학보다는 자연과학, 지리, 정치 및 특히 모국어와 근대외국어 등 실제 삶과 직결되는 내용을 중시하였다.

- 시청각적 교육방법: 암기를 통한 기억보다는 감각기관에 의한 관찰과 경험을 중시하였다.
- 실학주의 종류에는 인문적 실학주의, 사회적 실학주의, 감각적(과학적) 실학주의가 있다.

2) 코메니우스의 교육사상

(1) 개관

- 코메니우스(J. A. Comenius, 1592~1670)는 체코의 신학자이면서 교육학자이다.
- 감각적(과학적) 실학주의의 대표자이다.
- 대표적 저서 :
❶ 〈범지학교〉: 학교개혁의 원리와 강령을 제시한 내용
❷ 〈세계도회〉: 유럽 최초로 그림으로 설명한 책
❸ 〈대교수학〉: 세계 최초로 체계적인 교육학 저서
- 교육목적: 하나님이 인간에게 부여한 과제, 즉 지식(인식 형성), 덕성(도덕론), 신앙(경건성)을 교육을 통해 완성하는 것이다.

(2) 교육방법

- '모든 사람에게(omnes), 모든 것을(omnia), 모든 방법으로(omnimo)' 가르치기 위한 방법을 고안하였다. 그의 저서 〈대교수학〉에 잘 나타나 있다.
- 자연의 질서 또는 법칙을 따라야 한다고 주장하였다: 직관교육, 감각적 실학주의
❶ 자연은 질서정연하게 시간에 따라 진행한다: 학습도 쉬운 것에서 어려운 것으로 나아가야 한다.

❷ 자연은 먼저 일반적인 것에서 시작하여 특수한 것으로 끝난다: 학습도 전체지식에 대해 기초적이고 일반적인 것에서 개별적인 것, 특수한 것으로 나아가는 것이 좋다.

❸ 자연은 내부에서부터 활동을 시작한다: 학습은 학습자의 흥미와 의욕에 따라 진행되어야 한다.

❹ 자연은 비약하지 않고 점진적으로 진행된다: 학습도 한 단계가 다음 단계를 준비하는 것이 되어야 한다.

- 코메니우스는 사물에 대한 감각적인 경험을 중시하는 직관의 원리를 강조함으로써 시청각교육이 발달하게 되는 기초를 마련하였다.

2. 18세기 계몽주의 교육

1) 개관

- 칸트(I. Kant)의 '계몽'에 대한 정의: "계몽이란 인간이 스스로 책임을 져야 하는 미숙함으로부터 벗어나는 것이다. 미숙함이란 다른 사람의 인도 없이는 자신의 지성을 사용할 능력이 없는 것이다. 그 원인이 지성의 결핍이 아니라 결단과 용기의 부족에 있는 것이라면 미숙함의 책임은 자기 자신에게 있다. 사페레 아우데(Sapere aude)! 당신 자신의 지성을 사용하겠다는 용기를 가져라! 이것이 바로 계몽주의의 표어이다."
- 계몽주의는 18세기에 유럽을 지배한 사회사상으로 프랑스 혁명에 원리를 제공한 사상이다.
- 이성을 중시하며 미신적, 비과학적 전통이나 편견의 구속에서 벗어나 자유로운 지식, 합리적인 사고를 중시한다.

• 현세에 대한 관심, 세속화를 촉진시켰다.

2) 교육사상
❶ 교육목적: 스스로 생각하고 모든 사물을 자신의 이성의 힘으로 판단할 수 있는 인간의 양성에 있다.

❷ 개성의 강조: 개성, 특히 학습자의 개성을 존중하고 초자연적으로 교육할 것을 강조한다.

❸ 교육내용: 합리적인 것만으로 구성하며 철학·자연과학·정치·경제·미술·문학·사교상의 예법 등에 치중했다.

3) 루소의 자연주의(Naturalism) 교육사상
(1) 개관
• 루소(J. J. Rousseau, 1712~1778)는 스위스 출신의 대표적인 사상가로 주요 저서에는 〈인간불평등 기원론〉, 〈에밀〉, 〈사회계약론〉 등이 있다.

• 루소의 교육사상은 현대교육의 심리적, 사회적 과학적 배경이 되었다.

• 교육사상은 성선설 및 자유주의에 입각한 자연주의에 기초한 것이다.

• 교육목적: 인간의 자연스러운 본성을 길러내어 자연인으로서의 자유와 권리에 기초한 사회를 건설하는 것이다.

• 교육내용: 생활 속에서 이루어지는 자연스러운 활동을 토대로 하며, 신체발달과 건강을 중시하고 자연스럽게 이루어지는 도덕교육, 지적교육 및 종교교육이 강조된다.

(2) 교육론
가) 교육의 3요소

자연	인간	사물
인간이 타고난 능력(자연성)	인간에 의한 인간교육	인간을 둘러싼 환경 전체

- 이 세 가지가 조화를 이루어야 하며, 특히 인간과 사물에 의한 교육은 자연의 교육에 일치해야 한다.

나) 교육방법: 자연에 따르는 교육방법, 실물교육, 직관교육

- 어린이 발달단계의 특징에 따라 자연스럽게 이루어지는 교육을 중시한다. 아동중심교육으로 어린이의 자유에 근거한 자발성, 흥미와 활동중심, 개성중심, 생활중심을 강조한다.

다) 소극적 교육론

- 인위적으로 사회의 관습과 기준을 강요하는 교육은 인간의 자연스러운 내적 발전을 방해하는 것으로 보았다.
- 교육은 아동이 타고난 선성을 자발적으로 형성해 가도록 자유를 주어 개인의 능력, 소질, 성향을 자연스럽게 기를 수 있도록 도와주는 것이다.
- 성인사회의 인위적인 형성이나 간접적인 간섭, 개입, 영향을 배제해야 한다는 점에서 소극적 교육론이다.

라) 루소의 영향

- 루소의 교육사상은 바제도우, 페스탈로치, 프뢰벨, 헤르바르트, 엘렌 케이 등에 영향을 주었다.

3. 19세기 신인문주의 교육

1) 개관
- 19세기 철학과 문학의 낭만주의적 사조가 교육에 반영된 사상체계이다.
- 주요사상: 인성의 조화적 발달, 미적·예술적 발달, 비합리주의.
- 주요특징: 로마의 고전보다는 그리스 문화를 존중함. 역사주의 및 국가주의.

2) 유형
- 심미주의·문예주의 교육, 이성적 도덕주의 교육, 사회적 인문주의 교육, 국가주의 교육, 과학적 실리주의

3) 19세기 교육사상가
- Pestalozzi, Herbart, Fröebel, Owen, Mann, Barnard

4. 현대의 교육 경향

1) 특징
- 교육의 민주화를 통한 교육의 기회균등이 전면적으로 확대됨
- 민주주의 교육사상이 확립됨
- 신교육운동이 전개됨

2) 현대 교육사상의 발전

자연주의 교육사상	Rousseau → Spencer → Ellen Key
이상주의 교육사상	Platon → I. Kant, Pestalozzi → Natorp
실제주의 교육사상	Aristotelse → Aquinas, Comentius → Thorndike
실용주의 교육사상	미국의 토착이념으로서 진보주의 교육을 발전시켰으며, 실리주의 등이 있음

3) 현대의 교육사상가

- Ellen Key, Maria Montessori, J. Dewey, Wihelm Dilthey, Rudorf Eucken, P. Natorp, E. spranger

한국교육사

1. 삼국시대의 교육	고구려; 태학; 경당; 백제; 사도부; 신라; 화랑도; 통일신라; 국학
2. 고려시대의 교육	관리의 양성; 과거급제; 국자감; 동서학당; 12공도; 향교
3. 조선시대의 교육	성균관; 4부학당; 종학; 향교; 서당; 서원; 정사;문도제
4. 근대의 교육	동학사상의 교육; 갑오개혁; 고종; 홍범14조; 육영공원

1. 삼국시대의 교육

1) 개관

교육목적	• 백성을 다스릴 인재의 양성 • 국가 방위에 필요한 무기의 양성
교육 내용 · 방법	• 중국 당나라 유교경전 중심 • 주입식 · 암기식 방법의 모방교육
교육특징	• 유교경전에 의한 문자교육의 시작 • 유교중심의 당나라 교육제도의 모방교육 • 고구려에서부터 조직적인 학교교육이 시작됨 (고구려의 태학, 경당)

2) 각 나라의 교육

- **고구려의 교육**: 태학은 우리나라 최초의 학교교육으로서의 관학기관, 고등교육기관. 경당은 우리나라 최초의 사학(私學)으로서 일반평민과 지방부호의 일반자제의 교육 담당. 경당은 군사기관인 동시에 교육기관이며 문무일치교육을 실시함
- **백제의 교육**: 중앙관제로는 내법좌평과 사도부라는 기관이 있었다. 교학지임(敎學之任)을 맡은 관직 즉 가르치는 관직인 박사제도가 있었다.
- **신라의 교육**: 삼국통일 이전의 교육은 화랑도교육이 중심이다. 우리 나라 전인교육의 기원이 된다. 교육방법으로는 상마이도의(相磨以道義), 상열이가악(相悅以歌樂), 유오산수(遊娛山水), 무원부지(無遠不至) 등. 삼 국통일 이후에는 국학(國學)이 중심이었고, 공자의 상을 모시는 문묘 를 두었다. 독서삼품과를 통해 관리선발 등 국가시험제도로 인재를 등용함.

2. 고려시대의 교육

1) 개관

- 교육목적은 관리양성과 과거급제에 있었다. 교육기관에는 국자감, 동서학당, 향교, 12공도, 경관, 서당이 있다.
- 국·공립 교육기관의 발달과 사설학교 설립의 활성화가 확립됨

2) 관학

국자감	• 국자학, 태학, 사문학으로 분류 • 논어와 효경을 필수 과목으로 교육

학당	• 중앙에 세운 중등교육기관으로 문묘를 모시지 않음
향교	• 지방에 세운 중등교육기관 • 문묘를 모셨으며 제사 기능을 수행

3) 사학

12공도와 서당이 있었다. 12공도는 국자감과 같이 관리와 인재 양성을 위한 과거준비였으며 부수적으로 일반교양을 높이는 데 목적이 있었다. 서당은 서민계급의 자제를 대상으로 한 초등교육기관이다.

3. 조선시대의 교육

1) 개관

• 숭유배불정책으로 성리학에 기초한 윤리철학을 기본으로 삼고 조선 후기에는 실학이 주류를 이룸.

2) 조선전기의 교육

(1) 관학

성균관	• 태조 7년에 설립된 최고의 고등 교육기관 입학자격:생원과 진사
4부 학당 종학(宗學)	• 태종 11년에 설립된 중등교육기관으로 문묘를 갖추지 않음 • 기숙사제도하에 소학을 필수과목으로 교육함 • 세종11년에 왕실 종친의 자제를 교육하기 위해 설립된 학교로서 종부가 감독함

향교	• 지방의 중등교육기관, 문묘 기능도 함 • 생원·진사의 초시 면제 및 부역과 군역이 면제됨
잡과교육	• 관야에서 실시한 지금의 실업기술교육 • 형식적인 교육기관 없이 주무관청에서 교육을 실시함 • 잡과의 과거는 예부담당이 아닌 주무관청에서 주관함

(2) 사학

서당	서민층 사설 초등교육기관, 훈장 및 접장과 학도로 구성됨
서원	선현존경과 후진장학을 교육목적으로 한 중등사학교육기관
정사(精舍)	명망 높은 선비를 흠모하는 청소년들이 모여 형성된 사설 아카데미 같은 교육의 집
문도제(門徒制)	여말선초, 유학자들이 절개를 지키면서 지방에 내려가 제자를 교육시킨 곳

3) 조선 후기의 실학교육

• 경험적·실증적·귀납적인 연구방법을 토대로 강조한 학문은 다음과 같다.

- 객관적 자연관, 경험적인 실천윤리, 민족적 주체의식을 강조한다.

4. 근대의 교육

1) 신문화의 수용
사절단과 유학생을 파견하여 선진문물을 수용하고 섭취하는 것으로 시작됨.

2) 동학사상과 교육
동학의 교육이념은 조선의 개화와 민중의 교화에 선구적 역할을 하여 조선의 근대개화교육의 발달에 큰 영향을 줌.

3) 갑오개혁과 교육
고종의 홍범 14조 및 교육입국조서 반포, 교육의 실용화 및 교육의 보편화를 목적으로 함.

4) 근대학교의 설립
관학으로서 동문학(同文學), 육영공원, 소학교, 중학교, 사범학교, 실업학교 등

5) 일제하의 식민지교육
도구주의적 교육관, 통제 위주의 관료적 교육행정, 전체주의적 훈육

문제 1 다음 중 소피스트의 교육이 아닌 것은 무엇인가?

① 소피스트는 계획적인 교육과정을 고안하여 수업의 전문화를 꾀하였다.

② 고대 아테네에서 활동하였다.

③ 영원한 진리를 설파하였다.

④ 교육은 출세를 위한 준비로 생각하였다.

정 답 ③

해 설 소피스트는 현실주의적, 생활중심적, 상대주의적 가치관을 신봉하였다.

문제 2 다음 중 중세대학과 관련이 없는 것은 무엇인가?

① 대학은 기꺼이 배우고 기꺼이 가르치려고 하는 사람들의 조합이다.

② 대학은 처음부터 설립되었다.

③ 대학은 학문의 자유를 중시하였다.

④ 대학은 학위수여권을 가졌다.

정 답 ②

해 설 대학은 12세기 즈음에 처음에는 자생적으로 생겨났으며,
       이후 인가를 받아서 설립됨.

문제 3 다음 중 르네상스의 교육과 관련이 없는 것은 무엇인가?

① 신 중심 인간상에 기초하였다.

② 자유의지를 강조하였다.

③ 고대 문예의 부흥을 뜻한다.

④ 이탈리아에서 13세기에 시작되었다.

정 답 ①

해 설 르네상스의 교육은 휴머니즘에 입각하여 인간중심적이다.

- 고대 그리스의 교육에는 스파르타의 교육과 아테네의 교육이 있다.

- 고대 로마의 교육은 실용적이고 현실적인 것이었다.

- 중세는 기독교의 신 중심 교육으로 신앙인을 기르는 것이 모든 교육의 상위 목적이었다.

- 중세에 생겨난 대학은 왕권, 교권과 함께 서양 중세사회를 주도한 세력이다.

- 르네상스는 중세와 근세 사이에 서유럽에 나타난 문화운동으로서 휴머니즘을 중심사상으로 한다.

- 종교개혁기의 교육은 초등교육에 강조를 두었다.

- 예수회에 의한 반종교개혁의 교육은 교수방법의 개발, 교사양성체제의 발전, 중등·고등 교육 기관의 보급에 크게 기여하였다.

- 실학주의 교육사상가 코메니우스는 오늘날의 시청각 교육의 효시이다.

- 계몽주의 교육은 지성을 사용할 수 있는 능력을 강조한다.

- 루소의 자연주의 교육사상은 성선설에 기초한다.

명언 한마디

교육과 역사를 알아야 미래를 바라볼 수 있습니다.

다음 학습 예고

다음 Chapter에는 **04. 교육의 철학**에 대해 학습하겠습니다. 수고하셨습니다.

교육의 철학

제4장

학습목표 및 목차

학습 목표	1. 교육철학의 개념에 대해 설명할 수 있다. 2. 서양의 전통적 교육철학에 대해 설명할 수 있다. 3. 20세기 현대 교육철학에 대해 설명할 수 있다.
학습 목차	1. 교육철학의 개념 2. 서양의 전통적 교육철학 3. 20세기 현대 교육철학

복습점검 │ 다음 설명이 맞으면 O, 틀리면 X를 하세요.

문제 1 **스파르타의 교육은 인문주의적, 자유주의적, 진보적인 특징을 가진다.**

정 답   X

해 설   민주주의적인 정치기틀이 마련된 아테네에서의 교육이
       인문주의적이고 자유주의적임.

문제 2 **루터의 교육사상에는 어린이보다는 성인에 대한 존중과 비중이 있다.**

정 답   X

해 설   어린이는 신이 맡기신 선물로서 어린이는 존중을 받아야 하며
       부모는 가정교육에서 신앙교육을 수행해야 한다.

문제 3 **18세기 계몽주의 교육사상에서는 개성을 강조하고 초자연적으로
       교육할 것을 강조한다.**

정 답   O

해 설   칸트 및 루소에서 대표되는 계몽주의 사회사상은 프랑스 혁명에 원리를
       제공하였는데 이성을 존중하고 개성을 강조하며 합리적인 사고를
       중시하였다.

제1절	교육철학의 개념
1. 교육철학의 학문적 성격	놀이; 교육개념; 탐구; 학문; 교육철학
2. 교육철학의 연구영역	연구영역; 교육현상; 교육이론; 본질; 기본임무
3. 교육철학의 기능	분석적 기능; 평가적 기능; 사변적 기능; 종합적 기능; 의미; 역할
4. 지식과 교육	인식론; 지식; 논리적 구조; 계시적 지시; 직관적 지시; 명제적 지시

1. 교육철학의 학문적 성격

1) 어원적 정의

(1) 철학(philosophy)

그리스어의 '필로소피아(philosophia)'에서 유래한 것. philos(사랑)＋sophia(지혜)의 합성어로서 '지혜에 대한 사랑'을 의미한다.

(2) 교육철학

'교육적 지혜에 대한 사랑'이라고 해도 좋다. 즉, 반성적, 비판적 사고를 통해 교육적 문제의 본질, 가치 및 의미를 탐구하는 것을 뜻한다.

- 본질이란 사물의 본래의 '구성요소'로서 사물의 지속성·본래성을 표현하는 것이다.

- 교육철학이란 교육의 개념·목적 등에 관한 원리나 교육과 관련된 문제를 철학적 방법으로 연구하는 학문이다.

2) 교육철학의 개념영역

놀이로서의 교육철학	교육개념 탐구로서의 교육철학	학문으로서의 교육철학
교육이라는 놀이에서 지켜야 할 규칙	일차적으로 교육의 개념을 밝힘	교육의 실천 원리나 이론 체계를 정립함

(1) 놀이로서의 교육철학

교육이라는 놀이에서 지켜야 할 전반의 규칙을 포괄적으로 검토·분석·비판하는 탐구의 과정과 그 결과의 조직이다.

(2) 교육개념 탐구로서의 교육철학

교육철학의 일차적 과제는 교육의 개념을 밝히는 것이며 교육의 개념은 교육적 판단의 기준을 제공한다. 이 기준이 교육의 목표, 내용, 방법, 조직, 제도, 정책의 조건이 된다.

(3) 학문으로서의 교육철학

교육철학은 교육의 실천원리나 이론체계를 정당화하는 근거를 분석·검토·비판하는 것이다. 교육의 이론과 실천에 사용되는 개념과 주장들의 논리적 타당성과 가능성을 밝히는 것이다. 또한 교육에 관한 여러 이론적 요소들을 통합된 지식의 체계로 조직하는 일을 하는 학문이다.

2. 교육철학의 연구영역

1) 연구영역

(1) 교육현상의 본질 규명

교육이란 무엇인가를 규명하는 영역이다.

(2) 교육목적의 설정

교육활동의 목표 내지 교육의 이유를 밝히는 것이다.

(3) 교육목적 실현을 위한 방법에 방향제시 영역이다.

2) 교육철학의 기본임무

❶ 교육문제의 전제나 의의를 분석

❷ 교육문제에 관한 논의 속의 모순점을 발견하고 검토

❸ 교육문제 속에 포함된 개념의 정의와 의의에 대해 논의

❹ 교육이론과 논의를 통합하여 종합적인 이론으로 체계화

❺ 교육의 목적적, 이론적, 방법론적 이론에 관련된 일체의 가치판단

논거를 구하는 것

3. 교육철학의 기능

1) 분석적 기능

(1) 의미

- 분석철학의 철학하는 방법을 중요시하는 기능
- 교육에 관한 논의에 사용되는 개념들을 명료화하고 이에 포함된 논리적 근거를 명백히 하여 가치기준을 밝히는 것이다.

(2) 역할

- 교육의 이론이나 실천에서 쓰이는 좌표나 원리를 명확히 한다.
- 교육의 이론이나 실천에 사용된 언어의 의미가 불명확한 경우, 명확한 판단기준을 제공할 수 없다.

2) 평가적 기능

(1) 의미

- 규범적 기능이라고도 하며, 교육의 가치판단에 관한 것으로 '어떤 기준이나 준거에 비추어 실천, 이론, 주장, 원리의 만족도를 밝히는 행위'를 의미함.
- 어떤 준거에 입각하여 사실의 확실성 및 합리성을 밝히는 기능

(2) 역할

- 좌표나 원리대로 교육을 이루고자 하는 노력으로서 교육이론과 실천원리의 당위성을 규명해 준다.

3) 사변적(思辨的)[*] 기능

(1) 의미

---

[*] 경험의 도움을 받지 않고 순수한 이성에 의하여 인식하고 설명하는 것

- 철학적으로 어떤 문제를 해결하기 위하여 생각에 잠기는 것. 즉 철학
  적 추론행위를 의미함.
- 교육이론이나 실천에서 문제해결의 새로운 방향을 모색하고 가치를
  제언하는 사고과정이다.

(2) 역할
- 개별 이론이나 실천을 전체적, 통합적으로 묶어주는 역할
- 교육문제 해결을 위한 제언기능으로서 교육목표 설정 시 사용

4) 종합적 기능

(1) 의미
- 교육에 관한 현상이나 과정을 전체로 파악하고 여러 부분과 차원을
  종합적으로 이해하려는 것
- 교육에 관한 여러 이론, 주장, 의견을 포괄적 안목으로 파악하려는 기능

(2) 역할
- 교육의 일관성을 유지하게 함

4. 지식과 교육

1) 지식의 형태-인식론

(1) 계시적 지식
- 하나님이 인간에게 알려준 지식

(2) 직관적 지식—구성주의를 중시하는 현대에 강조됨

- 인간이 순간적 통찰을 하여 그 자신의 내부로부터 발견해 내는 지식
- 통찰 혹은 관념이란 오랫동안의 무의식적 작업과정을 통하여 의식세계에 돌연히 나타나는 관념이나 결론을 의미함.

(3) 이성적 지식

- 실제적 상황에 대한 관찰로서는 획득할 수 없는 이성적 활동에 의한 지식
- 형식 논리학과 수학의 원리는 전형적인 이성적 지식에 속한다.

(4) 경험적 지식

- 감각의 증거에 의하여 확증되는 지식으로 5감각에 기초한 주변세계에 대한 개념의 형성이다.

(5) 권위적 지식

- 어떤 사람의 권위에 의해 받아들이는 지식

2) 지식의 종류

(1) 방법적 지식

- 어떤 과제의 절차와 방법에 대한 지식
- 기술과 기능에 관한 것으로서 반드시 언어로 표현되지 않을 수도 있다.
- 구성주의와 수행평가에서 강조

(2) 명제적 지식

- 'S는 P이다'와 같은 어떤 명제가 진(眞)임을 아는 지식이다.

• 종류에는 사실적 지식, 논리적 지식, 규범적 지식이 있다.

(3) 지식의 논리적 구조

연역적 사고	귀납적 사고
일반화된 보편적 원리에서 특수한 사실을 이끌어 내는 방법	툭수한 사실에서 일반적 원리를 추론해 내는 방법

서양의 전통적 교육철학

1. 자연주의 교육철학	J.J.Rousseau; H.Spencer; J.H.Pestalozzi; 마르크스주의
2. 관념론(이상주의)과 교육철학	Platon; Idea론; R.Descartes; 칸트; I.Kant
3. 실재론(현실주의)과 교육철학	베이컨; 홉스; 코메니우스; 로크; 헤르바르트
4. 실용주의 교육철학	미국; pragmatism; G.F.Kneller; J.Dewey; 경험의 재구성

1. 자연주의 교육철학

1) 원리

- 자연만이 유일하고 가치 있는 실재이며, 인간이 이 실재의 정점이라는 주장.
- 자연을 초월한 어떤 실재에 대해서는 명시적 또는 암시적으로 부인 및 무시.
- 고대 그리스의 자연철학자들로부터 시작, 철학의 주된 관심은 우주의 본질(arche)이 무엇인지를 규명하는 것이다.
- 현대의 실용주의, 재건주의, 마르크스주의, 논리실증주의, 무신론적 실존주의도 이 계열에서 파생됨.

2) 개요

(1) 이론적 배경

- 궁극적이고 불변하는 절대적인 실재는 없다고 주장하여 이상주의와 대립.
- 인식의 과정에서 지성이나 이성의 역할을 부인하고, 유일하고 타당한 지식은 경험에서 온다고 주장하며, 자연이 진리와 인간 경험의 원천이라고 주장함.
- 인간은 가역성과 유연성을 지닌 존재로 현재의 존재상태에 머물러 있지 않는다고 주장.

(2) 발전과정

- 고대 그리스의 Thales에서 시작되어 자연으로의 복귀를 주장한 J. J. Rousseau, 교육은 지상에서의 행복한 삶이라 주장한 H. Spencer, 교성(敎聖)이라 불리는 J. H. Pestalozzi에게로 계승되어 발전함.
- 17세기 실학주의의 반동으로 나타남, 유럽 신교육운동의 이론적 기초를 제공함.
- Elle Key의 아동의 집, Montessori의 어린이집도 여기에 기초하여 설립.

3) 이론

- 아동의 자유와 행복을 위해 인간의 내적 가능성을 믿고 계발시킴
- 자연에 순응한 인간의 발달이 그 목적이다.
- 루소가 교육에서 추구하는 이상적인 인간상은 고상한 야인(noble savage)이다.
- 교육은 부모와 교사가 관여하는 성장의 과정이어야 한다.

- 모든 교육작용은 학습자의 자연적 성장발달에 맞추어야 한다. (준비성의 원리)
- 교사는 안내자로서의 역할을 하며 강요적이지 않고 서둘지 않아야 한다.
- 경험을 통한 학습의 교육적 가치를 강조하였다.

2. 관념론(이상주의)과 교육철학

1) 원리
- 우리가 감각적으로 경험하는 현실세계를 본질적인 것으로 인식하지 않고 관련 또는 관념적인 것을 실재적 또는 물질적인 것보다 우선으로 보는 입장이다.
- 우주의 본질적인 실재(實在, reality)를 관념(idea), 정신(spirit), 심의(心意, mind)라고 보고 자연계는 정신적 존재의 표상이라고 보아 구체적인 물체의 실재성이나 중요성을 부인한다.
- 실재주의에 대한 상대적 개념으로서 관념주의, 이상주의(Idealism), 유심론과 같은 의미로 사용됨.
- Platon의 Idea론에서 시작되어 R. Descartes, G. Berkeley, I. Kant, G. W. Hegel로 계승되어 발전함.

2) 개요
(1) 이론적 배경
- 정신적인 것, 초월적인 것을 유일한 실재로 보며, 정신적인 가치를 절대적이고 영원한 가치로 보아 이를 지향하는 사상이다.

- 자연주의 교육철학과 대립하며 절대적 목적에의 접근 내지 실현가능성 및 인간의 완전가능성에 대한 신뢰에 기초를 둔다.

(2) 발전과정
- 교육은 Platon의 이데아론에서 이상사회 실현을 위한 수단으로 출발했다.
- I. Kant에 의해 인격완성을 위한 교육으로 정립

3) 이론
(1) Platon(BC 429~BC 347) 사상과 교육
- 인간은 인간정신에 의해 지적인 세계에 속하는 존재이며, 지적 세계는 감각적으로 지각되는 가상세계와는 달리 참된 실재이다.
- 인간에게 정신만이 참된 실재이기 때문에 육체는 영혼을 속박하는 감옥과 같은 것으로 이해됨.
- 정신과 물질, 영혼과 육체의 이원론적 인간이해에 기초한다.
- 인간의 완성은 정신적인 삶을 추구하고 물질적인 것으로부터 벗어나는 데 있다.
- 교육은 참 실재를 상기하는 것이며(상기설 想起說), 교육내용은 진리에 대한 내용이다.
- 진리를 향한 이성의 훈련과 관련된 내용들, 즉 논리학, 수사학, 변증법 등의 언어교과들이 중요하게 다루어진다.

이데아의 세계	현실 세계
우주의 궁극적인 실재, 변화와 관계없이 존재하는 참된 것은 바로 관념 즉, 이데아(Idea)	감각기관을 통해 파악할 수 있는 세계
이데아는 정신을 통해 파악됨	실존하는 물질로 인식됨
영원 불변하고 절대적이며 완전함	불완전하고 일시적이며 가변적임
실재	실재(관념, 이데아)의 그림자
영혼	물질

(2) 주요내용

- 개인의 지적 발달과 인격완성을 교육의 목적으로 둠.
- 인류공동문화를 창조, 개조하는 것으로서 개인을 완성시키고 사회의 혁신을 이룬다.
- 전문적인 직업훈련보다는 일반적인 교양교육을 강조함.
- 교육과정은 아동중심, 교과중심, 사회중심이 되어서는 곤란함.
- 교사는 이상적인 인간상을 제시해 주어 아동이 자아를 인식하고 자율적인 학습을 하도록 유도.
- 교육에서 교사가 중심이 되고 결정적인 역할을 담당한다.

3. 실재론(현실주의)과 교육철학

1) 원리

(1) 기본원리

- 우주의 궁극적 실재를 물질로 보았으며 외적 세계의 모든 실재는 인간과 관계없이 객관적 사실로 존재하며 감각적 경험을 통하여 접근 가능

- 관념론과 정면 대응한 것으로서 사조(思潮)로는 실재주의, 현실주의, 유물론과 동의어이다.

- 창시자는 고대 철학자 아리스토텔레스(Aristoteles, BC 384~BC 322)이며, 토마스 아퀴나스(Th. Aquinas), 베이컨(F. Bacon), 홉스(Th. Hobbes), 코메니우스(J. A. Comenius), 로크(J. Locke), 헤르바르트(J. F. Herbart), 러셀(B. Russell) 등이 이에 속한다.

- 일원론: 아리스토텔레스에 따르면 현실세계는 물질적인 요소(질료)와 비물질적인 요소(형상, 이데아)가 서로 다른 구성요소이지만 따로는 존재할 수 없다.

- 이 세계의 만물은 플라톤이 주장하는 것처럼 인간이 관념적으로 만들어 낸 세계가 아니며, 객관적으로 존재하며 인간정신의 외부에 있는 객관적인 사물세계야말로 참된 실재이다.

- 우리는 참된 실재, 즉 객관적으로 존재하는 사물세계로부터 지식을 획득 가능하다.

- 외적, 객관적으로 있는 그대로의 세계, 곧 자연과 사물현상을 올바로 이해할 수 있도록 과학적 탐구방식과 과학적 지식을 포함하는 교육내용을 강조한다.

(2) 철학적 특징

- 실재를 질료(matter)와 형상(form), 이원론적으로 보는 것이 형이상학의 특징

- 인간은 마음과 별도로 독립적으로 존재하고 있는 객관적인 질서나

법칙 속에 살고 있다.

- 인간의 감각과 이성으로 객관적인 사물을 인식할 수 있다. 실재주의
자들의 인식론을 '대응설'이라고 하며 실재주의자들의 진리란 실재와
합치되는 지식이다.
- 실재주의자들의 지식에 대한 '관객이론'—사람이 실재를 관찰하며 정
확한 지식을 얻는다.
- 가치론은 지식을 통하여 사물의 가치를 추정할 수 있다고 본다.

(3) 종류

합리적 실재주의	자연적 실재주의
인간을 정신적 존재로 보고 합리성이 인간의 최고 속성이라고 여김	변화가 실재하더라도 자연의 영속적 법칙에 따라서 변화가 발생함

2) 개요

- 인식 주관에 관계없이 외적 세계가 독립적으로 실재한다는 주장이다.
- 외적, 객관적 세계에 대한 올바른 이해를 위해 과학적 방법과 과학적
지식을 중시.
- 객관적 사실을 중시하여 말보다는 사실을 중요시 여기며, 고전어, 고
대 예술을 위한 일반적 교양교육보다는 현대어, 자연과학 등에 눈을
돌리는 실학주의 교육을 중시함.
- 교과서 중심의 교육보다 사물 그 자체에 대한 관찰과 실험중심의 실
험실 교육을 강조한다.

3) 이론

(1) 교육목적

모든 면에서 건전하고 알맞은 인간의 육성, 내세를 위한 준비, 지성의 발달, 유용성의 계발, 훌륭한 삶

(2) 교육내용 및 방법

- 교육과정은 알 가치가 있는 실재를 기반으로 짜여야 한다.
- 교육과정은 아동에 의해서가 아니라 전문가에 의해서 짜여야 한다.
- 과학적 방법 및 관찰과 실험적 방법을 중시한다. (경험론에 기초)
- 말보다는 사실을 중요시하는 방법을 강조한다.
- 교사중심, 주입식 교육 강조, 교육과정에서 수학, 자연과학 등이 중시되고, 인문학 연구는 경시됨.

4. 실용주의 교육철학

1) 원리

- 프래그머티즘(pragmatism)은 미국 토착이념으로서 교육에 있어 진보주의 교육사상의 이론적 배경을 제공함.
- 경험론과 공리주의, 진화론이 결합되어 생성된 행동철학
- 특징(G. F. Kneller 중심)으로는 영구불변에 대한 변화의 실재를 강조하여 경험과 변화만이 유일한 실재라고 주장함. 생활방법으로서의 민주주의를 강조하고 비판적 지성의 가치를 중시함.

2) 개요

- 경험과 변화가 실재의 본질이라고 믿기 때문에 교육의 목적과 수단도 항상 변화한다.
- 문제를 해결하는 방법도 바뀐다고 전제하며 교육의 목적이나 수단은 합리적, 과학적으로 추구 필요.
- 교육적 환경은 민주적이어야만 하며 아동의 흥미와 욕구를 존중한다.
- 인간은 사회적, 생물학적 환경에서 사는 자연적 유기체로 인간의 본성은 유동적이고 가소성이 크다.
- C. H. Pierce의 논리학 사상과 W. James의 심리학 연구에 의해 개척되고 J. Dewey에 의해 철학사상으로 집대성 됨.
- 프래그머티즘, 행동주의, 경험주의, 실험주의, 도구주의, 기능주의와 동의어로 사용됨.
- 교육의 사회성, 교육의 성장성, 교육목적의 유연성, 교육의 경험조정성, 행동에 의한 학습, 학습자의 흥미 중심교육을 강조함.

3) 이론

(1) 교육목적: 성장

- J. Dewey에 따르면, 교육의 목적은 성장과 경험의 재구성이며, 성장은 삶의 특징으로 개인이 상호관계를 맺고 있는 여러 경험들 간에 상호관계성을 이해하는 능력을 획득하는 것이다.
- 성장 자체를 넘어선 어떤 교육목적도 있을 수 없다.

(2) 교육내용: 경험의 재구성

- 특수한 분야의 단편적 지식보다 전 분야에 걸친 폭넓은 경험으로 구성한다.

• 교육은 계속적인 경험의 재구성 과정이 되어야 한다.

(3) 교육방법

• 내용보다는 방법을 더 중요시하는데 그 방법은 고정된 것이 아니라 융통성이 있어야 한다.
• 학습은 행위에 의해 이루어져야 하고 학습방법으로는 실험을 중요시한다.
• 학습자의 흥미와 욕구를 중시하며 '교육=성장=사회화'의 연속적인 방법이 되어야 한다.
• 진화론적 사고방식에 의한 민주적, 조화적 교육이념을 구축한다.

제3절	서양의 전통적 교육철학
1. 진보주의(Progressivism) 교육철학	J.Dewey; 아동중심; 교육관; Rousseau; 자연주의; 교육원리
2. 본질주의(Essentialism) 교육철학	민주국가; 수호; 교사; 주도성; 사회과학; 경시
3. 항존주의(Perennialism) 교육철학	진보주의; 전면부정; R.M.Hutchins; 교육; 교수
4. 재건주의 교육철학	T. Brameld; 행동과학; 도움; 자아실현; 프로그램; 교사교육
5. 실존주의 교육철학	실증주의; 비판이론; 만남의 교육; 2차 세계대전; 본질; 선행
6. 구조주의(Structuralism) 교육철학	Piaget; 인지구조론; Bruner; 지식구조론; 무의식적 보편; 정지된 시간; 시간성; 초월; 몰인격적 체계
7. 분석적 교육철학 (Analytic Philosophy)	교육개념; 분석적 의미탐구; 영국; 미국; 전통철학; 명료화; 실천적 행동; 교사; 언어; 규율
8. 인간주의 교육철학	노작교육론; 자유방임교육론; 아리스토텔레스; 에라스무스; 철학적 인간학
9. 포스트모더니즘 (Postmodernism)과 교육철학	반정초주의; 다원주의; 반권위주의; 연대주의; 진리; 우연성; 다원성; 열린교육방법; 열린자아; 다원적 전개
10. 신자유주의 교육철학	시장; 논리; 교육선택권; 신자유주의; 경쟁; 시장경쟁원리

1. 진보주의(progressivism) 교육철학

1) 역사적 배경

(1) 발전과정

- 전통적 교육의 권위에 도전하여 코페르니쿠스적 전환으로 등장하게 된 교육사상이며 신교육운동의 주류를 차지함.

- 20세기 초 미국에서 형성되기 시작하여 1930년대에 절정을 이루었음, 1950년 말 쇠퇴함.
- 진보주의의 대표적인 주도자는 J. Dewey이다.

(2) 사상태동의 공헌자

- 루소(J. J. Rousseau)의 자연주의에 입각한 아동중심의 교육관에서 맥락을 찾음.
- Pestalozzi, Fröebel, Horace Mann, Henry Barnard, Ellen Key, Francis W. Parker(아동중심교육 심화)
- J. Dewey: 진보주의 교육사상의 체계화 및 집대성, 민주사회 교육이론 제시, 신교육운동의 이론적 기반 구축, 문제해결 학습.
- W. H. Kilpatrick: 구안법 project saving method, 구성적 구안, 감상을 위한 구안, 문제 구안, 연습 구안)을 창안, 교육의 중심개념으로 생활, 인격, 문화, 지성을 제시.

2) 진보주의 교육이론

(1) 진보주의 교육개관

- Rousseau의 성선설적 아동관과 Dewey의 실용주의적 경험론에 기초하고 있다.
- 실용주의 철학을 바탕으로 하여 20세기 초 미국에서 전통교육에 대한 비판과 함께 등장하였다.
- 아동은 성인의 축소판이 아니며 학자로 취급해서도 안 된다고 주장한 아동중심 교육사상이다.
- 권위적인 교사중심, 교과서 중심, 지식 암기위주의 교육, 수동적 학습중심의 정통교육을 지양하고, 어린이의 자유로운 활동을 중시하는 교육의 자유화 운동이다.
- 진보주의자들은 권위적 교사, 교재중심의 딱딱한 교육방식, 암기위주의 수동적 학습, 교육을 사회로부터 고립시키는 폐쇄적 교육철학, 체벌이나 공포분위기에 의한 교육방식 등 전통적 교육의 형태를 반대한다.
- 진보주의 교육을 보급하기 위해 1918년 조직된 진보주의 교육협의회(PEA)를 중심으로 발전하였으며 1930년대에 전성기를 맞았고 진보주의 교육강령에 진보주의 교육의 핵심적 원리가 내포되어 있다.
- 코메니우스, 루소, 페스탈로치, 프뢰벨, 듀이 등 아동중심 교육사상에 기초한 진보주의 교육운동의 대표적 인물로는 킬패트릭, 파커, 카운츠 등이 있다.

(2) 진보주의 교육원리(G. F. Kneller)

- 교육은 장래의 생활을 위한 준비가 아니라 생활 그 자체이다.
- 교육은 성장이다.
- 교육은 경험의 개조이다.

- 교육은 사회적 과정이다.
- 교육은 활동적이어야 하며, 학생의 흥미와 직접 관련되어야 한다.
- 학생의 경험은 특정한 문제상황하에서 얻어졌을 때 가장 효율적으로 사용할 수 있다.
- 문제 해결을 통한 학습이 교재를 가르치는 것보다 우선해야 한다.
- 교사는 권위의 표상이 아니고 교사의 역할은 지시가 아니라 안내자·자극자·권고자이다.
- 교육은 피교육자의 자발적 활동과 적극적 참여를 필요로 한다.
- 학교는 경쟁보다는 협력을 장려해야 한다.
- 교육은 전인의 계발이다.
- 민주주의만이 인간성의 자유로운 상호작용을 진정으로 격려하고 허용하는 체제이다.

3) 시사점 및 비판

- 미국뿐 아니라 20세기 전 세계의 교육개혁운동에 큰 영향을 미친 교육사조이다.
- 아동복지이론을 정립하는 데 실패하고 아동중심의 학교원리는 현실적으로 맞지 않다.
- 진리의 상대성과 흥미, 협동을 지나치게 강조하였고, 현재생활의 적응을 지나치게 강조하였다.
- 아동에게 지나치게 많은 자유를 허용하고 아동의 흥미를 중심으로 이루어지기 때문에 어렵고 중요한 내용의 학습을 소홀히 함으로써 학력저하를 초래하였다는 비판이 있다(일차적인 중요지식을 충분히 학습시키지 못하였다).
- 아동 개개인의 경험을 중시하는 개인주의적 경향으로 인하여 사회·

문화적 전통의 전수와 같은 교육의 사회적 기능이 도외시되었다는 비판이 있다(W. C. Bagley).

- 안내자로서 교사의 역할을 강조함으로써 무질서한 교육 분위기가 조성되었다는 점도 비판받는다.
- 그 주장과 언동이 과격하며 자유를 극도로 강조한 결과 사회적 통제를 무시하였기 때문이다.
- 자유를 지나치게 강조하여 방종하는 불량아를 많이 배출하였다.
- 아동중심이 지나쳐 목표설정 및 문제해결 능력이 상실되었다.
- 사회적 적응만을 중요시한 결과, 사회의 문화적 전통을 경시하였다.

2. 본질주의(essentialism) 교육철학

1) 역사적 배경

- 진보주의 교육의 문제점을 비판하며 진보주의 교육의 한계를 보완·극복하면서 대두된 사상이다.
- 진보주의가 아동의 흥미와 욕구를 지나치게 강조하고 전통적 교육의 장점들을 소홀히 하였다고 비판하였다.
- 1938년 본질파 운동의 창시자 W. C. Bagley 교수를 중심으로 '미국교육향상을 위한 본질주의 위원회'를 조직했다.
- W. C. Bagley가 기초한 '미국교육의 자질향상을 위한 본질주의의 강령'이 발표되면서 교육사상이 본격적으로 전개되었다.
- 본질주의란 용어는 데미아쉬케비치(Demiashekevich)가 처음 사용하였으나 그 연원은 Platon, Erasmus에서 찾아볼 수 있다.
- 본질주의 사상은 전체주의 국가의 침략을 막아내는 민주국가의 수호

자 역할을 할 것으로 크게 각광을 받았다.

- 학문중심 교육과정을 탄생시킨 근원이라 할 수 있다.
- 전통적인 교과중심 교육과정을 지지하며 교사의 권위를 회복한다.
- 대표적인 학자로는 Bagley, Briggs, Horne, Breed(양극화 이론), Kirk 등이며 오늘날 Ulick, Conant 등으로 계승되었다.
- 교육의 기능을 인류가 쌓아 놓은 과거의 유산인 문화재 가운데 그 '본질적인 것(essentials)'을 간추려서 다음 세대에 전달하는 데 있다고 주장한다. 즉, 사려 깊게 교육받은 인간이라면 누구나 알아야 할 본질적인 요소가 있다고 보았다.
- 인류의 전통과 문화유산 중에서 '가장 기본적인 요소', '가장 본질적인 요소'를 조직적인 학교교육을 통해 다음 세대에 전달해야 한다고 주장한다.
- 학교교육 프로그램 중에서 본질적인 것과 비본질적인 것을 구분한다.
- 아동의 흥미와 욕구에 주목해야 한다는 진보주의의 주장을 전면적으로 부정하지는 않지만 지나치게 강조하여 전통교육이 지닌 장점들이 소홀히 되는 것을 보완하고자 한다.
- 본질주의는 영원한 진리를 인정하지 않기 때문에 항존주의에 대해서도 비판적 입장이다.

2) 본질주의 교육이론

- 아동의 흥미보다 노력과 탐구의 과정을 중시한다(Bagley).
- 성숙된 교사가 주체가 되어 아동을 바르게 이끌어야 한다.
- 교육의 방향은 계속적으로 새로 해석되고 정의되는 민주주의 문화의 가장 우세한 이상에 의해 결정되어야 한다.
- 민주주의란 협동적 방법을 지혜롭게 사용하여 훌륭한 개성을 점진적

으로 만드는 것이다.

- 본질주의는 교육개혁을 통하여 초등에서는 독(讀)·서(書)·산(算)의 기본 지식을 강조하였으며, 중등에서는 문학, 역사, 수학, 과학 등을 강조하였다.
- 학교는 인류의 문화재 중에서 가장 존귀한 본질을 대표하는 사상과 이론 및 이상의 공통되는 핵심을 모든 사람에게 가르쳐야 한다(문화유산의 계승).
- 지나친 자유는 방종이므로 아동·학생의 자유에는 한계가 있어야 한다. 경우에 따라서는 교사의 통제가 필요하다.
- 학습은 본래 힘들여 해야 하고 싫어도 해야 한다. 이를 위해 단련과 도야가 중요하며 학습은 강한 훈련을 수반해야 한다. 학생들이 싫어해도 인내하고 학습해야 한다(학습의 훈련성).
- 교육에서의 주도권은 학생에게 있는 것이 아니고 교사에게 있다(교사의 주도성).
- 교사의 역할은 성인세계와 아동세계 사이의 중재자이다.
- 학교는 심리적 훈련을 위한 전통적 교수방법을 받아들여야 한다.
- 교육과정은 인류의 문화재 가운데 현재 생활에 소용될 에센스를 뽑아 구성해야 하고 교육과정의 핵심은 소정의 교과를 철저하게 이수하는 것이다(교육내용의 조직성).
- 학교는 전통적인 학문의 훈련방식을 유지하며 정신적 훈련의 방법을 계속해서 실행해야 한다.
- 교육은 사회적 요구와 관심을 중심으로 행해져야 한다.

3) 시사점 및 비판

- 교사 중심의 체계적인 지식 전수를 강조하면서 학습자의 인격을 고

려하지 못하고 있다.

- 자연과학을 지나치게 중시하고 사회과학을 도외시하였다.
- 항상 변화하는 문화에 너무 정적인 관점을 취하고 있다.
- 문화유산의 근본적인 것을 보존하여야 한다고 주장하지만 전통과 관습, 전통과 본질적인 것을 구분하기 쉽지 않다.
- 전통을 중시하는 점에서 보수성을 내포하고 있으므로 지적인 진보성과 창의성을 저해할 우려가 있다.
- 체계적 전수와 교사의 주도권을 강조한 교사중심의 수업을 중시하여 학생들의 자발적인 참여의식과 학습동기를 경시하고, 결과적으로 민주사회의 필수요건인 독립심, 비판력, 협동정신을 기르는 데 소홀하게 되었다.
- 본질주의자들은 학문적 훈련을 중시하기 때문에 체계화가 잘된 자연과학을 중시한 반면, 사회과학을 상대적으로 경시하였다.
- 본질주의는 기본적인 지식과 기술의 전수에만 급급하여 시간과 공간을 초월한 영원한 진리와 가치에 대한 종교적 수준의 교육을 소홀히 하였다.
- 본질주의는 현대에서 인류가 당면하고 있는 문제가 무엇이며, 이것을 해결하기 위해 교육은 무엇을 어떻게 하여 공헌할 것인가에 대한 미래전망의 사회개혁의 자세가 부족하다.

3. 항존주의(perennialism) 교육철학

1) 역사적 배경
- 본질주의와 마찬가지로 진보주의에 대한 반발로 대두된 교육사상이다.

본질주의는 진보주의를 부분 비판하였으나 항존주의는 진보주의를 전면 부정하면서 1930년대에 등장했다.

- 근본적으로 Platon, Aristoteles, Thomas Aquinas 등의 고전적 실재론 철학이론에 기초를 두면서 항존(恒存)하는 영원불변의 객관적인 진리가 있다는 입장이다.
- 진보주의와 그 철학의 배경인 실용주의를 강력히 비판한다.
- 현대문명의 물질주의, 기계주의, 현실주의, 상대주의, 과학숭배주의가 인류를 파멸로 이끌어 간다고 비판하였다.
- 인류를 위기에서 구하기 위해서는 고대와 중세에서 절대적 가치인 불변하는 진, 선, 미의 제일의 원리를 재천명하고 이를 추구하는 데 있음을 주장했다.
- 영원성과 절대성을 믿고, 변화하는 것, 일시적인 것을 한갓 쓸모없는 것이라고 생각했다.
- 인간의 본질은 정신이고 지식은 정신의 산물이며 진리는 신앙에 의해 얻어진다고 본다.
- '이 하늘 아래 새로운 것은 하나도 없다.'라는 명제에 기초하여 자연주의와 진보주의의 진화적 방법을 반대한다.
- 교육의 일차적인 임무는 절대적인 것, 시간과 공간을 초월하여 변하지 않는 것, 언제 어디서나 항구적으로 존재하는 것의 발견이다.
- 대표적인 사상가로는 R. M. Hutchins, M. J. Adler, J. Maritain, W. F. Cunningham 등이 있다.

2) 항존주의 교육이론

- 교육은 교수(teaching)를 의미하고 교수는 지식을 가르치는 일이다.
- 지식은 곧 진리를 의미하며 교육은 진리를 전해주는 일이고 진리는

언제 어디서든 동일하다.

- 인간은 어느 곳에 살고 있든지 근본적으로 동일하며, 교육은 인간을 대상으로 한다.

- 인간의 본질은 시공을 초월하여 항상 불변하는 것이기 때문에 교육의 본질도 변하지 않는다.

- 그러므로 교육은 모든 사람을 위해서 보편적이고 동일한 것이어야 한다(교육의 보편성).

- 인간의 본질은 정신(이성)이기에 교육은 인간의 정신(이성)발달에 관심을 두어야 한다.

- 인간의 항시적 본질 중 지성이 가장 중요하다.

- 교육이 이끌어야 하는 단 하나의 적응유형은 보편적이고 불변하는 진리에 대한 적응이다.

- 교육의 목적은 진리에 인간을 적응시키는 것이다.

- 교육의 목적은 참다운 인간성의 회복이며, 이는 인간의 자유로운 지성의 계발과 도야에 의해서 가능하다.

- 교육이란 생활을 그대로 복사하는 것이 아니라 미래의 생활을 위해서 준비하는 것이다.

- 학생의 흥미위주 과목이나 직업교육 관련 내용이 아니라, 이성의 훈련과 지성의 계발을 교육 즉, 자유교육 혹은 교양교육을 해야 한다. 국어, 언어학, 역사, 수학, 자연과학, 철학, 예술 등과 같은 과목들이 그것이다.

- 학생들은 문학, 철학, 역사, 과학 등 여러 시대를 거쳐 인간의 위대한 성취를 나타낸 고전들을 읽어야 한다.

- 지성의 계발은 영원한 불변의 진리들을 통해서 가능하고, 이는 '위대한 저서(The Great Book) 100선'에서도 찾을 수 있다.

3) 시사점 및 비판

- 인간을 위한 교육의 본질적인 측면을 부각시켰다.
- 이성계발과 고전을 중심으로 한 인문교육을 중시하기 때문에 소수의 엘리트만을 위한 지적 귀족교육이라는 비판을 받는다.
- 절대성과 항구성을 지나치게 강조하여 현대사회에 필요한 비판정신과 비판적 사고 신장에 저해를 가져왔다.
- 절대적 원리의 강조는 민주주의의 다원적 가치에 상반되어 탐구하는 과학정신, 자유시민 육성에 위배된 교육이다.
- 지적 훈련을 강조하고 있어 엘리트 교육, 귀족적 교육이 될 가능성이 있다는 비판을 받게 된다.
- 지나치게 지적 계발만을 강조하고 있어 지·덕·체·기의 전인교육에 위배된다.
- 고전을 통한 교육은 인문주의에 빠지기 쉽다.

4. 재건주의 교육철학

1) 역사적 배경

- T. Brameld가 진보주의, 본질주의, 항존주의 교육사상의 장단점을 종합하여 제시한 교육사상이다.
- 핵심사상은 현 사회를 개혁하고 새로운 사회질서를 수립하는 데 교육이 선도적 역할을 해야 한다는 것이다.
- 1956년 출간된 T. Brameld의 『재건된 교육철학을 지향하여』에서 체계화되었다.
- 1940년에 출간된 I. B. Berkson의 『교육철학 서설』에서 사회적 재건

주의라는 용어를 사용하였다.

- 재건주의 교육철학은 1957년 소련의 인공위성 발사사건으로 인한 미국 교육의 근본적인 재검토와 비판과정에서 새로운 교육철학으로 각광을 받기 시작했다.
- 교육을 수단으로 현 사회를 개혁하고 새로운 사회질서를 수립해야 한다고 본다.
- 중대한 위기에 봉착한 현대사회는 급격한 변화와 혁신을 통하여 재건되어야 하고 교육이 선도적 역할을 담당해야 한다.
- 현대의 문화적 위기는 본질주의, 항존주의, 진보주의 교육철학으로 는 극복할 수 없다. 미래를 위한 과감하고 선구적인 교육철학으로 이를 해결해야 한다.
- 재건주의 교육철학은 교육이 사회개혁의 수단으로서의 역군인 동시에 선봉이 될 것을 주장하는 혁신적 교육철학이다.
- 새로운 사회질서는 민주적인 것으로, 우리가 바라는 부가 골고루 분배되는 복지사회는 민주화가 이루어져야 하며 무엇보다도 마음의 혁명이 이루어져야 한다.
- 교사는 학생들의 절대적인 호응을 얻어야 하며, 교사 자신이 구체적인 문제에 대한 확실한 해결방안을 가지고 있어야 한다.
- 교사는 미래지향적 교육을 해야 한다.
- 교육의 방법은 행동과학의 도움을 받아 사회의 재구성이라는 관점에서 통합되어야 한다. 교육은 사회적·문화적 힘에 의하여 이루어져야 한다.

2) 재건주의 교육이론
- 교육의 궁극적인 목적은 사회적 자아실현이며 사회재구성에 필요한

프로그램 제작이다.

- 현대사회는 중대한 문화적 위기에 직면하고 있으며 교육을 수단으로 현 사회를 개혁하고 새로운 사회질서를 수립해야 한다.
- 학교교육은 사회개혁을 실현시키는 가장 중핵적 활동으로서, 교육내용은 이론적 분석력을 함양시키는 인문, 사회과학과 도덕, 그리고 종교를 중시한 프로그램이어야 한다.
- 교육방법은 인간, 혈통, 종족, 종교, 계급 등에 의하여 차별될 수 없고, 원천적으로 동일하다.
- 교사교육에도 많은 관심을 가졌다. 교사도 사회적으로 대우를 받아야 하며 장기간의 교육기간으로 교사의 자질을 전문화시켜야 한다.
- 교육내용으로는 사회적 자아실현을 위한 경험들이 있다.
- 교육방법으로는 자기 자신의 직접경험 및 다른 사람의 간접경험, 교실과 향토사회에서의 자유롭고 정확한 교통, 소수의 의견을 용납하는 공개적 참여와 다수의 합의, 집단적 협력 등이 있다.
- 새로운 사회질서를 위해 민주적 방법으로 학생을 설득시켜야 하고 교육자들은 열심히 맡은 바 과업을 수행해야 한다.

3) 시사점 및 비판

- 미래사회를 어떤 가치관에 의하여 세울 것인가에 대한 논증이 결여되어 있다.
- 행동과학을 지나치게 맹신하는 데서 오는 한계점이 있다.
- 민주적 방식에 대한 지나친 기대를 걸고 있다.
- 실제 문제에 있어서 교육의 힘으로 새로운 이상향 사회의 수립과 같은 거창한 일을 할 수 있을까 하는 의문이 있다.

5. 실존주의 교육철학

- 19세기부터 20세기에 들어와서도 철학의 흐름은 크게 한편으로는 실증주의, 다른 한편으로는 실증주의에 대항하는 흐름, 이렇게 2가지로 대별된다.

실증주의적 흐름	·19세기에 자연과학의 부상에 자극을 받아 많은 철학자들이 자연과학적 방법을 빌려옴으로써 철학에 새로운 기초를 놓으려고 시도한 것 ·실증주의란 자연과학적 방법으로 연구한다는, 즉 철학이 자연과학적으로 연구되어야 한다는 입장으로서 분석철학이 이에 속함
실증주의에 대항하는 흐름	·인간과 인간의 삶과 세계를 이해하려고 모색하는 데 자연과학과 다른 길을 가야 한다는 흐름 ·실존주의, 비판이론, 현상학, 해석학, 포스트모더니즘 등이 그것임

1) 역사적 배경

- 합리주의적 관념론 혹은 실증주의에 대한 비판과 도전으로 19세기에 등장함.
- 20세기의 특수한 역사적 상황, 즉 두 차례의 세계대전의 비극적인 체험을 통해 철학의 관심을 인간, 삶, 인간의 내면적인 것으로 돌린다.
- 한마디로 '인간의 주체성 부활의 철학'이다. 본격적인 활동은 제2차 세계대전이 시작되기 전에 유럽의 불안하고 절망적인 상황에서 Karl Jaspers와 M. Heidegger를 중심으로 전개되었다.
- 제2차 세계대전 후에 J. P. Sartre를 중심으로 다시 전개되어 현대철

학의 핵심적 위상을 확보하였다.

- 인간은 자신의 존재에 대한 근본적인 진리를 발견할 수 있다고 주장 하면서 전통적 철학의 회의적 방법론에 반대한다.
- 실재는 우리가 경험하는 것이며 인간의 상황을 초월하는 것이 아니라 인간의 상황 속에 있는 것을 설명해야 한다.
- 주체적 존재로서 실존의 본질과 구조를 밝히려는 '주체회복의 철학' 이다.
- 인간 자신의 내적 세계를 탐색하는 인간실존의 철학, 자신의 주체적 자각, 결단을 강조하는 행동철학이다.
- 인간실존의 구조와 본질을 규명하며 상실된 인간의 모습을 되찾고 본래의 자기로 복귀를 강조한다.
- 자기소외, 자기상실 상태에서 자기회복, 자기귀환을 시도한다.
- 대표적인 교육철학자로는 G. Marcel, M. Buber, O. F. Bollnow, G. F. Kneller, 키에르케고르, 니체(F. Nietzsche), 하이데거(M. Heidegger), 샤르트르(J. P. Sartre), 야스퍼스를 거치면서 실존철학으로 성장하였다.

2) 실존주의 교육이론

- 실존(존재)은 본질에 선행한다. 인간은 주체적으로 자각하고 결단하고 책임지는 존재이다.
- 인간은 오직 자신의 자유로운 선택과 주체적인 결단에 의해 자신을 형성해 나가는 존재이다. 즉, 나의 실존이 곧 나에게 본질을 부여하는 것이다.
- 교육에 있어서 개인의 중요성을 강조한다. 개성을 존중하여 사회적 규범, 규칙에 적합하게 만드는 일체의 교육을 부정한다(사회교육의 부정).

- 주체적 자격과 결단, 그리고 실천하는 전인적 인간육성의 교육을 강조한다.
- 선택에 대한 자기책임 등 인격교육을 강조한다.
- 교사, 커리큘럼, 시설, 환경 따위는 한 인간이 전인으로 성장하기 위한 도구에 지나지 않는다.
- 교과목 자체보다는 교과목을 다루는 방법을 중시한다.
- 학교는 학생들의 자유를 신장하고 창조적인 개성을 갖도록 격려해야지, 적응 또는 관습에 순응하도록 압력을 가해서는 안 된다.
- 학교교육이라는 형태를 부정적으로 보는 입장이다. 학교교육의 보편화된 교육, 집단적인 획일화 교육을 비난한다.
- 강조하는 교과목은 인문학과 예술이다.

3) 만남의 교육

(1) O. F. Bollnow의 이론

- 기존의 교육이 연속적 발전과 점차적 개조에 의한 인간교육의 가능성을 토대로 하고 있다고 보며 이에 반대하여 수직적, 비연속적 형식의 교육 가능성을 주장한다.
- 비연속적 교육행위의 요소로서 위기, 각성, 충고, 상담, 만남, 모험, 좌절을 제시한다.
- '만남은 교육에 선행한다.'라고 주장함. 진정한 교육은 너와 내가 마음과 마음으로 호흡할 때 가능하다고 본다.
- 만남의 교육적 의미는 반드시 오랜 교육만이 인간을 변화시키는 것은 아니라는 것이다.
- 만남을 통해서 형성되는 것은 인식이나 지식이 아니라 신념, 믿음이다.

(2) M. Buber의 이론

- 만남이라는 '관계이론'의 핵심적인 개념은 하시디즘(Hasidism)과 만남이다.
- 하시디즘은 유대교의 경건주의적 신비운동인데 세계 속에서의 적극적인 봉사와 일상생활의 충실, 관심, 사랑을 강조한다.
- 만남의 철학은 하시디즘을 모태로 하여 나와 너의 관계개념 정립으로 인간의 위치 및 본질을 파악하려는 것이다. 인간의 정체성에 관한 탐구이기 때문에 학생의 전체성 즉, 전인교육론과 관련된다.
- 세계 자체를 하나의 교육의 장으로 생각하며 성격교육을 가치 있는 교육으로 강조한다.

4) 시사점 및 비판

- 교육마당에서 비연속적 형성가능성의 일면을 주목하게 하였다.
- 보편화, 집단화, 획일화되는 현대교육의 경향을 인간의 개성과 주체성을 최대한 존중하는 교육으로 촉구한다.
- 학생의 자율성이 강조됨과 함께 실존적 아이디어들이 교육마당에 제공되기 위해서는 인간교육에 대한 교사의 관심과 역할이 중요하다.
- 창조적 개인의 성장과 자아실현을 강조하며 자신의 삶에 대하여 책임질 수 있는 능력과 의지를 강조한다.
- 교사와 학생 간의 대화, 참여, 만남을 중시하여 교사는 학생들의 심적 갈등을 깊이 공감해야 한다.
- 인간의 사회적 존재 양상의 측면을 객관적으로 분석하지 못하였다.
- 모험이 도약을 위해 필요하다고 주장하지만 모험 그 자체의 문제와 한계점을 지니고 있다.
- 비연속적 교육행위는 한계성이 있다.

6. 구조주의(structuralism) 교육철학

1) 개요

- 20세기 후반기의 세계 철학사조의 한 동향으로 실존주의와 대립된다.
- 교육사상계에도 Piaget의 인지구조론, Bruner의 지식구조론 또는 교과구조론이 등장했다.
- 시간과 공간을 초월하여 자연과 인생에는 하나의 논리, 하나의 사고 방식이 존재한다고 보는 입장이다.

2) 일반원리

- 인간 배후에 있는 무의식적 보편의 세계를 규명한다.
- 자주적 행위를 부정하며 몰인격적 체계의 구조를 강조한다.
- 정지된 시간 내지 시간성을 초월한다.

3) 실존주의와 비교

- 인간 배후에 있는 무의식적 보편화의 세계를 추구한다.
- 의식의 자주적 행위 강조가 아니라 자주적 행위를 부정한다.
- 주체적, 실존적 자각을 강조하지 않고 몰인격적 체계를 강조한다.
- 시간성 내의 역사적 입장이 아니라 정지된 시간 내지 시간성을 초월한다.

7. 분석적 교육철학(analytic philosophy)

1) 역사적 배경

- 20세기에 들어와 자연과학과 수학이 크게 발달하면서 영국과 미국을

중심으로 등장한 철학사조이다.

- 전통철학의 사변적, 선험적, 추상적, 형이상학적인 명제를 배격하고 분석적 방법으로 과학 및 일상적인 개념이나 명제의 의미를 엄밀하게 밝히는 것을 목적으로 한다.
- 모든 과학과 일상적 지식의 명제나 개념의 의미를 분석적 방법으로 엄격하게 밝히고 언어의 진정한 의미를 명료화하고 논리적 구조의 통찰을 중시한다.
- 분석적인 방법을 통해 교육과 관련된 주요 개념, 용어, 원리, 이론들을 분석하고 그 의미를 명료화하여 교육철학을 객관적 학문으로 체계화시키는 데 기여했다(교육개념의 분석적 의미 탐구).
- 대표적인 인물로는 하이디(C. D. Hardy), 오코너(D. J. O'Connor), 피터스(R. S. Peters) 등이 있다.

2) 분석철학의 교육이론

- 분석철학의 교육목적은 사고의 논리적 명료화와 철학의 실천적 행동이다.
- 과학언어와 일상언어의 의미를 명료화하는 데 기여했으며 철학을 과학화하는 데 공헌했다.
- 교사는 교육내용을 명확하게 전달해야 하며 주장하는 지식은 객관적이어야 한다.
- 교사는 논리학의 공식과 법칙을 준수하여 일관성 있게 추리하여야 한다.
- 교사가 주장할 수 있는 지식은 신뢰할 수 있는 것이어야 한다.
- 교사는 모든 규범적 명제를 검토하여 그것의 의미를 밝혀야 한다.
- 교사는 모든 논의와 사용되는 언어, 규율을 명백히 하여야 한다.

- 귀납법과 개연성의 법칙이 가설, 개념, 이론을 실증하는 데 적용되어야 한다.
- 교사는 교육이념, 교육목적, 교육과정 등을 위해 분석법을 사용하여야 한다.

3) 시사점 및 비판

- 교육학을 학문적으로 체계화, 전문화하는 데 기여했다.
- 교육학의 연구대상을 명확히 하는 데 기여했다. 즉 교육학의 성격을 규명하는 데 기여했다.
- 교육학의 용어, 개념, 원리, 이론 등을 논증하고 명확히 하는 데 공헌했다.
- 교육학에 새로운 차원의 학문적 방법론, 즉 분석적 방법론을 제공해 주었다.
- 분석철학은 교사들에게 생각과 말의 중요성을 각성시켰다.
- 분석철학은 개념이나 명제 등의 애매함과 모호함을 제거하고 명확한 의미를 전달하는 데는 공헌했지만, 교육이념, 교육관, 교육목표를 정립하는 등의 교육철학적 기능은 소홀히 했다.
- 분석철학이 교육학에 미친 영향으로는 1950년대 이후부터 교육에 대한 가치론적, 당위적인 문제들을 다루지 않았다는 한계가 있다.
- 바람직한 세계관이나 윤리관 확립에 도움을 주지 못하고 나무는 보나 숲은 못 보는 우를 범했다.

8. 인간주의 교육철학
1) 역사적 배경

- 현대사회의 비인간화 현상으로 야기된 교육의 비인간화 현상을 극복하자는 인간성 지향의 교육을 총칭한 새로운 교육 이데올로기.
- 인간주의 교육의 사상적 뿌리: 아리스토텔레스, 에라스무스, 코메니우스, 루소, 페스탈로치 등
- 인문주의, 인본주의, 인도주의, 인류주의 등 다양하게 표현됨.
- 인간의 생명, 가치, 교양, 창조력, 자유, 공동운명체적 존재상 등이 중심이다.
- 현대적 휴머니즘에 입각한 인격을 일깨워주는 교육이다.

2) 인간주의 교육이론

(1) 노작교육론(G. Kerschensteiner)

- 정신적 활동과 육체적 활동의 통일을 강조한 이론.
- Pestalozzi의 '일하면서 배우고, 배우면서 일한다.'는 교육방법론에 기초하여 발전했다.
- 지적 교과내용은 조작을 통해서 체험시키고, 실기교과의 내용은 이론적 배경을 통해 심화시켰다.
- 수공적 활동을 통해 자주적, 창의적, 정신적 자기활동을 환기시켜 인간교육의 터전을 마련하는 교육이다.

(2) 자유방임교육론(A. S. Neil)

- 구속과 억압에서 벗어나 자유로운 교육을 강조한 이론.
- 어린이들의 적개심과 증오심의 원천은 구속인 바, 교육에서 자유를 최대한 존중하자는 주장이다.

(3) 철학적 인간학(M. Landmann)

- 교육은 지나친 조기 직업교육을 피해야 한다.
- 인간에게 가장 귀한 것은 자유를 슬기롭게 행사할 수 있는 윤리성이다.

(4) 각성적 교육관(E. Spranger)

- 교육을 발달의 원조, 문화의 계승, 정신적 삶의 각성으로 분류한다.
- 교육에서의 각성을 중시한다.

(5) 고전독서교육론(R. M. Hutchins)

- 고전 읽기를 통해 내면적 세계의 풍요를 강조한 이론이다.

(6) 전원학사교육론(K. Lietz)

- 농촌의 자연스러움과 아름다운 환경에서 일하면서 배우게 하자는 사상이다.

(7) 의식화 교육론(P. Freire)

- 억압된 사회를 역사의식의 계발로 개척해 나갈 주인의식을 함양하자는 사상이다.

(8) 전인학사교육론(H. Obara)

- 노작, 신앙, 협동생활을 통한 문화인격을 계발하자는 이론이다.

(9) 교육기능복권론

- 교육의 본래기능인 교육기능과 사회화 기능을 복원시키자는 주장이다.

3) 시사점 및 비판

- 기능적 교육관에 반대하며 비인간화 현상의 극복을 주장한다.
- 자율적 인격체로서 인간을 존중한다.
- 문명의 위기를 교육으로 대처하려는 자세를 정립했다.
- 현대의 학교교육에서 독주하고 있는 사회화 교육의 비리를 고발했다.
- 인간주의 교육이론을 체계화하기 어렵다.
- 적용하는 데 한계가 존재한다.

9. 포스트모더니즘(Postmodernism)과 교육철학

1) 역사적 배경
- 20세기 산업사회의 지배적인 문화논리를 이루었던 모더니즘을 초월, 극복하자는 사상이다.
- 포스트모더니즘은 인간생활과 직접적 관계가 있고 직접 확인할 수 있는 건축분야에 처음으로 등장한 이후에 무용, 미술, 문학 등의 예술영역으로 확산되었고, 철학 및 사회학의 영역으로까지 확대되었다.
- 20세기 후반기의 인간생활 양식의 변화를 설명하고 정당화하기 위하여 등장한 문화논리이자 사상체계이며 사회운동이다.
- 특징은 탈이데올로기 사회, 후기 자본주의 소비사회, 디지털 영상정보 사회, 신중간계급사회, 신과학사회의 문화적 패러다임을 들 수 있다.
- 기본적 입장으로는 반정초주의(anti-foundationalism)에 기초, 다원주의의 표방, 반권위주의의 표방, 연대의식의 표방, 주체적 자아가 해체되는 문화를 들 수 있다.

2) 포스트모더니즘 교육이론

- 언어를 인간행위의 가장 핵심적인 것으로 간주함.
- 추상적 체계성이나 총체성을 거부함.
- 진리의 절대성, 객관성, 보편성을 거부하고, 진리의 우연성, 다원성, 비교 불가능성을 믿음.
- 인간의 주체나 개별적 자아에 대해 회의를 가짐.
- 사회를 구성하는 소집단, 각 집단의 사회문화적 배경과 전통을 중시함.
- 공교육의 재개념화를 요청하고 미성숙자로서 학생들의 목소리에 주의를 기울여야 한다고 봄.
- 열린교육방법으로서 열린 지식의 습득 및 열린 자아의 다원적 전개.

3) 시사점 및 비판

- 교육에 대한 고정적이고 획일적인 사고의 틀을 벗어나라는 점을 시사함.
- 교육의 전통적 관점과 견해를 강력히 비판하지만 대체이론을 제시하지 못함.
- 문화논리 자체가 지나치게 자기파괴적이고 허무주의적이며 냉소주의적임.
- 포스트모더니즘을 교육에 접목시킬 체계적, 논리적 연구와 논의가 아직 없음.

10. 신자유주의 교육철학

1) 역사적 배경

- 교육관계조직의 규제와 통제에 의해 학교의 자율성이 저해되고 있다.
- 학교 간의 경쟁이 없어 교육의 질을 제고하기 위한 단위학교의 노력이 부족하다.
- 교육소비자인 학생의 필요와 무관하게 교육공급자인 학교에 의해 획일적인 교육서비스가 제공된다.

2) 신자유주의 교육이론

- 국가 경쟁력 강화를 위한 교육개혁정책에서 '시장의 논리'에 따른 선택과 자율이라는 개념을 강조한 것으로서, 이러한 사고체계를 '신자유주의'라고 한다.
- 자율, 경쟁, 선택 등의 가치를 중시하는 것으로 지나친 규제와 통제를 완화하고 교육소비자들의 다양한 욕구를 수용하자는 주장이다.
- 완전한 자유경쟁 논리를 적용하면, 단위학교의 책무성과 자율성을 강화할 수 있으며, 학교 간의 경쟁을 통해 교육의 질을 향상시킬 수 있으며, 교육소비자에게 교육선택권을 부여하여 그들의 필요에 맞는 교육을 하자는 것이다.

3) 시사점 및 비판

- 시장경쟁 논리를 적용하면 학교현장의 나태한 모습들이 경쟁을 통해 개혁될 것이다.
- 학교운영위원회의 활동을 통해 교육문제를 보다 직접적으로 풀어 볼 수 있다.

• 학교 배정을 완전히 자유선택으로 하여 가고 싶은 학교에 다닐 수 있도록 한다.

• 시장경쟁원리를 들어 학교 간의 경쟁이 벌어지도록 '당근과 채찍'을 쓰는 정책은 교육의 질을 제고하는 데 기여하지 못한다.

• 학교교육이 자본주의 논리에 따라 움직이게 되고 교육의 본질적 속성인 민주적 공동체의 형성이라는 역할이 소홀히 되며 국가의 조정에 의해 어느 정도 가능했던 교육평등의 가치가 훼손될 가능성이 크다.

문제 1 다음에서 관념론 또는 관념론적 교육에 해당하지 않는 것을 고르시오.

① 교육내용으로 진리에 대한 것을 다룬다.

② 논리학, 수사학, 변증법 등의 언어교과를 다룬다.

③ 객관적으로 존재하는 사물세계로부터 지식을 획득한다.

④ 정신적인 삶을 추구한다.

정 답 ③

해 설 객관적으로 존재하는 사물세계로부터 지식을 획득한다고 보는 것은
실재론(현실주의)이다.

문제 2 다음의 진보주의 교육원리가 아닌 것을 고르시오.

① 교사의 주도로 이루어진다.　　② 교육은 생활 그 자체이다.

③ 항존주의에 의해 비판을 받았다.　　④ 전통적 교육을 비판한다.

정 답 ①

해 설 진보주의 교육은 아동중심 교육으로 교사의 역할은 주도자가 아니라
안내자이다.

문제 3 다음에서 교육철학관련 맞지 않는 설명을 고르시오.

① 실증주의는 형이상학을 과학적인 것으로 보지 않는다.

② 분석철학은 일상적 개념을 엄밀하게 밝히는 것을 목적으로 한다.

③ 포스트모더니즘의 지식관은 상대적 지식관이다.

④ 비판이론은 인간을 수동적인 존재로 본다.

정 답 ④

해 설 실존주의 교육철학인 비판이론은 인간을 주체적 존재로 본다.

- 교육철학이란 교육의 개념, 목적 등에 관한 원리나 교육과 관련된 문제를 철학적 방법으로 연구하는 학문이다.
- 관념론에서 교육은 참 실재를 상기하는 것이며 (상기설(想起說)), 교육내용은 진리에 대한 내용이다.
- 실재론에 의하면, 우리는 객관적으로 존재하는 사물세계로부터 지식을 획득할 수 있다.
- 진보주의는 권위적인 교사중심, 교과서 중심, 지식 암기 위주의 교육, 수동적 학습중심의 전통교육을 지양하고 어린이의 자유로운 활동을 중시하는 교육의 자유화 운동이다.
- 본질주의는 인류의 전통과 문화유산 중에서 '가장 기본적인 요소', '가장 본질적인 요소'를 조직적인 학교교육을 통해 다음 세대에 전달해야 한다고 주장한다.
- 항존주의는 교육의 과업이란 보편적이고 영원불변하는 진리에 인간을 적용시키는 것이라는 입장이다.
- 분석철학은 분석적 방법으로 과학 및 일상적인 개념이나 명제의 의미를 엄밀하게 밝히는 것을 목적으로 한다.
- 실존주의는 인간을 주체적으로 자각하고 결단하고 책임지는 존재로 이해한다.

명언 한마디

교사의 임무는 독창적인 표현과 지식의 희열을 불러 일으켜주는 일이다.   - 아인슈타인-

다음 학습 예고

다음 Chapter에는 05. 교육심리학(I)에 대해 학습하겠습니다. 수고하셨습니다.

교육심리학 I

제5장

학습 목표

1. 교육심리학의 성격을 간단히 설명할 수 있다.
2. 인간발달에 대하여 간단히 정의할 수 있다.
3. 발달의 원리를 4가지 이상 열거할 수 있다.
4. 결정적 시기에 대하여 설명할 수 있다.
5. 피아제의 인지발달 단계론을 이해하여 실천에 활용할 수 있다.
6. 에릭슨의 심리-사회적 발달단계론을 이해하여 실천에 활용할 수 있다.

학습 목차

1. 교육심리학의 기초
2. 인간발달론
3. Piaget의 인지발달단계론
4. Vygotsky의 인지발달이론
5. Freud의 성격발달이론
6. Erikson의 심리-사회적 성격발달론
7. Koehlberg의 3수준 6단계 도덕성 발달이론

문제 1   **재건주의 교육철학은 자연주의 사상과 연계되어 발전하게 되었다.**

정답   O

해설   자연주의 교육철학은 나중에 현대의 실용주의, 재건주의, 마르크스주의, 논리실증주의, 무신론적 실존주의를 파생시켰다.

문제 2   **교육목적을 성장에 두며 J. Dewey에 의해 성장과 경험의 재구성으로 개인이 상호관계를 맺고 있는 여러 경험들 간에 관계성을 이해하는 능력을 획득하는 것을 강조한 교육철학은 실용주의이다.**

정답   O

해설   프래그머티즘(pragmatism)은 "성장 자체를 넘어선 어떤 교육목적도 있을 수 없다."라고 할 정도로 교육의 목적으로 성장을 강조한다.

문제 3   **아동의 흥미와 욕구에 주목해야 한다는 것은 본질주의 교육철학의 기본사상이다.**

정답   X

해설   아동의 흥미와 욕구에 주목해야 한다는 것은 진보주의 교육철학의 기본사상이다.

교육심리학 기초 및 인간의 발달

1. 교육심리학의 기초	효과; 실천; 발달심리; 학습심리; 적응심리
2. 인간(학습자)의 발달	성장; 성숙; 학습; 학습시기; 발달
3. 발달의 일반원리 (McConel의 성장의 원리)	발달; 상관성; 연속성; 원리; 주기성
4. 인간발달이론의 영역	신체; 운동기능; 발달; 정서; 인간발달이론; 영역
5. 발달의 결정적 시기 (Critical Period)	K. Lorenz; 새끼오리; 각인(Imprinting)기; 연구; 결정적 시기

1. 교육심리학의 기초

1) 정의

(1) 개인의 학습경험이나 성장, 발달을 체계적으로 연구하여 심리학적 사실이나 법칙을 밝혀 교육의 효과를 높이고자 하는 학문이다.

(2) 교육의 목적을 어떻게 하면 효과적으로 달성할 수 있을 것인가?

(3) 즉, 교육방법의 분야를 다루는 학문으로 실천적인 성격을 띤다.

(4) 유형

개념	발달심리론	학습심리론	적응심리론
내용	**일반적 원리 각 영역별** • 신체발달 • 지적발달(Piaget) • 정의적 발달 - 정서발달 - 성격발달(Freud) - 사회성발달(Erikson) - 도덕발달(Kohlberg) • 기타 영역 - 측정, 평가, 통계(교육평가) - 교수 - 학습지도(교육방법) - 생활지도(지도 및 상담)	**학습이론(19c 중엽)** • 행동주의 • 인지이론 • 정신분석 • 인본주의 • 구성주의 • 학습의 조건 - 준비성 - 동기유발 • 학습의 과정 (파지, 망각, 전이, 연습)	**욕구갈등모형(Thomos)** • 적응기제: 비합리적 • 방어기제 • 보상, 합리화, 투사 • 도피기제 • 공격기제

2) 교육심리학의 연구영역

(1) 학습자에 대한 이해

- 발달심리학분야, 효과적인 교육이 수행되기 위해서는 우선적으로 학습자에 대한 이해가 선행되어야 한다.

(2) 학습에 대한 이해

- 학습심리학분야에 속한다.
- 학습자에 대한 충분한 이해가 이루어졌다고 하더라도 실제적으로 학습이 발생하는 기제를 이해해야 효과적인 교육을 기대할 수 있다.

(3) 교수에 대한 이해

- 교육방법분야에 속한다.
- 효과적으로 가르치는 방법에 대한 이해는 학습자의 특성에 대한 이해와 학습과정의 본질에 대한 이해 못지않게 중요하다.

(4) 평가에 대한 이해

- 교육평가분야에 속한다.
- 교육현장에서 학습수행의 과정과 학업성취를 측정하고 적절한 피드백을 제공하는 평가활동 역시 교육심리학의 지속적인 관심 분야이다.

(5) 생활지도 및 상담에 대한 이해

- 교육현상의 다양성과 역동성에 따라 학습자가 경험하는 인지적·정의적인 측면의 문제들을 적절하게 해결하지 못한다면 효과적인 교육을 기대할 수 없다.

3) 교육심리학의 기초이론

(1) 정신분석학

- 모든 인간의 행동을 결정론*과 무의식에 두고 이를 심층 분석하는 데 초점을 맞춘다.

(2) 행동주의 심리학

- 미시적 접근방법이며 인간의 의식적인 경험을 고려하지 않는다.
- 자극과 반응의 결합관계에서 관찰 가능한 외적인 인간행동을 설명하려 한다.

---

* 모든 인간의 행동은 우연이 아니라 반드시 그 원인이 있다는 이론

(3) 인지심리학

- 인간의 외적 행동보다는 내적 정신과정에 대한 객관적, 과학적 연구에 기초하여 인간행동을 이해하려고 한다.
- Koehler의 통찰설, Lewin의 장(場)이론, Tolman의 기호형태설 등.

(4) 인본주의 심리학

- 인간의 본질을 선택, 창의성, 가치, 자아실현으로 이해하려 한다.
- 건강한 인간을 대상으로 하는 성격심리학에서 나왔다(Maslow의 욕구단계론).

2. 인간(학습자)의 발달

1) 개념

- 인간이 태내에서 수정될 때부터 죽을 때까지 전 생애에 걸쳐 일어나는 모든 변화이다.
- 변화를 뜻하는 용어에는 발달 이외에도 성장과 성숙, 학습이 있는데, 발달은 이 모두를 포함한다.

2) 성장(Growth)

- 성장과 성숙은 분명하게 구분할 수 없다.
- 그러나 성장은 대체로 양적 증대로 일어나는 신체적 변화이다. 즉, 신체의 크기나 근육의 세기와 같은 신체적 변화 중에서도 양적 증가를 의미한다.

  ex 뼈가 굳어지는 골격의 변화

3) 성숙(Maturation)

- 외적 환경조건이나 연습과는 비교적 무관한 유기체 신체 내에서 일어나는 신경 생리학적, 생화학적 변화를 말한다.
- 유전적 메커니즘에 의해 나타나는 신체적, 심리적 변화를 의미한다.

  `ex` 태아의 발달, 영구치의 돌출, 제2차 성징의 출현 등의 질적인 변화.

- 비교적 환경의 영향을 받지 않는다.
- 성숙은 개념상으로는 유전적 특성에 의해 이루어지는 발달이다.

4) 학습

- 경험이나 연습의 결과로 나타나는 비교적 지속적인 행동의 변화이다.
- 환경의 영향을 많이 받는다.
- 성장, 성숙, 학습은 서로 엄밀하게 구별하기 어렵고, 또한 모두 유전과 환경의 영향을 받지만, 이들 중에서 성장과 성숙은 비교적 유전의 영향을 많이 받는다.
- 이에 비하여 학습은 환경의 영향을 많이 받는다.

5) 발달에 대해 알아야 하는 이유(결정적 시기 관련)

- 언제 무엇을 어떻게 가르쳐야 학습의 효과가 있을 수 있는가의 문제, 즉 학습의 시기와 성숙의 정도는 교육에서 고려되어야 한다.
- 미숙한 학습: 성숙도가 아직 충분하지 않은 상태에서의 학습은 효과가 없을 뿐만 아니라 발달에 유해할 수 있다.
- 학습시기를 놓침: 학습할 시기를 놓치면 그 효과가 적을 뿐만 아니라 후에 학습을 할 때 진척이 느리다.

3. 발달의 일반원리(McConel의 성장의 원리)

- 인간의 발달에는 보편적이고 일반적으로 드러나는 원리가 있다는 결과를 제시한다. 누구에게나 공통적인 인간발달의 원리는 다음과 같다.

1) 발달의 상관성

- 발달은 성숙과 학습의 상호작용, 그리고 유전적 요인과 환경적 요인의 상호작용으로 이루어진다.

성숙과 학습의 상호작용	유전적 요인과 환경적 요인의 상호작용

2) 연속성의 원리

- 발달은 연속적이고 점진적으로 낮은 단계에서 높은 단계로 발전한다.
- 이때 낮은 단계의 발달은 다음 단계의 발달의 기초가 된다.

3) 발달의 주기성

- 발달은 연속적이지만 규칙적이지는 않다.
- 발달의 속도는 일정하지 않고 불규칙한 주기성을 보인다.
- 신체의 발달과 정신의 기능은 특정한 시기에 급격히 증가한다.
  - 어느 시기에는 언어능력이 급격히 발달하고 어느 시기에는 감정이 급격히 발달한다.
  - 학령 전기의 수년 동안에 어휘가 급격하게 증가한다.
  - 청년 전기에는 신장, 체중, 생식기관의 크기가 현저하게 증가한다.
  - 분화 – 통합성의 원리

- 발달은 분화와 통합에 의하여 구조화된다.
- 발달의 원리
  - 초기에는 모든 행동이 미분화되어 전체적인 반응을 보이다가 특수한 반응과 부분반응으로 분화되면서 동시에 몇 개의 반응이 통합되어 새로운 체제로 형성된다.

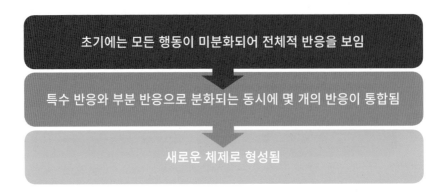

4) 방향의 순서성

- 발달은 일정한 발생학적 순서와 방향으로 진행되는데 그 원리는 다음과 같다.

(1) 상부에서 하부방향으로 발달한다

- 신체발달의 경우, 먼저 머리가 발달하고 그 다음 팔과 다리의 기능이 발달한다.

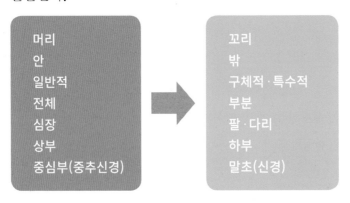

(2) 중심부에서 말초방향으로 발달한다

- 신체의 중심에 가까운 팔의 기능이 먼저 발달하고, 신체의 중심에서 먼 손가락의 기능은 나중에 발달한다.
- 신경계통의 경우에는 대뇌가 먼저 발달하고 그 다음에 점차 말초신경이 발달한다.

(3) 전체 운동에서 부분운동으로 발달한다

- 큰 근육에서 시작하여 점차 작은 근육으로 발달되면서 전체운동에서 분화된 미세운동으로 발달하게 된다.
- 영아기에 나타나는 반응은 대부분 전신반응이며, 신체의 큰 부분을 움직이는 전체적, 미분화적 운동이다.

5) 개별성: 개인차의 원리

- 발달은 보편적인 순서로 진행되지만, 개인 간의 차이가 있고, 개인 내의 차이가 있다.
- 각 개인의 선천적 소질, 성별, 환경, 교육에 따라 신체적, 지적, 정서적인 면에서 발달의 속도에는 개인차가 있다.
- 예를 들어, 신체 발달의 경우, 9개월부터 걷기 시작하는 유아가 있는 반면, 15개월이 되어도 걷지 못하는 유아도 있다.
- 발달 영역에 따른 개인차도 있는데, 언어발달에서 높은 수준을 보이지만 수리 계통의 학습은 낮은 아동이 있고 그 반대의 경우도 있다.

6) 예언 곤란성

- 경험의 종류, 환경의 변화에 따라 추측이 곤란한 특성이 있다.

4. 인간발달이론의 영역

1) 신체 및 운동기능의 발달
- 연령에 따른 신체의 발달 속도

연령대	발달속도
출생 후 유아기	가장 빠름
사춘기	빠름
아동기와 청년기	점진적 증가
청년 후기 말	신체 발달 정지

- 신체 및 각 기관의 발달은 일률적으로 발달하는 것이 아니다.
- 체중이 발달하는 충실기와 신장이 발달하는 신장기가 주기적으로 율동성을 갖고 발달한다.
- 성(性)과 개인차에 따라 발달을 달리한다.
- 신생아는 불균형하게 태어나지만 점차 성장함에 따라 신체의 각 부분이 균형적으로 발달한다.

2) 정서의 발달
- 정서란 라틴어 'Emovere'에서 유래되었으며 '뒤흔든다'는 의미를 가지고 있다.
- 정서의 유형: 노여움, 공포, 애정, 질투, 불안, 호기심 등 매우 다양하다.
- 정서발달요인

3) 인지의 발달: 2절에서 보다 구체적으로 설명한다

4) 성격의 발달

- 성격(Personality)은 라틴어 'Persona'에서 유래되었다.
- '통하여(Through)'라는 뜻의 'Per'와 '말한다, 소리 낸다(Speak Out)'의 'Sonare'의 합성어이고 원래 '가면'을 뜻하였다.
- '가면'이란 뜻에서 성격은 개인이 자기를 둘러싼 다른 사람들에게 주는 전체적인 인상이란 뜻이다.
- 성격이론

Hippocrates	체액유형론
Kretschmer	체격유형론
L G. Jung	심리유형론
Spranger	가치관유형론
Lombroso	골상학 연구론

5. 발달의 결정적 시기(Critical Period)

1) 개념
- 발달과정에 있어서 특정한 부분의 발달이 특정한 시기에 일어나는 현상을 발달의 결정적 시기, 혹은 민감기(몬테소리)라고 한다.
- 특정한 행동이 발달할 수 있는 최적의 시기라고 할 수 있다.
- 결정기의 개념은 행동변화의 시기, 즉 가소성의 시기에 관한 문제이다.
- 특정한 심리적 특성이 학습되는 시기가 있으며 발달과정 중 특정 시기에 겪게 되는 경험이 이후의 심리적, 생리적 발달에 불가소적 영향을 미쳐 이 시기를 놓치면 그 다음의 학습이 이루어지지 못한다는 것이다.

2) K. Lorenz의 새끼오리 각인(Imprinting)기 연구
- 오스트리아의 동물학자인 K. Lorenz는 갓 태어난 오리새끼가 출생 후 초기의 특정 시기 동안 Lorenz 자신에게 노출된 후에는 어미 오리가 아닌 자신에 대해 애착(Attachment)을 보이는 것을 발견하고 이를 각인(Imprinting)이라고 불렀다.
- 즉, 각인이란 결정적 시기 동안에 일어나는 것인데 만일 결정적 시기 이전이나 이후에 그 대상에 노출되면 애착은 형성되지 않으며, 일단 결정적 시기가 지나면 다른 대상에게 애착하도록 유도하는 것은 거의 불가능하다고 보았다.
- Bowlby 등 애착이론가들도 각인개념을 기초로 애착형성의 결정적 시기가 인간에게도 존재한다고 주장한다.
  - 이들은 애착 형성의 결정적 시기에 양육자와 이별하거나 탈애착경험을 한 영아는 이후의 성격발달이나 대인관계에 큰 결함을 가지게 되고, 안정된 애착을 형성한 영아는 환경을 능동적으로 탐색할 뿐만 아니라 성장한 후에도 보

다 바람직한 적응능력을 가지게 된다고 주장한다.

- Yarrow(1964)는 인간의 애착 형성에 결정적 시기는 6개월경부터 약 2세경까지라고 제안하였다.
- 각인기라는 용어는 결정적 시기와 비슷하게 사용된다.

인간발달 단계			
태아기	출생 이전의 시기	영아기	출생~약 2세
유아기	2세~6, 7세 (학령전기)	아동기	6,7세~12, 13세
청년기	12,13세~22, 23세	성인전기	22, 23세~40세
성인중기 (중년기)	40세~60, 65세	성년후기 (노년기)	60세 이후

3) K. Lorenz의 결정기에 관한 견해

- 유기체가 이후의 정상적인 발달을 하기 위해서 특정한 형태의 자극에 의존하는 발달상의 시기 또는 단계가 있다.
- 결정기
  - 유기체가 특정한 종류의 자극에 최고로 민감한 시기.
  - 생애 중 다른 어떤 시기보다도 특정한 행동기술을 익히는 데 가장 용이한 시기.
- S. Freud는 3~5세를 성격 형성의 결정적 시기라고 주장하였다.
- 결정기를 놓치면 발달 지연, 문화 실조 현상이 일어날 수 있다.
- 다른 시기에 비해 이 시기 동안에는 유기체가 성장하면서 겪게 되는 환경조건이나 경험내용에 쉽게 자극, 촉진되는 시기이다.
- 유해한 환경자극에 의해 발달이 지체되거나 방해받기 쉬운 시기이다.

4) 문화실조

- 교육사회학에서 주로 다루는 영역이다.
- 인간의 발달과정에서 초기 경험의 중요성을 강조한 것으로서 발달과정 초기에 문화적으로 결핍된 환경에서 성장한 아동은 발달상의 결손을 가져온다.
- 문화실조란 인간발달에서 요구되는 심리적 요소의 결핍, 과잉, 시기상 부적당성에서 오는 지적, 사회적, 인성적 발달의 부분적 상실, 지연, 왜곡현상을 의미한다.

인지발달이론

1. 이론적 기초	피아제; 콜버그; 프로이트; 에릭슨; Case
2. Piaget의 인지발달단계론	동화; 조절; 평형; 감각동작기; 전(前)조작기; 구체적조작기
3. Vygotsky의 인지발달이론	사고; 언어; 발달과정; 근접발달영역; ZPD; 언어발달

1. 이론적 기초

1) 발달단계이론의 개념

- 발달단계이론이란 인간발달은 일정한 단계들을 거치는데 이때 어떠한 단계도 빠짐이 없으며 또 단계들이 순서를 바꾸지도 않는다는 것을 전제로 한다.
- 대표적인 이론

피아제(J. Piaget)와 콜버그(L Kohlberg)의 이론	프로이트와 에릭슨(E.H Erikson)의 이론
인지론적 입장을 취함	정신분석학적 입장을 취함

- 인지발달이론에는 많은 이론이 있지만 크게 Piaget의 인지발달이론,

Vygotsky의 인지발달이론, Case의 실행제어구조이론이 중요하게 다루어진다.

2) 인지적 특성과 발달

(1) 지각의 발달

- 지각이란 정신활동 중 외부 대상물을 직접 인지하는 심리적 작용으로, 감각기관을 통해 외부로부터 들어오는 정보를 받아서 의미 있는 지식으로 전환시키는 능력을 말한다.
- 지각 구성의 법칙

(2) 사고 발달

- 사고란 언어적 상징들이 의식 속에서 이루어지는 심리과정으로 상징을 사용하는 과정이다.
- 사고의 과정

  경험의 재생과 활용 → 문제 사태의 분석 → 자료의 정리 →

  가설의 설정 → 가설의 검증 → 통찰력의 발휘
- 사고의 형태

(3) 언어의 발달

- 언어란 의식 속에 심상이나 관념을 대리하는 상징으로서 인간의 가장 가치 있는 적응기제 중의 하나이다.

(4) 인지발달-정보처리이론(교수-학습론에서 구체적 설명함)

- 새로운 정보가 투입되고 저장되며 기억으로부터 인출되는 방식을 연구하는 이론으로 학습자 내부에서 학습이 발생하는 기제를 설명하려는 이론이다.
- Atkinson의 기억의 3단계설-감각등록기, 단기기억, 장기기억이다.
- 정보저장소: 투입된 정보가 머무르는 장소를 의미하는데 정보의 저장에 이용되는 서류철이나 주소록 등으로 비유될 수 있다.
- 감각등록기: 학습자가 환경으로부터 눈이나 귀와 같은 감각수용기관을 통해 정보를 최초로 저장하는 곳이다.
  - 의미기억에는 문제해결 전략, 사고 기술, 사실, 개념 등이 저장된다.
- 네트워크(Network): 장기기억 속에 존재하는 정보들이 관계성을 맺고 상호 연결되어 있다는 것을 강조하기 위한 표현.
- 보편적인 인지처리 방략(Cognitive Strategies): 주의 집중, 약호화, 정교화, 조직화, 인출의 절차를 거친다.
  - 단기기억: 일시적인 정보 저장소
  - 장기기억
- 단기기억에서 적절히 처리된 정보는 장기기억으로 통합된다.
- 무한한 정보를 영구적으로 저장할 수 있는 곳으로 일상기억과 의미기억으로 구성된다.

2. Piaget의 인지발달단계론

1) 개요
- 스위스의 발달심리학자인 J. Piaget의 인지발달이론은 어린이의 성장, 발달에 따라서 일어나는 인지기능 변화를 체계적으로 기술하였다.
- 인지발달의 원리를 생물학적 발달의 관점에서 설명한다.

- 인지발달은 유전과 환경의 상호작용에 의하여 이루어지는데, 이때 발달하는 개인의 역할은 반응적이지 않고 능동적이다.
- 인지체제가 환경에 어떻게 적응하여 나가는가를 밝히는 데 초점을 두어 구조주의적 유기체론, 발생적 인식론이라 불린다.
- 인지적 기능은 개체가 환경에 적응하려는 기본적인 경향성으로 생득적으로 부여받고 있다.
- 인지적 구조는 생득적인 것이 아니라 유기체가 환경과의 상호작용을 통해서 구성해 나간다.
- 인지발달은 유기체와 대상 간의 연속적인 상호작용에 의해 점진적으로 구성되는 인지구조의 변화에 의해서 일어난다.

2) Piaget 인지발달단계론의 기본적인 개념

- 지능
  - 환경의 조건과 대응하면서 사고와 행위를 구성, 재구성해 나가는 적응행동의 한 형태이다.
- 인간의 인지구조
  - 스키마개념으로 유기체가 가지고 있는 외부환경에 대한 이해의 틀을 말한다.
  - 개인이 가지고 있는 행동의 유형이다.
- 인지기능
  - 개체가 환경에 적응하려는 기본적인 경향성이다.
  - 모든 생물체에게서 불변으로 작용하는 기본적인 기제이다.
  - 순응기능과 조직화 기능으로 구성되어 있다.
- 동화(Assimilation)기능
  - 새로운 환경자극을 자신의 기존 이해의 틀에 맞도록 변형하여 흡수하는 현상을 말한다.
- 조절(Accommodation)기능

- 새로운 경험 등을 의미 있게 해석하기 위하여 자신의 기존의 이해의 틀을 새로운 경험에 알맞게 바꾸는 현상이다.
- 평형(Equillilium)
  - 동화와 조절 중 어느 한쪽에 치우치지 않게 두 과정의 평형 혹은 균형을 유지하는 것을 말한다.

3) Piaget의 인지발달단계

- 피아제는 인간의 발달을 통하여 나타나는 인지구조의 변화를 4단계로 제시한다.
- 각 단계는 상호관련되어 있으면서도 질적으로 다른 특징을 가진다.

(1) 감각동작기(출생~2세)

- 신생아들이 가지고 태어난 여러 가지 반사를 기초로 하여 주로 감각과 신체운동을 통해 경험을 조직하면서 지식을 습득하는 단계이다.
- 주로 아동의 시각, 청각 등의 조절감각과 운동능력이 발달하는데 눈과 목이 협응하여 움직이는 사물을 따라가거나 손과 눈이 협응하여 물체를 잡는 등 여러 가지 운동기능의 협응이 발달한다. 이 단계의 아동들은 사물에 대한 표상을 가지고 있지 않으며 모방력을 발전시킨다.
- 언어발달 이전의 지적발달 시기로서 이 단계 후반에 와서야 비로소 언어로 의사소통하는 인지구조가 발달되기 시작한다.

- 대표적인 행동(이 단계 후반기에 발달): 대상영속성 개념
  - 대상물이 시야에서 사라져도 그 대상물은 어딘가에 존재한다는 사실을 이해하는 것
- 18개월 이후부터는 행동하기 전에 그 행동에 대해 사고하는데 이를 목표 지향적 사고라 한다.

(2) 전(前)조작기(2~7세)

2~4세	자신의 내적 표상을 언어로 표현하기 시작하지만 아직 성숙한 개념이 발달되지 못했기 때문에 이 시기의 언어 특징은 분화 이전의 전(前)개념적 성격을 띄고, 전개념적 사고를 함
4~7세	개념형성이 발달해 가지만 사고는 직관에 의존하는 상태로 논리적 수준에 이르지는 못함

- 직관적 사고
  - 어떤 대상을 접할 때 그 대상이 갖는 두드러진 지각적 속성을 바탕으로 사고하고 판단하는 것
- 자기중심성(Egocentrism)
  - 자기 자신의 눈으로만 세상을 보며 다른 사람의 입장이나 관점에서 생각하지 못하는 것을 뜻한다.
  - 언어도 자기중심적 언어의 성격을 띤다.
  - 즉, 타인에게 말을 하고 타인의 말을 듣는 것이 아니라 자기 생각만을 전달하는 일방적 의사소통 양식이다.
  - 자기중심성은 전조작기로 들어가는 8~9세 이상이 되면 차차 해소된다.
- 물활론적(物活論的) 사고: 모든 사물은 살아있고 각자의 의지에 따라 움직인다고 믿는다.

- 인지기능의 특성: 구체성, 불가역성, 자기중심성 등을 중심화한다.

(3) 구체적 조작기(7~11세)

- 사고와 판단에 있어서 감각에 의존하는 정도가 이전 단계들보다 약해진다.
- 직관적 사고에서도 벗어나면서 비록 구체적 사물에 한정되기는 하지만 논리적 사고를 할 수 있게 된다.
- 가역적(可逆的) 사고를 할 수 있고 보존개념이 형성된다.
  - 가역적 사고는 진행되어 온 사고과정을 역으로 되밟아 나갈 수 있는 능력이다.
  - 예를 들어, 물이 얼어서 얼음이 된다면 반대로 얼음이 녹아서 물이 된다는 생각을 할 수 있는 것이 곧 가역적 사고이다.
- 탈중심화적 사고
- 보존개념
  - 사물의 모양이 변하더라도 여전히 같은 상태로 있다는 것을 알게 되는 것이다.
  - 보존개념을 가진다는 것은 가역적 사고를 할 수 있다는 뜻이기도 하다.
- 이 단계의 어린이는 자기중심성에서 벗어나 조망이 여러 개 있다는 것, 다른 사람은 자기와는 다른 사고나 느낌을 가질 수 있다는 것을 알게 되어 상대방의 입장에 서서 생각할 수 있게 된다.
- 서열화와 부분과 전체의 개념이 발달하고, 상대적 비교가 가능하다.

(4) 형식적 조작기(11~15세)

- 체계적이면서도 고차원적인 추상적 사고능력이 발달하며 논리적으로 사고할 수 있다.
- 과학적 추론도 할 수 있게 되는데, 즉 다양한 현상에 대해 여러 가지 가설을 세우고 검증하는 가설–연역적 사고가 가능해진다.
- 따라서 화학에서 배우는 화학약품을 섞는 실험 등 체계적인 분석 및

탐구 능력이 필요한 문제는 형식적 조작기에 들어와서야 비로소 수행이 가능하다.

- 형식적 조작기 이후로도 스키마의 변화가 일어나지만 그 변화는 논리적 조직과 구조의 질적인 변화가 아니라 양적인 변화라는 것이 피아제의 주장이다.
- 조합적 사고와 연역적 사고를 하며 관념과 이상에 의해 지배되는 시기이다.

4) Piaget 인지발달이론의 교육에의 적용

- 교수방법의 개선
  - 아동의 인지 수준에 따라 교사는 정보의 구체성과 추상성을 고려하여 제공하는 교수 방법을 채택했다.
  - 교과과정 역시 아동의 인지 수준에 기초하여 구성되어야 한다.
- Bruner의 나선형 교육과정, 지식의 구조, 학문 중심 교육에 영향을 미친다.
- 구안학습, 열린 교육, 구성주의의 이론적 바탕을 제공한다.
- 교육은 어린이의 자발성에 의존해야 한다. 학습은 어린이의 능동적 발견과정이기 때문이다.

5) 교육적 시사점

- 피아제는 발달단계에 따른 인지구조의 변화를 제시한다.
- 교사는 아동이 처한 발달단계의 지적 구조에 맞게 교육내용을 선정하고 조직해야 할 것이다.
- 피아제가 아동을 스스로 탐색하고 세상을 이해하는 능동적인 문제해결자로 본 점은 기존의 교사의 역할을 재정립하는 데 기여했다.
- 교사의 역할

- 지식전달자가 아니라 아동의 직접적 경험과 활동을 중시하고 아동 스스로 답을 발견할 수 있도록 도와주는 역할을 담당해야 한다.
- 교육은 어린이의 현재 지적 발달단계에 알맞도록 조정되어야 한다.

3. Vygotsky의 인지발달이론

1) 개요

Piaget의 입장	Vygotsky의 입장
아동이 스스로 세계를 구조화하고 이해하는 존재로 생각했음	아동이 타인과의 관계에서 영향을 받으며 성장하는 사회적 존재임을 강조하여 인간 이해에 있어서 사회, 문화, 역사적인 측면을 제시함

인간의 정신은 독립적인 활동이 아니라 사회학습의 결과이며 상호작용의 필수적 요소인 언어습득을 아동발달에 가장 중요한 변인으로 간주한다.

2) 사고와 언어의 발달과정
- 자기중심적 언어의 사용은 단순한 자기만의 생각을 표현하는 것이 아니라 문제해결을 위한 사고의 도구이다.
- 독립적으로 발생하기 시작한 사고와 언어는 일정시간이 지난 후에 서로 연합되며 이러한 연합은 아동이 발달해 가는 과정에서 변화하고 성장한다.
- 아동의 사고와 언어는 본래 별개의 독립적인 기능으로 출발한다.
- 아동이 2세 정도 되면, 사고와 언어가 결합하기 시작하여 점차 지적이고 합리적이 되며 이 시기에 아동이 언어의 상징적 기능을 발견하게 된다.

사고발달 단계	비조직적인 더미에서의 사고 → 복합적 사고 → 개념적 사고
언어발달 단계	원시적 언어(만2세까지) → 순수심리적 언어(만2세 이상) → 자기중심적 언어(만 4, 5세 이상) → 내적 언어(만 7세 이상)

3) 근접발달영역(ZPD: Zone of Proximal Development)

- 아동이 혼자서는 해결할 수는 없지만 성인이나 뛰어난 동료와 함께 학습하면 성공할 수 있는 영역을 의미한다.
- 이 개념은 인지발달이 사회적 상호작용의 결과로 발전한다는 사실을 강조하고 있다.
- 어른과 능력 있는 동료는 아동이 지적으로 성장하는 데 필요한 요소를 지원하는 안내자 혹은 교사의 역할을 할 수 있다. 이러한 조력을 발판(비계설정, Scaffolding)이라 한다.
- ZPD의 개념
  - 도제교육과 협력학습, 사회적 구성주의에 중요한 시사점을 주고 있다.
  - 아동의 인지발달에 교사나 성인이 적극적으로 도움을 줄 수 있는 이론적 근거를 마련했다는 점에서 중요하다.

4) 언어발달의 단계

(1) 자연적 단계(Natural Stage)

- 출생에서부터 만2세까지 계속되며 세 가지의 비지적 언어기능이 특징을 이룬다.
- 첫 번째 비지적 언어는 고통이나 좌절로 인한 울음이나 만족을 나타내는 목청의 울림과 같이 정서적 해방을 표현하는 소리이다.

자연적 단계(Natural Stage)

순수 심리 단계(Native Psychology Stage)

자기중심적 언어단계(Egocenttric Speech Stage)

내적 언어 단계(Ingrowth Stage)

- 두 번째는 생후 2개월부터 나타나는 현상으로 기존의 정서적 반응에 타인의 모습이나 목소리에 대한 사회적 반응으로 해석될 수 있는 소리들이 추가된다.
- 세 번째로 대상과 욕구에 대한 대용으로 기능하는 최초의 단어들이 출현하며 이 단어들은 조건반사에 의해 학습된다.

(2) 순수심리단계(Native Psychology Stage)

- 만2세가 되면 아동은 언어의 상징적 기능을 발견하고 사물의 이름에 대한 계속적인 질문을 통해 이러한 발견을 표현하게 된다.
- 아동의 어휘는 급격히 증가하며 이 단계에서 사고와 언어가 결합하기 시작한다.

(3) 자기중심적 언어단계(Egocentric Speech Stage)

- 취학 전의 유치원 아동에게서 많이 나타나며 특히 놀이장면에서 발견된다.
- 자기중심적 언어를 사고의 중요한 새로운 도구로 간주한다.
- 자기중심적 언어는 단순히 긴장의 완화나 활동의 표현적 부산물에

그치는 것이 아니고 문제해결을 위한 계획을 모색하는 사고의 중요한 도구이다.
- 자기중심적 언어는 7세쯤이면 사라진다는 견해를 부정하고 자기중심적 언어의 감소는 네 번째 언어발달의 단계인 내적 언어단계의 시작을 나타내는 것으로 파악한다.

(4) 내적 언어의 단계(Ingrowth Stage)
- 자신의 머릿속에서 무성언어의 행태로 언어를 조작하는 것을 배운다.
- 문제해결을 위하여 내적 기호를 사용하는 논리적 기억을 수단으로 하는 사고를 한다.
- 이러한 단계를 거친 후 비로소 인간은 내적 언어와 외적 언어의 양자를 개념적 또는 언어적 사고의 도구로 사용한다.

5) 교육적인 적용과 시사점
- 교육환경 특히 인적 환경이 아동의 발달에 중요하다. 따라서 교사는 아동의 근접발달영역을 면밀히 파악하고 그 영역의 범위 내에서 조언과 조력을 제공해 주어야 한다.
- 교사의 역할
  - 아동에게 현재의 능력을 넘어서는 과제를 부여하고 조언과 도움을 줌으로써 그들의 지적 발달을 촉진시키는 것이다.
  - 바람직한 교수활동은 현재의 발달 수준보다 조금 앞서는 내용을 가르침으로써 발달을 주도한다.
  - 교육은 미래지향적이어야 하고 교수란 학생들에게 완전하고 정확한 이해의 틀을 받쳐주는 발판을 제공할 수 있어야 한다.
- 학생들 간 협동학습의 중요성으로 근접발달영역 내에서 학생들은 어려운 과제에 대해 상호작용 할 수 있으며 문제해결전략에 노출될 수 있다.

제3절	성격 발달이론 및 도덕성 발달이론

1. 개요	Jung; 향성설; 유전; 환경; 관계성
2. S. Freud의 성격 발달이론	원초아; 자아; 초자아; 구강기; 항문기; 남근기
3. Erikson의 심리– 사회적 성격발달이론	기본적 신뢰감; 불신감; 주도성; 죄책감; 근면성; 열등감 잠복기
4. Kohlberg의 3수준 6단계 도덕성 발달 이론	Heinz; 약; 전인습수준; 도덕성발달이론; 특징; 인습수준; 비판; 후인습수준; 시사점

1. 개요

인간발달이론 가운데 인지발달이론에 이어 성격발달이론과 도덕성 발달이론에 대해 알아본다.

1) 성격발달이론

- 성격의 개념
  - 한 개인의 성질의 집합체(Allport)
- 성격발달의 2대 요인: 유전과 환경
  - 환경적 요인으로는 가정환경, 학교 환경, 사회 환경이 있고 결정적 시기는 5~6세이다.
- 성격의 종류
  - 생물학적인 관점에서 Jung의 향성설에 따라 내향성과 외향성으로 나눈다.
- 대표적인 이론
  - S. Freud의 성격발달이론과 Erikson의 심리–사회적 성격발달이론.

2) 도덕성발달이론

- 도덕성의 개념

  - 인간 생활에 있어서 지켜야 할 행위 준칙이라 한다.

- 도덕성 발달의 2대 요인

유전　　　　환경의 관계성

- 대표적인 이론

  - Kohlberg의 3수준 6단계 이론과 Piaget의 도덕성 발달 이론.

2. S. Freud의 성격발달이론

1) 개요

- S. Freud

  - 정신분석학이라는 조직적인 성격이론을 처음으로 제안하고 체계화하였다.

  - 생물학적 기제와 본능적인 충동을 기초로 하여 무의식의 본질을 중심으로 원초아, 자아, 초자아의 세 가지 성격 체계가 역동적으로 이루어져 있다고 주장했다.

2) 성격의 구조

(1) Id(원초아, 본능)

- 원시적인 충동을 총칭한다.

- 개인의 본능적 충동으로서 생물학적 충동과 욕구를 의미한다.

- 의식주, 생리적 본능, 자기 보존, 종족보존의 욕구 등이 있다.

- S. Freud는 정신분석학이라는 조직적인 성격이론을 처음으로 제안하고 체계화하였다.

- 생물학적 기제와 본능적인 충동을 기초로 하여 무의식의 본질을 중

심으로 원초아, 자아, 초자아의 세 가지 성격 체계가 역동적으로 이루어져 있다고 주장한다.

(2) Ego(자아)

- 외부와 직접적으로 대처하고 있으면서 바람직하지 않은 결과를 초래하지 않고 동시에 원초아의 충동을 만족시키는 행동을 선택하는 역할을 한다.
- 개인의 행동이 사회적으로 용납될 수 있도록 통제하는 기능을 갖고 있는 성격의 한 부분이다.
- 전부는 아니라 해도 대부분 의식적인 성격의 기능이며 성격의 행정적 구실을 하여 '성격의 집행관'이다.

(3) Superego(초자아)

- 개인의 행동을 이상에 따르도록 하는 역할을 하며 쾌락이나 현실보다는 이상적이고 완전한 것을 지향한다.
- 어린이가 부모의 명령이나 금지 등을 내면화함으로써 발달한다.
- 자기통제의 형태로 완벽을 지향한다.
- 양심과 자아이상(ego-ideal) 으로 구성된다.
- 어린이가 5세쯤 되면 초자아 형성의 기틀이 잡히기 시작하여 청년기에 이르기까지 계속 형성, 발달한다.

3) 특징

- 성인 환자의 치료과정에서 얻어진 자료를 토대로 구성된다.

---

* 개인이 동일시하려는 사람과 비슷한 양상으로 행동하게 한다.

- 일생을 통해 성적 본능인 리비도(Libido)가 집중된 성감대가 옮겨지는 연령변화로 발달단계를 구분한다.
- 개인의 성격은 5~6세 이전에 그 기본적인 구조가 완성되고 그 후의 발달은 이 기본적인 구조가 정교화되는 과정으로 보아 초기경험의 중요성을 강조한다.
- 각 발달단계에서 추구하는 만족을 충분히 얻으면 다음 단계로의 발달로 이행된다.

4) 성격발달단계

(1) 구강기(Oral Stage, 0~18개월)
- 주된 성감대는 구강에 있고 어머니에게 의존하여 안정과 위협을 경험한다.
- 즐거움의 근원은 빨기, 물기, 삼키기 등의 충동으로 즉각적인 만족에 빠진다.
- 자신에게 만족과 쾌감을 주는 인물이나 대상에게 애착을 느끼며 성적 쾌감을 느끼는 것은 타인 즉 어머니에 의해서이다.
- 이 시기에서의 욕구 불충족이나 과잉 충족은 성장 과정에서 성격적 결함으로 나타난다.
- 이 시기와 관련된 성장기 성격결함
  - 깨물기, 지나친 흡연, 과음, 과식, 남을 비꼬는 일 등의 미숙한 행동으로 나타난다.

(2) 항문기(Anal Stage, 2~3세)
- 주된 성감대는 항문으로서, 유아는 배변훈련을 통해서 항문근육의

자극을 경험하게 되고 이 경험을 통해서 성적 쾌감을 얻게 된다.

- 이때 대소변 가리기 훈련이 시작되며 유아는 처음으로 본능적 충동에 대한 외부적 통제를 경험하게 된다.
- 엄격한 대소변 통제훈련은 성장과정에서 고착현상을 야기할 수 있다.
- 고착현상의 징후는 대소변이라는 더러운 대상으로부터 정반대의 깨끗한 것을 찾는 반동형성으로 지나치게 규율을 준수하는 결벽성을 갖게 된다.

(3) 남근기(Phallic Stage, 3~5세)

- 주된 성감대는 성기에 있고 최초로 자아개념이 형성되는 시기이다.
- 남녀의 신체 차이, 아기의 출생, 부모의 성 역할 등에 관심을 가진다.

오이디푸스 콤플렉스	남자아이들이 어머니에게 성적인 애정을 느낌 아버지를 어머니의 애정 쟁탈의 경쟁자로 생각하여 적대감을 지님(거세불안증)
엘렉트라 콤플렉스	남근선망(Penis Envy)과 유사함 여자아이들이 처음에는 엄마를 좋아하나 곧 자기는 남근이 없음을 알게 되고 이를 부러워하는 현상 남근이 없는 책임을 어머니에게로 돌리고 이때부터 아버지를 더 좋아하는 현상

- 동일시현상(Identification)
  - 거세불안을 감소시키고 어머니의 애정을 얻기 위해 아버지에 대한 동일시 기제가 나타난다.
  - 동일시에 의해 아버지의 생각, 태도, 행동 등을 모방하고 자기 것으로 삼음으로써 아버지를 닮게 된다.
  - 동일시에 의해 아버지를 자아가 도달할 이상으로 삼아서 자기이상이 형성된다.

- 이 시기는 매우 복잡하고 자극적인 감정이 교차되는 특징을 보이며, 성격형성에 중요한 단계이다.
- 고착현상의 징후는 성 불감증 등의 신경성 질환을 유발한다.

(4) 잠복기(Latent Stage, 6~11세)

- 성적인 욕구가 철저히 억압되어 심리적으로 평온한 시기로 성적 활동은 침체되지만 지적 호기심이 강해지고 동성의 또래관계가 긴밀하게 된다.
- '잠복기'인 이유는 단지 성적으로 침체된 시기라는 의미이다.
- 성적인 부분을 제외하고는 새로운 학습, 사회적 지위 역할, 운동능력의 신장 등 매우 활동적인 모습을 나타낸다.
- 이 시기에 논리적으로 사고하여 타인의 입장도 고려할 수 있게 된다.

(5) 생식기(Genital Stage, 11세 이후)

- 11세 이후 사춘기에 접어들면서 성적 욕구가 다시 생기게 되며 급속한 성적 성숙에 의하여 이성에 대한 성애(性愛)의 욕구가 본격화된다.
- 이 단계의 성적 쾌감은 진정한 이성적 사랑의 대상을 찾아 만족을 얻고자 한다.
- 이성의 부모에 대한 지나친 애정은 불가능하고 부모와의 성적 관계는 금기시됨을 안다.
- 따라서 부모로부터 독립하려는 욕구가 생기며 진정한 사랑의 대상으로서의 이성을 찾게 된다.

5) 공헌점과 비판점

- 공헌점
  - 인생의 초기경험을 강조함으로써 유아교육의 중요성을 일깨워 주었다.
  - 아동의 초기경험이 정의적 특성의 건전한 발달에 큰 영향을 미치며, 개인의 성격과 사회성이 아동 초기에 형성된다고 한다.
  - 행동의 무의식적 결정요인을 강조함으로써 성격연구의 새로운 측면을 보여 주었다.

- 비판점
  - 인간의 본능을 지나치게 강조하여 성격장애를 일으킨 사람들의 회복가능성에 지나치게 비관적 견해를 만들었다.
  - 이론에 과학적 정확성이 결여되어 있다는 비판을 받았다.

3. Erikson의 심리−사회적 성격발달이론

1) 개요
- E. H. Erikson은 신 프로이드 학파의 정신분석가로서 자아심리학을 발전시키는 데 커다란 공헌을 한 심리학자이다.
- S. Freud의 심리 성적 발달단계론을 이론적 기초로 삼아 사회적 차원을 강조하여 발달시킨 자아정체감 이론이다.
- S. Freud와 달리 사회 속에서 맺게 되는 사회적 관계에 따라 일생을 8단계로 나누고 각 발달단계는 상호관련성이 있다고 보았다.
- 각 발달 단계상에는 발달의 결정적 시기(Critical Period)가 있다.

2) 특징
- 각 단계에서 인간이 겪을 수밖에 없는 위기를 적절히 해결할 수 있으면 건강한 성격을 발달시키는 기회를 가지게 되나 그렇지 않으면 성격 발달상 퇴행을 경험하게 된다는 양극이론을 제창한다.

3) 심리·사회적 발달 단계별 내용

- 에릭슨은 각 발달 단계마다 경험하면서 성취해야 하는 발달과업을 서로 대립되는 양극(긍정적인 면과 부정적인 면)의 개념을 사용하여 설명하였다.
- 인생에는 긍정적이기만 하거나 부정적이기만 한 것은 없으나 각 단계에서 긍정적인 것이 차지하는 비율이 더 많을 때 건전한 발달이 이루어진다.

- 발달단계

1단계	기본적 신뢰감 대 불신감	5단계	자아정체감 대 역할 혼미
2단계	자율성 대 수치심과 회의감	6단계	친밀감 대 고립감
3단계	주도성 대 죄책감	7단계	생산성 대 침체성
4단계	근면성 대 열등감	8단계	자아통정성 대 절망감

(1) 제1단계: 기본적 신뢰감 대 불신감

- 출생에서 18개월에 해당하는 시기, Freud의 구강기, Piaget의 감각적 동작기에 해당한다.
- 타인에 대한 신뢰감을 발달시키는 단계이다.
- 이 단계의 발달적 과제는 유아가 자신의 주변세계를 신뢰하는 태도를 형성시키는 것이다.
- 부모가 유아의 기본적인 욕구(음식, 수면, 배설 등)를 일관성, 동질성, 계

속성을 유지하면서 충족시켜줄 때 유아는 신뢰감을 형성할 수 있다.

- 어른들은 유아가 보호받고 있다는 느낌을 받을 수 있도록 도와주어야 한다.
- 영아들에게 어머니의 수유방법 등의 구체적인 양육행동이 내면화되면서 성격이 형성되는 시기로서 성격발달에 가장 중요한 시기이다.
- 이 시기에는 신뢰감과 불신감을 적절한 비율로 경험하는 것이 심리사회학적 발달을 촉진한다.

(2) 제2단계: 자율성 대 수치심과 회의감

- 19개월에서 3세에 해당하는 시기로 Freud의 항문기, Piaget의 전조작기에 해당한다.
- 초기사회화의 시기로서 배변을 조절한다거나 옷을 입는다거나 하는 일은 조금씩 스스로 할 수 있도록 배우는 시기이다.
- 아동은 목표 지향적 행동을 하게 되고 언어로 의사소통을 하기 시작한다.
- 이 단계의 아동들은 자율적으로 활동하려고 하고 독립성을 발휘한다.

자율성 형성	• 자기 자신의 방법과 속도에 따르는 기능을 발휘할 때 • 유아가 스스로 한 일이 성공할 때 • 어른들이 성공을 인정하고 격려해줄 때
수치감 및 의구심	• 지나치게 엄격한 배변훈련이나 사소한 실수에 대한 중벌 등 부모의 과잉 통제에 대한 결과 • 어른들이 비난하거나 벌을 줄 때

- 유아가 스스로 한 일이 성공할 때 자율성이 길러지므로 유아가 한 일을 성공할 때 어른들이 성공을 인정하고 격려해 주면 자율성이 형성되며

비난이나 벌을 주게 되면 유아는 수치심이나 의심을 가지게 된다.

(3) 제3단계: 주도성 대 죄책감

- 4~6세에 해당하는 시기로 Freud의 남근기, Piaget의 직관적 사고기에 해당한다.
- 이 시기의 아동은 자율성이 증가하며 왕성한 지적 호기심을 보인다.
- 이 단계의 아동은 신체적 활동이 이전 단계보다 발달하였고, 언어구사능력도 생겨서 모든 일을 스스로 독립적, 자율적으로 해보려는 주도적 성향을 나타낸다.
- 인지가 급격하게 발달하며, 모든 부문에서 도전적인 충동을 갖게 된다.

주도성	• 어른들이 아동이 묻는 것에 성실히 대답해 주고 아동이 하는 일을 격려해 줄 때 형성됨 • 능동적 태도와 함께 키울 수 있음 • 아동이 부모들의 일에 주도적으로 참여하려고 하는 것을 용납하고 인정해줄 때 형성됨
죄책감	• 어른들이 아동의 행동을 제한하거나 자주 비난할 때, 아동들은 자기 자신에 대해 죄책감을 가지게 됨 • 아동의 주도적인 일에 비난하거나 질책하면 위축되고 죄책감을 느낌

(4) 제4단계: 근면성 대 열등감

- 7~12세에 해당하는 시기(초등학생)로서 Freud의 잠복기, Piaget의 구체적 조작기에 해당한다.
- 이 시기의 아동은 대부분의 시간을 학교에서 보내며 학교에서 성공·성취가 근면성을 발달시킨다.

- 도전이 실패로 끝나는 경험이 많아지면 아동은 열등감에 빠진다.
- 이 시기는 자아개념 형성의 결정적 시기이다.
- 초등학교에 입학하고 다니게 되는 시기이다.
- 이 단계의 아동은 스스로 자신이 만들거나 하는 일에 있어서 성공하려는 욕구, 생산적인 일을 해서 인정을 받으려는 욕구가 강하다.

근면성	아동의 성취가 성공적이고 어른들의 칭찬을 받게 됨
열등감	좌절의 경험을 자주 함

(5) 제5단계: 자아정체감 대 역할 혼미

- 13~18세에 해당하는 시기(청소년기)로 Piaget의 형식적 조작기에 해당한다.
- 육체적·지적·감성적 변화를 경험하는 시기로 1단계인 기본적 신뢰감의 시기 못지않게 중요한 시기이다.
- Erikson은 이 시기의 중심과제를 자아정체감의 확립으로 보았다.

자아정체감	자신의 성격의 동일성과 계속성을 주위로부터 인정받을 경우에 형성됨
혼미감	성 역할과 직업 선택에서 안정성을 확립할 수 없을 경우

- 이 단계의 청소년은 부모로부터 정서적 독립을 추구하면서 자기 자신을 찾기 시작한다.
- 즉, "나는 어떤 사람인가", "무엇을 왜 어떻게 하며 살아갈 사람인가"에 대하여 질문을 던지고 자기 나름대로의 대답을 만들어 내면서 자

아정체감을 형성해 나간다.

- 심리적 모라토리엄(Psychological Moratorium)
  - 청소년들이 자아정체감을 찾는 과정에서 최종 결정을 내리기 이전에 여러 가능성을 열어 놓고 자신의 능력과 역할을 시험해 보는 것
  - 심리적 유예기라고 하며, 모라토리엄 상태는 청소년기에 반드시 거쳐야 하는 것
  - 이 상태를 거치지 않은 사람은 겉으로 보기에 정체감을 성취한 듯이 보이더라도 후에 어떤 외적 충격이 오면 쉽사리 정체감 혼미에 빠진다.

(6) 제6단계: 친밀감 대 고립감

- 19~24세의 성인전기에 해당하는 시기이다.
- 사회에 참여하고 자유와 책임을 가지고 스스로의 삶을 영위하는 시기이다.
- 자기 자신의 문제에서 벗어나 직업선택, 배우자 선택, 친구선택 등 다양한 문제를 경험하고 배우자인 상대방 속에서 공유된 정체감을 찾으려 한다.

친밀감	친밀한 인간관계를 형성할 경우
고립감	친밀한 인간관계를 형성하지 못할 경우, 개인과 사회에 건강하지 못한 사회심리적 고립감을 소외감과 함께 경험함

- 직업을 선택하고 배우자를 찾는 일을 하게 되는 이 시기에 인간은 종전과 다른 종류의 인간관계를 하게 된다.
- 발달과업은 타인과의 관계에서 친밀감을 형성하는 것이다.
- 친구, 배우자, 동료들과 깊은 인간관계를 형성하는 이 단계에서 친밀

한 인간관계를 맺을 수 있다면 친밀감을 형성하지만 그렇지 않다면 소외감과 고립감을 발달시킨다.

(7) 제7단계: 생산성 대 침체성

- 25~54세의 성인 중기에 해당하는 시기이다.
- 생산적 성인은 지금보다 더 나은 사회를 만드는 데 기여하려 하며, 생산성이 결여될 때에는 성격이 침체되고 불모화된다.
- 발달과업은 생의 역할에 필요한 것을 생산하는 일이다. 즉, 자녀를 낳고 양육하며 직업적 성취나 학문적, 예술적 업적에서도 생산적으로 활동하는 시기이다.
- 발달과업은 이러한 생산성을 체험하고 발달시키는 것으로서 이 시기에 생산성을 체험하지 못하는 사람은 자신의 삶이 정체되었음을 느끼고 불만에 빠지기 쉽다.

(8) 제8단계: 자아통정성 대 절망감

- 55세 이상에 해당하는 시기이다.
- 통정이란 자신의 삶에 후회가 없으며 열심히 살았고 가치 있었다고 생각하는 사람이 가지는 특성이다.
- 통정성(統整性)을 지니지 못한 사람은 책임감도 없고 죽음도 받아들이지 못해 절망감에 빠진다.
- 이 시기에는 신체적 노쇠, 직업에서의 은퇴, 친구나 배우자의 사망 등을 경험하게 된다.
- 자신이 살아온 생애를 되돌아 볼 때 자신의 인생에 대하여 의미와 가치를 부여할 수 있다면 통합성(통정성)을 이루게 되지만, 무의미한 것이었다고 느끼면 절망에 빠지게 된다.

통정성	자신의 생애에 대하여 의미와 가치를 부여할 수 있는 경우
절망	자신의 생애가 무의미하다고 느낄 경우

- 발달과업
  - 신체적, 사회적 퇴보를 긍정적으로 수용하고 자신의 감정과 행동에 조화를 이루며 통정성을 발달시키는 것이다.
  - 이때 통정성을 이루지 못하면 다시 살 수 없는 인생에 대하여 좌절감을 느끼며 지내게 된다.

4) 학령 전기 아동의 주도성 격려방안

- 아동으로 하여금 선택하고 그에 따른 행동을 하도록 격려한다.
- 각 아동이 성공을 경험할 기회가 있다는 것을 확실히 해준다.
- 아주 다양한 역할로 가상(Make-Believe)놀이를 격려한다.
- 특수 아동이 자신의 힘으로 무엇인가를 시도할 때, 사고와 실수에 대한 인내심을 보인다.

5) 초등학교와 중학교의 근면성 격려방안

- 학생 자신이 확실히 기회를 설정하고 실제 목표를 향하여 작업하도록 한다.
- 학생에게 그의 독립심과 책임감을 보일 수 있는 기회를 준다.
- 낙심한 학생을 격려한다.

6) 청소년기의 특징과 격려방안

- 성인의 과제에 직면하여 자기가 다른 사람의 눈에 어떻게 보이는가에 관심을 갖고 자기 자신이 느끼는 것과 타인을 비교해 보는 일에 관심을 갖는다.
- 성인 과제에 대한 불변성과 계속성에 대한 자신감을 지닐 때 정체감이 형성된다.
- 성적, 직업적 정체감에 대한 의혹에서 역할 혼미에 빠진다.
- 직업선택과 성인의 역할에 대하여 많은 모델을 제시한다.
- 학생의 개인적인 문제를 해결하도록 지원한다.

7) 교육적 공헌점

- 부모나 교사 등의 성인들이 성장하고 있는 학생을 어떻게 다루어야 할지에 대해 의미 있는 시사점을 제공한다.
- 부모는 자녀들에게 이 세상은 평온하고 안전한 곳이라는 느낌을 전해주어 기본 신뢰감을 형성하도록 도와주어야 한다.
- 4~5세의 유치원 아동의 특징은 주도성이기 때문에 자기주도적인 활동을 최대한 허용해야 한다.
- 초등학교의 시기는 근면성의 특징을 보이기 때문에 꾸준한 관심과 부지런함으로 과업을 완성하는 즐거움을 경험할 수 있도록 기회와 격려가 주어져야 한다.
- 중·고등학교 시기는 자아정체감의 확립단계이므로 교사들은 열린 마음으로 솔직하게 토론의 장(場)을 마련하여 스스로 문제해결을 할 수 있도록 격려해야 한다.
- 의식의 흐름, 즉 대인관계에서 일어나는 사회적 상호작용의 양상을 중시한다.
- 에릭슨은 프로이드의 영향을 받았지만 프로이드의 이론이 신경증적

환자들을 대상으로 연구된 것인 반면, 에릭슨은 다수의 정상인들을 대상으로 건강한 자아개념의 발달과 자아통합의 긍정적인 면에 중점을 두었다.
- 에릭슨 이전의 학자들이 주로 청소년기까지의 발달을 다룬 데 비해, 인간의 전 생애를 계속적인 발달의 과정으로 보았다.
- 교육의 실제에서 교육을 담당하는 사람들은 아동이나 학생들이 처한 각 발달적 위치에서 발달적 과업을 긍정적으로 성취하고 건강한 자아개념을 형성할 수 있도록 지지적인 환경을 조성해 주는 데 힘써야 한다.

4. Kohlberg의 3수준 6단계 도덕성 발달이론

1) 이론적 특징
- Kohlberg
  - Piaget의 인지발달이론에 초점을 맞추어 독자적인 발달단계이론을 구축하였다.
  - 'Heinz가 약을 훔치다'는 도덕적 딜레마를 설정하여 이에 대해 사람들이 어떻게 답하는가의 사고체계를 바탕으로 도덕적 발달과정을 설명하였다.
  - 도덕성 발달수준을 구분하기 위해 인습 혹은 관습을 기준으로 삼았다.
  - 인습 혹은 관습에 의한 단계 구분: 전인습수준, 인습수준, 후인습수준이다.
  - Piaget의 인지발달단계와 동일하게 도덕적 발달단계는 불변적인 순서로 발달된다고 주장한다.
  - 잠재적 교육과정에 의해 도덕성이 발달한다.

2) 발달단계의 내용
(1) 전인습수준의 도덕성

- 출생~6세까지의 시기이다.
- 문화적으로 규정된 도덕적 규칙이나 선악의 개념을 알고 있다.
- 제1단계: 벌과 복종에 의한 도덕성이다. 복종과 처벌지향적인 특성을 갖는 시기이다.
- 제2단계: 자기중심의 욕구충족을 위한 수단으로서의 도덕성. 도둑질을 해도 들키지 않으면 된다.

(2) 인습 수준의 도덕성

- 6~12세에 해당하는 시기이다.
- 제3단계: 대인관계에서의 조화를 위한 도덕성. 착한 아이 지향적인 특성을 갖는 시기이다.
- 제4단계: 법과 질서를 준수하는 도덕성. 권위와 질서지향적인 특성을 가진다.

(3) 후인습수준의 도덕성

- 12세 이후에 해당하는 시기이다.
- 제5단계: 사회계약 및 법률복종으로서의 도덕성. 법과 질서도 가변적임을 인식한다.
- 제6단계: 양심 및 도덕원리에 대한 확신으로서의 도덕성. 도덕원리 지향적인 특징을 가진다.

3) 도덕적 딜레마에 대한 각 단계의 반응

전인습수준	Heinz가 약을 훔친 행위는 정당함
인습수준	약국을 부수고 약을 훔친 것은 잘못임

후인습수준	약을 훔친 것은 법률적으로 잘못이나 인명을 구하기 위한 것이므로 용서되어야 함

4) 교육적 시사점

- 학생들에게 자신의 도덕적 사고를 시험해 보고 다른 학생과 비교해 보는 학급토론을 경험하게 함으로써 도덕성 발달이 함양될 수 있다.
- 도덕적 사고에 대해 보다 고차원적이고 복잡한 사고방식을 접함으로써 학생들은 타인과의 관계 속에서 자기 자신의 사고를 점검하고 평가할 수 있게 된다.

5) 이론에 대한 비판

- Kohlberg는 도덕성 발달이 불변적인 순서로 일어나며, 단계를 뛰어넘지 않으며 단계순서에 퇴행은 없다고 주장하였으나, 개인의 도덕적 선택은 상황에 따라 다른 단계를 반영할 수 있다.
- 문화적 보편성과 관련된 문제로서 3수준과 6단계는 서구적, 개인주의적, 남성 중심적 가치관을 반영하고 있다.
- Kohlberg의 이론은 도덕적 사고에 관한 것이지 행동에 관한 것은 아니다. 그러므로 도덕적 사고와 도덕적 행동이 반드시 일치한다고 볼 수는 없다.
- Kohlberg의 이론은 남성에 대한 종단적 연구에 근거하였기 때문에 여성의 도덕적 추론과 여성의 도덕발달단계에는 적절치 않다.

문제 1 다음 중에서 교육심리와 관련해 올바르지 않은 설명을 고르시오.

① 발달은 변화를 뜻하는 개념이며, 성장, 성숙과 학습을 포함한다.

② 성장, 성숙, 학습 중에서 유전의 영향을 가장 많이 받는 것은 학습이다.

③ 효과적인 교육을 하려면 발달의 결정적 시기를 고려해야 한다.

④ 발달의 속도는 일정하지 않고 불규칙한 주기성을 보인다.

정 답 ②

해 설 성장, 성숙, 학습 중에서 환경의 영향을 가장 많이 받는 것은 학습이다.

문제 2 다음 중 Piaget의 인지발달단계의 특성이 올바르지 않은 설명을 고르시오.

① 감각운동기에는 주로 감각과 신체운동을 통하여 지식을 습득한다.

② 자기중심성은 전(前)조작기의 특징이다.

③ 보존능력은 전(前)조작기에 발달한다.

④ 가역적 사고는 구체적 조작기에 와서 발달한다.

정 답 ③

해 설 보존능력은 구체적 조작기에 발달한다.

문제 3 다음 중 에릭슨의 심리-사회적 발달단계론의 특성이 올바르지 않은
설명을 고르시오.

① 에릭슨의 이론은 전(全)생애를 대상으로 한다.

② 제1단계는 기본적 신뢰감 대 불신감

③ 제3단계는 주도성 대 죄책감

④ 제4단계는 자아정체감 대 역할 혼미

정 답 ④

해 설 "자아정체감 대 역할 혼미"는 제5단계의 특징이다.

- 교육심리학은 교육방법의 분야를 다루는 학문으로 실천적인 성격을 띤다.
- 인간발달이란 인간이 태내에서 수정될 때부터 죽을 때까지 전 생애에 걸쳐 일어나는 모든 변화로 성장과 성숙, 학습을 포함한다.
- 발달단계에서 적합하지 않은 학습은 효과가 없을 뿐만 아니라 발달에 유해할 수 있기 때문에 발달의 과정에 대한 지식은 학습에 매우 중요한 요인이다.
- 발달의 원리에는 발달의 상관성, 연속성의 원리, 발달의 주기성, 분화-통합성의 원리, 방향의 순서성, 개인차의 원리 등이 있다.
- 발달의 결정적 시기는 특정한 행동이 발달할 수 있는 최적의 시기를 뜻한다.
- 발달단계이론은 인간발달의 일정한 단계들이 어떠한 단계도 빠짐이 없이 순서를 바꾸지 않고 이루어진다는 것을 전제로 한다.
- 피아제의 인지발달단계론에서 인간발달은 감각운동기, 전(前)조작기, 구체적 조작기, 형식적 조작기로 이루어진다.
- 에릭슨 이전의 학자들이 주로 청소년까지의 발달을 다룬 데 비하여 에릭슨은 인간의 전 생애를 대상으로 하였다.
- 에릭슨의 심리-사회적 발달단계론은 기본적 신뢰감 대 불신감, 자율성 대 수치심 및 의심, 주도성 대 죄책감, 근면성 대 열등감, 자아정체감 대 역할혼미, 친밀감 대 고립감, 생산성 대 정체감, 통합성 대 좌절감의 8단계로 이루어진다.

명언 한마디

교육은 도덕과 지혜의 두 기반 위에 서지 않으면 안 된다. 도덕은 미덕을 받들기 위해서이고, 지혜는 남의 악덕에서 자기를 지키기 위해서이다. 도덕에만 중점을 두면 성인군자나 순교자밖에 나오지 않는다. 지혜에만 중점을 두면 타산적인 이기주의가 나오게 된다. 어느 한쪽에 치우치지 말고 도덕과 지혜의 두 기반 위에 교육이 서있어야 좋은 열매를 거둘 수 있는 것이다.

- S.R.N. 샹포르-

다음 학습 예고

다음 Chapter에는 **06. 교육심리학(II)**에 대해 학습하겠습니다. 수고하셨습니다.

교육심리학 II

제16장

들어가기 | 학습목표 및 목차

학습목표

1. 자아개념의 역할 및 자아실현에 대해 간단히 설명할 수 있다.
2. 다중지능에 대하여 이해하고 실천에 활용할 수 있다.
3. 행동주의적 접근에 대해 간단히 설명할 수 있다.
4. 스키너의 조작적 조건화의 핵심 용어를 세 가지 이상 설명할 수 있다.
5. 인본주의적 심리학에 대하여 간단히 설명할 수 있다.
6. 매슬로의 욕구위계를 이해하여 실천에 활용할 수 있다.
7. 구성주의 학습이론에 대해 설명할 수 있다.

학습목차

1. 학습이론의 개요
2. 학습자 특성 및 학습심리
3. 행동주의 학습이론
4. 인지주의 학습이론
5. 인지적 행동주의 학습이론-A.Bandura의 사회학습이론
6. 인본주의 학습이론
7. 구성주의 학습이론

다음 설명이 맞으면 O, 틀리면 X를 하세요.

문제 1   교육심리학의 연구영역에서 Erikson은 사회성 발달론을 연구, 주장하였다.

정 답   O

해 설   Freud는 성격발달론, Erikson은 사회성 발달론, Koehlberg는 도덕성 발달론을 연구, 주장하였다.

문제 2   Piaget의 인지발달단계론에서 자기중심성이 강한 것은 전조작기에 해당한다.

정 답   O

해 설   Piaget의 인지발달단계론에서는 감각동작기, 전조작기, 구체적 조작기, 형식적 조작기의 4단계로 구분한다.

문제 3   Erikson의 발달심리연구에서 강조하는 내용에는 근접발달영역 (Zone of Proximal Development)의 개념이 핵심을 이룬다.

정 답   X

해 설   근접발달영역(Zone of Proximal Development)의 개념이 핵심을 이루는 것은 Vygotsky의 인지발달이론이다.

학습이론 및 학습심리론

1. 학습이론의 개요	행동주의; 인지주의; 인본주의; 자극-반응이론; 인지이론; 사회학습이론
2. 학습자의 특성	자아개념; 지능; H. Gardner의 다중지능이론
3. 학습의 조건	준비도; 동기유발; 바이너의 귀인이론; 파지; 망각; 전이; 연습

1. 학습이론의 개요

1) 학습이론의 개념

- 학습이란 경험과 훈련에 의한 결과로 유기체에게 일어나는 행동의 영속적, 진보적 변용(變容)의 과정 또는 행동잠재력의 변화임.
- 구체적으로는 행동주의적 입장, 인지주의적 입장, 인본주의적 입장에서 정의내용이 다름.
- 학습이론이란 경험에 의한 새로운 행동과 적응능력의 습득은 어떻게 하여 가능한가에 대한 설명과 원리임.
- 학습이론의 필요성으로는, 대부분의 인간행동은 학습된 것이기 때문에 학습 원리를 탐구함으로써 현재의 행동에 대한 이해를 통해 효과적인 심리치료뿐만 아니라 교육효과를 높이는 데 활용됨.

2) 학습이론 유형의 개관

(1) 자극-반응이론(행동주의)

- 연합주의, 결합주의 학습이론이라고 함.
- 학습현상을 자극(Stimulus: S)과 반응(Response: R) 간의 결합관계로 설명하는 입장.
- 인간의 관찰 가능한 행동에 초점을 맞추며 행동의 변화를 야기하는 환경적 자극의 역할을 강조함.
- 학습자는 오히려 능동적이어야 함, 반복강조, 강화 및 연습 중시됨.

손다이크 (E.L.Thorndike)	시행착오설
파블로프(I. Pavlov)	고전적 조건형성 혹은 조건 반사설
스키너(B.F.Skinner)	도구적(작동적)조건형성설
거스리(E.R.Guthrie)	접근조건형성설
헐(C.Hull)	욕구감소이론

(2) 인지이론

- 비연합주의 학습이론, 형태주의 학습이론이라고 함.
- 학습을 형태심리학의 입장에서 설명함.

쾰러(W.Koehler)	통찰설
레빈(K.Lewin)	장이론
톨먼(E.C.Tolman)	기호 형태 이론

(3) 사회학습이론

- 행동주의적 접근과 인지주의적 접근을 통합하려는 시도.
- 인지적 행동주의 입장에서 관찰과 모방으로 학습을 설명함.
- A. Bandura의 관찰학습이론이 대표적임.

2. 학습자의 특성

1) 자아개념

(1) 개관

- 자아개념(Self-concept): 누구나 가지고 있는 '나는 이러이러한 사람'이라는 견해나 신념을 가리키는 용어.
- 자아개념이란 한 개인이 자신에 관해서 가지는 모든 지각, 관념, 태도의 총체를 이르는 것으로, 자신의 신체적 특징, 성격, 개인적 능력, 특성, 가치관, 희망, 사회적 신분 등 다양한 요소들로 구성됨.

(2) 자아개념의 역할

① 내적 일관성 유지자로서의 역할

- 인간은 자신에 대한 관점, 즉 형성된 자아개념과 일치하는 방향으로 행동하며 또한 자신의 경험을 자아개념에 맞춤으로써 내적 일관성을 유지하려고 함.

  ex 자신이 우둔하다고 느끼는 사람은 바보처럼 행동하기 쉬움.

② 경험의 해석자로서의 역할

- 자아개념은 내적 여과기(Inner-filter)와도 같아서, 개인은 이 자아개념이라는 여과기를 통하여 지각을 받아들이고 경험을 해석함.

  ex 자아개념이 긍정적인가 부정적인가에 따라 사물이나 경험에 대한 관점과 해석이 달라질 수 있음.

③ 기대체제로서의 역할

- 자아개념은 앞으로 어떤 일이 일어날 것인가에 대한 개인의 기대를 결정하는 데 영향을 미침.

  > ex 부정적 자아개념을 가진 사람은 다른 사람들도 자기를 좋아하지 않을 것으로 기대하고, 그러한 부정적 기대에 일치하는 방식으로 행동하여 결국에는 자신의 기대대로 다른 사람들이 그를 좋아하지 않게 되는 결과를 가져오게 됨.

(3) 자아개념의 형성과 발달

- 개인은 이미 형성된 자아개념을 가지고 태어나지 않음.
  - 즉, 자아개념은 고정적, 불변적인 것이 아니라 개인이 자라나는 환경과 경험의 상호작용을 통하여 형성되고 발달되는 것
- 개인은 태어나면서 환경으로부터 받아들인 자료에 기초하여 자신에 관한 결론을 끌어내며 자신을 추상적인 용어로 보기 시작함.
- 환경 요소인 주변 사람들, 특히 가족구성원, 동료집단, 주요 타인들이 아동을 어떻게 대하며 또한 아동에게 어떠한 정보를 주는가 하는 것이 자아개념의 자료가 됨.
- 환경이 제공하는 자아개념의 자료들은 개인이 일상생활에서 하게 되는 성공이나 실패의 경험을 통해 긍정적 혹은 부정적 자아개념이 형성되는 데 영향을 줌.

(4) 교육적 시사점

- 자아개념은 성취, 불안, 성공과 실패의 자기책임성, 편견, 내면적 언어 등 개인이 가지는 여러 가지 특성과 깊은 관련이 있음.

긍정적 자아개념	부정적 자아개념
바람직한 특성과 관련됨	바람직하지 못한 특성과 관련됨

- 따라서 자아개념의 특성을 올바로 이해하는 것이 아동 및 청소년지
  도에 중요함.
  - 최근 특히 학교교육에서 자아개념이 주목을 받고 있는 이유는, 여러 연구들이
    학업성취와 자아개념 사이에 정적인 상관관계가 있음을 밝히고 있기 때문임.
  - 다수의 연구에 따르면, 학교에서 낮은 성취를 하는 학생들은 자신에 대하여
    부정적인 평가를 하며 또한 학업성취에 대한 야망과 열의가 적고, 이와 반대
    로 좋은 성적을 올린 학생들은 자신을 능력 있는 학생으로 평가하면서 계속
    성공적인 학업성취를 이룬다는 결과를 내놓음.
- 그러나 다른 한편으로 객관적으로 낮은 학업성취 자체보다도 교사나
  부모의 긍정적이거나 부정적인 평가가 자아개념의 형성에 더 많은
  영향을 줄 수도 있다는 연구 결과도 다수 제시됨.
  - 교사는 성공적인 학습경험을 많이 제공함과 동시에 학생들의 학업성취에 대
    하여 긍정적으로 평가하고 격려하여 학생들이 자신감을 가지고 긍정적인 자
    아개념을 형성할 수 있도록 도와야 함.

2) 지능

(1) 개관

- 지능의 정의는 다양하지만 일반적으로 목적적으로 행동하고 합리적
  으로 사고를 하며 환경을 효과적으로 다루는 개인의 집합적 능력을
  말함.
- 일반적 지적 능력을 뜻하는 지능은 인간의 심리적 특성 중 하나이며,
  교육심리학에서 지능은 학습에 영향을 미치는 인지적 요인 중 하나
  로 중요하게 다루어지고 있음.
- 지능이란 무엇인가에 대한 정의는 매우 다양하여 단일하게 정의할 수
  는 없음.
- 학자에 따라 다르지만, 지능을 일상생활 중 당면하는 상황에서 개념
  이나 상징을 효과적으로 사용하는 능력, 즉 추상적 사고력으로 보는

입장이 있는가 하면, 학습하는 능력과 더불어 환경에 적응하고 환경을 조절하는 일반적 능력으로 보기도 함.

- Gardner의 다중지능이론(Theory of Multiple Intelligence, MI이론)에서 지능을 한 문화권 또는 여러 문화권에서 가치 있게 인정되는 문제를 해결하고 산물을 창조해 내는 능력이라고 정의함.
- MI이론에서의 8가지 지능의 종류는 언어학적 지능, 논리−수학적 지능, 공간 지능, 신체−운동 지능, 음악적 지능, 대인관계 지능, 개인내적 지능, 자연탐구 지능으로 나눔.
- Sternberg의 삼원지능이론에서 지적기능과 사고기능을 분리하기 어렵다고 전제하면서도 지능에 더 무게를 두고 지능에 대한 삼원이론을 제안함.
  − 즉, 지능의 역할을 설명하는 3요소로서 성분적, 경험적, 맥락적 요소를 제시하였다.
- 19세기 후반 스펜서(H. Spencer), 갈톤(F. Galton) 등이 지능(intelligence)라는 용어를 소개한 이래 지능에 관하여 많은 연구가 이루어짐
- 초기이론으로는 스피어먼(Ch. E. Spearman), 서스턴(L. L. Thurston), 길퍼드(J. P. Guilford) 등의 연구가 있으며, 최근에 들어서는 스턴버그(R. J. Sternberg)의 삼원지능이론, 가드너(H. Gardner)의 다중지능이론, 골먼(D. Goleman)의 감성지능 등 다양한 이론들이 소개되고 있음

(2) H. Gardner의 다중지능이론

- 가드너의 다중지능(Multiple Intelligences) 이론은 기존의 지능이론이 현대 서구사회의 가치를 반영하여 논리력 혹은 논리−언어력에 치중함으로써 지능을 획일적이고 협소하게 다루고 있다는 비판에서 출발함.
- 다중지능이론은 인간은 제각각 서로 다른 인지적인 장점과 스타일을 지니고 있다는 전제에서 출발하여 인지의 다양하고 분리된 국면을

인정해야 한다고 강조함.

- 지능을 좀 더 넓은 의미에서 한층 다양하게 확대하고 해석하여 교육에 적용해야 한다는 것.
- 가드너는 자신이 제시한 지능의 종류조차도 고정된 것이 아니기 때문에, 학자들은 앞으로 영성지능, 실존지능, 도덕지능 등, 더욱 다양한 지능들을 찾아내어 연구해야 한다고 주장함.
- 다중지능이라는 명칭에서도 드러나듯이, 인간의 인지능력이란 여러 지능들을 포함하는 일련의 소질, 재능, 정신적 기능의 조합임.
  - 인간은 모두 이러한 지능들을 다 가지고 있지만, 각 개인에게 부여된 지능의 핵심능력과 기술의 종류는 각기 다르다는 것.
    - ex 외국어 습득 능력은 뛰어나지만 낯선 환경에 적응하거나, 새 노래를 배우는 데에는 그렇지 못한 사람이 있으며, 논리적인 사고에는 약하지만 다른 인지 활동에서는 뛰어난 사람도 있음.

❶ 지능의 종류(가드너가 제시)

- **언어지능**: 언어사용 능력으로 언어의 여러 상징체계를 빠르게 배우며 관련 문제를 해결하고 상징체계를 창조할 수 있는 능력.
- **논리-수학적 지능**: 숫자나 규칙, 명제 등 상징체계를 숙달하고, 관련 문제를 해결하는 능력.
- (논리력과 수리력, 과학적인 능력)
- **공간지능**: 공간세계에 대한 정신적 모형을 만들어 그것을 조절하고 사용하는 능력.
- (항해사, 기술자, 의사, 조각가, 화가 등이 높은 공간적 지능을 갖고 있음)
- 신체-운동 지능: 신체 일부, 전체를 사용하여 문제를 해결하고 창조물을 만들어 내는 능력.
- (무용가, 운동선수, 의사, 장인들은 이 지능이 높음)

- 음악 지능: 음악적으로 사고하고, 음악의 패턴을 들 수 있으며, 기억, 인식, 조직하는 능력.

- 대인관계 지능: 다른 사람을 이해하는 능력으로 무엇이 다른 사람의 동기를 유발하는지, 다른 사람들은 어떤 방식으로 일하는지, 어떻게 하면 다른 사람들과 협력할 수 있는지를 정확하게 판단하는 능력(성공적인 판매원, 정치가, 교사, 상담가, 종교적인 지도자들은 포은 수준으로 이러한 지능을 소유하고 있음).

- 개인 내 지능: 인간이 자신을 정확하게 판단하여 인생을 효과적으로 살아가는 능력. 자기 자신을 느끼고, 자신의 감정의 종류와 범위를 구별해 내고, 그런 감정에 이름을 붙이며, 자신과 관련된 문제를 잘 해결함.

- 자연 지능: 자연 세계(구름, 바위 등)의 특성에 민감하고, 생명체(식물, 동물)를 구분하는 능력. 자연에 관심을 갖고 자연현상을 탐구하는 능력 등이 이에 해당함

❷ 교육적 시사점

- 인간의 다중적인 지능들이 상당한 정도로 상호 독립적이며, 어떤 특정한 여러 지능들 중에서 어떤 것이 다른 것보다 더 우월한 것이 아니라고 본다면, 논리력 혹은 논리-언어력에 치중하는 오늘날의 학교교육은 교육의 기회균등 이념에 위배되는 것임.

- 다중지능이론은 모든 능력을 우열 또는 위계로 볼 것이 아니라 다양성의 측면에서 이해하여야 한다고 강조함으로써 교육에 대한 새로운 패러다임을 제시하였음.

- 미래의 교육에는 학생들에게 가르치는 내용만이 아니라, 교육내용을 제시하는 방법, 평가하는 방법 등에 있어서도 획기적인 개혁이 일어나야 할 것임.

3. 학습의 조건

1) 준비도(Readiness)

(1) 개념
- 어떤 일을 할 수 있는 신체적·지적·정서적 성숙의 준비가 갖추어진 상태를 의미함.
- 선수학습의 정도를 파악함.

(2) 요인
- 성숙: 일반적으로 성숙된 후에 학습하는 것이 더 효과적임
- 지능: 학업성취도와 지능과는 상관이 높음.
- 경험: 학업성취도는 학습자가 가지고 있는 경험의 배경에 의해 좌우됨.

2) 동기유발

(1) 개념
- 동기란 인간의 행동을 촉발시키고 촉발된 행동을 유지하여 일정한 행동방향으로 이끌어가는 과정의 총칭.
- 동기유발은 유기체 내에서 일어나는 동인(動因)(drive)과 환경에 의해서 일어나는 유인(誘因)(incentive)과의 상호작용에 의하여 그 과정이 결정됨.

(2) 기본적 동기와 성취동기
- **기본적 동기**: 생존과 직접 관련된 생리적 동기
- **학습된 동기로서의 성취동기**: Murray의 성취동기 검사 TAT(Thematic Apperception Test)투사법, Mcclelland의 성취동기의 강조(발전교육론).

(3) 각성(Arousal)

- 유기체가 흥분하고 있는 일반적인 상태로 학습자의 기민성, 반응성, 주의 집중성 등의 수준.
- 각성 수준이 낮으면 권태롭고 너무 높으면 긴장과 불안으로 능률이 저하됨.

3) 귀인이론

- 능력(Ability), 노력(Effort), 과제의 곤란도(Task Difficulty), 행운(Luck) 등의 4개념이 행위자 자신에게 어떻게 인지되느냐 하는 것이 성취상황에 있어서 성공과 실패의 원인이라고 보는 것으로 Weiner가 주장한 이론임
- **교육적 시사점**: 성공과 실패의 요인을 자신의 통제 밖의 힘에 귀인시킬 때보다 자신들의 노력부족으로 귀인시킬 때 학습동기가 더 증진됨.
- 개인의 지각을 중시하는 이론

4) 학습의 과정(파지, 망각, 전이, 연습)

- 기억이란 인간이 과거에 경험한 것을 시간적 경과 후 행동 속에 재현하는 정신활동임.
- **파지**(把持, Retention): 기명된 내용이 지워지지 않게 유지하는 작용

(Ebbinghaus의 파지곡선 [*])

- **망각:** 학습되고 기명된 내용이 시간의 경과와 함께 상기, 재인(再認)할 수 없는 상태

- **전이**(Transfer): 선행학습이 후속학습에 영향을 주는 것을 말함
  - 주요 이론으로는 형식도야설, 동일요소설(Thorndike), 일반화설(Judd), 형태전이설(Koffka) 등이 있음

- **연습:** 새로운 경험이나 행동을 끊임없이 반복하는 운동과정과 그 효과를 포함하는 전체과정

---

* 기억과 망각에 관한 연구, 기억 직후 하루 만에 잊어버리는 비율이 가장 높다는 것과 무의미한 철자의 나열보다는 유의미한 문장이 기억에 도움이 된다는 것을 발견함

제2절	주요 학습이론
1. 행동주의 학습이론	자극과 반응의 연합; I. P. Pavlov의 고전적 조건화
2. 인지주의 학습이론	W. Koehler의 통찰설(通察說); K. Lewin의 장이론(Field Theory)
3. A. Bandura의 사회학습 이론	관찰학습; 모방학습; 무시행 학습; 동시학습

1. 행동주의 학습이론

1) 개념

- 학습현상을 자극(Stimulus: S)과 반응(Response: R) 간의 연합으로 설명하는 이론으로 자극-반응 이론이라고도 함.
- 행동주의 심리학의 창시자인 와트슨(J. B. Watson)은 심리학은 관찰할 수 없는 내적인 마음의 상태를 연구해서는 안 되며, 관찰 가능한 외적 조건의 연구에 초점을 두어야 한다고 주장함.
- 초기 행동주의 심리학이 반응적 행동(respondent behavior: 구체적인 자극에 의해 유발되는 구체적인 행동)에 관심을 두었다면, 스키너는 조작적 행동(operant behavior: 환경을 조작해서 어떤 결과를 낳게 되는 행동)에 초점을 두었음.
- 손다이크(E. L. Thorndike)의 시행착오이론, 파블로프(I. P. Pavlov)의 고전적 조건화, 스키너의 조작적(작동적) 조건화 등이 이에 속함.

2) B. F. Skinner의 조작적(작동적) 조건화

(1) 개관

- 어떤 행동의 결과가 그 행동이 다시 일어날 가능성을 증가, 감소, 혹은 불변시키는 원인이 된다고 믿음.
- 과학적인 심리학에서는 인간의 행동이 개인의 선택에 의한 것이라는 관점에 반대함.

(2) 조작행동과 조작적 조건화

❶ 조작행동(Operant Behavior)

- 조작행동은 스키너 이론의 기초가 되는 핵심 개념임.
- 스키너는 반응행동이 있다는 것을 부인하지 않지만, 자극이 없이 자생적으로 나타나는 반응도 있다고 보았음.
- 자극이 없이 자생적으로 나타나는 반응 또는 행동을 조작행동(operant behavior)라고 함.
- 조작행동은 행동에 선행하는 자극에 의해 일어나는 것이 아니고 행동에 따르는 결과에 의해 통제.

❷ 조작적 조건화(작동적 조건화)

- 자발적으로 발생한 반응을 보상하거나 처벌함으로써 행동을 조형하는 것이 조작적 조건화임.

실험장면 1 _____

실험상자 안에는 지렛대와 먹이접시가 설치되어 있고, 지렛대를 누르면 먹이접시에 먹이가 떨어지도록 고안되었다. 상자 안에 들어간 흰쥐는 처음에 이리저리 돌아다니기도 하고 이것저것 건드려 보기도 한다. 이 모든 행동들은 쥐의 조작행동이다.

그러다가 쥐가 우연히 지렛대를 누르게 되면 먹이접시로 먹이가 떨어진다. 이러한 것이 여러 번 반복되면 쥐는 지렛대 누르는 행동과 먹이를 얻게 되는 것 사이의 연관성을 학습하여 반복적 · 지속적으로 지렛대를 누른다.

실험장면 2

실험상자는 소음이 차단되어 있으며 상자의 한쪽 벽에는 원판이 설치되어 있다. 이 원판은 반응을 자동적으로 기록하는 장치와 전동식으로 작동되는 먹이통에 연결되어 있다. 비둘기가 원판을 쪼면 먹이통에 있는 먹이가 원판 밑에 있는 접시에 떨어지게 되어 있다.

굶긴 비둘기를 실험 상자에 넣는다. 비둘기는 여러 가지 반응을 나타내다가 우연히 원판을 쪼게 되면 접시에 먹이가 떨어진다. 이러한 과정이 반복되면 비둘기는 다른 행동을 하지 않고 원판을 쪼는 반응을 계속하게 된다. 즉, 원판 쪼는 행동과 먹이가 연결되도록 조건화되는 것이다.

여기에서 주의할 점은 비둘기가 처음에 원판을 쪼는 반응은 우연적인 것이며, 원판을 쪼는 반응이 먼저 있어야만 먹이가 주어지며 그렇지 않은 경우에는 먹이가 주어지지 않는다는 점이다.

(3) 강화와 소거

❶ 강화

- 어떤 반응이 일어난 후에 그 반응에 보상함으로써 그 반응의 빈도를 증가시키는 절차나 상황.
- 강화는 모든 조건화의 기초임.
- 강화물(강화자, 강화인): 강화를 일으키는 자극의 종류.

❷ 소거

- 조건화된 반응이 약화되다가 사라지는 현상을 뜻함.

• 무조건적 자극 없이 조건화된 자극만을 제시하거나 조건화된 반응에 대해 강화를 제공하지 않음으로써 생김.

(4) 정적 강화*와 부적 강화

① 정적 강화와 정적 강화물

• 주어진 반응을 보상함으로써 이러한 반응의 강도 및 빈도를 증가시키는 방법.
• 정적 강화를 일어나게 한 자극물을 정적 강화물이라고 함.
• 어떤 반응이 일어났을 때 제시하였더니 그 반응이 강화되었다면 그때 제시된 자극은 정적 강화물.
• 정적 강화물로는 학습자가 좋아하는 것을 사용함.

② 부적 강화와 부적 강화물

• 어떤 반응이 일어난 후에 특정한 자극을 제거함으로써 그 반응의 강도나 발생빈도를 높이는 방법.
• 바람직한 반응을 했을 때 학습자가 싫어하는 것을 제거 또는 감소시켜 주는 것.
• 부적 강화를 일어나게 한 자극물을 부적 강화물이라고 함.
• 어떤 반응이 일어났을 때 제거하였더니 그 반응이 강화되었다면 그때 제시된 자극은 부적 강화물.
• 부적 강화물로는 학습자가 혐오하여 회피하고 싶은 것을 사용.

(5) 강화물의 종류

① 물질강화물

---

* 강화라는 말 자체가 특정 반응(행동)의 빈도를 증가시킨다는 뜻이므로 정적 강화든 부적 강화든 결과적으로 특정 반응이 증가하는 것임

- 과자, 음식, 장난감 등 구체적인 강화물을 말함.
- 다른 강화물이 없을 때 사용하는 것이 좋음.

② 활동강화물: 좋아하는 활동을 강화물로 사용하는 것.

③ 사회적 강화물
- 다른 사람과의 관계를 통해 제시되는 것으로 칭찬, 인정, 미소, 표정, 언어표현, 두드리기 등.
- 적용하기가 쉽고, 강력한 효과를 갖기 때문에 널리 사용되고 있음.

(6) 연속강화와 간헐강화

① 연속강화(계속 강화)
- 반응이 나타날 때마다 그 반응에 대하여 강화하는 것.
  > ex 학생이 청소를 할 때마다 칭찬해 주는 것
- 연속적 강화계획으로 학습시키면 간헐강화 계획으로 학습시킬 때보다 학습이 빨리 이루어짐.

② 간헐강화(부분 강화)*
- 반응 중에서 일부에 대해서만 강화하는 것.
- 즉 어떤 경우에는 강화를 하지만 어떤 경우에는 강화되지 않는 것.
- 연속 강화보다는 간헐적 강화가 효과는 시간적으로 늦게 나타나지만 지속력이 강함.

---

* 강화계획을 짜서 행동조성을 할 때, 초기에는 학습이 빨리 이루어지도록 연속강화를 하고, 그 다음에는 빨리 소거되지 않고 지속성을 유지하도록 즉, 소거에 대한 저항이 강하도록 간헐강화를 사용

(7) 강화할 때 주의할 점

- 강화는 반응*이 나타난 직후에 제시해야 함(특히 학습의 초기단계)

- 강화가 지연되면 효과가 적음.

- 강화는 반응이 있은 후에 주어져야 함.

  > ex 운동화를 사 주면 하루에 1시간씩 공부를 하겠다. (X)
  >
  > 공부를 1시간 하면 운동화를 사주겠다. (○)

- 학습의 초기단계에서는 연속강화를 하고, 학습이 된 다음에는 간헐
  강화를 함.

- 효과적인 강화물을 사용해야 함

- 모든 학생에게 동일한 강화물이 효과가 있는 것이 아니므로 각 학습
  자에게 적절한 강화물을 사용.

2. 인지주의 학습이론

1) 이론의 개요

(1) 배경 및 개요

- 자극-반응이론에 대립되며 형태심리학의 입장에서 인간행동의 변화
  를 설명함.

- 19세기 독일심리학자 Wundt의 내성법(introspection)에서 시작되고,
  제2차 세계대전 중 군사목적으로 연구가 활성화됨.

- 본격적인 연구는 Chomsky의 무의미 철자법을 통한 언어연구에서
  시작됨.

- 학습이란 문제를 구성하는 구성요소들의 상호관계를 파악하여 그들

---

* 반응이란 교사가 바라는 학습자의 '바람직한 행동'임

간의 관계를 재구성하는 것으로 봄(Wertheimer)

(2) 기본 가정(관점)

- 인간의 내적 과정(인지과정)을 연구대상으로 함. (행동주의 ⇒ 외적 과정을 대상)
- 학습단위를 요소들 간의 관계, 요소와 스키마의 관계로 보아 이 관계는 통찰에 의해서 발견된다고 가정함. (행동주의 ⇒ 시행착오적 방법)
- 전체는 부분의 합 이상이라는 가정으로 인간은 환경을 지각할 때 개별자극체로 지각하는 것이 아니라 요소들 간의 관계를 기초로 전체지각을 함. (행동주의 ⇒ 환원주의)
- 문제해결이 시행착오나 조건화로는 해결될 수 없다고 전제함.
- 문제해결은 문제의 요점을 파악하고 전체적으로 통합하며 목적과 수단의 관계에서 통찰이 성립되어 일어남. (행동주의 ⇒ 반복연습을 통한 S-R결합)
- 학습은 목표수단 간의 관계에서의 통찰, 장면의 재조직 또는 인지적 구조의 변화에 의존함. (행동주의 ⇒ 환경에의 적응)

2) W. Koehler의 통찰설(通察說)

(1) 개요

- 1916년 W. Koehler가 Sultan이라는 침팬지를 대상으로 한 연구에서부터 발전된 이론.
- 통찰이란 상황을 구성하는 요소 간의 관계를 파악하는 것.
- 통찰학습이란 문제 사태를 전체적으로 이해하고 그것을 분석하여 인지함으로써 목표달성을 위한 행동과 결부시켜 재구성 또는 재구조화하는 것.

(2) 통찰실험 결론

- 통찰학습 침팬지 실험
  - 천장 위 바나나를 매달아 놓고 우리 밖 손이 닿지 않는 거리에 침팬지를 둠.
- 문제해결의 현상은 시간적, 공간적으로 직접 연결되는 통합된 통찰에 의해서 이루어짐.
- 학습이란 행동의 변용과정임.
- 행동변용의 과정은 특수한 과정의 발생, 과정의 흔적, 흔적이 다음 과정에 미치는 효과로 이루어짐.
- 통찰을 흔히 A-ha현상 이라 부르며, Archimedes가 목욕탕에서 부력의 원리를 발견하고 Eureka를 부르짖던 그 순간의 정신작용의 통찰과 유사.

(3) 통찰학습의 특징

- 문제해결이 갑자기 일어나며 완전함.
- 통찰에 의해서 획득한 해결을 바탕으로 하는 수행에는 거의 오차가 없고 원활함.
- 통찰에 의해서 얻어진 문제해결은 상당 기간 동안 유지될 수 있음.
- 통찰에 의해서 터득한 원리는 쉽게 다른 상황에 적용된다.

3) K. Lewin의 장이론(Field Theory)

(1) 개요

- Lewin은 초기에 형태심리학적 원리에 입각한 기억과 동기의 역학적 연구를 함.

---

* Archimedes의 Eureka, 원효의 유심사상, 지눌의 돈오사상, Bruner의 발견학습, 만남의 교육 등

- 그 후 위상심리학을 발전시키고 인지적 구조라는 개념을 도입하여 장이론을 주장함.

(2) 주요 개념
- 장이란 유기체의 행동을 결정하는 모든 요인의 복합적인 상황을 말함.
- 행동방정식: $B=f(P, E)$, 생활공간 내에서 개인과 심리적 환경은 상호 의존적.

(3) 장학습이론의 내용
- 개인의 행동은 단지 기술적, 현상적으로만 이해할 수 없음.
- 개인은 심리학적 생활공간에 둘러싸여 있으므로 개인의 행동을 지배하는 그 순간의 시간적, 공간적 조건을 고려하여 심리학적 생활공간의 기술을 생각함.
- 생활공간의 올바른 심리학적 기술과 분석을 통해 개인행동의 본질적 이해가 가능함.

(4) 특징
- 지각과 실재는 상대적 관계가 있음을 주장하여 인간은 자아의 관심을 추구하며 항상 전체로서 관련된 상황을 강조함.
- 현시성의 원리를 중시하며 학습이란 통찰 또는 인지구조의 변화임.

4) E. C. Tolman의 기호-형태설
(1) 이론의 개요
- 신행동주의(S-O-R)에 속하지만 학습이론에 있어서는 인지적 측면을 강조하여 인지이론으로 분류.

- 학습이론에서 기호-형태-기대, 또는 기호-의미체 관계를 주장함.
- 목적적 행동주의, 기호형태이론, 기호-의미체이론, 기대이론 등 다양하게 불림.

(2) 이론의 내용
- 학습은 단순히 S-R 상황에서 일어나지 않고 그 이상의 다양한 상황 속에서 가능함.
- 모든 행동에는 기대, 각성, 인지가 수반되며 학습자 내부에서 일어나는 새로운 각성이나 기대를 중시.

(3) 학습실험
- 여러 개의 통로가 있는 미로를 만들어 실험함.
- 처음에는 가장 긴 통로만을 사용하여 미로학습을 완성시킴.

(4) 특징
- 학습은 기호-형태-기대의 관계이거나 또는 기호-의미체의 관계이거나 가설형성 즉, 환경에 대한 인지도를 신경조직 속에 형성시키는 것.
- 학습은 자극과 자극 사이에 형성된 결속이다. 그러므로 그의 이론을 S-S이론(Sign-Signification)이라고도 함.

5) 인지학습이론 종합
(1) 기본입장
- 자극-반응이론에 대비되며 학습을 형태주의 심리학의 입장에서 설명함.

(2) 기본가정

- 학습은 목표와 수단 간의 관계에서의 통찰 또는 장면의 재조직 또는 인지구조의 변화에 의존.
- 인지주의 학습이론에서 학습은 행동의 재조직으로 봄.

6) 교육적 시사점

- 학습에 있어서 내적 동기유발이 강조되어야 함.
- 발견학습이 가능하도록 지식이 구조화되어야 함.
- 지식의 구조는 학습자의 수준에 맞는 표현양식으로 제시되어야 함.
- 학습의 기대결과는 사고과정의 변화이기 때문에 발견학습과정이 강조되어야 함.

3. A. Bandura의 사회학습이론

1) 이론의 개요

- 인간은 어떤 모델의 행동을 관찰, 모방함으로써 학습하게 된다는 것으로 주위의 사람과 사건들에 주의 집중함으로써 정보를 획득하는 학습.
- 관찰학습, 모방학습, 인지적 행동주의 학습, 대리적 학습이론이라고도 함.

2) 관찰학습의 하위과정 변인

- 주의과정: 학습하기 위해서 모방할 모델에 주의를 기울이는 과정
- 파지과정: 모델을 관찰한 후 일정기간 동안 모델의 행동을 언어적 방

법이나 상징적인 형태로 기억하는 것.

- 운동재생과정: 모델의 행동을 정확하게 재생하는 것.
- 동기적 과정: 모델의 행동을 모방하는 것은 강화에 따라 달라질 수 있음.
  - 강화는 외적 강화, 대리 강화, 자기강화로 구분하는데 대리강화를 중시함.

3) 관찰학습 요인

- 타인의 행동을 관찰함으로써 학습이 이루어진다는 이론인데 모델의 지위, 능력, 권력이 중요한 요인.
- 타인의 행동의 결과가 나쁜 것을 관찰했을 때 제거효과가 있음.
- 모델의 행동이 관찰자의 행동을 통제하는 것이 아니라 관찰자 자신의 내적인 인지적 통제, 자기 규제에 의해 학습이 이루어짐.

4) 관찰학습의 전형

(1) 직접모방 전형

- 관찰자는 모델이 한 행동을 그대로 시행함으로써 보상을 받는 것을 기본전제로 함.
- 행동에 있어서 연습을 필요로 하지 않을 때 가장 효과적인 방법임.

(2) 동일시 전형

- 관찰자가 모델의 비도구적인 독특한 행동유형을 습득하는 것.
- 아동이 부모의 종교관, 가치관을 내면화하는 과정이 이에 속함.

(3) 무시행학습 전형

- 행동을 예행해 볼 기회가 없거나 모방에 대한 강화가 없음에도 불구하고 관찰자가 행동하는 것.

• 동일시 학습과의 차이점은 모방된 행동이 도구적 반응이라는 것과 모델 자신이 보상을 받는다는 것.

(4) 동시학습 전형

• 모델과 관찰자가 동시에 동일한 과제의 학습을 하는 사태에서 관찰자는 모델의 행동을 보고 그대로 행동하는 기회를 가지게 됨.
• 관찰자의 모방행동을 모델이 할 때 모델이 관찰자의 행동에 미치는 영향을 사회적 촉진이라고 함.

(5) 고전적 대리조건형성 전형

• 타인이 정서적으로 경험하는 것을 관찰하고 그와 비슷한 정서적 반응을 학습하는 것.
• 슬픈 영화를 보면서 눈물을 흘리는 경우, 감정이입과 동정의 경우가 있다.

제3절	**인본주의 학습이론과 구성주의 학습이론**

1. 인본주의 심리학의 동기이론	프로이드 학파; 자아실현; A. H. Maslow; C. R. Rogers
2. 구성주의 학습이론	상재적 진리관; 조력자; 지식의 전이성; 문제중심학습
3. 적응심리론	적응기제; 비합리적 행동; 방어기제; 도피기제; 공격기제

1. 인본주의 심리학의 동기이론

1) 이론의 개요

- 인본주의 심리학은 신경증환자와 정신병자를 주요 대상으로 연구한 프로이트 학파 이론의 한계를 지적하고 건강한 인간을 연구의 대상으로 삼았음.
- 프로이트의 정신분석학적 심리학 및 스키너의 행동주의 심리학과 달리 인간의 자유의지, 결단, 책임을 강조함.
- 대표자로는 매슬로(A. H. Maslow), 로저스(C. R. Rogers) 등이 있음.

1) 자아실현

- 모든 인간에게는 선천적으로 자아를 실현하고자 하는 동기 또는 경향이 있다는 입장.
- 자아실현의 정의: 자신의 능력을 최대한으로 개발시켜 사용하는 것,

타고난 잠재능력과 소질을 충분히 발휘하는 것.

- 자아실현의 상태란 '미래에 부딪히게 될 많은 인간성의 문제를 자율적으로 해결할 수 있는 상태'(Maslow)임.

- 자아실현의 인간이란 '스스로 충족하는 사람(self-fulfilling people)'이며 건강한 사람임.

- 자아실현에 가장 적합한 교육적인 조건: 인간의 자유로운 발전을 장려하고 개인의 성장을 북돋아 주는 것(Maslow)임.

1) 매슬로의 욕구위계이론

(1) 결핍욕구와 성장욕구

- 인간은 여러 가지의 보편적이고 선천적인 욕구에 의해 움직임.

- 욕구는 크게 결핍욕구(기본적인 욕구)와 성장욕구로 구성되며, 이는 다시 7단계로 세분화됨.

- 세분화된 단계들은 강한 것으로부터 약한 것으로의 위계(位階)를 가지고 있음.

- 이 욕구들은 위계가 있어서 낮은 단계의 욕구가 [완전히는 아니더라도] 충분히 충족된 다음에 다음으로 높은 단계의 욕구가 일어남.

- 결핍욕구를 충족시키기 위하여 일어나는 동기를 결핍동기라고 하며, 성장욕구를 충족시키기 위하여 일어나는 동기를 성장동기라고 함.

- 보통 사람들은 결핍욕구(즉 기본적인 욕구)가 충족되면 만족하고 더 이상의 동기가 유발되지 않음.

- 정신적으로 건강한 사람들은 결핍욕구가 충족되어도 만족하지 않고 성장 동기를 가지고 자아실현을 추구함.

(2) 욕구 위계

❶ 결핍욕구

- 생리적인 욕구: 생존을 위한 가장 강력한 욕구로 음식, 물, 공기, 수면, 성 등의 욕구가 이에 속함.
- 안전에 대한 욕구: 안전, 편안함, 보호 질서, 불안·공포로부터의 해방, 확실성, 예측성에 대한 욕구 등.
- 소속감과 사랑에 대한 욕구: 어느 집단에 속하여 가깝게 지내고 서로 아껴주며 가깝게 지내고 싶은 욕구.
- 자존감의 욕구: 타인이 소중하게 대해 줘서 생기는 자존감과 스스로 자기를 존중하는 자존감이 있음.

❷ 성장욕구

- 지적인 욕구: 인지적 충동으로 신비적인 것, 미지의 것 또는 설명 불가능한 것에 호기심을 가짐.
- 심미적 욕구: 질서, 구조, 미를 추구.
- 자아실현의 욕구
- ⑤, ⑥, ⑦단계의 욕구는 넓은 의미에서 자아실현의 욕구라고 볼 수 있다.

- 매슬로의 욕구위계

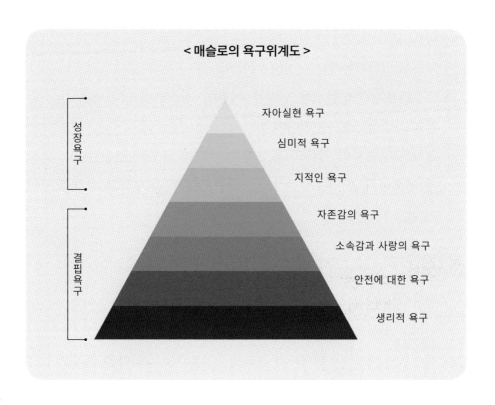

< 매슬로의 욕구위계도 >

성장욕구

자아실현 욕구

심미적 욕구

지적인 욕구

결핍욕구

자존감의 욕구

소속감과 사랑의 욕구

안전에 대한 욕구

생리적 욕구

※ 절정경험(peak experience)

- 자아실현의 순간에 느끼는 황홀경이나 경외를 경험하는 정서적 상태.
- 개인이 절정경험을 하는 순간에 자아를 초월하게 되고 지배감과 자신감, 결정감 등 무엇이나 성취하거나 될 수 있을 것 같은 심오한 의식을 갖게 된다고 함.

3) 교육적 시사점

- 욕구위계의 정점에 있는 자아실현의 욕구를 충족시키려면, 하위 단계의 욕구들이 충족되어야 함.
- 제일 먼저 충족되어야 할 것은 생리적 욕구이므로, 학습자가 수면이 모자라거나 배가 고픈 상태에서 지적 욕구가 일어나기를 바랄 수는

없음.

- 학습이 일어나는 환경이 안전해야 함.
- 동료들로부터 따돌림을 당하는 어린이·청소년이 없이 모두가 소속 감과 사랑을 느낄 수 있어야 함.
- 교사는 학습자의 자존의 욕구가 침해되지 않도록 열등감이나 분노 를 조장하지 않아야 함은 물론, 학습자를 늘 인정하고 지지해 주어 야 함.

4) 인본주의 심리학의 영향

- 상담이론에서는 로저스가 창시한 인간중심 상담이론(비지시적 상담)이 인본주의 심리학의 대표적인 상담이론임.
- 매슬로의 저서 〈우정신학적 관리〉는 인본주의 심리학을 관리에 적용 한 연구인데, 매슬로에 따르면, 행정가의 직무 중의 하나는 더욱 고 차적인 동기가 일어날 수 있도록 구성원들의 욕구를 충족시킬 수 있 는 수단을 마련하는 한편, 욕구가 좌절되거나 부정적 태도를 야기할 수 있는 요인들을 제거하는 것임.
- 매슬로의 영향을 받은 행정학이론으로는 맥그리거(D. McGregor)의 X·Y이론, 허즈버그(F. Herzberg)의 동기이론인 동기-위생 이론 등이 있음.

2. 구성주의(Constructivism) 학습이론

1) 이론적 기초
(1) 개념

❶ 지식은 인식의 주체에 의해 구성된다. 지식은 실제 생활에서 만들어진다. 지식은 사전 경험으로부터 개인이 구성해 나가는 것이며 객관적으로 존재하는 것이 아니다. 따라서, 경험이 다른 두 사람은 똑같은 지식을 가질 수 없다.

❷ 지식은 맥락적이다. 즉, 학습은 그것이 발생하는 상황에 영향을 받는다. 이를 상황적 인지라고 한다.

❸ 지식은 사회적 협상을 통해 형성된다. 실재의 세계가 존재하지만 사회적 공동체 내에서 그 타당성이 결정된다고 보는 사회적(moderate) 구성주의가 그것이다.

(2) 성격

❶ 학습자 중심의 교육환경을 구현하고자 하는 학습이론이다. 학습자가 학습목표에 도달할 수 있도록 학습환경을 만들어 가고 함께 서로 도와가면서 학습자가 공동의 과제를 같이 해결해 나갈 수 있도록 도와주는 데 주안점을 둔다.

❷ 지식과 현실에 대한 상황성, 독특성, 그리고 다양성을 강조한다.

❸ 객관적 절대적 지식이나 진리는 존재치 않는 상대적 진리관이다. 상대주의적 인식론에 근거하며 개인적 경험과 흥미에 따라 지식의 가치를 평가한다.

❹ 개인의 현실을 살아가고 이해하는 데 본인에게 의미 있게 적합, 타당한 것이면 그것은 진리요, 지식으로 본다. 즉, 그것은 개인의 지속적 사회참여와 인지적 활동을 통해 구축된 결과로 본다.

❺ 교수-학습관은 학습환경을 강조하고 있어 학습환경의 설계에 많은 시사점을 주고 있다. 즉 학습은 수업이 환경 내에서 이루어지는 것으로 본다.

2) 교수-학습의 원칙

❶ 학습자에게 의미 있는 과제를 제시한다. 그러면 스스로 의미구성의 기회를 제공하는 교수법을 사용한다.

❷ 학생의 의미과정을 보조한다.

❸ 교사는 조력자로서 역할을 수행한다.

❹ 교사는 학생의 학습을 돕는 조언자, 촉매자의 역할을 하고, 학생은 자율적, 적극적으로 책임 있는 학습의 주체자가 됨.

❺ 항상 구체적인 상황을 배경으로 하여 실제적이고 상황맥락적인 학습 설계를 하며 지식을 제공함.

❻ 상호작용적인 협동적 학습환경 설계를 통해 다양한 생각에 대한 인식과 견해를 습득함.

❼ 문제해결력, 사고력, 인지적 전략(how to learn)의 습득 및 지식의 전이성을 강조한다.

3) 구성주의에 대한 분류

		개인적 구성주의	사회적 구성주의
학습		경험에 근거한 의미구성	상호작용의 의미구성
학습자관점		환경과 상호작용하여 의미를 구성하는 능동적 학습	
교육과정		다양한 자료에 근거한 구성활동 강조 (학교수업 + 탐구 · 발견학습)	
교수의 내용		이해를 잘 시키기 위한 사고안내	지식의 공동 구성
역할	교사	안내자	촉진자, 안내자, 공동참여자
	학습자	능동적 의미 구성자, 산출자, 설명자, 해석자	

핵심개념	개인의 구성적 과정	사회 문화적 동화
주요사업전략	유의미한 아이디어와 자료 등과 상호작용할 수 있는 풍부한 학습 기회 제공	기회제공 + 공동구성
교육공학 매체	인터넷, 마이크로 월드, 구성도구	
평가	질적 평가, 형성평가, 수행평가 강조	
학자	피아제	비고츠키

4) 구성주의적 학습환경의 활용 사례

(1) 문제중심학습(PBL: Problem Based Learning):

구체적 상황에서 실제적 성격의 문제를 다루는 학습환경이다.

(2) 시뮬레이션 활용 학습환경:

실제적 성격의 과제를 갖고 협동학습 환경체제에서 문제해결을 이루어 가는 학습환경 제공.

(3) 조교 교육프로그램:

- 학습자의 요구를 충실하게 반영한 교육 내용을 반영한다. 이를 위해 철저한 학습자 분석이 이루어질 필요가 있다.
- 학습자가 능동적으로 학습을 진행하도록 돕기 위한 다양한 교육전략을 제공한다.
- 학습자의 편의를 도모하기 위해서 학습자 제어 가능성, 신속성, 기동성 등을 고려한다. 학습자는 편의성을 중요하게 생각하며, 교육환경이 편리해야 학습이 수월하게 진행될 수 있다.

- 화면 디자인의 시각적 및 미학적 측면을 고려한다. 화면 디자인은 학습자를 동기유발하는 기제의 하나로 작용하기 때문에 화면 디자인의 중요성은 더욱 커진다.

3. 적응심리론

1) 적응기제
(1) 적응기제의 개념
- 신체적 욕구나 성격적 욕구가 내적, 외적 원인에 의해 저지되어 욕구불만의 상태에서 불쾌와 불만족이 높아지고 긴장되어 이 긴장을 해소하려는 기제(mechanism)임
- 욕구불만과 갈등상태하에서의 행동유형은 직접적, 합리적 행동과 비합리적 행동으로 나타남.

(2) 직접적, 합리적 행동
- 목표달성 또는 문제해결의 회피가 아니라 적극적으로 문제를 해결하려는 행동임.
- 문제해결 방법이 이성적, 객관적, 사회적으로 구성되어 있음.

(3) 방어적, 비합리적 행동(도피, 방어, 공격기제)
- 문제해결의 근원적인 접근방법을 시도하지 않고 도피기제, 방어기제, 공격기제 등을 사용하여 적응함.
- 이 기제들은 감정적 색채가 강하고 또한 무의식적, 자동적 움직임이 많음.

2) 방어기제

- 욕구충족이 어려운 현실에 당면하였을 때 문제의 직접적인 해결을 시도하지 않고 현실을 왜곡시켜 자기를 보호함으로써 심리적 평형을 유지하려는 기제.

3) 도피기제

- 문제의 상황에 대해 적극적으로 해결을 구하지 않고 문제로부터 도피하려는 기제.

4) 공격기제

- 욕구불만을 초래한 사람이나 사물 또는 불필요한 대상까지 공격하고 정복함으로써 자기욕구를 충족시키려는 능동적 기제.
- 넓은 의미에서 자아의식의 표현으로 인정되지만 부적응 행동임.

5) 부적응과 행동수정

(1) 부적응의 개념

- 자극이 너무 지나쳐 자신의 능력으로 처리하기 곤란한 경우에 강한 자극에 적절하게 반응하지 못하면 개인은 신체적으로나 육체적으로 바람직하지 못한 여러 상황에 놓이게 되는 상황임.

(2) 욕구불만

- 욕구의 결핍상태, 불균형상태에서 오는 정신적 긴장상태.

(3) 갈등

- 상반되는 여러 욕구가 동시에 대립될 때 어느 것을 선택해야 할지 망

설이는 심리상태.

(4) 행동수정 기법

- 강화기법, 타임아웃, 상반행동의 강화, 상호제지법, 혐오치료법, 부
  적 연습법.

문제 1 **다음 중 자아개념에 관한 설명 중에서 올바르지 않은 것을 고르시오.**

① 자아개념은 앞으로 어떤 일이 일어날 것인가에 대한 개인의 기대를 결정하는 데 영향을 미친다.

② 자아개념은 타고나는 것으로 고정적이다.

③ 자아개념은 성취, 불안 등 개인이 가지는 여러 가지 특성과 깊은 관련을 가진다.

④ 교사는 학생들이 긍정적인 자아개념을 형성할 수 있도록 도와야 한다.

정 답 ②

해 설 자아개념은 개인이 자라나는 환경과 경험의 상호작용을 통하여 형성되고 발달된다.

문제 2 **다음에서 교육심리와 관련해 올바르지 않는 설명을 고르시오.**

① 스키너는 조작적 행동에 초점을 두었다.

② 인간의 행동이 개인의 선택에 의한 것이라는 관점에 반대한다.

③ 학습초기에는 연속강화를 하고 그 다음에는 간헐강화를 사용하는 것이 효과적이다.

④ 부적 강화란 강화를 했는데 강화가 되지 않는 것을 뜻한다.

정 답 ④

해 설 부적 강화란 어떤 반응이 일어난 후에 특정한 자극을 제거함으로써 그 반응의 강도나 발생빈도를 높이는 방법이다.

문제 3 다음 중 가드너의 다중지능이론에 대한 설명이 올바르지 않는 것을 고르시오.

① 가드너가 제시한 여러 지능의 종류는 고정되어 있다.

② 여러 지능들 중에서 어떤 것이 다른 것보다 더 우월한 것이 아니다.

③ 지능의 다양성에 따라 교육내용, 교육내용의 제시방법, 평가방법도 달라져야 한다.

④ 개인 내 지능은 자신을 정확히 판단하여 인생을 효과적으로 살아가는 능력이다.

정 답 ①

해 설 가드너는 자신이 제시한 지능의 종류는 가변적인 것이며, 앞으로 인간이 가진 다양한 지능이 발견되어야 한다고 주장한다.

- 자아개념은 한 개인이 자신에 관해서 가지는 모든 자각, 관념, 태도의 총체를 이르는 것으로, 자신의 신체적 특징, 성격, 개인적 능력, 특성, 가치관, 희망, 사회적 신분 등의 다양한 요소들로 구성된다.

- 학업성취와 자아개념 사이에 정적인 상관관계가 있다.

- 지능은 단일하게 정의하기 어렵지만, 지능을 일상생활에서 당면하는 상황에서 개념이나 상징을 효과적으로 사용하는 능력, 즉 추상적 사고력으로 보는 입장이 있는가 하면, 학습하는 능력과 더불어 환경에 적응하고 환경을 조절하는 일반적 능력으로 보기도 한다.

- 가드너의 다중지능이론에서는 인간은 제각각 서로 다른 인지적인 장점과 스타일을 지니고 있다는 전제에서 출발하여 인지의 다양하고 분리된 국면을 인정해야 한다고 강조한다.

- 다중지능이론은 모든 능력을 우열 또는 위계로 볼 것이 아니라 다양성의 측면에서 이해해야 한다고 강조함으로써 교육에 대한 새로운 패러다임을 제시하였다.

- 행동주의 이론은 학습현상을 자극(S)과 반응(R) 간의 연합으로 설명하는 이론으로 자극-반응이라고도 한다.

- 행동주의 심리학은 관찰가능한 외적 조건의 연구에 초점을 둔다.

- 스키너의 이론은 조작적 행동(환경을 조작해서 어떤 결과를 낳게 되는 행동)에 초점을 둔다.

- 강화란 어떤 반응이 일어난 후에 그 반응에 보상함으로써 그 반응의 빈도를 증가시키는 절차나 상황이다.

- 정적 강화는 주어진 반응을 보상함으로써 이러한 반응의 강도 및 빈도를 증가시키는 방법이다.

- 부적 강화는 어떤 반응이 일어난 후에 특정한 자극을 제거함으로써 그 반응의 강도나 발생빈도를 높이는 방법이다.

- 연속강화는 반응이 일어날 때마다 그 반응에 대하여 강화하는 것이다.

- 간헐강화는 반응 중에서 일부에 대해서만 강화하는 것이다. 즉, 어떤 경우에는 강화를 하지만 어떤 경우에는 강화되지 않는 것이다.

- 학습의 초기에는 학습이 빨리 이루어지도록 연속강화를 하고, 그 다음에는 빨리 소거되지 않고 지속성을 유지하도록 간헐강화를 사용한다.

- 인본주의 심리학은 프로이드의 정신분석학적 심리학 및 스키너의 행동주의 심리학과 달리 인간의 자유의지, 결단, 책임을 강조하였다.

- 자아실현이란 자신의 능력을 최대한으로 개발시켜 사용하는 것, 타고난 잠재능력과 소질을 충분히 발휘하는 것을 뜻한다.
- 매슬로의 욕구위계이론에서 욕구는 크게 결핍욕구(기본적인 욕구)와 성장욕구로 구성되며 이는 다시 7단계로 세분화된다.
- 매슬로의 이론에서 욕구들은 위계가 있어서 낮은 단계의 욕구가 충분히 충족된 다음에 다른 높은 단계의 욕구가 일어난다는 것이다.

명언 한마디

교육의 목적은 인격의 형성에 있다. 교육의 목적은 기계적인

사람을 만드는 데 있지 않고, 인간적인 사람을 만드는 데 있다.

또한 교육의 비결은 상호존중의 묘미를 알게 하는 데 있다.

일정한 틀에 짜인 교육은 유익하지 못하다.

창조적인 표현과 지식에 대한 기쁨을 깨우쳐주는 것이

교육자 최고의 기술이다.   - 아인슈타인-

다음 학습 예고

다음 Chapter에는 **07. 생활지도론**을 학습하겠습니다. 수고하셨습니다.

생활지도론

제7장

| 학습목표 및 목차

학습 목표	1. 생활지도의 기초이론을 설명할 수 있다. 2. 교육상담과 상담이론들을 설명할 수 있다. 3. 학생의 일탈과 사회학적 이론을 설명할 수 있다. 4. 전인교육과 평생교육을 설명할 수 있다.
학습 목차	1. 생활지도의 기초이론 2. 교육상담과 상담이론들 3. 학생의 일탈과 사회학적 이론 4. 전인교육과 평생교육

복습점검 | 다음 설명이 맞으면 O, 틀리면 X를 하세요.

문제 1 행동주의 학습이론은 학습현상을 자극(S)과 반응(R) 간의 연합으로 설명하는 이론으로 관찰가능한 외적 조건의 연구에 초점을 두며 자극-반응이라고도 한다.

정 답   O

해 설   행동주의 학습이론은 외적 행동을 중심으로 한 행동의 변화를 연구하는 학습이론이다.

문제 2 인본주의 심리학은 프로이드의 정신분석학적 심리학 및 스키너의 행동주의 심리학과 달리 인간의 자유의지, 결단, 책임을 강조하였다.

정 답   O

해 설   인본주의 심리학은 인간의 자유의지, 책임을 중시함.

문제 3 매슬로의 이론에서, 욕구들은 위계가 있어서 낮은 단계의 욕구가 충족되지 않아도 다음 단계의 높은 단계의 욕구 추구가 일어난다고 주장하였다.

정 답   X

해 설   매슬로의 욕구위계이론은 낮은 단계의 욕구가 충분히 충족된 다음에 다른 높은 단계의 욕구가 일어난다는 것이 주요내용이다.

생활지도의 기초이론

1. 생활지도의 정의	전인으로 육성; 자아실현; 행복한 인간
2. 생활지도의 목표	건전한 민주시민; 자질 발견; 자율적 성장
3. 생활지도의 원리와 방향	개인의 존엄성; 처벌보다는 선도
4. 생활지도의 내용과 현대적 경향	교육지도; 인성지도; 사회성 지도 등

1. 생활지도의 정의

- 일반적으로 생활지도란 모든 학생을 대상으로 하여 교육, 사회, 직업 등과의 관련에 있어서 그들 자신의 개성을 발견하는 것을 최대한 도와주어 전인(全人)으로서 균형 잡힌 생활을 영위하고 사회발전과 복지에 기여할 수 있도록 할 뿐만 아니라 민주적 생활목표의 선택, 목표 달성의 방법을 결정함에 있어서 필요한 조력·조언을 주는 것이다.

- 즉, 아동 개개인으로 하여금 자기 자신과 현실에 대한 정확한 이해를 통해 자신을 지도하고 무한한 가능성의 계발 및 자아실현을 할 수 있도록 돕는 과정이다. 즉 생활지도는 아동으로 하여금 자신을 긍정하게 하고 행복한 인간의 실현을 돕는 과정인 것이다.

- 개인으로 하여금 자기 자신과 주위 세계를 잘 이해해서 현명한 선택과 적응을 하여 건전한 사회의 일원으로서 성장, 발달할 수 있도록

하는 일련의 지속적인 조력 과정이라고 할 수 있다.

2. 생활지도의 목표

생활지도의 궁극적 목표는 아동으로 하여금 자신에 대한 올바른 이해를 통하여 무한한 잠재능력을 개발하도록 하고, 문제해결력의 배양 및 현명한 선택을 도와줌으로써 자기지도력을 함양하게 하며 개인의 전인적 발달 및 건전한 민주시민을 육성하는 데 있다. 생활지도의 실제에 있어서는 개인을 개별적으로 대하는 경우도 있고, 집단적으로 대하는 경우도 있다. 그러나 목표는 모든 아동 각 개인의 자율적 성장에 있다.

❶ **자신에 대한 올바른 이해:** 학습자가 자신의 개성을 발견해서 인정하고 바르게 이해하도록 돕는 것이다. 모든 학생이 자기 자신을 정확히 이해하도록 돕는다.

❷ **잠재능력의 개발:** 학습자 자신이 지닌 성장 가능성으로서의 능력과 흥미 기타 여러 자질들을 최대한으로 발전시키도록 조력함. 모든 학생이 가능한 한 자신의 노력으로써 자기가 가지고 있는 능력과 흥미와 기타 여러 자질을 발견하고, 그것을 최대한으로 발전시키도록 돕는다.

❸ **자율적인 문제해결 능력 신장:** 학습자가 수시로 당면하는 문제들을 정확히 파악하여 자신의 힘으로 해결하도록 도움. 모든 학생으로 하여금 수시로 당면하는 자신의 문제를 정확히 파악하고 자기 힘으로 해결할 수 있도록 돕는다.

❹ **현명한 선택과 적응:** 지식과 정보가 많아짐에 따라 선택의 폭이 넓어진 현대사회에서 현명하게 선택하는 능력, 빠르게 변화하는 환경

에 적응하는 능력을 기를 수 있도록 도움. 급격히 변천하는 복잡한 생활환경 속에서 모든 학생이 현명한 선택과 적응을 할 수 있도록 돕는다.

❺ 모든 학생으로 하여금 앞으로의 성장과 생활을 위하여 보다 건전하고 성숙된 적응을 할 수 있는 영구적인 기초를 마련하도록 돕는다.

❻ 전인적 발달: 지적, 정서적, 신체적 및 도덕적인 면에서의 발달이 조화롭게 성장할 수 있도록 도움. 모든 학생이 신체적·지적·사회적·경제적인 면 등 모든 면에 있어서 잘 조화되고, 여유 있는 인생을 즐길 수 있도록 돕는다.

❼ 민주시민의 육성: 민주적인 사고방식을 갖고 자신이 속해 있는 사회를 위하여 각자 나름대로 독특한 공헌을 할 수 있는 민주시민으로 자라도록 돕는다.

3. 생활지도의 원리와 방향

1) 생활지도의 원리

- 모든 학습자를 대상으로 함.
- 모든 연령층의 학습자를 대상으로 함.
- 전인적 발달에 초점을 둠.
- 개인의 존엄성과 개인발달에 초점을 둠.
- 치료보다는 예방에 역점을 둠.
- 처벌이나 제지보다 성장을 촉진시키는 것.
- 과학적인 근거에 기초를 둠.
- 학교교육의 결합된 일부임.

기본 원리(5)	실천 원리(7)

① 개인 존엄성 존중과 수용원리
 	
② 자율성 존중 원리
 	
③ 적응성의 원리:
자아를 수정한 소극적 적응보다도 문제해결을 통한 적극적 적응
 	
④ 인간관계의 원리: Rapport 형성 조성
 	
⑤ 자기실현의 원리
	① 계속성의 원리 - 출생 ~ 사망까지
	    - 입학 ~ 졸업 후
	
	② 균등성의 원리: 모든 학생 (가장 부족)
	
	③ 협동성의 원리(민주성): 교사,
	    학생, 학부모, 지역인사가 서로 협력
	
	④ 적극성의 원리: 소극적인 치료보다
	    적극적인 예방 중심(건강지도)
	
	⑤ 전인성의 원리(통합성): 지, 덕, 체,
	    기가 조화로운 인간
	
	⑥ 과학성의 원리: 과학적인 절차 중시
	
	⑦ 구체조작의 원리: 진로상담 부장교사제

2) 생활지도의 방향

생활지도는 종래의 일방적인 규제, 억압, 처벌 중심의 훈육이나 사후에 행해지는 치료적인 차원의 전통적·보수적인 방향에서, 이제는 인간 발달에 근거하여 예방적인 차원에서 사전에 행해지는 생활지도가 되어야 한다. 인간의 존엄성에 근거하여 개인의 무한한 가능성의 실현과 긍정적인 자아 형성을 기본원리로 하여 계속적이고 적극적으로 지도되어야 한다.

❶ 생활지도는 개개인의 존엄성과 개성 발달을 존중하여 문제 학생이 생기지 않도록 해야 한다.

❷ 생활지도는 모든 학습자를 대상으로 해야 한다. 즉 문제아뿐만 아니라 모범적인 아동도 생활지도의 대상이 된다.

❸ 생활지도는 과학적인 근거에 기초하여 판단해야 한다. 즉 교사의 상식이나 주관에 근거한 판단은 큰 착오를 초래할 수 있으므로 객관적이고 과학적인 자료와 근거를 기초로 지도에 임해야 한다.

❹ 생활지도는 처벌보다는 선도를 우선해야 한다. 즉 처벌, 훈육, 억압, 위협보다는 선도와 지도를 최우선으로 해야 한다.

❺ 치료보다는 예방에 중점을 두어야 한다. 문제를 일으킨 아동들의 교정이나 치료보다는 예방에 중점을 두는 것이 적극적인 생활지도이다.

❻ 생활지도는 자율적으로 행해져야 한다. 아동이 스스로 판단하고 결정을 내릴 수 있도록 유도해야 한다.

중요한 것은 결과가 아니라 과정이며 자율적으로 생각하고 행동해 보는 경험이 더욱 중요하다. 그러므로 앞으로의 생활지도는 보다 자율적인 방향으로 진행되어야 한다. 이와 같은 견지에서 볼 때 생활지도는 단순히 학생들이 당면하는 문제를 해결해 주는 것으로 그치는 것이 아니라 스스로 문제를 해결해 볼 수 있는 경험을 가지도록 하는 데에 더욱 많은 힘을 써야 할 것이다.

4. 생활지도의 내용과 현대적 경향

1) 생활지도의 내용

생활지도는 원래 직업지도 운동에서 시작되어 정신운동을 거쳐 최근에는 학교교육뿐만 아니라 사회교육을 포함한 교육의 전 영역에 걸쳐 활동 내용이 확대되고 다양화되었다.

❶ **교육 지도** : 신입생을 위한 오리엔테이션, 학업부진아 지도, 학습방법 지도, 독서 지도 및 기타 학업상의 문제 지도.

❷ **인성 지도** : 정서문제, 성격문제에 대한 지도, 욕구불만의 진단과 해석, 습관교정 및 기타 심리적 제 장애의 진단과 치료.

❸ **직업 지도** : 진로 지도, 선직지도(選職指導), 추수 지도 및 기타 직업과

진로에 관한 문제 지도.

④ **사회성 지도** : 교우관계, 이성관계, 가족관계 및 기타 대인관계에서
생기는 문제 지도.

⑤ **건강 지도** : 신체장애, 각종 질서, 위생 및 각종 건강에 관계된 문제
지도.

⑥ **여가 지도** : 여가선용, 취미 오락활동, 놀이 및 기타 여가시간 활용
에 관한 지도.

2) 현대 생활지도의 일반적 경향

① 생활지도의 대상은 전체 학생
② 처벌보다 지도
③ 치료보다 예방
④ 과학적 근거 기초
⑤ 자율성을 기본원리
⑥ 특정교사에서 전체 교사로
⑦ 종합적 접근 시도

교육상담과 상담이론들

1. 교육상담의 정의	Patterson; 변화; 상담자와 내담자
2. 교육상담의 목표와 기본원리	행복한 인간; 개별화의 원리; 수용의 원리
3. 상담자에게 요구되는 자질	참된 인간관계 형성; 관계형성(rapport)
4. 상담과정 및 영역에 따른 상담이론 분류	추수지도; 개인구념이론; 비지시적 상담

1. 교육상담의 정의

1) 개념

- 해당 분야의 전문가가 내담자에게 새로운 사태와 환경으로 인해 발생하는 두려움과 불안을 제거하여 줌으로써 현실에 순조롭게 적응하게 하며 나아가 행복한 생활을 할 수 있도록 도와주는 과정이다.
- 또한 상담자가 도움을 필요로 하는 사람에게 전문적인 지식과 기능을 가지고 내담자 자신과 환경에 대한 이해를 증진시키며, 합리적이고 현실적이며 효율적인 행동양식을 증진시키거나 의사결정을 내릴 수 있도록 원조하는 활동이다.

Patterson은 이러한 상담의 특징을 다음과 같이 주장하고 있다.

❶ 상담은 내담자가 변화를 자발적으로 원하고 있으며 변화를 위해 도

움을 구하고 있음을 전제로 한다.

❷ 상담의 목표는 자발적인 변화를 촉진하기 위한 조건들을 제공함에 있다. 선택할 수 있고 독립적이며, 자발적인 개인의 권리와 같은 조건들이 그 예이다.

❸ 다른 모든 인간관계와 마찬가지로 일정한 제한이 내담자에게 주어진다. 이 한계는 상담자의 가치와 철학에 따라서 뿐만 아니라 상담자가 지니고 있는 상담의 목표에 따라 결정된다.

❹ 행동변화를 촉진할 수 있는 조건들은 면접을 통하여 제공된다. 상담의 전부가 면접은 아니라고 하더라도 상담은 항상 면접을 포함한다.

❺ 비록 청취, 즉 잘 듣는 것이 상담의 전부는 아니라 하더라도 청취는 상담 과정에서 언제나 중요한 부분을 차지한다.

❻ 상담자는 내담자에 대해 다른 인간관계에서의 경우와 질적으로 구별되는 이해를 하고 있다.

❼ 상담은 사적으로 이루어지며 논의된 내용은 비밀이 유지되어야 한다.

상담에 대한 여러 정의의 공통점은 상담은 내담자가 상담자와의 만남을 통하여 자신과 환경을 의미 있게 이해하고, 스스로의 의사 결정에 의하여 문제를 긍정적인 방향으로 해결해 가는 과정을 포함하고 있으며, 내담자의 성장과 발달이 촉진된다는 것을 포함하고 있다.

상담이란 내담자(counselee)와 상담자(counselor) 간에 수용적이고 구조화된 관계를 형성하고 이 관계를 통하여 내담자가 자기 자신과 환경에 대해 의미 있는 이해를 증진하도록 하는 것이다. 그러므로 상담은 내담자로 하여금 효율적인 의사결정을 하게 하여 제반 심리적인 특성을 긍정적인 방향으로 발전시켜 결국 내담자의 자율적 성장과 발전을 촉진하는 심리적인 조력의 과정이라고 할 수 있다.

2) 상담과 심리치료의 구별

❶ 상담은 전체 생활지도 프로그램을 강조하고, 심리치료는 심각한 행동의 교정에 관심을 둔다.

❷ 상담의 대상자는 정상적인 사람이고, 심리치료는 성격적 장애를 다룬다.

❸ 상담은 주로 개인의 긍정적인 측면을 강조하고, 심리치료는 진단과 치료를 강조한다.

❹ 심리치료는 상담보다 목표를 달성하는 데, 더 장기간이 소요된다.

❺ 상담은 개인의 명확한 정체감을 갖도록 돕고, 심리치료는 개인의 내재적인 갈등을 다룬다.

3) 효과적인 의사소통

(1) 의사소통의 개념

• 감정, 태도, 사실, 신념, 생각 등을 다른 사람에게 전달하는 과정이며 다른 사람과 더불어 사는 사회생활을 성립시키는 기초적인 조건.

• 교육에 있어서도 교사와 학습자 사이에 의사소통이 잘 되지 않는다면 학습자들과 긍정적인 유대를 맺을 수 없음.

• 훌륭한 수업이라는 것도 결국 효율적인 의사소통이 이루어지는 수업임.

(2) 의사소통의 종류

언어적 의사소통	비언어적 의사소통
언어를 통한 의사소통	• 얼굴표정 • 신체적 접촉 • 눈맞춤 • 근접성 • 몸 움직임 • 환경

2. 교육상담의 목표와 기본원리

1) 목표

- 궁극적인 목표는 내담자 즉 학생으로 하여금 현실과 자신의 문제를 객관적으로 이해하고, 자발적인 문제 해결력 및 자율적 성장, 발달을 도모함으로써 행복한 인간을 형성하는 데 있다.
- 상담은 접근방법이나 내담자의 문제의 성격에 따라 목표가 다르게 기술될 수 있으나, 다양한 목표들 가운데 일반적으로 기대되는 목표들을 요약하면 행동의 변화, 정신건강의 유지 및 증진, 문제 해결력의 신장, 자발적인 의사결정, 잠재능력의 실현 등이다.

2) 상담의 목표

- 행동변화 조장: 부정적, 부적응적인 행동이 건전한 성장이나 만족한 생활을 하는 일체의 행동으로 변화되도록 도움.
- 문제해결: 내담자가 스스로 문제해결을 할 수 있도록 도움.
- 개인적 효율성의 증진: 내담자가 효율적으로 사고하고 행동하며 문제 사태에 효율적으로 적응, 대처할 수 있도록 도움.
- 인간관계의 개선: 부모, 형제, 친구, 이성 또는 직장 동료들과의 인간관계에서 생기는 문제들을 해결하여 다른 사람들과 건강하게 살도록 도움.
- 의사결정의 촉진: 내담자 스스로 의사에 의해서 결정하여 문제해결을 할 수 있도록 도움.
- 잠재능력의 신장: 내담자가 자신의 타고난 잠재능력을 계발하여 자아실현을 할 수 있도록 도움.

3) 상담의 기본원리

❶ **개별화의 원리**: 상담은 개인의 특성을 고려해서 각 개인을 도와줌에 있어서 상이한 원리나 방법을 활용해야 한다는 원리이다.

❷ **수용의 원리**: 상담자는 내담자를 무조건적이고 긍정적인 자세로 받아들여야 한다.

❸ **의도적 감정표현의 원리**(특히 부정적 측면): 자유롭게 의도적인 표현을 할 수 있도록 해야 한다.

❹ **통제된 정서관여의 원리**: 내담자의 의도적 표현에 대해 상담자는 절제된 반응을 보여야 한다.

❺ **비심판적 태도의 원리**: 객관적으로 평가해야 한다. 사실에 관련된 것만 제시해야 한다.

❻ **자기결정의 원리**: 상담은 내담자가 당면문제를 스스로 해결할 수 있도록 이끌어야 한다.

❼ **비밀보장의 원리**: 윤리적 절대의무이다.

3. 상담자에게 요구되는 자질

상담은 인간 대 인간의 만남으로 이루어진다. 그러므로 상담에 있어 가장 중요한 것은 상담자와 내담자가 상호 신뢰하는 참된 인간관계 형성이다. 특히 문제를 가진 내담자가 의사나 전문가 혹은 다른 사람의 의뢰 및 권유에 의해 상담자를 만나게 되는 경우에는 좋은 인간관계의 형성이 상담 성공의 열쇠라고 할 수 있다.

상담자는 경우에 따라 심리학적인 도구와 여러 가지 기법을 사용하지만 그러한 것들은 이차적인 도움을 주는 보조역할을 하는 데 불과하고,

일차적으로 중요한 역할을 하는 것은 역시 상담자 자신이다. 다시 말하면, 상담자가 어떤 사람이냐 하는 것이다.

상담자가 어떤 사람이냐 하는 문제는 내담자가 어떻게 느끼고, 평가하고, 받아들이느냐 하는 차원에서 이해되어야 한다. 성공적인 상담을 위해서 상담자에게 요구되는 자질은 다음과 같다.

❶ 상담자는 이해심이 많고 허용적이어야 한다.

❷ 상담자는 내담자에게 신뢰감을 주어야 한다.

❸ 상담자는 전문적인 식견과 능력을 가진 사람이어야 한다.

❹ 상담자는 수용적이고 개방적이어야 한다.

❺ 상담자는 가치와 신념이 분명해야 한다.

❻ 상담자는 건전한 성격과 인격을 소유하고 인간을 사랑할 줄 아는 행복한 사람이어야 한다.

❼ 상담자는 내담자의 사적인 정보와 경험에 대한 비밀을 보장해주는 윤리적인 면에서도 책임질 수 있어야 한다.

❽ 객관적 판단에 의한 결론을 추리할 수 있어야 한다. 즉 상담은 학생의 진술 내용보다도 그 뒤에 숨어 있는 느낌이나 감정에 더 많은 관심을 갖고 결론을 추리할 수 있어야 한다. 그러므로 상담자가 허용적이고 수용적이며 내담자의 입장에서 공감하게 될 때 신뢰감, 즉 관계형성(rapport)이 이루어진다. 상담은 이러한 래포의 형성으로부터 출발된다. 래포는 수용, 공감적 이해, 일치의 과정을 거치게 되는데 이러한 관계형성이 될 때 상담은 성공할 수 있다.

4. 상담과정 및 영역에 따른 상담이론 분류
1) 상담과정

❶ **분석:** 정보와 자료를 수집한다.

❷ **종합:** 수집된 자료를 체계적으로 정리·배열한다.

❸ **진단:** 문제의 원인을 발견하고 잠정적인 결론을 내린다.

❹ **예진:** 앞으로의 과정을 미리 진단한다.

❺ **상담:** 면대면 과정 속에서 도움을 준다.

❻ **추수지도:** 계속적으로 지켜본다.

2) 상담분류

❶ **인지적 영역–** 지시적 상담

- 합리적 정의론
- 개인구념이론

❷ **정의적 영역–** 비지시적 상담

- 실존주의적 상담
- 정신분석학적 상담

❸ **행동적 영역–** 상호 제지 이론

- 행동 수정 이론

❹ **절충적 영역–** 절충적 상담

3) 인지적 영역

	합리적 정의론 =인지, 정서 치료이론 =지정요법	개인구념이론 (삶의 현상을 지각하고 해석하는 일관된 양식)
대표자	Ellis(1950년대)	Kelly(1970년대) 미, 영
이론적 근거	지시적 상담의 일종	지시적 상담의 일종

부적응의 행동원인	비합리적인 신념체계	잘못된 구념양식
치료방법	합리적인 신념체계	올바른 구념양식 전제조건 −구념적 대안주의 −과학자로서의 인간
상담기법	ABCD(E)기법 activating event belief consequence dispute effect	①역할 실행; 역할을 바꾸어 실행함으로써 구념체계 변화 ②고정역할 실행; 제3의 고정된 역할을 실행함으로써 구념체계 변화 ③고정역할묘사; 자기자신을 제3의 입장(객관적 입장)에서 관찰, 기술, 묘사함으로써 구념체계 변화

4) 지시적 상담과 비지시적 상담

	지시적 상담 = 임상적	비지시적 상담 = 내담자 중심 → 인간중심 상담이론
개념	*교사가 중심이 되어 문제해결에 관련된 객관적 정보를 제공해서 스스로 자기문제를 해결할 수 있도록 지시, 조언, 충고해주는 상담기법	*교사가 Rapport를 형성해서 학생으로 하여금 자기이해, 수용, 통찰을 도와서 스스로 자기문제를 해결할 수 있는 능력을 길러주는 상담기법
대표자	Williamson	Rogers
이론적 근거	*특성이론(문제해결력이 있는 사람은 다수 중 소수 몇 명이므로 교사가 도와주어야 함)	*자아 이론(누구나 문제 해결능력이 있다) 성장, 발달 = 자아이론
상담 영역	인지적 영역(교육, 직업)	정서적 문제 (정서불안, 공포, 소외감, 인생문제…)
특징	비민주적, 전통적	민주적, 현대적
상담절차	상담의 결과 중시 (문제해결, 부적응의 치료)	상담의 과정 (자기이해, 수용, 통찰)

학생의 일탈과 사회학적 이론

1. 청소년 일탈(비행)의 개념과 특징	규범; 일탈; 비행; 반항기; 주변인
2. 청소년 일탈(비행) 이론	심리적 요인; 중립화 이론; 낙인이론
3. 원인분석과 지도 방안	개인적인 원인; 학교에서의 지도방안

1. 청소년 일탈(비행)의 개념과 특징

1) 개념

청소년기에 나타나는 법률적, 관습적 규범의 위배행동이다.

2) 특징

ㄱ 제2의 반항기: 샤롯떼, 뷜러

  cf) 2~7세 자기사고 중심기(제1의 반항기)

ㄴ 주변인(경계인): Lewin

  cf) 최초사용; Park

ㄷ 영향기: Fromm

ㄹ 심리적 이유기: Hollingworth

ㅁ 심리적 유예기(지불 연장의 시기): Erikson

ㅂ 자아 발견기: Spranger(문화성)

ⓢ과도기 : Anderson(무학년제)

2. 청소년 일탈(비행) 이론

1) 심리학적 요인이론
(1) 좌절, 공격이론
(2) 무의식적 충동이론

2) 사회과정 지향이론
(1) **중립화 이론**(표류이론)

　비행은 필요에 따라 자신들의 가치나 태도를 표류(희석)시킬 수 있는 기술을 배웠기 때문이라고 봄

(2) **차별적 연합이론**(differential association theory)

　비행은 사람들 상호 간의 교류 중에 학습되는데, 빈도, 지속기간, 우선성, 강도 등에 따라 다르게 나타난다.

(3) **사회통제이론**(control theory)

　1969년 Hirschi에 의해 주장된 이론으로서 비행을 그가 속한 사회의 속박과 관련시킨 이론이다. 사회 통제력이 약화되면 비행이 증가한다.

(4) **사회봉쇄이론**(containment theory)

　봉쇄체제가 비행의 유혹이나 참여 권유로부터 그 청소년들을 차단시킨다.

3) 사회반응이론
(1) **낙인이론**(labeling theory)

　상징적 상호작용에 기초한 이론으로서 Becker와 Lemert가 대표적이다.

자기 자신을 비행자로 인식하는 것은 남들이 그 사람을 비행자로 낙인 찍은 데에서 영향을 받으며 이로 인해 비행을 저지른다는 것이 이론의 골격이다.

(2) 갈등이론

범죄나 비행의 원인을 정치적인 요인에서 찾으려 한다. 비판이론, 마르크스 이론 등이 있다.

4) 하위문화이론

- 문화적 목표에 대한 기회박탈로부터 비행집단이 형성되고 이를 유발시키는 사회구조적 조건에 초점이 있다. 하위계층 청소년들의 비공리적 행동에 초점을 둔다.

5) 아노미 이론(anomie theory)

- Durkheim에 의해 시작되어 Merton에 의해 주장된 이론이며, 아노미란 분업화된 사회에서 사회구성원 간의 공동된 규칙을 만들지 못하여 협조가 안 되고 사회연대가 약해져 일어나는 무규범상태 또는 규칙의 붕괴사태를 의미한다.

3. 원인분석과 지도방안

1) 개인적인 원인

성격발달상의 문제, 심리적 갈등과 불만해소의 문제, 사회성 발달의 문제 등 자아정체감이 아직 미형성되어 있기 때문에 가치관 교육 강화로 올바른 정체감을 형성해야 함.

2) 가정적인 원인

결손가정과 경제적 빈곤, 인간관계의 비정상 등 가정의 기능이 약화되어 발생하므로 성통제, 애정의 기능, 교육, 사회화, 경제적 보호, 오락, 종교적 측면의 활성화로 개선.

3) 학교의 원인

학업성적과 입시 위주의 교육, 현대 학교 교육은 지적인 면에 치중하고 있기 때문에 정의적인 면 무시, 문제해결능력 x, 적응이 부족하고 자아실현 x, → 학교 정상화 추구로 해결하며 학교에서의 구체적 지도 방안으로는 ①교과지도와 생활지도의 조화(충실한 교과지도, 새로운 정신적 창조), ②가치관 교육의 강화, ③학교 생활지도의 체제 강화 등

4) 사회적 원인

사회의 보편적 가치 부재, 매스컴의 역기능(아노미 현상: 사회적, 도덕적 무질서) → 보편적 가치 제시, 매스컴의 역기능 개선, 순기능 강화 등이다.

전인교육과 평생교육

1. 전인교육(Whole Person)	교육; 비인간화; 조화로운 인간상; 자아실현 도모
2. 평생교육의 개념과 필요성	형식교육; 비형식교육; 국민 삶의 질 향상
3. 평생교육의 실현방안	가정교육; 학교교육; 사회교육; 평생교육; 실현방안

1. 전인교육(Whole Person)

1) 개념
- 산업사회의 인간소외 현상으로 야기된 교육의 비인간화 현상을 없애고 인간성 회복을 위한 개념.
- 지(知), 덕(德), 체(體), 기(技)의 모든 면에서 조화로운 발달을 도모하기 위한 전인격적인 교육을 의미.
- 전인교육의 궁극적 목표는 자아실현을 도모하는 교육.

지(知)　덕(德)　체(體)　기(技)

2) 전인교육의 6대 원리

- 조화로운 인간상 지향.
- 정신활동과 육체활동의 통일을 기하는 교육.
- 고전적 교양을 갖춘 인문교육.
- 주체적 확립을 기하는 실존적 자기지향.
- 사회적 자기소외를 극복하고자 하는 사회구조 비판.
- 역사 참여, 개척 의식을 높이는 의식화 교육.

3) 전인교육의 필요성

❶ 인간의 자아실현을 위한 것.

❷ 학문 중심 교육과정의 보완책으로서 학문 중심 교육과정에서 지나치게 인지적인 면을 강조하여 정의적, 기술적 측면의 교육을 소홀히 하고 인간교육의 문제점을 드러내자 보완책으로 주창됨.

❸ 학교 교육 환경의 미비점을 보완하기 위함.

❹ 과밀학급, 입시 위주의 교육, 거대한 학교, 학교와 학부모 사이의 불신 등의 학교 교육의 문제점을 해소할 필요성이 대두됨.

❺ 청소년의 비행을 예방하기 위함.

❻ 인간성의 상실 현상에 대처하여 현대사회의 비인간화 현상을 극복하기 위한 것.

4) 전인교육의 구현 방안

(1) 가정교육에서의 구현 방안

- 가정교육의 중요성을 인식하도록 학부모의 이해를 구함.
- 가정의 교육적 기능과 애정 기능을 강화하여 가정의 기능을 회복하도록 함.

- 가정의 교육적 분위기를 조성하여 부모가 건전한 가치관을 가지고 바람직한 행동을 하여 아동의 건전한 가치관과 바람직한 인성교육을 하도록 함.

(2) 학교교육에서의 구현 방안

❶ 교육과정면
- 정의적인 측면과 관련 있는 교육활동을 강화
- 즉, 교과 외 활동과 특별활동 강화, 인간 중심 교육과정 강조 등.

❷ 교수-학습 방법면: 일제학습이나 주입식 교육을 배제하고 열린수업을 지향함.

❸ 교육평가면
- 상대적 평가에서 절대적 평가로 전환하도록 함/수행평가를 강화함.

(3) 사회교육에서의 구현 방안

- 매스컴의 상업주의적, 오락주의적 프로그램을 지양하고 매스컴의 교육적 기능을 강화해야 함.
- 사회교육기관의 교육 기능을 강화하고 학습 사회화를 위해 계속적으로 노력함.

2. 평생교육의 개념과 필요성

1) 개념

- 교육은 인간의 평생 동안에 걸쳐서 모든 장소에서 이루어짐.
  - 교육의 형태에 관한 가장 넓은 개념.
  - 최근에 활발히 논의되고 있는 평생교육의 개념.

- 평생교육이란 일생을 통한 교육으로 한 개인의 전 생애에 이루어지는 교육을 수직적 교육(시대)과 수평적 교육(공간)으로 통합.
- 평생 동안에 걸쳐서 이루어지는 교육은 크게 둘로 나눈다.

학교교육	학교 외 교육
형식교육(formal education)	비형식교육(nonformal education)

- 목적: 모든 국민의 삶의 질 향상(QOL 향상)

2) 평생교육의 필요성

❶ 급격한 사회변동에 효과적으로 대처할 수 있고 사회 발전을 촉진시킬 수 있는 사회의 교육역량을 증대시키기 위함.

❷ 개인이 날로 팽창하는 지식을 시시각각으로 습득하고 새로이 출현하는 사회가치를 창조적, 비판적으로 수용하기 위함.

❸ 점점 더 전문화되고 특수화되며 조직화되어 가는 현대 사회체제에서 개인이 기능적으로 적응하기 위함.

❹ 개인이 잠재적 개발 가능성을 한평생 동안 끊임없이 최대로 발전시키기 위함.

❺ 개인이 각 발달단계에서 수행하여야 할 새로운 역할을 습득하여 새롭게 일어나는 개인적 요구를 만족시키기 위함.

❻ 개인이 받은 학교의 형식교육을 충족·보강하거나, 형식교육의 기회를 놓친 사람에게는 자기발전을 위한 기초교육의 기회를 제공하기 위함.

❼ 급격한 사회변동, 학교교육의 한계, 사회교육에 대한 수요 증대 때

문임.

3) 평생교육의 4대 이념

❶ 전체성: 모든 교육의 장에 정통성을 부여함. 산학협력에서 겸임교수 채용 등

❷ 통합성: 수직적·수평적 통합, 전문계 고교의 실습.

❸ 융통성: 어떠한 상황에서도 교육이 가능(시간등록제, 학점은행제, 사이버 대학)

❹ 민주성: 주체성, 누구나 자기가 원하는 종류의 교육을 받을 수 있음.

4) 평생교육의 일반적 특징

(1) 평생교육의 특징

❶ 확장성(Expansion)

• 평생교육에서 확장된 내용: 학습시간, 학습 영역과 내용 및 학습 상황.

• 교육의 확장은 일과 여가에 대해 새로운 태도를 요구함.

❷ 혁신성(Innovation)

• 확장의 원리는 매혹적인 전망과 새로운 양식을 열어주는 혁신의 필요를 제기함.

• 즉, 대안적인 학습의 구조와 유형을 발견하고, 학습자가 선택할 수 있는 학습 기회의 창출을 통해 혁신을 고무하고 가치 있게 여기며 아울러 기회 동기 학습 가능성 등이 실현될 수 있는 학습 풍토를 조성함.

• 학습내용의 유연성과 다양성 추구, 적절한 학습도구와 기법의 활용, 학습시간과 장소의 자유로운 선택 등을 모색함.

• 이러한 혁신은 인간 모두에게 자아실현의 수단을 제공함으로써 인간 정신의 고양과 해방에 기여할 것임.

❸ 통합성(Integration)

- 학습조직들을 충분히 마련하고 이들 간의 연계를 의미 있게 모색하여 확장과 혁신의 과정을 촉진하는 것이 바로 통합의 원리.
- 통합이 없는 확장은 많은 비용을 요구하고 낭비적이게 되며, 통합 없는 혁신은 성공하기 어려움.
- 지식의 통합으로 학제 간 연구의 실현 및 지식의 양적 팽창에 따른 질적 가치를 고양할 수 있음.
- 가정, 지역 사회, 이보다 더 큰 사회, 일과 매스미디어의 세계 등 교육적 잠재력을 통합하여 교육 과정에서 보다 효과적인 새로운 학습 상황을 창출할 수 있음.
- 인간의 신체적·도덕적·미적·지적 발달 등 제반 영역을 통합하고, 학교교육 이전, 학교교육 이후 및 순환교육의 학습 단계를 통합함.

(2) 평생교육의 교육학적 특징

- ❶ 삶의 질의 향상을 목적으로 함.
- ❷ 모든 형태의 학습이나 교육을 포함함.
- ❸ 교양교육과 전문교육의 균형을 추구함.
- ❹ 발달과업의 획득을 중시함.
- ❺ 계획적인 학습과 우발적인 학습을 포함함.
- ❻ 학습자의 자기주도적 학습을 강조함.
- ❼ 계속적으로 이루어지는 학습체제.
- ❽ 교육의 대상, 형태, 내용, 방법, 시간이 다양함.
- ❾ 사회를 학습 환경화하고자 노력함.
- ❿ 평생에 걸친 교육의 기회균등을 확대하기 위해 노력함.

3. 평생교육의 실현 방안

1) 가정교육

- 평생교육의 개념 중에서 가장 중요한 교육의 형태는 아마도 가정교육일 것.
- 가정교육이 이와 같이 중요한 까닭은 어린 시절에는 可塑性(Plasticity)이 높기 때문.
- 성격의 기초가 형성되고 그 이후는 再學習(Relearning)에 불과하다고 볼 수 있음.
- 물론 그 이후에 極頂的 경험(Peak Experience)이 계속되면 어린 시절에 형성된 성격에 변화가 오지만 그 변화도 기본적 성격에는 큰 영향을 미치지 못한다고 한다.
- 가소성
  - 인간의 선천적 경향의 발현이 환경에 따라 크게 달라진다는 것.
  - 인간에게 있어 지적 발달의 근원은 학교 입학 후 경험에 있는 것이 아니라, 학교에 들어가기 이전의 유년기 경험 여하에 따라서 한 개인의 지능과 그 밖의 여러 가지 지적인 능력이 결정될 가능성이 있다는 것.
- 가정교육의 범주
  - 인간의 지적인 능력.
  - 적성, 창의력, 혹은 판단력, 사고력, 그 밖의 대부분의 성격적 특성.
  - (내향성, 외향성, 지배성 등의 특성과 그 외의 사회적인 동기 등)
- 대부분의 인간의 심리적 특성이란 개발될 수 있고, 개발되어야 하며 그것은 취학 전 시기인 유년기에 더욱 적절하게 개발될 수 있다고 함.
- 가정교육에서 중요한 점
  - 어린이의 지·덕·체의 조화가 이루어진 전인적인 발달을 재촉하는 것.
  - 어린이가 각 시기에 있어서 획득해 가야 할 발달과제를 확실히 익힐 수 있도록 부모가 어린이에게 작용하여 이를 도와주는 것이 중요함.

- 가정교육의 기능
  - 궁극적으로 개개 가정의 열의와 자주적인 노력에 달려 있음.
  - 행정적으로도 가정교육에 관한 부모의 학습 기회, 학습내용의 충실이나 정보 제공, 상담 체제의 정비 등을 진척시키는 것이 필요함.

2) 학교교육

- 언제, 어디서나, 누구라도 배울 수 있는 교육 기회를 제공하고자 하는 평생교육의 이념은 종래의 학교라는 개념에 대한 발상의 전환을 요구하고 있음.
- '배우는 일이 즐거운 일'이라는 경험이 평생교육을 받아야 하는 현대인들에게 가장 필요한 경험이 되어야 함.
- 오늘날 학교교육은 무엇보다도 배우는 일의 지속을 위하여 학습활동의 즐거움, 학습의욕의 촉진, 학습태도의 정착, 그리고 학습 습관의 효율화 등을 학습시킴으로써 학교교육을 필한 후에도 계속 교육을 받는 것이 보람 있게 해야 함.
- 초·중등교육에 있어서는 학습의욕을 길러 사물을 스스로 관찰하고 사고하여, 거기에서 즐거움을 발견할 수 있도록 활기 넘치는 인간을 길러내는 것이 중요함.
- 학교에 기대되는 역할
  - 평생교육기관으로서의 역할 수행.
  - 지역사회에 대한 교육자원의 개방.
  - 교육 형태의 탄력화.
  - 학부모 교육.
  - 지역사회와의 연대를 통한 좋은 학교.
  - 좋은 지역사회 만들기 등.

3) 사회교육(성인교육)

- 사회라는 여러 생활환경을 교육적으로 조직하여 학교 밖의 대중(성인)을 대상으로, 대중의 인간적·국민적·경제적 성장을 촉구하는, 자주적, 자발적 참여를 전제로 하는 교육.

연습문제

문제 1 다음 중 생활지도의 기본방향에서 가장 어긋나는 것을 고르시오.

① 모든 학생을 대상으로 한다.

② 처벌보다는 선도를 우선시한다.

③ 정의적 학습에 역점을 둔다.

④ 예방보다는 치료가 더 중요하다.

정 답 ④

해 설   치료보다는 예방이 중시되는 활동이다.

문제 2 다음 진술에 해당하는 청소년 일탈(비행) 이론은 무엇인지 고르시오.

- 상징적 상호작용에 기반한 이론이다.
- 가벼운 문제를 일으킨 청소년을 주위에서 비행청소년으로 보면 정말 비행청소년이 된다.

① 갈등이론   ② 낙인이론

③ 아노미이론   ④ 하위문화이론

정 답 ②

해 설 낙인이론은 상징적 상호작용에 기초를 두고 있다.

문제 3 다음 중 평생교육의 일반적인 이념이 <u>아닌</u> 것을 고르시오.

① 개별성   ② 통합성

③ 융통성   ④ 민주성

정 답 ①

해 설 평생교육의 일반적인 이념에는 모든 교육의 장에 정통성을 부여하는 전체성이 있다.

- 생활지도란 모든 학생을 전인격적인 인간으로 육성하기 위한 행복한 자아실현과 건전한 민주시민을 목표로 처벌보다는 선도를 우선으로 하는 활동이다.
- 생활지도의 원리
  - 모든 학습자를 대상으로 한다.
  - 모든 연령층의 학습자를 대상으로 한다.
  - 전인적 발달에 초점을 둔다.
  - 개인의 존엄성과 개인발달에 초점을 둔다.
  - 치료보다는 예방에 역점을 둔다.
  - 처벌이나 제지보다 성장을 촉진시키는 것이다.
  - 과학적인 근거에 기초를 둔다.
  - 학교교육의 결합된 일부이다.
- 교육상담에는 내담자와 상담자가 필요하고 참된 인간관계로 관계형성(rapport)을 먼저 해야 신뢰가 구축되어 상담이 잘 진행된다.
- 반항기인 청소년기에 일탈(비행) 행동에 대한 사회학적 이론으로는 아노미이론, 낙인이론 등이 있다.
- 전인교육과 평생교육을 위해서는 비인간화를 제거하고 조화로운 인간상을 구현해야 되고 가정교육, 학교교육, 사회교육 등이 조화롭게 체계적으로 작동되어야 한다.

명언 한마디

교육은 학교를 졸업함으로써 끝나는 것이 아니고, 일생 동안 계속해야 하는 것이다.   - 존 라보크 -

다음 학습 예고

다음 Chapter에는 "**08. 교육사회학**"에 대해 학습하겠습니다. 수고하셨습니다.

교육사회학

제8장

학습 목표	1. 교육의 사회적 기능을 세 가지 이상 열거할 수 있다. 2. 구조기능주의와 갈등주의 사회관에 대해 정확히 설명할 수 있다. 3. 사회화의 정의를 설명할 수 있다. 4. 사회구조와 사회조직에 대해 이해할 수 있다. 5. 사회체제 속의 학교의 기능과 역할에 대해 설명할 수 있다.
학습 목차	1. 교육사회학의 기초 2. 교육사회학의 접근이론 3. 사회화 4. 사회적 상호작용과 사회구조 5. 사회집단과 사회조직 6. 사회계층변화와 교육 7. 지역사회체제와 학교

복습점검 다음 설명이 맞으면 O, 틀리면 X를 하세요.

문제 1 몽테뉴가 전인교육이라는 개념을 처음 사용하며 주장하였다.

정 답 O

해 설 Montaigne(몽테뉴)가『수상록(Essais)』에서 전인교육의 개념을 처음 사용함.

문제 2 평생교육의 4대 이념 중에는 "민주성"도 포함된다.

정 답 O

해 설 민주성도 당연히 포함되는데 주체성, 누구나 자기가 원하는 종류의 교육을 받을 수 있다.

문제 3 평생교육과 유사한 개념교육 중에서 직업 진로와 관련하여 교육 주기를 설계하는 특징이 있는 것은 성인교육이다.

정 답 X

해 설 회귀교육, 순환교육, 재교육에 대한 설명이다.

교육사회학의 기초

1. 교육사회학의 개념	교육; 사회; 사회학; 교육사회학; 연구문제; 학문; 과학
2. 기능주의 패러다임	선발기능; 배치기능; 인간자본론; 파슨스
3. 갈등주의 패러다임	1960년대; 사회적 불평등; 재생산; 인간성; 회복

1. 교육사회학의 개념

1) 정의

- 교육과 사회를 관련지어 연구하는 학문의 영역, 교육의 과정에서 발생하는 문제를 사회학적 지식이나 방법 등으로 연구하는 학문.
- 교육적 사회학(연구문제를 교육학에서)과 교육의 사회학(연구문제를 사회학에서)의 구분을 할 필요가 있음.

2) 개념비교

❶ **교육학**: 본질적으로 바람직한 인간형성을 목적으로 하는 학문.
❷ **사회학**: 사회 안에 있는 집단의 구조와 기능을 이해하고 분석하는 데 관심.
❸ **교육사회학**: 교육현상의 사회적인 측면을 과학적인 방법으로 연구하는 학문.

2. 기능주의 패러다임

1) 기능주의 사회관

- 사회의 구조란 사회를 구성하고 있는 많은 부분들이 모여 이루어진 것이며, 사회 구조에 속한 부분들은 각각 제 기능을 함.
- 사회는 여러 요소들로 구성되어 있으며, 각 하위 구성요소들은 상호 의존적 체제로 통합되어 있다.
- 서로 조화롭게 균형을 이루어 안정을 추구함.
- 따라서 하위 구성요소들의 관계는 조화, 협동, 합의의 관계로 맺어진 형태임.
- 사회는 하나의 유기체로 구성되어 있어서 구성요소들이 제각기 기능을 다할 때 사회는 안정과 질서를 유지한다고 보고, 기능을 수행하게 하기 위한 것이 교육이며, 그것이 교육의 역할이다.
- 각 부분들은 서로 통합되어 있어서 부분의 변화는 다른 부분들 및 전체에 영향을 미침.
- 사회의 급진적인 변화보다는 사회의 유지·안정을 해치지 않는 범위 내에서의 점진적인 변화를 강조함.
- 사회의 질서와 통합을 강조하기 때문에 갈등보다는 구성원의 합의를 중시함.

2) 기능주의 교육관

- 교육을 사회구조 내지 사회체제의 한 구조로 봄.
- 사회는 하나의 유기체로 구성되어 있어서 구성 요소들이 제각기 기능을 다할 때 사회는 안정과 질서를 유지한다고 보고, 기능을 수행하게 하기 위한 것이 교육이자 교육의 역할임.

- 교육의 기능은 사회화를 통하여 그 사회의 승인된 규범과 가치를 전달하고 체제를 유지, 존속, 통합시키는 것.
- 교육을 통해 기능인 또는 전문인 양성을 하여서 누구에게나 교육의 기회가 균등함.
- 학교교육을 긍정적으로 보았고 사회화 기능, 선발기능으로 파악함.
- 교육은 현대 사회가 필요로 하는 인력을 선발하여 교육·훈련시켜 분배하는 기능을 수행함.

3) 교육의 역할

- 뒤르켐(Durkheim)
  - 보편사회화의 역할을 하는데 모든 구성원이 동일하게 배워야 하는 그 사회의 가치나 규범이 집합표상이고, 사회화시키는 것.
- 특수사회화
  - 개인의 적성이나 흥미에 따라 이루어지는 사회화의 방식으로 개인이 속하게 되는 특수한 직업집단이 요구하는 지적, 도덕적 함양을 말함.

4) 교육에 대한 관점

- 교육은 전체 사회의 존속 속에 나름대로의 기능을 수행함.
- 사회화 기능: 사회화란 한 사회의 집합의식을 내면화해 가는 과정을 의미함.
- 선발기능, 배치기능
  - 학교교육이 수행하는 기능 중 가장 현실적이고 구체적인 기능.
  - 개인의 능력과 적성에 따라 선발, 적재적소에 배치.
❶ 사회화란 생물학적 인간을 유기체적 인간으로서 사회의 구성원으로 만드는 모든 과정. 한 사회의 집단의식을 내면화해 가는 과정.
❷ 보편적 사회화(집단표상의 내면화): 전체 사회의 가치, 태도, 지식을 내

면화시킨다.

❸ 특수적 사회화: 소수집단의 가치, 태도, 지식을 내면화.

❹ 사회의 선발과 배치기능: 개인의 능력과 적성에 따라 선발, 적재적소 배치.

보편적 사회화	특수적 사회화
• 집합표상: 모든 구성원이 동일하게 배워야 하는 지적, 도덕적 내용 • 가치, 태도, 일반적 지식의 내면화 • 한 사회의 독특성을 유지하는 데 필수적인 것 • 보통교육	• 특수한 집단이 배워야 하는 지적, 도덕적 내용 • 가치, 태도, 전문적 지식의 내면화 • 개인의 적성이나 흥미에 따라 이루어지는 사회화 • 직업교육, 전문교육

5) 집합표상

• 보편사회화의 내용으로서 사회를 구성하고 있는 모든 구성원들이 동일하게 배워야 하는 그 사회의 가치나 규범을 의미함.

• 사회화에 대해서 뒤르켐은 보편사회화와 특수사회화로 구분하였고 그 외 학자들은 사회적 선발 기능을 강조함.

6) 인간자본론(발전교육론의 유형)

❶ 슐츠에 의해 체계화된 이론으로 교육을 통해 사회적 경제발전에 필요한 인적 자본을 생산할 수 있다는 입장(교육의 수단적 가치).

❷ 학력에 따른 수입의 차이는 교육에 의한 지식과 기술의 차이이며, 교육을 통한 소득향상이 가능하고 교육은 곧 투자임.

❸ 교육과 사회계층 이동의 관계를 지위획득이론, 소득의 결정이론, 선

별이론으로 설명함.

7) 파슨스(T. Parsons)의 사회적 선발(인력의 사회적 선발 및 배치) 이론

- 산업사회가 필요로 하는 다양한 역할을 담당할 사람들을 선발하여 훈련시킨 다음 사회의 적재적소에 분배하는 인력분배(Manpower Allocation)의 기능임.
- 사회적 선발과 분배는 능력 본위로 이루어져야 함.
- 교육 기회의 접근이 공정하면 성취수준의 차이에 따라 보상이 주어지므로 교육선발은 공정함.

3. 갈등주의 패러다임

1) 갈등주의 개념

- 1960년대의 시대적·사회적 상황이 반영된 교육사회학 이론.
- 기능이론의 기본 전제인 사회의 안정성·통합성·합의성·상호 의존성을 부인함.
- 사회는 시시각각으로 부단히 변화하고 각 부분요소들은 서로 갈등의 관계로 존재함.
- 사회는 일부 구성원들에 의해 다른 구성원들을 강압함으로써 유지됨.
- 모든 부분 요소들은 사회의 와해와 변동에 기여한다는 입장.

2) 갈등주의 패러다임의 기본 전제

불안정성·변동성	사회는 시시각으로 변화하기 때문에 변동이 언제 어디서나 발생함
갈등성·불화성	사회의 구성요소들은 항상 갈등과 불화의 관계로 존재함
불합의성·강압성	사회는 일부 구성원들에 의하여 다른 구성원들을 강압하는 데 바탕을 두고 있음 갈등과 변동의 과정에서 소수의 지배집단이 다수의 피지배 집단을 강압적으로 억압함으로써 일시적 사회 안정을 유지함
상호 알력성	사회의 모든 구성요소들은 사회의 해체와 변동에 기여함

3) 갈등주의 이론이 보는 학교교육

❶ 학교교육은 사회적 불평등을 재생산하는 수단에 불과하며 지배집단의 문화를 정당화하여 주입시키고 기존의 불평등한 사회계층 구조를 재생산함.

❷ 학교교육은 불평등한 사회계층 구조를 재생산하는 과정 속에서 학력 경쟁을 과열시켜 고학력화를 부채질하고 인간성을 메마르게 함.

❸ 학교의 교육내용은 정치적인 과성을 통해 결정되고, 특정 계층(지배계층)의 지식과 문화를 중심으로 선정됨.

❹ 자본주의 사회의 필요에 대응하여 그 생산양식에 적합한 지식·태도·가치관·기술 등을 가르치는 내용이 강조됨.

❺ 갈등이론은 학교교육이 사회적인 불평등을 더욱 조장한다고 보기 때문에 학교교육의 목표는 궁극적으로 인간성 회복에 두어야 한다고 주장함.

❻ 침묵의 문화

- 프레이리에 의해 연구된 이론.
- 프레이리의 교육사상은 역사 속에 매몰된 민중의 비인간화 현상에 대한 철저한 분석에서 시작됨.

> 피억압자들이 억압자들에 의해 주어진 현실에 지배당하여 스스로의 선택 능력을 잃어버리고 대신 억압자의 문화와 행동양식, 가치관을 내면화하여 억압자들처럼 생활하는 상태

- 사회를 개인 간 및 집단 간의 끊임없는 경쟁과 갈등의 연속으로 보는 입장.

4) 기능론과 갈등론

	기능론(1950년대)	갈등론(1960-70년대)
이론	Comte, Spencer의 사회유기체설	M. Weber, K. Mark
구성요소	합의, 기능적 조정, 상호의존	일부 집단에 의해 강제, 억압과 수탈, 대립 구도 자기집단만의 이익을 위해 투쟁.
사회	• 안정, 질서유지, 조화와 균형 • 상호의존 통합기능 • 점진적 사회변화 추구 • 공통체 의식 강조 • 사회의 가치, 규범 등은 보편적이고 객관적	• 변화, 대립과 갈등, 끊임없는 분열. • 불일치 갈등 • 급진적 사회변화 추구 • 대립적 관계(의식화) • 지배집단의 이익을 위해 강제당함

사회문제	• 일부 구성요소의 기능상 장애나 부적응 상태, 일시적이고 부분적 현상. • 적응력과 신장 기능회복 강조	• 사회구조 자체의 모순 (불평등 구조), 상존하는 현상으로 사회발전의 원인 • 평등분배를 위한 재구조화 강조
해결	• 기능 회복(적응상태로의 복귀) 또는 제거	• 불평등구조를 타파
차등분배	• 사회적 기여도, 능력 • 노력한 사람은 더 받는 것이 당연하다.	• 차등분배는 조작되었다.
계층	• 상류층, 중류층 등의 계층은 사회발전의 원동력이다.	• 계급은 타도되어야 한다.
학교	• 사회화와 사회적 선발기능	• 기득권의 재생산
	• 사회의 안전과 질서에 기여하는 제도	• 지배계급을 위해 종사하는 도구
	• 기술, 지식 등과 같은 공동체 의식 전수	• 사회질서 재생산, 사회 불평등 영속화
	• 사회모순 해결, 사회평등화	• 지배계급의 문화와 이익, 불평등 구조
	• 자유적인 이데올로기에 근거	• 불평등 위계구조에 순응
	• 개인의 능력과 노력에 따라 공정한 평가	• 타율적이고 수동적인 존재로 전락
	• 공정한 사회이동 및 사회문제 해결	• 지배계층이 선호하는 가치관, 규범, 태도

제2절	사회화와 사회구조
1. 인간의 사회적 성장	사회화; 사회적 행동; 사회화기관; 행동양식; 인간; 문화; 중요한 타자
2. 사회적 상호 작용과 사회 구조	기능; 사회집단; 사회적 상호작용; 경쟁적 작용
3. 사회집단과 사회조직	교육; 사회적 기능; 사회체제; 지역사회; 학교; 공동사회; 이익사회
4. 사회변화	사회계층과 교육; 사회와 문화

1. 인간의 사회적 성장

1) 사회화의 개념

❶ **사회적 행동**: 사회적으로 특정한 의미가 담긴 말이나 행동의 상호작용은 사회적 행동을 교환하는 것이다.

❷ **사회화**: 그 사회의 문화를 배우고, 그 사회의 가치와 신념을 내면화하는 과정, 그 사회 문화를 학습하는 과정.

- 개인이 한 사회의 구성원으로서 살아가면서 그 사회의 문화, 즉 그 사회의 가치관, 태도, 생활양식 등을 습득해 나가는 과정을 사회화라고 한다.

- 다른 사람과 상호작용을 통해 자신에 대한 정체감을 습득하고, 자기 자리에 맞는 최선의 안전에 대한 생활양식을 형성하여 안전사회인으

로 문화를 습득하는 과정.

- 나아가 홍익인간의 이념을 본받아 세상을 이롭게 하기 위한 가치, 규범, 상징, 태도, 안전윤리 등 인지적, 정의적 경험을 지속적으로 쌓아가는 과정이다.

2) 사회화의 성격

- 사회화란 넓은 뜻의 교육으로서 어린 세대에게 성인사회의 문화를 전달해 주는 과정이다.
- 사회화란 인간이 태어나서 살아가는 사회나 집단의 삶의 방식을 배우는 과정이다.
- 넓은 의미의 교육은 사회화이며 사회화과정이다.
- 사회의 측면에서 사회화는 집단적 신념체제를 그 사회의 성원들에게 내면화시켜서 사회를 결속시켜 유지해 나가는 기능을 한다.
- 개인의 측면에서는 자신이 소속된 집단이나 사회의 가치, 관습, 행동양식, 문화양식, 규범 등을 습득하고 내면화하면서 구성원이 되어가는 과정이다.

3) 사회화의 내용과 기능

❶ 기본적인 지식을 학습한다. 언어, 욕구충족방식, 과학직 사고 등.

❷ 집단과 조직 생활에 필요한 능력과 태도를 학습한다. 역할, 규범준수, 책임의식, 의사결정 능력.

❸ 문화적 가치와 신념을 학습한다. 상징, 규범과 가치, 신념체계.

❹ 개인적인 원망(願望-원하고 바람) 과 자아(自我)정체(正體)감.

- 원망: 사회를 통하여 이루고자 하는 자기의 바람(희망)을 가진다.
- 자아정체감: 사회 소속감을 가지고 그 속에서 자기를 안다.

4) 사회화 기관: 가정, 동료집단, 학교, 매스미디어 등

1차적 사회화 기관	2차적 사회화 기관

• 가족, 또래집단, 지역사회
: 유아기와 유년기를 통하여 가장
  기본적인 사회적 행동 학습
	• 동료 집단, 학교, 학원, 직장,
	  대중매체(大衆媒體)(매스컴)
	: 오늘날 중요성이 강조되고 있음

- 재(再)사회화: 성인들이 여러 사회화 기관을 통하여 새로운 내용을 학습하는 것.
- 평생교육: 사회화는 평생을 통하여 이루어진다.

5) 사회학습의 유형

(1) 모방학습

- 인간의 학습을 가능하게 하는 가장 본능적인 행동이며, 부모나 형제자매의 행동을 모방하면서 학습한다.
- 인간의 학습을 가능하게 하는 가장 기본적이며 본능적인 행동으로 단순히 주변사람의 행동을 따라 하는 것을 의미한다.

(2) 모형학습

- 모방학습보다 좀 더 넓은 의미로서 모방할 타인을 선택하여 동일화와 같은 뜻으로 그 대상을 모형으로 삼아서 학습을 하는 형태이다.
- 모형학습이란 한 개인이 모방할 특정인을 선택하여 그의 행동이나 사상을 따라 하는 것을 말한다. 주로 자신에게 보상을 많이 주는 인물, 즉 지위나 권력이 높은 사람, 자신과 유사한 사람, 특히 의사소통이 잘되는 사람 등을 모방하는 경향이 있다.

(3) 역할학습

- 자기의 사회적 지위에 부여된 권리와 의무를 학습하는 것을 역할 학습이라고 한다. 개인의 사회적 지위에 알맞은 행동을 역할이라고 하며, 사회적으로 부여된 권리와 의무를 학습하는 것을 역할학습이라고 한다.
- 역할학습은 역할기대와 관련이 있다. 역할기대란 역할에 대한 기대를 의미한다.
- 자신이 자신의 역할과 역할기대가 일치할 때는 역할학습이 원활하게 이루어지며 이것이 불일치하면 역할갈등에 직면하여 역할학습은 상대적으로 일치할 때보다 저조하게 나타나다.
  ❶ 역할이란: 사회적 지위에 알맞은 행동이다.
  ❷ 지위: 사회적 위치
  ❸ 역할기대: 역할에 대한 기대
  ❹ 역할상충: 역할 간 갈등(레빈의 요인)

6) 보상과 벌에 의한 사회통제

- 보상과 질책을 통하여 사회화가 이루어진다.
- 사회통제: 사회적 세력에 의해 사회집단의 성원에게 가해지는 외부적인 작용을 말한다.
- 자아형성: 자기 내부적으로 행동규범을 바꾸어 발달시키는 과정을 말하다.

(1) 일탈(逸脫)행동(行動)

- 개념: 정상적으로 인정되는 규범의 허용 한계를 벗어난 행동이다. 범죄와 자살, 알콜중독 등 비행(非行−범죄보다 약한 것)이다.

(2) 일탈 행동의 형성

❶ 아노미 이론

• **아노미**(anomie): 사회적 목표는 분명하나 그것을 성취할 만한 적절한 수단이 어긋나서 규범 부재, 규범 혼란의 상태를 보이는 것.

❷ **상호작용론**: 일탈행위를 하는 사람과 교제함으로 배우게 된다는 주장.

❸ **낙인이론**: 사회 구성원들이 일정한 행위를 일탈행동으로 규정하여 그런 행동을 하는 사람들을 일탈행위자로 낙인찍는다고 주장: 긍정적 이탈 → 천재, 성인의 행동.

7) 중요한 타자(significant others)

(1) 의의

사회화하는 과정에 결정적으로 중요한 영향을 미치는 존재를 의미하는 것으로 미드(G. H. Mead)가 최초로 주장하였다.

(2) 영향

❶ 태도와 행동을 위한 모델의 역할을 한다.

❷ 직접 교수를 통하여 실제행동을 가르친다.

❸ 아동의 인격형성에 중요한 역할을 한다.

❹ 아동의 정서적 애착의 대상이 된다.

(3) 중요한 타자

• 아동의 욕구를 충족시켜 줄 수 있는 사람으로 모방의 대상이 되는 인물이다.

• 내 자신이 동일시 대상으로 삼는 인물이다.

- 아동은 그의 행동을 모방한다.
- 아동의 인격구조의 발달에 큰 영향을 미친다.
- 아동이 세상을 보는 창의 구실을 한다.

(4) 일반화된 타자

- 특정 개인에게 인식되는 것으로서, 그 사회의 지배적(보편적)인 가치와 문화에 따라 행동할 것으로 생각하는 일반적인 사람의 모습이다.
- 모든 행동의 보편적 기준으로서의 의미를 갖는다.
- 구체적인 상황에서 특정인의 행동은 일반화된 타자를 모형으로 하여 일어난다.
- 일반화된 타자는 '대상으로서의 나'에 반영되는 것이다.
- '주체로서의 나'는 이론적으로 사회적 지향 없이 단지 충동에 의해서만 행동하는 자아이고, '대상으로서의 나'는 사회에 적응하고 사회의 요구를 대표하는 자아이다.

2. 사회적 상호 작용과 사회 구조

1) 상호작용의 유형

(1) 협동적 상호작용

❶ 상호 작용에 참여한 사람들이 업무를 분담하거나 공동의 목표를 위해서 돕는 상태.

❷ 개별적으로 노력하는 것보다 힘을 합쳐 달성함으로써 목표를 더 쉽게 달성할 수 있다고 판단할 때 일어남.

❸ 협동의 결과로 달성된 목표나 혜택이 고루 분배된다는 조건이 보장

될 때 잘 이루어짐.

(2) 경쟁적 상호 작용
❶ 동일한 목표를 달성하는 과정에서 당사자들 모두가 상대방보다 먼저 달성하고자 하는 상태.
❷ 공정한 규칙에 따라 정당하게 목표를 달성함.

(3) 갈등적 상호 작용
❶ 당사자들의 목표나 이해관계가 상충되어 서로를 적대시하거나 상대방을 파괴하려는 상태.
❷ 당사자들의 조정과 타협을 통하여 해소되기도 하고 강제를 통하여 일시적으로 잠재화되기도 함.

* 갈등의 긍정적 기능
• 집단 내부의 결속을 강화시킬 수 있다.
• 발전과 변화를 위한 창의적 기회가 될 수도 있다.
• 조정과 타협이 제대로 이루어지면, 더 확고하게 협동을 가져 올 수 있고, 문제 해결력을 키울 수도 있다.

3. 사회집단과 사회조직

1) 사회 집단의 의미와 분류
가) 사회 집단
두 사람 이상이 어느 정도의 소속감과 공동체 의식을 가지고 지속적인 상호 작용을 하는 사람들의 집합체.

나) 내집단과 외집단

미국의 심리학자 섬너(Sumnar, W.G.)가 분류(구성원의 소속감)

- 내집단: 자기가 소속한다는 느낌을 가진 소속집단
- 외집단: 타인집단-이질감, 적대감도 느낀다.

※ 준거집단

사람들이 어떤 판단이나 행동 기준으로 삼는 집단, 내집단일 수도 있고
외집단일 수도 있다. 여러 개일 수도 있다.

다) 공동사회와 이익사회

독일의 사회학자 퇴니스(Toennies)의 분류(결합의지)

- 공동사회(Gemeinschft): 가족이나 촌락과 같이 구성원의 무의도적이
  고 본능적인 의지에 의하여 자연발생적으로 발생된 집단, 가족, 친
  족, 촌락, 민족 등
- 이익 사회(Gesellschft): 구성원의 의도와 목적에 의하여 선택적으로
  형성된 집단, 회사, 학교, 국가

라) 1차집단과 2차집단

쿨리(Cooley.C.H)의 분류(접촉방식)

특성과 집단	1차집단	2차집단
전형적 집단	가족, 유희집단, 또래집단	학교, 회사, 노동조합, 군대, 도시, 국가

사회적 특성	인격적(인간적), 비형식적, 자연적, 일반적 목표, 쉽게 바꾸기 어렵다.	비인격적, 형식적 구조, 공리적, 특정 목표, 쉽게 바꿀 수 있다.
외형적 조건	영구적, 소규모, 신체적 접근	유동적, 대규모, 신체적(사회적) 거리

2) 개인과 집단의 관계

• 지위와 역할

❶ **지위:** 한 개인이 집단 내에서 차지하고 있는 위치

– 귀속지위: 선천적, 자연적으로 차지하는 지위(여자, 장남, 1980년생 등).

– 성취지위: 개인의 재능, 노력에 따라 획득한 지위(남편, 과장, 은행원 등).

❷ **역할:** 지위에 따라 기대되는 행동 방식

– 역할 행동: 특정한 개인이 역할을 수행하는 실제적, 구체적 행동

– 역할 갈등: 여러 가지 지위를 가진 개인이 지위에 따른 역할 내용이 상충되거나 모순될 때의 역할모순(직장인과 어머니로서의 지위에 따른 갈등)과 하나의 지위에 대해 상반되는 복수의 역할이 동시에 요구될 때의 역할긴장(인자하면서 엄격한 교사상)

3) 사회계층의 변화

(1) 사회 계층화 현상과 그 양상

가) 사회 계층화 현상: 사회적 희소가치가 불평등하게 분배되고, 그에 따라 개인과 집단이 서열화되어 있는 현상

나) 사회 계층화의 양상

– 근대 이전: 서열화 된 위치가 엄격하고 사회적인 차별이 심하고 세습화됨.

– 근대 이후: 사회적 가치가 다원화되고 차별이 사라지고 세습화가 없어짐.

(2) 계급과 계층

구분	계급	계층
의미	경제적 요인(생산수단의 소유여부)에 따라 나누어진 대립 집단 ⇒ 자본가(부르주아)계급과 노동자(프롤레타리아)계급	다양한 요인(계급, 지위, 권력 등)에 의해 서열화된 위치의 집단 ⇒ 상류층, 중류층, 하류층
이론	마르크스의 일원론	베버의 다원론
특징	계급 간의 갈등과 대립이 불가피함을 전제, 계급의식 강조 이론적 배경: 갈등론	사회적 희소가치의 불평등한 분배상태를 범주화하여 이해 이론적 배경:기능론

4. 사회변화

1) 개념
- 사회문화변화의 개념과 같다.

2) 유형
❶ **공존적 변화**: 상대 사회를 서로 인정하면서 의존적 관계에 있는 상태를 말한다.
❷ **흡수적 변화**: 한 사회가 자기의 문화의 특성을 보존하면서 다른 문화의 부분으로 되어 있는 상태
❸ **소멸적 변화**: 한 사회의 문화가 다른 사회의 문화 속에 흡수되어 소멸된 상태(민족주의 문화)

3) 사회이동과 계층 구조의 변화

❶ 사회이동의 가능성과 조건에 따른 구분

구분	폐쇄적 계층구조	개방적 계층구조
사회이동의 주요 요인	신분이나 혈통	능력이나 노력
지위이동의 주요 형태	수평 이동만 허용	수직 이동 가능
중시되는 지위	귀속 지위	성취 지위
사례	노예제, 신분제, 카스트 제도	근대 이후 산업사회의 계층구조

❷ 계층 구성원의 비율에 따른 구분

▷ 피라미드형 계층구조: 하류계층의 비율이 상류계층의 그것에 비해 훨씬 높은 경우 ⇒ 신분제 사회나 후진국에서 주로 나타남.

▷ 다이아몬드형 계층구조: 중류계층의 비율이 상류나 하류계층의 그 것에 비해 월등히 높은 경우 ⇒ 현대 복지국가에서 주로 나타남.

4) 사회계층과 교육: 희소자원의 분배의 관점으로 구분

기능론의 관점	갈등론의 관점
• 계층제도는 보편적이고 필수불가결하다. • 사회제도가 계층제도를 형성한다. • 사회계층제도는 사회의 필요에서 생긴다. • 사회계층제도는 사회 성원이 공존하는 가치의 반영.	• 보편적일지 모르나 필수 불가결하지는 않는다. • 계층제도가 사회체계를 형성한다. • 사회계층제도는 타 집단의 정복과 경쟁, 갈등에서 생겨났으며 사회계층제도는 사회의 지배계급의 가치의 반영.

5) 사회적 불평등 구조와 해결 방안

❶ 개방적 계층구조의 실현

▷수직적 사회이동의 가능성 확대, 성취지위 중시

▷개인적 노력과 능력에 의한 사회이동의 기회확대

❷ 다이아몬드형 계층구조 실현: 사회적 희소가치의 분배가 상류층에 집중되지 않도록 하고, 하류층의 복지수준을 높여 계층 간 소득격차를 최소화함

❸ 제도 개선: 누진세와 사회보장 확대로 소득재분배 기능강화 등

❹ 의식 개혁: 출세와 경쟁적 대립의 가치관을 지양하고, 봉사와 협동적 공존의 가치관을 가져야 함 → 부자는 사회환원, 중산층은 봉사와 자선

1. 교육의 기회 균등	허용의 평등; 콜맨 보고서
2. 가족사회	인생의 출발점; 평생교육
3. 학교의 사회적 기능과 사회체제로서의 학교	문화유산의 전달; Parsons
4. 교육과 문화	정신문화와 보편문화; 문화지체
5. 신교육 사회심리학	피그말리온효과; 언어사회학

1. 교육의 기회 균등

1) 개념 및 종류

(1) 허용의 평등: 접근 기회의 평등

❶ 콜맨의 2단계, 후센의 보수주의 관점 – 하류층의 초등교육을
의무화

❷ 교육의 기회균등과 능력주의 교육제도 – 헌법 제 31조

❸ 선발적 교육관

(2) 보장의 평등 – 교육상 장애 제거

❶ 콜맨의 3단계, 후센의 자유주의적 관점 – 모든 사람에게 교육의 기
회를 허용

❷ 1994 교육법- 장학금, 급식, 무상의무교육

(3) 과정의 평등

❶ 조건이나 여건의 평등

❷ 시설, 학생구성, 교사구성 등의 평등

❸ 고교평준화

❹ 1966 콜맨 보고서- 조건보다는 가정의 환경이 중요

2. 가족사회

1) 의의

- 가정은 인생의 출발점으로서 아동의 가치관, 태도, 습관 등을 형성해 주는 환경으로서의 교육적 의의가 있다.
- 오늘날의 가정은 전인교육과 평생교육의 측면에서 더욱 강조되고 있다.

2) 가정의 교육적 의의

❶ 최초의 교육의 장이다.

❷ 사회생활의 최소단위이다.

❸ 행동의 기초확립기관으로 기본행동과 습관이 형성된다.

❹ 사랑의 근원으로 인간관계의 기본정신을 배운다.

❺ 교육적 환경으로 사회화가 촉진된다.

3) 가정의 기능

애정의 기능, 보호의 기능, 종교적 기능, 사회화의 기능, 오락적 기능

4) 오늘날의 가정

단순히 소비, 숙소, 단순화 등

3. 학교의 사회적 기능과 사회체제로서의 학교

1) 교육의 기능

문화유산의 전달 및 창조의 기능, 사회화의 기능, 사회통제 및 사회통합의 기능, 사회적 선택과 배분의 기능, 사회변화 및 사회개혁의 기능, 국가사회의 복지 및 발전기능, 잠재적 기능

2) 교육의 사회적 기능

가) 문화유산의 전달 기능

과거의 문화유산을 후세에 전달하거나 전통적 사고방식을 사회화시키는 보수적 기능을 갖는다.

나) 사회통제의 기능

❶ 거시적 수준에서의 사회통제란 사회자체의 혼란을 막고 사회질서를 확립하여 개인을 사회화시키는 것

❷ 미시적 수준에서의 사회통제란 구성원이 그 역할에서 일탈하거나 또는 가능성이 있을 때에 그 일탈을 교정 또는 예방하는 과정이다.

❸ 파슨스의 교정적인 통제과정

• 일탈자의 일탈적 동기를 전면적으로 허용함으로써 공격적, 방어적

경향을 완화시킨다.

- 이탈자의 통제자에 대한 의존적 요구를 지지함으로써 일탈자의 타
  인에 대한 신뢰와 애착을 회복한다.
- 허용의 한계를 정한다.
- 일탈적 동기에 대하여 이것을 금지하는 조건적 보수를 부여한다.

다) 교육의 보수적 기능

① 사회통합의 기능

② 문화전달 및 창조의 기능

라) 교육의 진보적 기능

① 사회개혁 및 변동의 기능

② 사회적 이동의 기능

마) 인력의 선발과 분배의 기능

3) Parsons의 사회체제의 기능(AGIL)

① 적응기능(Adaptation)

② 목표달성기능(Goal Attainment)

③ 통합(Integration)

④ 체제유지기능(Latent Patten maintenance)

4) 지역사회 학교

(1) 개념

- 학교를 사회화하는 방식으로써 지역사회를 교육의 장으로 하면서 학
  교가 지역사회의 발전에 봉사하는 교육 형태를 말한다.

(2) 지역사회 학교의 특징(Olsen)

① 지역사회의 생활을 향상시킨다.

② 지역사회를 학습의 장으로 사용한다.

③ 학교시설을 지역사회센터로 사용한다.

④ 생활의 기본적 과정과 사회문제를 중심으로 교육과정을 구성한다.

⑤ 학교정책과 교육계획 수립에 주민을 참여시킨다.

⑥ 여러 지역사회기관의 조정자로서의 역할을 한다.

⑦ 모든 인간관계에 있어서 민주주의를 행사하며, 또한 이를 증진시킨다.

5) 학교의 기능

(1) 사회적응적 기능

- 학교교육은 개인으로 하여금 변화하는 사회에 창조적으로 적응할 수 있는 능력을 길러 준다.
- 중등교육, 기술교육.
- 진보주의 철학에서 강조.

(2) 사회창조적 기능

- 계획적인 문화변화를 가져오게 하는 것이어야 한다.
- 고등교육기관, 발전적 문화기술 창조.
- 문화재건주의 입장에서 강조.

(3) 사회통합적 기능

- 학교는 전 사회체계를 통합하는 기능을 가진다.

(4) 유형유지기능(보수전통주의 입장)

- 학교는 젊은 세대에게 과거의 문화유산을 전달하여 그 사회의 유형

을 유지하게 한다.

- 가정이나 초등학교.
- 본질주의와 항존주의에서 강조한다.

※ 학교의 사회적 풍토

학교문화와 학교의 사회적 분위기의 두 개념을 포함한 것으로서 학교 성원들 상호 간의 인간관계에 의하여 조성되는 의식적, 무의식적인 심리적 유대현상을 뜻한다. (브로코버의 학교풍토)

콜맨 보고서 (1966)	• 학생의 가정배경은 학생의 학업 성취에 영향을 미치는 가장 중요한 요인 • 콜맨의 연구는 학교가 학생들의 학업성취에 별로 공헌을 못 하고 있으며, 사회적 평등을 위한 기능을 제대로 수행하지 못 하고 있다고 주장하였음

4. 교육과 문화

1) 의의

- 일정한 사회집단이 공동으로 가지고 있는 사고, 감정, 행동양식 등을 포함하여 모든 생활양식을 의미.
- 문화란 일정한 사회집단이 공동으로 가지고 있는 행동양식을 의미함.
- 정신문화: 논리, 도덕, 교육, 예술 등의 무형문화.
- 보편문화: 모든 사회구성원들의 공통적인 의미를 갖는 문화.

2) 특성

- 학습되고 획득되는 결과이다.
- 사회적 유산, 항상 변화, 공유, 상대적, 축적의 결과, 전체적으로 파악.

3) 문화의 유형

- 물질문화와 정신문화.
- 보편(일반적)과 특수(지역이나 계층).
- 선택(특정직업과 관련된 개인문화).

4) 문화 변화의 유형

① 문화전계: 하나의 문화가 기성세대에서 다음세대로 전달되고 계승되는 것을 말한다.
② 문화접변: 두 가지 문화가 오랜 기간 동안 서로 접촉하면서 한쪽 또는 양쪽의 문화가 변화하는 것

5) 문화기대

❶ 문화가 갖는 구속으로 개인에게 인간성을 판 찍는 압력을 의미한다.
❷ 평균인: 문화기대에 어울리는 인간, 즉, 정상인.
❸ 주변인: 신구문화의 경계선상을 헤매는 인간으로서 주로 문화변화의 과정인 혼란기에 발생한다.

6) 문화지체

❶ 문화발전에 있어서 어떤 부분에 비하여 뒤떨어지는 정도나 현상을 표현하는 포괄적인 개념.
❷ 일반적으로 정신문화와 물질문화 간에 발달속도 차이로 인해 괴리

가 발생하는 상태를 가리킨다.

- 결과: 사회해체를 가져옴.
- 해결책: ❶ 단기적 해결은 공권력 개입.

  ❷ 장기적 해결은 교육 또는 종교적 해결.

7) 교육과정으로서 문화의 관점

- 문화실조: 아동의 발달에 필요한 문화적 환경이 결핍되어 생기는 아동의 인지적, 정서적, 사회적 발달의 장애, 보상교육으로서 해결.
- 문화적 상대주의: 문화의 다원성을 주장. 모든 문화는 그 나름대로의 가치가 있다. 다양한 문화를 모두 가르쳐야 한다.

5. 신교육 사회심리학

1) 연구초점

- 교육내부(무엇을 가르치는가? – 교육과정, 교육내용을 재구성하자)
- 교육의 불평등은 교육제도의 문제가 아니라 학교 안에서 구체적인 교육, 즉 교사와 학생의 상호관계와 가르치는 교육내용의 접근성 때문이다.
- 등장배경으로는 영국의 교육개혁의 실패에서 기인한다.

2) 관점

- 교육과정과 교사와 학생 사이에서 일어나는 상호작용, 갈등론과 유사(교육의 역할을 부정적으로 본다), 교육내부에 연구의 초점을 두는 미시적 패러다임이다.

- 교육과정 사회학: 기존의 교육과정은 지배계층의 이익을 대변하기 때문에 개혁되어야 한다고 주장한다. 타일러 모형에 대한 비판을 하면서 교육과정 재개념주의자가 등장한다.
- 교실사회학: 기존의 불평등한 학교나 교실은 여러 가지 문제를 야기시키기 때문에 평등적, 협동적, 의존적 분위기로 변화시켜야 하다고 주장한다.

※피그말리온효과:

로젠탈과 야콥슨의 개념으로 교사의 기대가 큰 학생은 그렇지 않은 학생보다도 학업성취의 효과가 크다는 것이다. 즉, 교사가 학생에게 큰 기대를 가지면 학습의 효과가 크게 나타난다.(자성효과, 자기 충족적 예언)

- 일명 로젠탈효과·호크학교실험

3) 번스타인(B. Bernstein)의 계급과 언어사회화

- 정교화된 어법: 인과적, 논리적, 정확한 문법구조. (상류층 언어)
- 보편적인 의미를 담고 있어 다른 사람에게 의미전달 가능.
- 제한된 어법: 하류계급의 언어, 막연한 상투적 표현, 연관된 사람이 아니면 이해할 수 없다.
- 학교에서 정교화된 언어 사용은 하류계급 학생들에게 불리하게 작용하여 학업성적이 뒤처짐. 상황판단 능력이나 장기적으로 생활을 계획하는 능력, 즉각적인 감정이나 충동을 억제하는 능력이 부족하여 결국에는 학교는 사회계급 재생산과정이다.

4) 지식사회학

지식의 상대성을 강조, 지식은 그 시대의 지배 계층의 가치.

문제 1 다음 중 교육사회학의 아버지이며 교육을 사회학의 개념으로 정의함으로써 교육은 미성숙한 세대를 성숙한 세대로, 개인적 존재를 사회적 존재로 만들어 간다고 본 학자를 고르시오.

① 콩트　② 뒤르켐
③ 스펜셔　④ 파슨즈

정답 ②

해설　교육사회학의 아버지로서 교육을 사회학의 개념으로 정의함으로써 교육은 미성숙한 세대를 성숙한 세대로, 개인적 존재를 사회적 존재로 만들어 간다고 본 학자는 뒤르켐이다.

문제 2 다음 중 사회현상에 대한 갈등주의 패러다임의 설명이 아닌 것을 고르시오.

① 급진적 사회변화 추구　② 불평등 구조의 타파
③ 학교는 타율적인 존재　④ 합의와 상호의존

정답 ④

해설　모두 갈등주의 패러다임에 대한 설명이지만, ④는 구조기능주의적 설명이다.

문제 3 다음 중 Parsons의 사회체제의 기능에 포함되지 않은 것을 고르시오.

① 자율기능　② 유지기능
③ 통합기능　④ 적응기능

정답 ①

해설　적응기능, 목표달성기능, 통합기능, 체제유지기능의 4가지 기능이 있다.

- 교육사회학이란 교육과 사회를 관련지어 연구하는 학문의 영역으로서 교육의 과정에서 발생하는 문제를 사회학적 지식이나 방법 등으로 연구하는 학문이다.

- 주요 교육사회학자는 Durkheim, Weber, Parsons, Mannheim 등이 공헌을 많이 하였다.

- 교육사회학의 기능주의 패러다임에서의 주요내용은 다음과 같다.

  - 교육을 사회구조 내지 사회체제의 한 구조로 본다.

  - 교육은 사회화를 통하여 그 사회의 승인된 규범과 가치를 전달하고 체제를 유지, 존속, 통합 시킨다.

  - 교육을 통해 기능인 또는 전문인 양성을 한다. 그래서 누구에게나 교육의 기회가 균등하다.

  - 학교교육을 긍정적으로 보았고 사회화기능, 선발기능으로 파악했다.

  - 교육은 현대 사회가 필요로 하는 인력을 선발하여 교육, 훈련시켜 분배하는 기능을 한다.

- 교육사회학의 갈등주의 패러다임에서의 주요내용은 다음과 같다.

  - 학교교육은 사회적 불평등을 재생산하는 수단에 불과하며 지배집단의 문화를 정당화하여 주입시키고 기존의 불평등한 사회계층 구조를 재생산한다.

  - 학교교육은 불평등한 사회계층 구조를 재생산하는 과정 속에서 학력 경쟁을 과열시켜 고학력화를 부채질하고 인간성을 메마르게 한다.

  - 학교의 교육내용은 정치적인 과정을 통해 결정되고, 특정 계층(지배계층)의 지식과 문화를 중심으로 선정된다.

  - 자본주의 사회의 필요에 대응하여 그 생산양식에 적합한 지식·태도·가치관·기술 등을 가르치는 내용이 강조된다.

  - 갈등이론은 학교교육이 사회적인 불평등을 더욱 조장한다고 보기 때문에 학교교육의 목표는 궁극적으로 인간성 회복에 두어야 한다고 주장한다.

- 사회화란 그 사회의 문화를 배우고, 그 사회의 가치와 신념을 내면화하는 과정, 그 사회 문화를 학습하는 과정이다.

- 사회학습의 유형에는 모방학습, 모형학습, 역할학습 등이 있다.

- 중요한 타자(significant others)란 사회화하는 과정에 결정적으로 중요한 영향을 미치는 존재를 의미하는 것으로 미드(G. H. Mead)가 최초로 주장하였다.

- Parsons의 사회체제의 기능(AGIL)에는 ① 적응기능(Adaptation) ② 목표달성기능(Goal Attainment) ③ 통합(Integration) ④ 체제유지기능(Latent Patten maintenance)이 있다.

모든 사람은 지위고하를 막론하고 그 본질로 본다면 어떠한 차이도 있을 수 없다. 마음의 모양이 곧 자기 자신인 것이다. 마음의 모양이야말로 교육의 대상이 되는 것이다. 그리고 향상의 계기가 되는 것이다. 행복을 가꾸는 힘은 밖에서 우연한 기회에 얻을 수 있는 것이 아니다. 오직 그 마음에 새겨둔 힘에서 꺼낼 수 있다. -   - 페스탈로치

다음 학습 예고

다음 Chapter에는 "09. 교육과정론"에 대해 학습하겠습니다. 수고하셨습니다.

교육과정론

제9장

학습 목표	1. 교육과정의 정의와 교육과정의 유형을 설명할 수 있다. 2. 교육과정의 일반적 단계를 설명할 수 있다. 3. 교육목표 설정 절차를 설명할 수 있다. 4. 교육내용 선정의 일반적 원리를 설명할 수 있다. 5. 교육내용 조직의 원리를 설명할 수 있다.
학습 목차	1. 교육과정의 기초 2. 교육과정의 유형 3. 교육과정의 구성

복습점검 | 다음 설명이 맞으면 O, 틀리면 X를 하세요.

문제 1 교육사회학은 20세기 초 미국에 대규모 이민의 유입 등 급속한 산업화에 따른 사회문제들에 대한 교육의 사회적 기능의 연구필요성으로 관심이 증가하였다.

정 답 O

해 설 미국과 캐나다에 이민증가 및 급격한 도시화에 따른 사회문제로 사회적 관심이 증가했다.

문제 2 교육의 사회적 기능에는 사회통합의 기능, 사회개혁 및 변동의 기능, 인력의 선발과 배분의 기능 등이 있다.

정 답 O

해 설 교육의 사회적 기능에는 보수적 기능과 진보적 기능이 있고 인력의 선발과 배분의 기능을 갖고 있다.

문제 3 번스타인(B. Bernstein)의 언어사회화이론은 구조기능주의 패러다임을 대변하는 이데올로기를 바탕으로 형성된 교육사회학 이론이라고 본다.

정 답 X

해 설 번스타인(B. Bernstein)의 언어사회화이론은 계급불평은 가족에서 일어나는 언어사회화를 통해 재생산 된다는 내용으로서 갈등주의 패러다임을 대변하고 있다.

제1절	**교육과정의 기초**

1. 교육과정의 개념	Curriculum; 교육내용; 코스; 총체적 계획
2. 교육과정의 기본모형	Tyler의 모형; 교육목표의 설정; 타바(H.Taba)의 모형
3. 교육과정의 분류	공식적 교육과정; 잠재적 교육과정; 영 교육과정
4. 현행 2015 개정 교육과정	10대 범교과학습 주제; 학교안전교육 64시간
5. 2022 개정 교육과정 예고	생태전환교육; 디지털 기초; 정보교육

1. 교육과정의 개념

1) 교육과정의 정의

- 교육과정이란 교육의 과정에서 목적을 설정했을 때 그 목적을 달성하기 위해 무엇을 선정해서 어떻게 조직하여 가르칠 것인가를 종합적으로 묶은 전체 계획이다.
- 좁은 의미: 학교에서 수업시간에 가르치는 교과 내용을 의미한다.
- 넓은 의미: 학교 안팎에서 학생들이 겪는 모든 경험을 의미한다.
- 교육과정(curriculum)은 교육목적을 달성하기 위하여 무엇을 가르치고 배울 것인가, 즉 교육내용을 다루는 학문이다.
- 교육에서의 'curriculum' 즉 교육과정이란 용어는 지금도 다양하게 정의되고 있으나 일반적으로는 교육의 목적을 달성하기 위하여 학습

자에게 제공될 교육목표와 내용 및 교육 활동의 총체적인 계획이라고 정의할 수 있다.

- 이외에 교육을 위해 계획한 것 또는 교육을 통해 일어난 결과를 교육과정으로 보는 견해도 있다.

2) 교육과정의 어원과 활용

- 교육과정(curriculum)이란 말은 라틴어의 currere가 어원이다. 본래 말이나 사람이 달리는 경주로(race course)를 의미하며, 활동의 장소나 활동의 연속을 뜻한다.
- 학습자들이 특정한 목표를 가지고 출발점에서 종착점까지 공부해 가는 일정한 코스라는 뜻으로 사용되었다.
- 예를 들면, 조선시대 성균관의 교육과정은 사서오경과 중국의 역사서였는데, 그중에서도 사서오경을 중시하였고 학습단계도 정해져 있었다. 세조 대에 예조에서 만든 구재학규(九齋學規)에 따르면, 학습 단계는 《대학》, 《논어》, 《맹자》, 《중용》[이상은 사서(四書)], 《시경》, 《서경》, 《예기》, 《춘추》, 《주역》 [이상은 오경(五經)]의 순으로 되어 있다. 그리고 각 단계는 '과목'이라고 볼 수 있다.

2. 교육과정의 기본모형

- 이러한 교육과정의 기본적인 구성요소를 최초로 제시한 사람은 Ralph Tyler이다. 그는 전통적으로 교육과정의 구성요소를 교육목표 설정, 교육내용의 선정, 교육내용의 조직, 시행과 평가의 4단계로 제시하였다.

- 그리고 교육과정의 4대 기본 구성요소는 ❶교육목표의 설정 ❷ 교육 내용의 선정과 조직 ❸학습과정(지도·전개) ❹평가로 구성되어 있다.
- 그러나 교육 실제에서는 이러한 Tyler의 모형을 근간으로 교육목표 설정, 교육내용의 선정, 교육내용의 조직, 교수-학습 과정, 평가의 5 단계로 실시되고 있다고 할 수 있다.

1) 타일러 모형

교육 목표 설정 → 학습 경험 선정 → 학습 경험 조직 → 교육 평가

❶ **모형**: 합리적 모형, 목표중심 모형, 평가중심 모형 등으로도 불린다.

❷ **단계**: 교육목표 설정 – 학습경험 선정 – 학습경험 조직 – 교육평가
(목표가 성취되었는지 여부)

❸ **특징**

- 처방적 모형: 교육과정 개발자가 절차를 제시한다.
- 연역적 모형: 전체 교과에서 단원의 개발로 진행된다.
- 직선형 모형: 목표에서 평가로 진행하는 일정한 방향을 갖는다.

2) 타바(H. Taba)의 모형

- 학습자의 요구진단에 따른 교사중심 개발모형으로서 현실의 교육활 동 과정에서 많이 인용하고 있다.

교육 목적 설정 → 학습 경험 선정 및 조직 → 실제 지도 → 평가

❶ **모형:** 교육목적의 설정 – 학습경험의 선정과 조직 – 실제지도 (학습 내용의 선정과 조직) – 평가

❷ **특징:**

- 처방적 모형: 타일러와 같다.
- 귀납적 모형: 단원의 개발부터 시작하여 전체 교과를 구성한다.
- 역동적 모형: 계속적인 요구진단을 통해 교육과정의 요소들 간에 상호작용을 강조한다.
- 학습내용과 학습경험을 구별해 세분화한다.

3) 브루너(Bruner)의 내용 중심 교육과정모형

- 학문적 교육과정이라고도 하며 교육내용에 내재된 가치를 중요시한다.
- 나선형 교육과정, 발견학습, 탐구학습

4) 워커(Walker)의 숙의(熟議) 모형(실제 교육과정 개발모형)의 3단계

❶ **토대 다지기**(강령. platform): 관련자들이 모여 토대가 무엇이고 혹은 무엇이어야 하는지 논의하는 예비적 단계이다.

❷ **숙의:** 문제점과 해결책을 찾아내고 대안들을 형성하기 위한 체계적인 방법이다.

❸ **설계:** 교육 프로그램의 상세한 계획을 수립하는 단계이다.

5) 아이즈너의 예술적 접근모형

❶ 교수의 예술성을 교사가 개발할 수 있도록 돕는 이론이다. 즉, 교육의 실제를 감정할 수 있도록 돕는 다양하고 새로운 가정과 방법이다.

❷ 타일러의 교육과정과 비교: 타일러는 교육과정을 계획자가 미리 설

정한 목표를 달성하는 데 공헌할 때에만 가치가 있다는 논리하에서 이루어지는 일련의 고정 단계로 설정하는데 반해, 이이즈너는 교육과정 계획·개발 과정을 무제한적인 과정으로 묘사한다.

❸ 이이즈너에 의하면 교육과정 평가자는 교육 현상을 보고 교육활동의 질을 판단할 수 있는 교육의 감식안을 지녀야 한다고 주장한다.

3. 교육과정의 분류

1) 기본성격에 의한 분류
(1) 공식적 교육과정

- 표면적 교육과정 또는 명시적 교육과정이라고도 하며, 의도되고 계획되어 공적인 문서에 담긴 교육과정이다.
- 학교에서 공식적으로 가르쳐지는 교육과정이다.

  > **ex** 교과서를 비롯한 교수–학습 자료, 국가 수준의 교육과정 문서, 시 · 도 교육청의 교육과정 지침, 지역교육청의 장학 자료, 학교의 교육방침, 인정 도서, 교사용 지도서 등과 같은 문서이다.

- 우리나라의 공식적 교육과정은 교육부가 고시한 문서화된 국가 교육과정을 지칭한다.
- 공식적 교육과정은 필연적으로 가르쳐지지 않는 교육과정, 즉 영 교육과정이라는 부산물을 낳는다.

(2) 잠재적 교육과정(latent curriculum) :

- 숨은 교육과정(hidden curriculum), 비공식적 교육과정이라고도 하며, 공적인 문서에 명시되지 않은 교육과정을 뜻한다.
- 계획되지 않았으나 수업이나 학교생활을 통해 학생들이 습득하는 모

든 경험을 가리킨다.

- 학교의 물리적 조건, 제도적·행정적, 사회적·심리적 상황 등 제반 환경을 통하여 작용한다.

  > ex 학교에서 통용되는 상과 벌, 고양과 억제, 사회적 관행, 문화적 편견, 인간적 차별, 물리적 배치, 수학 선생님이 싫어서 수학이 싫어진 경우 등.

- 입장에 따라 순기능(구조−기능주의) 또는 역기능(재생산이론)으로 이해된다.

(3) 영(零) 교육과정(null curriculum) :

- 영 교육과정이라는 용어는 아이즈너(E. W. Eisner)가 처음 사용하였다.
- 학교에서 소홀히 하거나 공식적으로 가르치지 않는 교과나 지식, 사고양식으로 가르치지 않음으로써 교육적 결과를 가져오게 하는 교육과정이다.
- 공식적 교육과정이 선택과 배제, 포함과 제외의 산물이므로 영 교육과정은 공식적 교육과정의 필연적 산물이다.

  > ex 소방안전교육이 공식적 교육과정에 포함되어 있지 않아서 가르쳐지지 않는다면, 소방안전교육은 영 교육과정이며, 가르쳐지지 않아서 학습자들의 안전의식이 둔감하게 되는 교육적 결과를 가져 온다.

2) 교육과정 결정 주체에 따른 분류

(1) 국가수준교육과정

- 교육에 대한 국가의 의도를 담은 문서 내용이다.
- 기초·공통 교육을 통하여 추구하고자 하는 인간상이 제시되어 있고, 이러한 인간상을 형성하기 위하여 학교의 교육을 통하여 다루어야 할 국가의 교육목표 및 목적, 내용, 기준, 학생의 성취기준, 교육 방법, 평가, 교육과정 운영기준 등에 관한 기본 지침을 담고 있다.
- 교육부 장관이 결정·고시한다.
- 지역 또는 학교가 해당 지역 또는 학교의 특성을 반영할 수 있도록 국가 수준의 교육과정은 기본적이고 필수적인 최소한의 기준만을 담아야 한다.

(2) 지역수준교육과정

- 교육에 대한 지역의 의도를 담은 문서 내용으로 국가 수준의 기준과 학교의 교육과정을 연결하는 교량 역할을 한다.
- 각 시·도와 지역의 특성, 필요, 요구, 교육기반, 여건 등의 제 요인을 학교 교육과정에 반영해야 한다.
- 각 시·도 교육청은 교육과정 편성·운영 지침을 작성하며, 시·군·구 교육지원청은 장학 자료를 개발하여 학교 교육과정을 안내하고 통제한다.

(3) 학교 수준 교육과정

- 학교 수준 교육과정은 학교의 실태를 반영하며 학부모와 학생들의 특성과 요구를 고려하여 교육에 대한 학교의 의도를 담은 문서 내용이다.

가) 우리나라 교육과정 연혁

- 우리나라 교육과정 체제는 예전에는 중앙집권적 교육과정 체제였으나, 1991년 12월 31일에 지방자치제 법이 공포됨으로써 그 이전까지의 중앙집권적 교육과정 체제에서 중앙집권적인 체제와 지방분권적 교육과정 체제의 절충 형태를 취하고 있다.
- 학교수준 교육과정이라는 용어도 지방자치제 법 공포(1991년 12월 31일) 이후인 제6차 교육과정(1992년 공포)에서 처음으로 사용되었다.
- 제7차 교육과정(1997년 고시), 2007 개정 교육과정과 2009 개정 교육과정에서 지역과 학교의 자율적 운영 권한을 더욱 강화하고 있다.

나) 현행 교육과정

- 2015 개정 교육과정은 대한민국 교육부가 2015년 9월 23일 고시한 교육과정이다. 구성으로는 총론 및 각론이 고시되었다. 문·이과 통합 교육과정이라는 것이 주요 특징이다. 향후 교육과정 및 교과서 적용, 2017년 3월부터 단계적으로 시행된다. 즉, 2017년 3월 1일: 초등학교 1, 2학년, 2018년 3월 1일: 초등학교 3, 4학년, 중학교 1학년, 고등학교 1학년, 2019년 3월 1일: 초등학교 5, 6학년, 중학교 2학년, 고등학교 2학년, 2020년 3월 1일: 중학교 3학년, 고등학교 3학년 순으로 시행된다.
- 2017년 3월 초 1~2학년부터 적용 "2015년 개정 교육과정"은 과거의 교육과정보다 미래사회에 부합되게 통합되고 다양화된 내용으로 구성한다.

4. 현행 2015년 개정 교육과정

〈2015년 개정 교육과정〉

1. 추구하는 인간상

- 자주적인 사람
  전인적 성장을 바탕으로 자아정체성을 확립하고
  자신의 진로와 삶을 개척하는 사람

- 창의적인 사람
  기초 능력의 바탕 위에 다양한 발상과 도전으로 새로운 것을 창출하는 사람

- 교양 있는 사람
  문화적 소양과 다원적 가치에 대한 이해를 바탕으로 인류 문화를
  향유하고 발전시키는 사람

- 더불어 사는 사람
  공동체 의식을 가지고 세계와 소통하는 민주 시민으로서 배려와
  나눔을 실천하는 사람

2. 핵심역량

- 자기관리 역량
  자아정체성과 자신감을 가지고 자신의 삶과 진로에 필요한 기초 능력과
  자질을 갖추어 자기주도적으로 살아갈 수 있는 능력

- 지식정보처리 역량
  문제를 합리적으로 해결하기 위하여 다양한 영역의 지식과 정보를 처리
  하고 활용할 수 있는 능력

- 창의적 사고 역량
  폭넓은 기초 지식을 바탕으로 다양한 전문 분야의 지식, 기술, 경험을 융
  합적으로 활용하여 새로운 것을 창출하는 능력

- 심미적 감성 역량

  인간에 대한 공감적 이해와 문화적 감수성을 바탕으로 삶의 의미와 가치를 발견하고 향유할 수 있는 능력

- 의사소통 역량

  다양한 상황에서 자신의 생각과 감정을 효과적으로 표현하고 다른 사람의 의견을 경청하며 존중하는 능력

- 공동체 역량

  지역·국가·세계 공동체의 구성원에게 요구되는 가치와 태도를 가지고 공동체 발전에 적극적으로 참여하는 능력

3. 학교안전교육

- 초등학교 저학년부터 교과 및 창의적 체험활동을 통해 체계적인 안전교육을 실시하여 안전의식이 내면화될 수 있도록 합니다.

- 초등학교 1~2학년의 수업 시수를 주당 1시간 늘려 창의적 체험활동 시간으로 확보하고, 증가된 시간은 『안전한 생활』로 편성, 운영합니다.

- 초등학교 3학년~고등학교까지 관련 교과*에 '안전' 단원을 신설하여 이론과 실천·체험을 체계적으로 다루며, 이를 통해 궁극적으로 안전을 생활화하도록 구성하였습니다.

  * 초·중·고등학교에 심폐소생술(CPR) 교육을 강화하고, 체육, 기술·가정(실과), 과학, 보건 등 관련 교과(목)에 안전 단원을 신설하며, 창의적 체험활동 시간에 체험중심의 안전 교육이 실시될 수 있도록 교육기반 마련

4. 10대 범교과학습 주제

- 안전·건강교육, 인성교육, 진로교육, 민주시민교육, 인권교육, 다문화교육, 통일교육, 독도교육, 경제·금융교육, 환경·지속가능발전교육

구분			주요 내용	
			2009 개정	2015 개정
교육 과정 개정 방향			·창의적인 인재 양성 ·전인적 성장을 위한 창의적 체험활동 강화 ·국민공통교육과정 조정 및 학교교육과정 편성 · 운영의 자율성 강화 ·교육과정 개편을 통한 대학수능시험 제도 개혁 유도	·창의융합형 인재 양성 ·모든 학생에게 인문·사회·과학기술에 대한 기초 소양 함양 ·학습량 적정화, 교수·학습 및 평가 방법 개선을 통한 핵심역량 함양 교육 ·교육과정과 수능·대입제도 연계, 교원 연수 등 교육 전반 개선
총 론	공 통 사 항	핵심 역량 반영	·명시적인 규정 없이 일부 교육과정 개발에서 고려	·총론 '추구하는 인간상' 부문에 6개 핵심 역량 제시 ·교과별 교과 역량을 제시하고 역량 함양을 위한 성취기준 개발
		인문 학적 소양 함양	·예술고 심화선택 '연극' 개설	·연극교육 활성화 - (초·중) 국어 연극 단원 신설 - (고) '연극'과목 일반선택으로 개설 ·독서교육 활성화
		소프트 웨어 교육 강화	·(초) 교과(실과)에 ICT 활용 교육 단원 포함 ·(중) 선택교과 '정보' ·(고) 심화선택 '정보'	·(초) 교과(실과) 내용을 SW 기초 소양교육으로 개편 ·(중) 과학/기술·가정/정보 교과 신설 ·(고) '정보' 과목을 심화선택에서 일반선택 전환, SW 중심 개편
		안전 교육 강화	·교과 및 창체에 안전 내용 포함	·안전 교과 또는 단원 신설 - (초1~2) 「안전한 생활」 신설(64시간) - (초3~고3) 관련 교과에 단원 신설
		범교과 학습 주제 개선	·39개의 범교과 학습 주제 제시	·10개 내외 범교과학습 주제로 재구조화
		NCS 직업 교육 과정 연계	<신설>	·교육과정 구성의 중점 등에 반영

5. 2022년 개정 교육과정 예고

2022년 하반기, 새 개정 교육과정을 최종 확정해 고시예정이며 2024년에는 초등학교 1~2학년부터 적용되고, 2025년부터 중·고등학교 각 1학년부터 적용계획이다.

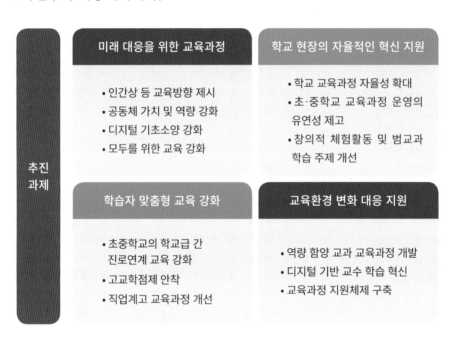

과제 1. 미래 변화에 대응하는 교육과정 혁신

추구하는 인간상	핵심역량과 교육목표
• 핵심 가치 - 자기 주도성, 창의와 혁신, 포용성과 시민성 중심으로 현행 교육과정의 인간상을 재구조화하여 제시	• 인간상과 핵심역량을 연계하여 **교육목표 개선** - 시민성, 개인과 사회의 지속가능성 및 생태 감수성 등 반영 검토

| 생태전환교육 및 민주시민교육 반영(안)

영역	교과 및 창의적 체험활동 연계 방안			
교과 재구조화	내용 기준 개발	생태전환교육 민주시민교육 관련 내용 영역 및 내용기준 등	모든 교과	교과별로 관련 내용요소 추출 후 내용 및 성취기준 등 반영
선택과목 신설	선택 과목	선택과목 및 지역과 연계한 다양한 온라인 교육과정 운영	신설 과목	시도교육청·학교장 신설과목 개발
창의적 체험활동	학습자의 삶과 연계한 주제를 중심으로 다양한 프로젝트 활동 운영			

과제 2. 현장의 자율적인 혁신을 지원·촉진하는 교육 강화

| 학교 자율시간 확보 및 운영 방안

현행	개선안
• 교과(군)별 증감 범위 활용 • 연간 34주를 기준으로 한 수업시수 운영 • 중학교는 학교장 개설 선택과목 개발 운영 　가능(초등학교는 선택과목이 없음) **→ 학교 특색 및 지역과 연계한 과목 및 　활동 운영 시간 확보 어려움**	• 교과(군) 및 창의적 체험활동 증감 범위 활용 • 한 학기 17주 기준 수업시수를 탄력적으로 　운영할 수 있도록 수업량 유연화 활용 **• 한 학기 17주 수업 → 　16회(수업)+1회(자율운영)** ※ 매 학년별 최대 68시간 확보 가능 • 초등학교, 중학교 선택과목 개발운영 가능

국가교육과정	• 학교 자율시간 도입을 위한 교육과정 운영 근거를 총론에 마련 • (교과) 한 학기 17주 기준 수업시수를 16회로 개발하고 1회 분량은 자율 　운영할 수 있도록 내용요소와 성취기준 등을 유연하게 개발
지역교육과정	• 지역과 학교의 교육 여건 등에 적합한 기준과 내용 개발, 지역 특색을 살 　린 선택과목 및 체험활동 개발·운영(시 도 교육청 개발 가능) ※ (예) 지역 생태환경, 인공지능으로 알아보는 우리 고장, 　　　지역과 민주시민, 역사 체험 등
학교교육과정	• 지역과 연계한 다양한 교육과정 및 프로젝트 활동 편성·운영, 학교 자율 　적으로 지역 연계 선택과목 개발활용, 교과 교육과정(지역 연계 단일 구성 　성취 기준 등)에 대한 교사의 교육과정 편성·운영 자율관 확대

□ 안전교육 개선방안

| 안전한 생활 재구조화(안)

과제 3. 교육과정 혁신을 통한 학습자 맞춤형 교육 강화

< 교등학교 학사 운영 체제의 변화 >

구분	현행(단계적 이행)		2022 개정
	'21~'22	'23~'24	'25~
수업량 기준	단위	학점	학점
1학점 수업량	50분 17(16+1)회	50분 17(16+1)회	50분 16회*
총 이수학점	204단위	192학점	192학점
교과창의적 체험활동 비중	교과 180 창의적 체험활동 24	교과 174 창의적 체험활동 18	교과 174 창의적 체험활동 18

과제 4. 교육환경 변화에 적합한 교과 교육과정 개발 및 지원

교과 교육과정 개발의 지향점으로는 역량 함양 교과 교육과정 개발을 위해 '깊이 있는 학습'과 '교과 간 연계와 통합', '삶과 연계한 학습', '학습 과정에 대한 성찰'을 강조한다.

< 역량 함양을 위한 교과 교육의 강조점 >

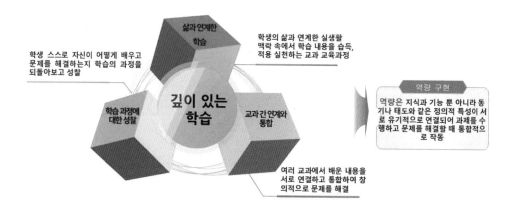

삶과 연계한 학습
학생의 삶과 연계한 실생활 맥락 속에서 학습 내용을 습득, 적용 실천하는 교과 교육과정

학생 스스로 자신이 어떻게 배우고 문제를 해결하는지 학습의 과정을 되돌아보고 성찰

깊이 있는 학습

학습 과정에 대한 성찰

교과 간 연계와 통합

역량 구현
역량은 지식과 기능 뿐 아니라 동기나 태도와 같은 정의적 특성이 서로 유기적으로 연결되어 과제를 수행하고 문제를 해결할 때 통합적으로 작동

여러 교과에서 배운 내용을 서로 연결하고 통합하여 창의적으로 문제를 해결

교수·학습	• **(방향)** 교과 목표(역량) 달성을 위한 교수·학습의 강조점, **학생 맞춤형 수업**, 다양한 학습자에 대한 고려 등 교수·학습의 원칙과 중점을 제시 • **(방법)** 교과별 구체적인 교수·학습 모형과 방법 제시, 온 오프라인 연계 수업 등 상황에 맞는 원격수업, 빅 **데이터·AI를 활용한 맞춤형 수업 제시**
평가	• **(방향)** 창의력, 비판적 사고력 등 미래역량 함양을 위한 평가 방법 개선, **원격수업**에서의 평가, **다양한 학습자를 위한 평가** 등 평가의 원칙과 중점을 제시 • **(방법)** 학생의 학습을 지원하고 학생 스스로 자신의 학습을 성찰할 수 있는 평가 방법 제시(**과정 중심평가, 서·논술형 평가, 개별 맞춤형 피드백 강화 등)**

교육과정의 유형

1. 교과중심 교육과정	중국의 4서3경; 형식도야론; 중앙통제 용이
2. 경험중심 교육과정	학습자 경험중심; 행동주의적 성격; 진보주의 교육개혁파
3. 학문중심 교육과정	1960년대; 지식의 구조; 본질주의 교육철학; 브루너가 주로 연구
4. 인간중심 교육과정	전인교육; 미국의 1970년대, 인간의 존엄성;
5. 기타 교육과정	잠재적 교육과정; 영 교육과정; 브루너의 나선형 교육과정

1. 교과중심 교육과정

1) 배경
- 가장 오래된 전통을 가진 교육과정이다. 교수요목으로서의 의미이다. 20세기 초 이전의 모든 교육과정이 이러하였다.
- 고대 그리스의 7자유과에서 유래하였다. 고대 중국의 4서3경 등 또한 교과중심 과목의 분류이다.

2) 개념
- 학교의 지도하에(공장장) 학생들이 배우게 되는 일체의 교재나 교과이다.
- 교과란 인류의 문화유산을 논리적으로 조직하여 과목으로 분류한 것

이다.

- 지식의 체계를 따라 각 교과별로 학습자를 교육해 가는 학습의 계열로 교과 간에 연결이 거의 없는 분과 형식이다.

3) 특징

- 형식도야이론에 이론적 기초를 둔다.
- 형식도야이론이란 인간의 마음은 몇 가지의 능력들(지각, 기억, 상상, 추리, 감정, 의지)로 구성된다고 보고, 이러한 마음의 근육(심근)을 단련시키는 것이라고 본다.
- 형식도야이론에서는 가르치는 내용 자체보다는 그것을 배우는 동안 체득되는 정신상태, 말하자면 사고력이나 태도 같은 것들이 더 중요하다고 본다.

4) 장단점

- **장점:** ❶ 지식이나 기능 숙달 문화유산 전달에는 가장 효과적이다. ❷ 논리적이고 체계적인 교수가 가능하다. ❸ 중앙통제가 용이하다. ❹ 누구에게나 똑같은 교재로 똑같이 교육을 하므로 평가가 용이하다.
- **단점:** ❶ 학습자를 수동적 존재로 간주한다. ❷ 비실용적 내용이 전수된다. ❸ 고등정신능력의 배양이 부족하다. ❹ 학습자에 대한 배려가 적다.

2. 경험중심 교육과정

1) 배경

- 19세기 말에서 1920년대를 전후로 학습자 경험 중심, 행동주의적 성격의 진보주의 교육개혁파사조가 퍼져나갔다.
- 진보주의 철학(아동 중심, 생활 중심. 경험 중심, 흥미주의 교육관)을 기반으로 하는 교육과정이다.
- 활동 중심 교육과정, 프로젝트 교육과정이라고도 부르며, 20세기 전반 존 듀이를 중심으로 하는 진보주의 교육철학에 기초를 둔다.

2) 개념

- 교과가 아닌 학생에 중심을 두고 학생들의 흥미, 욕구, 필요, 경험을 중시한다.
- 학생 저마다의 경험을 바탕으로 한 교육과정이 존재한다.
- 학교의 지도하에(가이드, 농장장. 자연스럽게) 학생들이 갖게 되는 일체의 경험을 말한다.
- 전이 이론에서는 동일 요소설에 기반하여 동일한 요소가 새로운 상황에 많이 있을 때 일어난다고 본다.

3) 특징

- 현실적이고 실제 생활에서 일어나는 문제해결에 중점을 둔다.
- 지식의 전달보다는 청소년의 전인적 성장(정신적·신체적·정서적·사회적 발달)을 중시한다.

  (⇒교육철학: 진보주의 교육철학 참조)

4) 장단점

- **장점:** ❶ 학습자의 흥미, 욕구, 필요 등을 기초로 하기 때문에 학습자의 자발적인 활동을 유발하기 쉽다. ❷ 생활에서 문제해결력을 기를

수 있다. ❸ 문제해결력이 높다. ❹ 현실과 교육과의 괴리감을 축소했다. ❺ 실용적 생활주의적 교육과정을 가르칠 수 있다. ❻ 고등정신의 능력을 배양하고 능동적인 학습 태도를 함양한다.
- **단점:** ❶ 교육의 방향 상실, ❷ 중앙 통제가 곤란하다. ❸ 평가가 곤란하다. ❹ 기초학력의 저하를 가져왔다. ❺ 학문중심 교육과정의 등장의 배경이 되었다.

3. 학문 중심 교육과정

1) 배경
- 1957년, 10 sputnik 사건(소련의 우주선 발사 사건)으로 미국의 위기감은 고조되었다.
- 1959년 우즈홀(woods hole)에서 회의가 열린다. 의장인 브루너는 회의의 종합 보고서이자 저서인 『교육의 과정』에서 지식의 구조를 지도할 것을 강조하였다.
- 1960년대, 지식의 구조, 브루너 중심, 신본질주의, 절충적 배열의 학문 중심 교육과정이 펼쳐진다.
- 대표자로는 J. S. Bruner, H. S. Broudy, P. H. Phenix 등이 있다.
- 진보주의(경험중심 교육과정) 교육을 비판하는 본질주의 교육철학의 영향을 받아 일어났다.
- 미국에서는 1960년대에 지배적이었고, 우리나라 제3차 교육과정기(1973~1981)에 도입되었다.

2) 개념
- 교육의 기본목적은 지력의 개발(지적 수월성)이라고 본다.

- '학문의 기본구조' 및 '지식의 기본구조'를 강조하는데, '지식의 구조' 란 기본적인 원리나 구조, 핵심적인 개념을 뜻한다.
- 지식의 구조란 교사가 주도하되(절충적 성격) 그 주도성을 최소화하고 가능한 한 학습을 스스로 이끌도록 하는 것이다. 브루너가 주로 연구 하였다.

3) 특징

- 기본적 원리나 핵심개념은 교사가 제시하는 것이 아니라 학습자들이 탐구과정을 거쳐 찾아내야 한다.
- 탐구과정에서 생기는 발견의 기쁨이라는 내재적 동기유발을 강조한다.
- 나선형 조직방식을 중시한다. 나선형 조직방식이란 학년이 올라갈수 록 교육과정 내용의 깊이와 폭을 더해 가도록 지식을 구조화하는 것 을 뜻한다.(나선형 조직방식은 자칫하면 내용의 반복이 심하게 되어 학년이 올 라갈수록 내용이 늘어나고 어려워지는 단점이 있다.) 브루너의 대담한 가설은 다음과 같다.
- ❶ 국가정책이 반응 ❷ 수학과 과학의 발달 촉진 ❸ 경험중심 교육과 정을 사탕발림 교육으로 비판한다. ❹ 교육의 책무성을 강조한다. ❺ 어떤 교과라도 모든 단계의 아동에게 교수가 가능하다.

4) 장단점

- **장점**: ❶ 기본개념의 이해를 촉진할 수 있다. ❷ 학문에 대한 전체적 인 구조 파악이 용이하다. ❸ 기억이 용이하다. ❹ 전이가 수월하다. ❺ 질 높은 교육이 가능하다. ❻ 초등지식과 고등지식 간의 관련성이 높다.
- **단점**: ❶ 각 학문, 또는 각 교과의 고유한 조직을 중시하기 때문에,

각 교과별로 가르치지 않는 초등학교에서는 적용하기가 어렵다. ❷ 학습자들이 탐구활동을 통하여 원리나 핵심개념을 찾아내는 것은 우수한 학생에게는 적합하지만 그렇지 못한 학생에게는 어려울 수 있다. ❸ 일정 이상의 아동에게만 적용 가능하다. ❹ 적용대상 한계, 실생활과의 괴리, 적용교과의 한계, 한정된 학과의 수, 정의적 영역의 교육에 소홀했다.

4. 인간중심 교육과정

1) 배경
- 학문 중심 교육과정이 지나치게 지력의 개발을 중시하면서 교육 본래의 목적인 인간 형성, 전인교육을 소홀히 한다고 비판하면서 일어났다.
- 미국에서는 1970년대에 들어서면서 일어났으며, 우리나라에서는 제4차 교육과정(1981~1987)이 인간중심 교육을 강조하였다.
- 우리나라는 1981년 제4차 교육과정부터 시작해서 전인교육을 교육목적으로 실시한다.

2) 개념
- 교육과정을 '학교생활을 하는 동안에 학생들이 가지는 모든 경험'으로 정의하고 교육목적을 자아실현에 둔다.
- 인본주의 교육철학에 기초하며 교육의 인간화, 인간의 존엄성을 중시하고 인간의 성장 가능성을 신뢰한다.
- 학교생활 중에 학생들이 갖게 되는 일체의 경험, 전인적 교육 강조함.

- 유형으로는 표면적 교육과정과 잠재적 교육과정으로 나누며 잠재적 교육과정(latent curriculum)을 중시.

3) 특징

- 학교환경 전체(즉, 학교의 인적·물적 환경)를 인간중심으로 조성할 것을 강조한다.
- 학문 중심의 교육과정을 보완하여 정의적 측면 강조.
❶ 인간을 존중하는 교육과정이다.
❷ 전인교육의 이념을 추구한다.
❸ 잠재적 교육과정을 중시한다.
❹ 자기 지향의 평가를 강조한다.
❺ 교육의 본질을 인식한다.

4) 장단점

❶ 이론체계가 미흡하다
❷ 교육의 본질에 대한 일방성이 있다.
❸ 공통된 견해가 없다.
❹ 현실적 적용상의 문제점이 있다.

5. 기타 교육과정

1) 잠재적 교육과정

(1) 의의

❶ 학교생활 중에 학생들이 은연중에 갖게 되는 경험과 학교의 의도와

다르게 갖는 경험의 포괄적인 의미이다.

❷ 표면적 교육과정과 반대 개념

(2) 배경

❶ 인간교육의 문제

❷ 이반 일리치의 학교 없는 사회(학교교육) : 교사 없이 배우는 것이 더 많다.

❸ 라이머의 학교 교육 폐해론: 오늘날 학교는 본래의 학교의 기능보다는 비교육적 측면을 더 강조한다.

(3) 특징

❶ 무의도적, 비가식적, 비문서화, 비계획성

❷ 정의적 영역의 교육과정

❸ 바람직하지 못한 내용도 포함

❹ 표면적 교육과정보다 큰 영향력

❺ 표면적 교육과정과 상호보완관계

(4) 잠재적 교육과정의 원천

❶ 학교의 생태

❷ 사회환경

❸ 인적구성요소

2) 영 교육과정

(1) 아이즈너의 교육과정 분류

❶ **표면적 교육과정**: 학교 지도하의(메이커) 교육과정

❷ **잠재적 교육과정:** 은연중에 갖게 되는 교육과정

❸ **영 교육과정:** 학교가 의도적으로 가르치지 않는 교육과정

❹ 교사가 마음속에만 갖고 있는 교육과정을 말하며 학생들이 공식적 교육과정을 배우는 동안 놓치게 되는 '기회학습'의 내용이라고 할 수 있다.

3) 브루너의 나선형 교육과정

지식의 구조	계속성	계열성
교과의 핵심적인 원리나 아이디어를	계속적으로 반복하여 가르치되	발달 단계가 높아짐에 따라 심화, 확대시키는

4) 브루너의 지식의 구조

(1) 개념

교과의 핵심적인 원리나 아이디어

(2) 특징

❶ **표현방식:** 현 인지 수준에 맞는 표현방식을 쓰면 된다.

◇ 대담한 가설

• 전조작기: 행동적 표현방법

• 구체적조작기: 영상 표현방법

• 형식적조작기: 상징적 표현방법으로 교육을 하며 아동들도 충분히 가르칠 수 있다.

❷ **경제성:** 핵심만 가르치므로 시간적으로나 체력적으로나 경제적.

❸ 생성력: 핵심만 가르치므로 전이 효과가 높다.

5) 피터스의 지식의 형식

(1) 개념

인식의 기준의 상세화를 의미한다.

(2) 교육기준

❶ 규범적 기준: 교육은 그 자체만으로도 가치로워야 하다.

❷ 인지적 기준: 교육은 지식뿐만 아니라 지적 안목까지 포함되어야 한다.

❸ 과정적 기준: 전수를 바람직한 방법으로 이끌어 가야 한다.

(3) 특징

❶ 교육목적의 내재성

❷ 전수를 강조

❸ 교육과 훈련의 개념 정리

❹ 인격성 도덕성에 중점을 두고 교육을 정함 – 칸트, 헤르바르트 등

❺ 교육을 일종의 성년식으로 보았다.

교육과정의 구성

1. 교육목표의 설정	타일러의 목표모형; 학급자에 대한 연구; 교육철학
2. 교육내용의 선정	타당성의 원리; 확실성의 원리; 중요성의 원리
3. 교육내용의 조직	범위; 통합성; 계속성; 계열성
4. 교수-학습의 과정	수업활동; 실제 지도; 교수-학습의 방법
5. 평가	교수-학습의 질 향상; 과정평가

1. 교육목표 설정

1) 교육목표 설정 절차

- 교육목표는 교육의 방향을 지시하는 것으로서 교육내용의 선정, 교수-학습방법, 평가 등을 포함하는 모든 후속절차의 기준이 되기 때문에 가장 먼저 설정되어야 한다.
- 목표와 내용 과정 평가의 요소 간의 관계: 순환성 일관성의 관계와 상호작용관계도 가지고 있다.
- 교육과정의 대표적 학자인 타일러(R. Tyler)는 교육목표를 추출하고

설정하는 데 있어서 고려해야 할 요소들과 절차를 다음과 같이 제시하였다.

(1) 교육 과정의 구성-타일러의 목표모형

가) 교육목적

❶ **개념:** 교육활동을 통해 달성하고자 하는 미래의 소망하는 상태-도착점 행동

❷ **위계:** 이념, 목적, 목표

❸ **소재:** 교육목적 내재설, 외재설

❹ **설정자원:** 5대 설정자원, 2대 설정자원 아동과 사회

❺ **진술원리:** 타일러(내용과 행동), 메이거(도착점, 달성, 준거), 일반진술, 브룸 등

❻ **단계별 이념:** 초등학교, 중학교, 고등학교(중등교육과 기본교육)

나) 교육과정의 구성원리

- 교육과정 구성의 4대 요소: 목표의 설정 → 교육내용의 선정 및 조직 → 교수과정 → 평가
- 교육목표설정 원리(타일러) :

- 첫 번째 단계: 학습자에 대한 연구(학습자의 발달단계에 따른 특성과 관심, 욕구), 사회의 요구에 대한 조사, 그리고 교과 전문가의 제언으로부터 교육목표가 잠정적으로 도출된다.

- 두 번째 단계: 잠정적으로 도출된 교육목표는 교육철학(추구할 가치가 있는 것인가를 검토)과 교육심리학(학습자에게 적절한가를 검토)이라는 체를 통해 걸러져서 최종적인 교육목표를 설정한다.

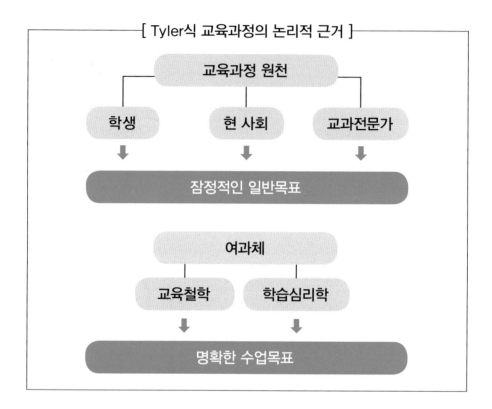

2) 일반목표와 특수목표

- 교육목표에는 일반목표(general objectives)와 특수목표(specific objectives)가 있다.
- 일반목표(general objectives): 포괄적이고 일반적인 목표. 국가적 혹은 학교 전체로서의 목표이다.
- 특수목표(specific objectives): 특수하며 구체적인 목표. 일반 목표에 포함되어 있는 하위 개념들로 구성된다.

2. 교육내용의 선정

1) 교육내용 선정의 일반적 원리

교육목표가 설정된 다음에는 교육내용을 선정해야 한다. 교육관에 따라 어떤 내용을 선정할 것인가에 대하여 이견이 있을 수 있으나, 일반적인 원리는 다음과 같다.

❶ 타당성의 원리

- 교육내용은 교육의 일반적 목표 달성에 도움을 주는 것이어야 한다.

❷ 확실성의 원리

- 지식으로 구성되는 교육내용은 가능한 한 참이어야 한다. 참인가의 여부는 논리적이거나 경험적인 경우에는 간단하지만 윤리적이거나 미학적인 지식의 경우에는 가리기가 쉽지 않다.

❸ 중요성의 원리

- 특정 교과를 구성할 때는 그 교과의 토대가 되는 학문 중에서 가장 본질적인 것, 즉, 가장 기본적인 사실, 개념, 원리, 이론 등을 선정해야 한다.

❹ 사회적 유용성의 원리

- 교육내용은 사회의 유지와 변혁에 도움을 주는 것이어야 한다. 학습자들이 살아갈 사회에서 필요로 하는 지식, 기능, 가치를 제시해야 한다.

❺ 인간다운 발달의 원리

• 교육내용은 학습자의 성장과 자아실현에 도움을 주는 것이어야 한다.

❻ 흥미의 원리

• 학습자들이 흥미를 갖지 않는다면 학습될 가능성은 줄어들기 때문에 교육내용을 선정할 때에는 학생의 문제, 관심, 흥미, 욕구 등을 고려해야 한다.

❼ 학습가능성의 원리

• 교육내용은 학습자의 능력, 학습여건 등에 적합하여 학습자가 학습할 수 있는 것이어야 한다. 수준에 있어서 이질적인 집단의 경우에는 다양한 수준의 교육내용을 제시하는 것이 바람직하다.

2) 학습경험의 선정의 원리

❶ **기회의 원리**: 교육목적과의 일관성을 의미하는 것으로 학습경험은 교육목표와 일관성을 갖고 교육목표가 의도하는 내용을 달성할 수 있는 것이어야 한다.

❷ **만족의 원리**: 학습자의 내부적 요구와 목적의식에 맞는 학습경험이 선정되어야 한다.

❸ **가능성의 원리**: 학습경험은 현실적으로 실현가능성이 있어야 한다는 원리이다.

❹ **일 목표 다 경험의 원리**: 하나의 목표를 달성함에 있어서 다양한 경험을 사용해야 한다.

❺ **다 성과의 원리**: 하나의 경험으로 여러 성과를 가져올 수 있어야 한다는 원리이다.

❻ 전이 가능성의 원리: 학습경험은 후행학습에 영향력을 가져야 한다.

3) 학습경험 조직의 3대 원리

❶ 계속성의 원리: 동일 내용을 계속적으로 반복해서 학습할 수 있도록 조직하여야 한다.

❷ 계열성의 원리: 발달단계가 높아짐에 따라 학습내용과 경험이 점차 심화·확대될 수 있어야 한다.

❸ 통합성의 원리: 학습내용과 경험들 사이의 상호보완 전관계가 형성·유지되도록 조직한다.

3. 교육내용의 조직

- 교육내용을 선정한 다음에는 효율적 학습을 위해 선정한 내용을 조직해야 한다.
- 교육내용 조직은 크게 수평적(횡적) 조직과 수직적(종적) 조직으로 나눌 수 있다.
- 수평적 조직의 요소에는 범위와 통합성, 수직적 조직의 요소에는 계속성과 계열성이 있다.

1) 수평적 조직과 수직적 조직

(1) 수평적 조직(횡적 조직)

- 같은 시간대에 한 학습 내용과 다른 학습 내용을 통합적, 병렬적으로 조직·배치하는 것이다.
- 범위와 통합성이 수평적 조직에 해당된다.

(2) 수직적 조직(종적 조직)

- 시간의 연속성을 토대로 순서와 계열을 고려하여 교육내용을 배치하는 것이다.
- 어느 때 무슨 내용을 학습시킬 것인가, 학년에 따라 무슨 내용을 어떻게 가르칠 것인가에 관한 것이다.

  ex 1학년의 수학 내용과 2학년의 수학 내용을 어떤 내용으로 정하느냐의 문제이다.

- 계열성과 계속성은 수직적 조직에 해당한다.

2) 조직 요소

(1) 범위

- 스코프(scope)라고도 하는 범위는 교육내용을 조직하는 수평적 방법이다.
- 범위는 어떤 시점에서 배워야 할 내용이 무엇이고[내용의 폭] 얼마나 깊이 있게 배워야 하는가를 결정한다.

  ex 특정 학년의 학생들에게 화상의 원인에 대하여 가르칠 때 불, 뜨거운 액체, 뜨거운 물체, 화학 물질 등 많은 원인 중에서 무엇을 선택하여 어느 정도의 깊이까지 가르칠 것인가를 결정하는 것.

(2) 통합성(integration)

- 통합성은 교과와 교과 간 또는 학습경험과 학습경험 간의 횡적인 조직이다.
- 관련 있는 내용들을 동시에 혹은 비슷한 시간대에 배열하여 교육내용들을 상호보강, 연결 또는 통합하는 것이다.

  ex 화재 안전에 관하여 배운 내용을 다른 교과 영역에서 자연보호 문제와 관련지어 새로운 각도에서 학습할 수 있도록 한다.

(3) 계속성(continuity)

- 교육내용의 수직적 조직 원리이다.

- 계속성은 중요한 개념, 원리, 사실 등을 기억하기 위하여 일정 기간 계속해서 반복 학습하도록 조직하는 것이다.

  ex 화재 예방에 관한 내용을 초등학교, 중학교 등에서 계속 반복하여 학습한다.

  ex 민주적인 생활태도, 상호 협동, 실용성 등의 학습을 여러 학년, 여러 상황에서 여러 번 반복하여 학습한다.

(4) 계열성(sequence)

- 교육내용을 조직하는 수직적 방법이다.

- 학습자가 어떤 내용을 먼저 배우고 어떤 내용을 나중에 배우는가, 교육내용을 배우는 순서를 결정하는 것이다.

  ex 화재 예방을 가르칠 때 초등학교 1학년에게 가르칠 내용과 2학년에게 가르칠 내용은 달라질 수밖에 없다. 계열성은 교육내용을 가르칠 학교 급, 학년, 학기, 월, 주, 차시별 등의 순서를 결정하는 것이다.

계열화의 방법

- 단순한 것에서 복잡한 것으로 가르친다.
- 전체로부터 부분으로, 또는 부분에서 전체로 가르친다.
- 사건의 연대기적 순서로 가르친다.
- 구체적 경험에서부터 추상적인 개념의 순서로 가르친다.
- 계속성이 학습한 것을 단순 반복한다는 의미가 강하다면, 계열성은 심화 · 반복의 의미가 강하다.

4. 교수-학습의 과정

1) 수업활동
- 좁은 의미의 교수-학습의 과정이란 우리가 일반적으로 수업이라고 말하는 것이다.
- 수업이 효율적으로 이루어지기 위해서는 어떻게 교육내용을 잘 전달할 수 있을 것인가, 즉, 적절한 교수-학습의 방법이 모색되어야 한다.
- 강의법, 시범, 토의식 수업 등의 교수-학습 유형도 교수-학습의 방법이고, 동기유발방법, 매체의 적절한 사용 등이 모두 교수-학습의 방법에 관한 것이다.

2) 실제 지도 - 교수학습지도의 영역
- 단원: 교육과정 구성상 최소의 단위로서 그 자체만으로 교육내용의 통일성, 단일성, 전체성, 통합성을 지닌 것을 의미한다.

5. 교육평가
- 후속 교수-학습의 질 향상을 위하여 학습 성과 및 수업평가를 계속적으로 과정 평가한다.
❶ 원래 운영 계획대로 활동들이 이루어졌는가?
❷ 계획된 양질의 자원(인적, 물적)이 계획된 시간에 투입되었는가?
❸ 원래 의도한 계획상의 대상 집단을 상대로 실시되었는가?
❹ 관련된 법규나 규정에 순응하였는가?

문제 1 다음에서 잠재적 교육과정에 대한 설명이 아닌 것은?

① 계획되지 않았으나 학교생활을 통하여 학생들이 습득하는 모든 경험을 가리킨다.

② 가르치지 않음으로써 교육적 결과를 가져오게 하는 교육과정이다.

③ 학교의 물리적 조건, 제도적·행정적, 사회적·심리적 상황 등을 통하여 학습된다.

④ 학생의 정의적 측면에서 장기적인 영향을 미친다.

정 답 ②

해 설 가르치지 않아서 교육적 결과를 가져오는 교육과정은 영 교육과정이다.

문제 2 학습자들로 하여금 탐구과정을 통해 일반화된 원리를 발견하게 하는 교육과정은 무엇인가?

① 교과중심 교육과정   ② 경험중심 교육과정

③ 학문중심 교육과정   ④ 인간중심 교육과정

정 답 ③

해 설 학문중심 교육과정은 지식의 구조, 원리, 핵심개념을 중시하고 학습자의 탐구과정을 중시한다.

문제 3 다음에서 수직적 조직의 요소인 것은 무엇인가?

①계열성   ② 범위

③ 통합성   ④ 스코프

정 답 ①

해 설 교육내용 조직에 있어서 수평적 조직의 요소에는 범위(스코프)와 통합성, 수직적 조직의 요소에는 계속성과 계열성이 있다.

- 교육과정(curriculum)은 교육목적을 달성하기 위하여 무엇을 가르치고 배울 것인가, 즉 교육내용을 다루는 학문이다.

- 공식적 교육과정은 의도되고 계획되어 공적인 문서에 담긴 교육과정으로 표면적 교육과정 또는 명시적 교육과정이라고도 한다.

- 잠재적 교육과정은 계획되지 않았으나 수업이나 학교생활을 통해 학생들이 습득하는 모든 경험을 가리킨다.

- 영(零) 교육과정은 학교에서 소홀히 하거나 공식적으로 가르치지 않는 교과나 지식, 사고 양식으로, 가르치지 않음으로써 교육적 결과를 가져오게 하는 교육과정이다.

- 교육과정 결정주체에 따른 분류에는 국가수준 교육과정, 지역수준 교육과정, 학교수준 교육과정이 있다.

- 우리나라의 교육과정 체제는 현재 중앙집권적인 체제와 지방분권적 교육과정 체제의 절충 형태를 취하고 있다.

- 교과중심 교육과정은 가장 오래된 전통을 가진 교육과정으로 지식의 체계를 따라 각 교과 별 학습 계열을 중시하며 교과 간에 연결이 거의 없는 분과 형식이다.

- 경험중심 교육과정은 진보주의 교육철학에 기초를 두며, 학생들의 흥미, 욕구, 필요, 경험, 생활에서의 문제해결을 중시한다.

- 학문중심 교육과정은 본질주의의 영향을 받아 일어났으며, 지력의 개발을 교육의 기본목적 으로 한다.

- 학문중심 교육과정은 기본적 원리, 핵심개념, 학습자의 탐구과정을 중시한다.

- 인간중심 교육과정은 인간형성, 전인교육을 강조한다.

- 교육과정의 일반적 단계는 교육목표의 설정, 교육내용의 선정과 조직, 교수-학습의 과정, 평가로 이루어진다.

- 교육내용 선정의 일반적 원리에는 타당성의 원리, 확실성의 원리, 중요성의 원리, 사회적 유용성의 원리, 인간다운 발달의 원리, 흥미의 원리, 학습가능성의 원리 등이 있다.

- 교육내용 조직은 수평적 조직(범위와 통합성)과 수직적 조직(계속성, 계열성)으로 나뉜다.

다음 학습 예고

다음 Chapter에는 "**10. 교수-학습론**"에 대해 학습하겠습니다. 수고하셨습니다.

교수 – 학습론

복습점검 | 다음 설명이 맞으면 O, 틀리면 X를 하세요.

문제 1   교육과정의 유형 중에서 교과중심 교육과정은 형식도야이론에 이론
적 기초를 둔다.

정 답   O

해 설   형식도야이론은 인간의 마음은 몇 가지의 능력들로 구성된다고 본다.

문제 2   브루너(J. S. Bruner)는 교육과정의 유형 중 학문중심 교육과정의 대
표적인 학자이다.

정 답   O

해 설   브루너(J. S. Bruner)는 지적 수월성 교육을 강조하며 본질주의
교육철학의 영향을 받음.

문제 3   타일러(R. W. Tyler)의 교육과정 개발모형 구성요소에는 교수-학습
과정을 포함시켰다.

정 답   X

해 설   그는 교육과정과 수업은 하나의 과정임을 주장하면서 교수-학습과정을
구성요소에 포함시키지 않은 것이 특징이다.

제1절	학습동기이론
1. 교수-학습론 기초	상호작용; 교수; 학습; 자극과 반응의 결합; 좋은 수업
2. 학습동기론	욕구; 동기; 유인; 학습동기; 내재적 동기; 외재적 동기; 동기유발
3. 학습동기 유발	자발성의 원리; 내적 동기유발; 켈러의 학습동기유발(ARCS)이론

1. 교수-학습론 기초

1) 교수-학습의 개념

- 수업은 가르치고 배우는 활동이며, 이 활동은 곧 교수-학습이라는 두 단어에서 분명히 드러난다.
- 또한 교수행위는 학습이 효과적으로 일어나도록 계획하고 실행하는 일이므로, 교수-학습과정은 서로 분리된 것이 아니라 상호작용한다.

2) 교수와 학습의 비교

구분	교수	학습
중심	교사 중심	학생 중심, 교사는 안내자, 조력자
목표 존재 여부	일정한 목표가 존재함	있을 수도, 없을 수도 있음

변수	독립변수	교사가 제시한 교과범위 내에서 일어나는 종속변수
교사가 가르치는 내용	일의적(一義的)	다의적(多義的)
입장 차이	학습의 문제점을 찾아 지도하는 처방적 행동	학생 행동의 결과를 그대로 기술하는 기술적 입장
연구 대상	교실 사태	동물 대상으로 실험실 또는 단순화된 수업장면을 대상

3) 학습의 정의

- Pavlov, Thorndike: 학습을 '자극과 반응의 결합'으로 봄.
- Kohler, Koffka: 학습을 '통찰에 의한 관계의 발견'으로 봄.
- Skinner: 학습을 '강화에 의한 조건화 과정'으로 봄.
- 일반적 개념: 학습이란 경험이나 연습의 결과로 발생되는 비교적 영속적, 지속적인 행동의 변화이다. 단, 생득적 변화, 성숙에 의한 변화, 일시적인 변화는 학습에서 제외된다.

4) 이상적인 수업이란?

- 수업목표를 명확히 하고 이를 학습자에게 확인하도록 한다.
- 학습자의 지적, 정서적, 사회적, 신체적 발달이 조화롭게 이루어지도록 한다.
- 학습자의 탐구심을 충족시켜 주어 창의성이 신장되도록 한다.
- 학습자를 중심으로 그들의 필요, 흥미, 노력에 기초하여 수업을 전개한다.
- 학습자의 개인차를 존중하고 이에 알맞은 수업방안이 모색되어야 한다.

2. 학습동기론

1) 동기란 무엇인가?

- 동기란 유기체로 하여금 어떤 행동을 하게 하거나 하지 않게 하는 유인(誘因)이다. 사람은 자신의 특정한 행동이 자신의 욕구를 충족시켜 줄 것이라고 기대하거나 또는 결과적으로 충족시켜 줄 때 그 행동을 하게 된다.
- 이렇게 어떤 사람을 내적으로 움직여 특정한 행동을 하도록 만드는 욕구가 동기(motive)이며, 행동하도록 이끄는 것이 동기유발(motivation)이다.
- 동기란 인간의 행동을 촉발시키고 촉발된 행동을 유지하여 일정한 행동방향으로 이끌어가는 과정의 총칭이다.

2) 동기의 기능

동기의 기능에는 다음과 같은 네 가지가 있다.

(1) 시발적 기능: 특정한 행동을 유발시키는 기능이다.

ex 일단 공부를 시작하게 하는 것이다. 일단 무슨 얘기를 하는지 들어나 보자.

(2) 지향적 기능: 동기는 목적지향적인 것으로 행동의 방향을 선택하게 하는 기능이다.

ex "아! 이걸 배워서 [...]을 하면 좋겠다.", "이걸 배워서 고장이 난 기계를 고칠 수 있을 테니 배워두자!"

(3) 강화적 기능: 행동의 강도에 영향을 미치는 기능이다.

ex 공부를 시작해서, 목표를 향해 가기는 하는데, 얼마나 열심히 할 것인가, 약하게 할 것인가를 결정한다.

(4) 지속의 기능: 행동의 지속성에 영향을 미치는 기능이다.

ex 얼마나 지속할 것인가, 금방 시들해져서 그만둘 것인가에 영향을 미친다.

3) 동기의 종류

동기의 종류는 크게 내재적 동기와 외재적 동기로 나눌 수 있다.

(1) 내재적 동기(내발적 동기)

- 내면화된 동기유발로서 자신의 목적이나 자기 보상, 목표완수 등을 위해 뭔가 행하고자 하는 동인이다.
- 욕구, 흥미, 호기심 등 어떤 일 자체를 위해 동기유발이 되므로 보람 과 성취감을 즐기며 자발적으로 행동한다.

(2) 외재적 동기(외발적 동기)

- 행위의 외부에 존재하는 보상이나 처벌, 사회적 압력 때문에 특정 행 동이나 과업을 수행하고자 하는 것이다.
- 외부의 보상을 위해 행동하므로 일 자체에는 흥미가 없다.

구분	내재적 동기	외재적 동기
형태	자연 발생적	인위적 발생
목적	때문에 (REASON : 이유)	위하여 (CAUSE: 원인)
방법	능동	수동
주체	자기 자신	타인

지속	장기적	단기적
육성방법	호기심, 즐거움, 보람, 기쁨, 성취 동기, 동일시	칭찬, 상벌, 보상, 강화

(3) 내적 동기와 외적 동기의 관계

- 사람이 동기에 의해 특정한 행동을 하게 될 때 내적 동기와 외적 동기 중 한 가지 동기에 의해서만 동기가 유발되는 것은 아니다.
- 예를 들어서 대부분의 학생들이 공부하는 데에는 호기심을 만족시키려는 내적 동기와 공부를 잘하여 다른 사람들에게 칭찬을 받으려는 외적 동기가 함께 작용하는 것이다.
- 외적 동기는 외적 보상이 없어질 때 지속되기 어려우므로, 외적으로 유발된 동기는 내적 동기로 전환되는 것이 바람직하다.
- 일반적으로 보통 이상의 학업성취를 보이는 학생들은 내적 동기에 의하여 쉽게 학습동기가 유발되며, 능력수준과 성취수준이 낮은 학생들은 외적 동기에 의하여 학습동기가 유발되기 쉽다.
- 교사는 내적 동기유발과 외적 동기유발을 적절히 활용하는 것이 바람직하다.

4) 학습동기와 성취동기

(1) 기본적 동기와 성취동기

- 기본적 동기: 생존과 직접 관련된 생리적 동기
- 학습된 동기로서의 성취동기: Murray의 성취동기 검사TAT(Thematic Apperception Test)투사법

(2) 학습동기와 성취동기의 관계

- 학습에 작용하는 학습동기는 학습의욕을 일으키는 내적인 힘이라고 할 수 있다.
- 학습과 밀접한 관계를 맺고 있는 동기로는 성취동기가 있다.
- 성취동기란 도전적인 과제를 성취함으로써 만족을 얻으려는 동기이다.
- 매클런드(D. McClelland)는 성취동기가 높은 사람의 행동 특성은 다음과 같은 특성을 가지고 있다고 하였다.

❶ **과업지향성:** 어렵고 힘든 일, 자신의 능력을 과시할 수 있는 일에 흥미를 가지며, 결과에서 얻는 보상이나 지위보다는 일 자체를 성취하는 과정을 즐긴다.

❷ **적절한 모험성:** 어느 정도의 모험성이 포함되는 일에 도전하여 자신의 힘으로 성취하는 과정에서 만족감을 느낀다.

❸ **성취가능성에 대한 책임감:** 과업수행에서 다른 사람들보다 높은 자신감을 가진다.

❹ **정력적·혁신적 활동성:** 정열적으로 열심히 일하며 일에 보다 열중하고 새로운 과업을 찾는다.

❺ **결과를 알고 싶어 하는 성향:** 자신이 하는 일의 진행 과정, 예상되는 결과에 대하여 알고 싶어 한다.

❻ **미래지향성:** 미래에 이루게 될 성취과업과 만족을 기대하면서 현재의 어려움을 이겨나간다.

3. 학습동기 유발

1) 교수-학습지도의 원리

(1) 자발성의 원리

학습지도는 내적 동기가 유발된 학습을 시켜야 한다는 원리로, 유사한 원리로는 자기활동의 원리, 흥미의 원리, 노작의 원리 등이 있다.

(2) 구현방법

자발성의 원리에 맞게 전개해 나가자면 학습의 동기를 잘 유발해야 하는데, 그 방법은 내적 동기유발과 외적 동기유발이 있다. 내적 동기유발은 동기가 학습활동 그 자체 가운데 있고, 외적 동기유발은 학습자 이외의 제3의 상찬, 벌에 의해 일어난다.

(3) 개별화의 원리

학습자 자신의 요구와 능력 등에 알맞는 학습활동의 기회를 마련하여 주어야 한다는 원리이다.

(4) 구현방안

가) 종래의 학급편성을 유지하는 것

지진아, 우수아의 특별지도, 지도자학, 능력별 편성, 이수과정을 달리하는 지도

나) 학급을 해체한 개별지도

- Burk's 개별시스템: 개인 능력 차에 따른 학습내용을 학습시켜 평가 진급시키는 방법
- Dalton Plan(Parkhurst): 자유와 협동의 원리에 입각한 자주적이고, 개별적인 교수-학습방법(실험실 설치, 과제계약, 진도표에 의해 진행)
- Winnetka System(Washburne): 특별히 고안된 교과서로 개인능력에

따라 자율학습하여 진도를 평가하고, 새로운 과제가 주어지는 방법
- St. Louis Plan: 학습결손에 의한 학습부진을 최소 한도로 줄이기 위한 방법
- Batabia Plan: 다인수 과밀학급에서 학급 부진아를 감소시키기 위하여 창안된 방법

2) 학습동기유발의 일반적인 방법

- 동기유발은 유기체 내에서 일어나는 동인(動因)(drive)과 환경에 의해서 일어나는 유인(誘因)(incentive)과의 상호작용에 의하여 그 과정이 결정된다.
- 학습동기를 유발시키는 요인들은 여러 가지가 있지만, 거의 대부분은 켈러가 제시한 주의집중, 관련성, 자신감, 만족감의 네 요소에 포함된다. 이 네 가지 요소를 고려한 동기유발 기법을 소개하면 다음과 같다.

(1) 학생의 일상생활 경험을 문제로 구성하여 질문하는 방식

(2) 생활환경과 교실환경을 변화시키는 것

(3) 학습주제에 관한 발표를 시키는 방식

❶ 수업을 흥미 있게 하여 주의를 집중시킨다.

신기한 그림이나 소리, 인상적인 도표, 믿기 어려운 통계 등을 사용하여 도입 부분에 학습자들이 흥미를 가질 수 있는 요소를 제시한다.

❷ 다양한 수업방법을 활용한다. 처음에 재미가 있어서 주의를 집중했다고 하더라도 수업이 단조로워지면 계속 집중하지 않을 때가 생긴다. 한편 지나치게 자주 바꾸면 오히려 수업의 흐름이 깨질 수 있으므로

주의해야 한다. 시청각자료를 제시하거나 교수매체를 다양하게 활용하는 것도 방법이 될 수 있다.

❸ 학습자가 학습목표가 자신과 관련성이 있다는 것을 깨닫게 한다. 수업이 아무리 재미있다고 하더라도 뚜렷한 이유가 없다면 학습자는 수업에 지속적으로 집중하지 않는다. 학습자는 학습목표가 자신의 실제 생활과 관련이 있는 것일 때 관심을 가진다.

❹ 학습자가 자신감을 가질 수 있도록 한다.
과제가 너무 쉬우면 지루할 것이고, 과제가 너무 어려우면 좌절할 것이다. 학습자는 자신이 합리적인 노력을 할 때 높은 성공을 할 수 있다고 생각되는 적당히 도전적인 과제에 동기화 된다.

❺ 학습자가 학습에서 만족감을 가질 수 있도록 한다. 학습 결과를 사용하면서 만족할 수 있는 기회를 제공할 때 만족감을 높일 수 있다. 즉, 학습자가 배우면서 회상하고, 생각하고, 과제를 수행하고, 문제를 해결하는 데 필요한 연습을 할 수 있는 기회를 제공해야 한다.

❻ 학습활동을 하는 중에 학업성취에 대한 걱정이나 불안을 최소화한다. 교육의 마지막에는 평가가 학생 또는 교육생들을 기다리고 있다. 학습자들이 낮은 성취나 실패에 대한 두려움과 걱정에서 벗어나지 못하면 수업에 집중하기 어렵다. 따라서 교육내용은 학습자가 노력한다면 좋은 성취를 할 수 있을 것이라고 믿을 수 있는 정도의 수준이어야 한다. 교육내용은 처음에는 쉬운 것으로 시작하여 어려운 것으로 진행하는 방식으로 조직되어야 한다.

❼ 학습자의 반응에 즉각적인 피드백을 제공한다. 학습자는 자신이 과제를 정확하게 수행하고 있는지에 대하여 알고 싶어 한다. 따라서 교사는 성취결과를 즉각적으로 알려주어 학습자가 다음 목표를 설정할 수 있도록 해야 한다.

❽ 진보된 성취에 대하여 격려하고 칭찬한다. 학습자의 성취결과를 다른 사람의 것과 비교하지 말고 학습자가 이전보다 더 잘 성취한 것에 대하여 칭찬한다.

3) 내적 동기유발 방법

❶ 자율적으로 선택하고 결정할 수 있는 기회를 제공한다. 자율적인 학습자는 처음부터 끝까지 자신의 선택이나 결정이 배제되는 것을 싫어한다. 따라서 교수 목표범위 내에서 학습자가 자신의 시간과 노력의 조직에 대한 결정, 창의적으로 연습할 수 있는 기회, 문제해결 방식 등을 선택할 수 있는 기회를 제공해야 한다. 이렇게 할 때 학습자는 학습의 결과에 대한 책임감을 가질 수 있다.

❷ 학습자가 적극적으로 반응할 수 있는 기회를 제공한다. 대부분의 학습자는 교사 또는 다른 학습자들과 원활하게 상호작용할 수 있을 때 적극적으로 활동한다. 간단하게는 질문을 활용하는 것도 한 가지 방법이 될 수 있다. 또는 프로젝트, 실험, 역할극, 모의실험, 교육적 게임을 활용하여 학습자들로 하여금 활동에 참가할 수 있는 기회를 만들 수도 있다.

❸ 학습자가 과제를 완성하도록 한다. 자율적인 학습자는 자신이 완전히 해결했을 때 더욱 큰 성취감과 만족감을 느낀다. 교사는 학습자가

과제해결을 할 수 있도록 도와주는 것에 그치고 완성은 학습자가 하도록 하는 것이 좋다.

4) 외적 동기유발방법

❶ 격려나 칭찬을 한다. 학습자가 성취를 보일 때 격려나 칭찬을 받으면 학습자는 더욱 열심히 하려는 열의를 가지게 된다. 특히 학습자들은 과제가 어려울 때 교사의 격려나 칭찬에 더 영향을 받는다.

알아두기 _____

새로운 과제를 학습하는 초기단계에서는 학습자가 쉬운 것이라도 해결했을 때마다 연속적으로 칭찬이나 격려를 해야 학습자들의 과제수행이 촉진된다. 그러나 학습이 충분히 진전된 다음에는 간헐적으로 칭찬이나 격려를 해 주는 것이 좋다.

❷ 상을 보상으로 사용한다. 칭찬이나 인정도 보상이 될 수 있다. 상품, 상장 등도 보상이 될 수 있다. 수업 중에 퀴즈를 풀거나 특별한 과제를 수행한 사람이나 집단에게 상이나 경품을 거는 것도 수업을 재미있게 만들 수 있다. 그러나 내적 동기유발을 좋아하는 학습자에게는 상의 남발이 오히려 동기유발에 방해가 될 수 있으므로 적절히 사용해야 한다.

5) 학습 동기유발의 구체적 방법
(1) 학생의 흥미를 갖도록 지도 (능력에 맞는 학습, 놀이중심의 학습, 성공감을 갖도록, 시험에 자주 나옴을 강조 등)
(2) 학습의 목적을 학습자가 명확히 알게 할 것

(3) 학습결과를 바로 정확히 알려줄 것

(4) 성공감을 갖게 하고 실패감을 맛보게 하지 말 것

(5) 상벌이라는 수단을 효과적으로 사용할 것

6) 상벌의 효과적인 사용법

(1) 상은 결합을 강화하나 벌은 결합을 강화시키지 않고, 단지 간접적
   작용만 한다.

(2) 강화가 학습결과를 잊지 않게 하는 근본원리이다.

(3) 칭찬은 성적을 향상시키나, 힐책은 점차 성적을 저하시킨다.

(4) 칭찬은 누구에게나 효과가 있으나, 벌은 지능이 낮은 학생, 여학생,
   내향성 학생은 효과가 없다.

(5) 상벌의 효과는 주고 받는 사람과의 관계, 장면의 분위기 등에 의해
   달라진다.

(6) 상은 과다함을 피하고, 적당하여야 한다.

7) 켈러의 학습동기유발(ARCS)이론

- 켈러에 의하면, 동기란 학습자가 목표나 내용을 선택하고 그것을 성
  취시키려고 노력하는 정도라고 정의한다.
- 학습동기를 유발시키는 요인으로는 주의력(Attention), 관련성
  (Relevance), 자신감(Confidence), 만족감(Satisfaction) 등이 있다.

(1) A. 주의력(Attention)

- 동기의 요소로서 어떻게 하면 학습자의 주의를 끌어 학습자를 집중
  시키느냐에 관심을 둔다. 주의력이란 학습동기를 유발하기 위해서
  학습하는 일에 집중할 수 있도록 호기심을 자극하여 관심을 유지시

키는 것이다.

- 이러한 주의력 유발 및 유지전략으로는 교수 자료의 제시 기법을 다양하게 가져가는 것이 있다. 주의력 유발 및 전략으로는 ❶ 구체적 예를 활용하기, ❷ 익숙한 경험과 생소한 경험을 동시에 제시하되, 경험적 요소들을 비유적으로 제시하기, ❸ 특이한 상황이나 문제의 사태 등을 제시하여 관심을 유지하는 것이다.

(2) R. 관련성(Relevance)

- 학습자들이 왜 학습해야 하는가에 대한 해답을 제시하는 것이다.
- 학습자는 학습활동이 자기 자신의 관심영역과 관련성이 있을 때 적극적으로 학습활동에 참가하게 되므로 학습자들의 흥미에 부합되면서 학습자들에게 의미와 가치가 있다는 것을 인식시켜 주어야 한다.
- 관련성을 인식시킬 수 있는 전략으로는 학습자의 흥미와 관심에 기초한 실재의 경험 자료를 활용하여 친숙하게 만들어 주는 것이 필요하다.

(3) C. 자신감(Confidence)

- 학습자가 스스로 학습상황을 조절하고 자기통제가 가능하도록 한다. 자신감이란 학습자 스스로가 기대하는 목표를 성취할 수 있을 것이라고 믿는 것을 말한다.
- 학습목표에 대한 자신감을 가질 때 학습 동기는 유발된다. 자신감이 향상되기 위해서는 학습의 목표를 분명하게 일러주어야 하고, 난이도의 수준에 따라 학습과제를 계열화하여야 한다.
- 그리고 학습자의 개인적 학습전략을 적용하는 등은 학습자들의 학습목표에 대한 자신감을 향상시킬 수 있는 전략이다.

(4) S. 만족감(Satisfaction)

- 적용의 기회를 주거나 보상을 제공하여 동기를 계속 유지시키는 역할을 한다.
- 학습자의 노력의 결과가 자신의 기대와 일치할 때 만족감을 느낀다.
- 그렇게 되면 학습 동기는 계속 유지될 것이며, 그 결과로 학업성취수준도 향상된다.
- 만족감 부여 전략으로는 학습의 내용을 일반화하여 적용하기, 수행한 결과에 대한 다양한 피드백, 외적 보상보다 내적 보상이 주어져야 한다.

8) 학습동기이론 연구결론

❶ 과도한 동기유발은 효과적인 학습을 저해한다.
   – 허록의 상벌이론: 들떠있으면 역효과
❷ 상은 벌보다 학습을 촉진한다.
❸ 내발적 동기는 외발적 동기보다 효과적이다.
❹ 성공이 실패보다 학습의욕을 강하게 발휘시킨다.
❺ 학습결과를 알려주었을 때가 알려주지 않았을 때보다 성적이 올라간다.
❻ 학습자의 능동적인 참여는 수동적인 참여보다 더 효과적이다.
❼ 성공할 수 있다는 자기만족적 예언이 있을 때 더욱 효과적이다.

제2절	**학습이론과 정보처리이론**

1. 학습이론 (learning theory) 개요	행동주의; 인지주의; 요소들 간의 관계; 구성주의
2. 정보처리 학습이론	컴퓨터와 같은 정보처리자; 감각기억; 단기기억
3. 기억강화 방법과 교수–학습에의 적용	주의 집중; 심상의 이용; 정보의 조직화; 의미화

1. 학습이론(learning theory, 學習理論) 개요

- 행동주의 학자들은 자극과 반응으로 학습이론을 제시했고 인지주의 학습이론에서는 학습의 문제를 구성하는 요소들 사이의 관계를 발견하는 과정이라고 정의한다.
- 행동주의 학자들은 외적 행동을 연구대상으로 삼는 데 비해, 인지주의 학자들은 환경과 행동 간의 중간과정인 인간의 내적 과정(인지과정)을 연구대상으로 상정한다.
- 또 행동주의에서는 학습이 자극 행동의 시행착오적인 방법으로 이루어진다 한 데 반해, 인지주의 학자들은 학습의 단위를 '요소들 간의 관계'로 파악하며 이러한 관계는 통찰에 의해 발견된다고 가정하였다.
- 행동주의에서는 전체는 부분의 합으로 보았으나 인지주의에서는 부분의 합보다 크다고 가정했다.

학습이론에는 크게 행동주의 심리학자들의 전통에서 출발하여 인지심리학으로부터 나온 이론과 컴퓨터의 운용원리에 기초한 정보처리이론 등이 있다.

1) 행동주의 학습이론

- 개체가 그들의 특정 환경 속에서 살아 움직이고 있다는 점에서 학습을 행동의 변화라고 주장한다.
- 오로지 관찰 가능한 행동과 행동변화에만 관심을 모으고 있다.
- 관찰 가능한 것을 연구대상으로 삼으며 학습이 반복적인 연습과 경험에 의해 이루어진다고 주장한다.
- 즉 행동주의 관점에서의 학습이란 학습자가 수업의 결과로써 사전에 만들어진 목표, 즉 명세화된 지식, 기능 및 태도를 완전 학습할 수 있도록 수업을 하여 관찰할 수 있고, 측정할 수 있는 학습자의 반응이 학습의 성과로 나타난다.
- 또한 교사에 의해 주어진 정보를 모든 학습자들이 동일하게 학습하고 차이점을 확인하는 것이 수업의 목적이다.
- 행동주의 학자들은 학습을 경험의 결과로 발생하는 행동의 변화로 정의한다는 점에서는 의견의 일치를 보인다.
- 그들은 경험이나 행동과 같은 용어보다는 자극(stimulus/S)과 반응(response/R)이라는 용어를 즐겨 사용한다.
- 자극과 반응이라는 용어를 이용하여 학습의 정의를 다시 표현하면 학습이란 'S-R 연합'이다.
- 이러한 점을 강조하여 행동주의 학습이론을 'S-R 이론'이라고도 한다.
- S-R 이론은 다음의 몇 가지 가정으로부터 출발한다.
- 첫째, S-R 이론은 관찰가능한 외적 행동만을 연구한다.

- 둘째, 인과론에 관한 가정이다. 모든 현상은 인과적인 관점에서 이해되어야 하기 때문에 원인으로서의 자극과 결과로서의 반응 간의 관계, 즉 학습현상은 S-R 관계로 이해되어야 한다는 것이다.
- 셋째, 전체는 부분의 합이라는 가정을 한다. 따라서 복잡한 환경과 복잡한 행동 간의 관계는 수많은 S-R 연합으로 여겨질 수 있다.
- 넷째, S-R 이론에서는 인간의 학습과 동물의 학습 간에는 양적 차이만 있을 뿐 질적 차이는 없다고 가정한다. 구체적인 S-R 이론의 학습 종류로는 연합학습·반응학습·근접학습·작동학습 등이 있다.

2) 인지주의 학습이론

- 행동주의 학습관과는 다른 인지주의 학습관은 본질적으로 환경에 대한 강조점에서부터 내적인 구조에 대한 강조점으로 이동된다는 것을 의미한다.
- 인간은 세상사들의 의미를 이해하기 위해 모든 정신적인 도구를 사용한다. 개개 학생이 무엇을 배울 것인가 하는 것은 그 학생이 이미 알고 있는 것이 무엇이며 또 새로운 정보를 어떻게 처리하는가에 달려 있다.
- 즉 인지주의 관점에서의 학습이란 학습자 내부의 인지 구조의 변화가 학습이라는 것이다.
- 외부로부터의 정보를 받아들여서 자신의 인지 구조 속으로 포함시키는 일련의 과정이 학습의 과정이자 원리가 된다.
- 학습은 어떤 모델을 관찰함으로써 이루어진다는 이론을 인지적 행동주의 학습, 사회적 학습, 관찰학습, 모방학습 등으로 부른다(인지심리학). 반두라는 인간이란 내적인 힘이나 환경의 힘 중 어느 한쪽에 의해서만 지배되는 것이 아니라 2가지 변인의 끊임없는 상호작용의 관점에

서 설명되는 것이라고 주장했다.

- 관찰학습 과정은 주의집중단계·파지단계·재생단계·동기화단계라는 4가지의 단계로 구분된다.

- 행동주의의 전통과는 달리 학습은 외적 행동을 불러일으키는 내적 과정을 통해서 이루어진다는 인지주의의 논의가 있다.

- 인지주의 학습이론에서는 학습을 문제를 구성하는 요소들 사이의 내적 관계와 문제를 구성하는 요소와 스키마타(schemata) 간의 외적 관계를 발견하는 과정이라고 정의한다.

- 인지주의 학습이론은 다음 몇 가지의 가정에서 출발한다. 첫째, 연구대상에 관한 가정이다. 행동주의 학자들은 외적 행동을 연구대상으로 삼는 데 비해, 인지주의 학자들은 환경과 행동 간의 중간과정인 인간의 내적 과정(인지과정)을 연구대상으로 상정한다.

- 둘째, 학습의 단위와 방법에 관한 가정이다. 행동주의에서는 학습의 단위를 'S-R 연결'로 보고, 이 연결은 주로 시행착오적인 방법으로 이루어진다고 가정하는 데 반해, 인지주의 학자들은 학습의 단위를 '요소들 간의 관계' 또는 '요소와 스키마타 간의 관계'로 보고, 이러한 관계는 통찰에 의해 발견된다고 가정한다.

- 셋째, 인간과 동물의 차이에 관한 가정이다. 인지주의 학자들은 행동주의 학자들과는 달리 인간의 학습과 동물의 학습 간에는 양적인 차이가 있는 것이 아니라 질적 차이가 있다고 가정한다.

- 넷째, 전체는 부분의 합이 아니라 그 이상이라는 가정이다. 이러한 인지심리학에서 대표적인 학습이론으로 쾰러의 통찰학습과 발레트의 스키마 학습을 들 수 있다.

3) 구성주의 학습이론

(1) 개요

- 구성주의 학습이론의 핵심은 학습자 스스로 정보를 발견하고 변형하려고 하는 능동적인 학습자로 간주하고 있다.
- 즉 학습자는 끊임없이 새로운 정보를 점검하고 수정한다. 이러한 점 때문에 구성주의 학습이론이 과거의 수동적인 학습관에 비해 능동적인 학습관으로 간주될 수 있다.
- 즉 구성주의 관점에서의 학습이란 학습자의 능동적인 지식 구성 과정이 학습이다.
- 또한 학습자들이 문제해결이나 창의적 사고를 통하여 지식을 학습하는 데 수업의 목적이 있다고 본다.
- 구성주의 학습 이론은 최근 들어 가장 영향력 있는 이론 중의 하나로 여겨지고 있으며, 앞으로도 더욱 많은 영향을 미칠 것이다.
- 구성주의의 발달에 힘입어 인터넷과 더불어 다양한 매체가 학습 자원으로 활용되면서 구성주의 학습이론을 적용하려는 노력은 계속되고 있다.

(2) 구성주의 교수-학습원리

- 구성주의적 관점에서 볼 때 학습은 단순한 자극-반응 현상이 아니라, 자기조절과 반성과 추상을 통해 맥락에 적합한 지식을 구성하는 것이다.
- 학습자들이 반드시 알아야 할 지식과 기능 및 태도 등을 사전에 선정하여 목표로 삼는 객관주의적 접근과는 달리, 구성주의자들이 강조하는 교수-학습의 주된 목적은 주어진 맥락 속에서 사고활동을 촉진

함으로써 지식의 능동적 활용, 추론, 창의적·비판적·반성적 사고, 문제해결, 인지적 유연성을 함양하는 데 있다.

(3) 구성주의 학습원리

- 학습은 발달의 결과가 아니라, 학습이 곧 발달이다.
- 불균형은 학습을 촉진한다.
- 반성적 추상이 학습의 원동력이다.
- 학습은 원래 사회적, 대화적 활동이다.
- 학습은 구조의 발전을 지향한다.
- 학습은 상황에 기초하여 일어난다.
- 학습은 구성적, 능동적 과정이다.
- 학습은 도구와 상징을 통해 촉진된다.

(4) 구성주의 수업원리

- 학습에 대한 책무성과 주인의식 및 자율성을 강화한다.
- 참 과제를 설계하여, 유의미한 맥락 속에서 학습이 이루어질 수 있도록 한다.
- 고등 수준의 지식 구성에 역동적으로 참여하도록 한다.
- 협동학습을 통해 사회적 상호작용을 촉진한다.
- 비위협적이고 안전한 학습 환경을 제공한다.
- 학습내용과 학습의 과정 및 성과에 대해 스스로 반성하도록 고무한다.
- 다양한 관점들을 경험하고 평가할 수 있는 기회를 제공한다.
- 다양한 표현양식을 활용하도록 고무한다.
- 실제 수업의 맥락에서 학생들의 학습을 평가한다.

2. 정보처리 학습이론

1) 개요

- 정보처리이론은 컴퓨터 및 컴퓨터 프로그램의 발달과 더불어 급격히 발달하고 있다.
- 정보처리이론은 '인간·기계유추'(human-machine analogy)와 '사고·프로그램 유추'(thinking-program analogy)라는 컴퓨터 은유에 기초하고 있다.
- 인간·기계 유추란 인간은 복잡한 컴퓨터로 간주될 수 있고, 사고·프로그램 유추란 인간의 사고과정은 컴퓨터 프로그램으로 간주될 수 있다는 논리이다.
- 즉 인간을 '컴퓨터와 같은 정보처리자'로 간주한다.
- 정보와 관련된 인간의 내적 처리과정, 즉 인지과정을 컴퓨터의 처리과정에 비유하여 설명하는 이론.

〈행동주의적 접근과 인지주의적 접근 비교〉

행동주의적 접근	인지주의적 접근
• 인간을 다른 유기체와 마찬가지로 외부의 자극에 대해 단순히 기계적, 수동적으로 반응하는 존재로 본다. • 외적 행동만을 연구대상으로 삼는다. • 스키너의 작동적 조건화 이론에 근거하여 고안된 프로그램 학습, 부적응 행동의 치료요법인 행동수정, 학습이론 등 행동주의 심리학이 교육의 실천과 심리학에 미친 영향은 지대하다.	• 인지주의적 접근은 인간을 외부의 자극을 지각하고, 해석하고, 판단하는 등 능동적으로 처리하며 변형시키는 존재로 본다. • 환경과 행동 사이의 중간과정인 내면적 사고과정 즉 인지과정을 연구대상으로 삼는다. • 잠재학습, 통찰학습, 모방학습, 정보처리이론 등이 있다. 인지심리학의 대표적인 이론이다.

2) 인지기억학습의 단계

❶ 주의집중: 자극에 대한 선택적 반응

❷ 지각: 정보의 조직 및 해석 또는 경험에 대한 의미부여

❸ 시연: 작업기억에 의해 행해지는 기계적이고 반복적인 정보처리과정

❹ 부호화: 정교화된 시연의 과정으로 작업기억에 의해 장기기억으로 정보를 이동시키는 과정

❺ 인출: 장기기억 내에서의 정보탐색과정

❻ 일반화: 정보가 새로운 장면에 적용. 즉, 전이되는 과정

※ 고원 – 학습의 진보 중간에 정체현상이 나타나는 현상을 말한다. 긴장이나 피로, 과제의 곤란도 증가, 정서적 불안성 등의 원인으로 발생한다.

3) 정보처리단계

(1) 감각기억

- 감각등록기(sensory memory) 또는 감각기록기(sensory register)라고도 한다.
- 감각기관(시각이나 청각 등)으로 들어온 정보를 극히 짧은 순간 동안 저장하는 기억이다.
  (시각적 정보[영상기억]는 약 1초, 청각적 정보[잔향기억]는 약 4초)
- 감각기관이 감지할 수 있는 매우 많은 정보(자극)를 순간적으로 파지

하므로 용량이 상당히 크지만, 매우 짧은 순간만 파지되기 때문에 의식할 수는 없고, 즉시 처리하여 단기기억으로 전이하지 않으면, 정보가 소멸된다.
- 주의를 기울인 정보는 단기기억으로 전이된다.

(2) 단기기억(short-term memory)

- 작업기억 또는 작동기억(working memory)이라고도 한다.
- 단기기억의 내용은 감각기억에서 넘어온 정보와 장기기억에서 인출된 정보로 구성된다.
- 정보의 양과 지속시간에 제한이 있는데, 단기기억에서 동시에 활성화시킬 수 있는 양은 7±2 항목이며, 지속시간은 성인의 경우 12초 정도이다.(파지)
- 군단위화(群單位化, chunking)나 자동성 등을 통하여 제한된 단기기억의 정보의 양(기억범위)을 극복할 수 있다.
- 따라서 짧은 시간에 많이 기억하기 위해서는 정보를 청킹하는 것이 필요한데, 청킹이란 분리되어 있는 항목들을 보다 큰 묶음으로, 보다 의미 있는 단어로 조합하는 작업이다. 예를 들어, f, i, r, e 라는 네 철자를 따로 기억한다면 네 항목이지만 fire라는 단어로 조합하면 한 항목이 된다.

(3) 장기기억(long-term memory)

- 장기기억은 무한한 정보를 영구적으로 저장할 수 있는 저장고이다.
- 단기기억에 있던 정보는 시연이나 부호화에 의해 장기기억으로 전송되며 장기기억으로 전송되지 못한 정보는 소멸되어 망각한다. 장기기억은 몇 분에서 길게는 평생 저장되기도 한다.

- 일상생활에서 우리가 기억이라고 말하는 것은 흔히 장기기억을 의미하며, 어떤 과제가 1분 이상의 기억할 것을 요구한다면, 그것은 장기기억의 과제로 볼 수 있다.

> * 단기기억과 장기기억
> 전화번호부에서 새로 본 전화번호를 전화 다이얼을 돌리는 동안만
> 보유하는 것은 단기기억 작용이며, 이전의 자기 집 전화번호를 장기간에
> 걸쳐 기억하고 있는 것은 장기기억 작용이다.

(4) 인출(또는 재생)

- 인출(retrieval)은 장기기억에 저장된 정보를 탐색하여 단기기억으로 가져오는 과정이다.
- 망각을 피하려면 단기기억에서 정보를 장기기억으로 보낼 때 부호화, 조직화 등을 잘하여 장기기억에 체계적으로 저장하는 것이 필요하다.

> * 망각
> - 인출하여 사용할 수 없는 상태를 망각이라고 하는데, 망각은 기억의
>   부호화, 저장, 인출의 세 단계 중 어느 하나의 실패 때문에 생긴다.
> - 망각되었다는 것은 과거의 경험 내용을 상실한 것이 아니라
>   의식화하지 못할 뿐이다.
> - 장기기억에 입력된 것은 뇌 손상의 경우를 제외하고는 완전히
>   망각되지 않는다.

3. 기억강화 방법과 교수-학습에의 적용

1) 기억 강화 방법

(1) 주의집중

- 주어지는 자극의 크기, 색, 명암, 형태 등 자극의 속성에 주의를 집중하여 관찰하는 것이 장기기억에 도움이 된다. (감각기억에서 단기기억으로의 단계에서!)

(2) 심상의 이용

- 기억해야 할 자극을 머릿속에 구체적이고 직관적인 상으로 그려보는 것이다.
- 예를 들어, 어떤 실험에 필요한 도구들을 기억해야 하는 경우에, 도구들의 이름만을 외우는 것이 아니라 도구들의 모양을 머릿속에 그려본다.
- loci법(장소법): 기억해야 할 정보들을 자신에게 익숙한 거리, 장소 또는 대상과 연결지어 기억하는 방법이다.
- 추상적인 개념에는 사용하기가 어려운 점이 있다.

(3) 정보의 조직화 · 체계화

- 정보들의 관계를 찾아 요약하고 체계적으로 조직화함으로써 의미 있는 체계를 만든다.
- 이렇게 하여 기억해야 할 단위용량을 줄일 수 있다.
- 청킹하는 것도 이에 속한다.

(4) 의미화

- 기억해야 할 정보를 그 정보와 관련된 의미와 연결시키는 방법이다.
- 상점의 전화번호를 4989를 사용하면 기억하기가 쉬운 것이 그 예이다.

(5) 기술화

- 수학 공식을 암기하는 데 노래를 만들어서 부른다든가, 내용과 내용을 연결해주는 이야기를 만들어 암기하는 방법이다.

  ex 태정태세문단세 … 빨주노초파남보 하는 식으로 기억하는 것이다.

(6) 암기를 통한 반복 인출

- 암기·암송을 통하여 기억한 것을 능동적으로 회상한다.

(7) 언어나 신체적 활동

- 말이나 활동을 수반하면 기억에 도움이 된다.
- 예를 들어, 중요한 부분을 읽고 쓰면서 암기하는 것이 눈으로만 보는 것보다 더 잘 기억이 된다.

2) 교수-학습에의 적용

- 감각기억에는 매우 짧은 시간만 정보가 머무르다가 소실되므로 교육자료를 제시할 때 두 가지 이상의 감각정보를 동시에 제시하지 말아야 한다.
- 교사가 학습자에게 개별적인 사실만을 제공하지 말고 사실들의 관계성에 대해서도 설명하면 후에 장기기억에서 정보를 인출할 때 도움이 된다. 즉, 다양한 예제를 제시하고 상호 연관시켜 설명하면 효과적인 학습이 될 수 있다.

- 학습자들이 수업에 주의 집중할 수 있도록 하는 방법에는 시청각 교재를 활용하는 방법, 학생들의 호기심을 자극하는 방법, 중요한 부분을 강조하는 방법, 교사의 목소리 높낮이를 조절하거나 제스처를 활용하는 방법 등이 있다.
- 학습자들이 새로운 정보와 이미 알고 있는 내용을 연결시킬 수 있도록 도와준다.
- 기억을 강화하도록 배운 내용을 복습해 준다.

제3절	브루너(J. S. Bruner)의 발견학습 이론
1. 발견학습이론의 개요	학습자 스스로; 학습환경의 조성; 학습자의 탐구능력
2. 교육조건 및 특징	지식의 구조; 학습경향성; 계열성; 내적 동기유발
3. 인지발달과 지식의 표상양식 3단계	행동적 표상; 영상적 표상; 상징적 표상
4. 발견학습과 나선형 교육과정	학문중심 교육과정; 신본질주의 ; 학생의 수준
5. 발견학습의 장점과 교육적 시사점	유의미 학습; 문제해결능력; 동기유발 촉진

1. 발견학습이론의 개요

1) 개념

- 발견학습(發見學習, discovery learning)은 교사의 학습안내 활동을 최소로 하여 학습자가 스스로 학습목표에 도달할 수 있도록 학습 환경을 조성해 주는 학습형태이다.
- 발견이란 자기 자신의 지력을 사용하여 스스로 지식을 획득하는 모든 형태이다.
- 발견학습의 목표는 학습자의 탐구능력과 자발적인 학습의욕을 신장시키는 데 있으며, 학습방법의 학습과 문제해결력의 습득이 강조된다.
- 문제해결의 기술과 학습방법의 학습이다.

2) 교사와 학습자의 역할

- 교사는 학생들 스스로가 의미를 발견하게끔 교과를 제시해 주고, 근본개념들을 그들이 이해할 수 있는 언어로 학습할 수 있도록 하여, 궁극적으로는 학생들이 문제해결자가 되도록 도와주어야 한다.
- 학습활동에 학생의 능동적인 참여가 강조되며, 교사는 학습보조자의 역할을 수행한다.
- 학생들이 지식의 구조, 즉 기본 원리들을 알게 되면 교과 속의 문제들을 독자적으로 탐구하고 해결할 수 있게 된다.

2. 교육조건 및 특징

1) 교육조건

❶ **지식의 구조**: 표현방식, 경제성, 생성력/ (핵심적인 원리나 아이디어)

- 지식의 구조란 해당 지식을 성립시키는 일반적 원리나 기본적 관념을 말한다.
- 브루너의 발견학습 이론은 "어떤 발달단계에 있는 어떤 어린이에게도 교과를 어떤 정직한 형태, 즉 지식의 근본적인 구조로 표현한다면 어떠한 지식도 가르칠 수 있다"고 하는 가설에 근거한다.
- 교육과정은 학습자의 인지구조에 적응하는 표상 형태로 교과의 지식구조를 재조직하는 것이다.

❷ **학습경향성**: 준비도와 유사한 개념인 학습의욕을 교려해야 한다.

❸ **계열성을 강조**: 반복하되 발달단계가 높아짐에 따라 심화 확대시켜 나가는 단계

❹ **강화**: 내적동기유발을 강조

2) 특징

- 중간언어를 배제하고 원재료를 이용한 교육이다.
- 직관성 사고를 강조하고 하나하나의 문제를 아동이 직접 경험 관찰 실험을 통해 이끌어 가기 때문에 귀납적 사고이다.
- '기본구조'에 대한 철저한 학습을 강조한다.
- 학습효과의 전이를 중시한다.
- 학습의 결과보다 과정과 방법을 중요시한다.
- 학습자의 주체적인 학습을 강조한다.
- 학습과정에서 직관적 사고가 특별히 강조되며, 연역적 및 귀납적 사고의 과정을 중시한다.

3) 발견학습의 절차

- 문제의 발견 → 가설의 설정 → 가설의 검증 → 일반화(적용)
- 발견학습의 과정은 과제의 파악, 과제해결을 위한 가설의 설정, 가설의 검증, 적용의 단계로 이루어진다.

3. 인지발달과 지식의 표상양식 3단계

- 인지발달은 지식의 3단계 표상양식의 과정 즉 행동적 표상, 영상적 표상, 상징적 표상이라는 3단계를 거친다.

1) 행동적 표상단계

- 행동으로 인지를 표상하는 것, 학습자의 직접적인 행위가 포함되어 사물을 직접 조작하면서 이해하는 단계
  ⇒ 학령 전기의 아동들은 이전의 사건을 적절한 행동이나 동작을 통해서 재현할 수 있다. 예를 들어, 어린이는 자신의 집에서 가게까지

가는 길을 친구에게 말로 설명할 수 없지만, 이전에 갔던 방식으로 직접 친구를 데려다 줄 수는 있다는 것이다. 정보 처리계 중의 가장 기초적인 형태로 볼 수 있다.

2) 영상적 표상단계

- 이미지나 영상으로 표현하는 것, 즉 간접적인 그림이나 영상 또는 모형을 통해서 이해하는 단계

  ⇒ 예를 들면, 어린이는 집에서 자신의 경험에 기초하여 가게까지 가는 길을 친구에게 그림으로 그려서 가르쳐 줄 수 있다.

3) 상징적 표상단계

- 언어적 기술, 기호, 공식 등의 상징체계를 사용하여 경험과 사고를 추상적이고 상징적으로 표현

  ⇒ 초등학교 상급반의 10세에서 14세 전후의 어린이는 자신의 경험을 언어 등의 기호에 의해서 표현할 수 있다.

  예를 들어, 어린이가 친구에게 길을 말로 설명해 주거나 수학 문제를 산술 기호를 이용해서 풀 수 있다. 상징적 표상 단계에서 사용되는 단어는 사물과 사건 등을 지시하는 임의적인 표현으로서 그 기능을 하고, 단어의 조합을 통해서 영상이나 행위로 표현할 수 있는 것 이상을 생성해 낼 수 있다.

4. 발견학습과 나선형 교육과정

- '나선형 교육과정(spiral curriculum)'이라는 개념을 제안함. 즉, 모든 아동은 관련된 일련의 단계에 따라 인지 발달이 이루어지며, 학습은 아동이 도달한 인지 수준에 크게 의존한다고 봄.

- 어떤 교과든지 그 지적 성격에 충실한 형태로 표현하면 모든 발달단계에 있는 아동에게도 효과적으로 가르칠 수 있다는 것임.

- 한 학문의 개념이나 원리 등이 그 지적 성격을 동일하게 유지하면서, 학생들의 발달단계가 높아짐에 따라 점차 세련된 형태로 가르치도록 계획된 교육과정임. 즉 나선형 교육과정은 교육내용을 교과의 기본 구조로 다루면서 시간의 흐름에 따라 점점 폭넓고 깊이 있게 조직되어 있다.

- 발달단계에 있는 모든 아동에게도 어떤 교과든지 그 지적 성격에 충실한 형태로 효과적으로 가르칠 수 있다. 단지 학생의 수준에 맞는 표현양식에 따라 교수방법을 달리하면 지식의 구조를 이해함.

- 학문중심 교육과정의 대표적인 학습방법이다. 학문중심 교육과정은 나선형 교육과정이 되어야 한다.

- 신본질주의 입장의 주장이며 교사가 주도하되 가능한 학습자 스스로 이끌어 가도록 하는 교수학습 방법. 나선형 교육과정은 교과를 가장 완벽한 상태로 가상하고 일찍부터 그 교과에 담겨진 핵심개념이나 기본원리를 아동·학생들의 사고방식에 알맞게 가르치며 학년의 진전에 따라 점차로 심화·확대해 나가는 교육과정을 의미한다.

- 예를 들면, 집합(集合)이라는 수학의 기본개념을 종전에는 고등학교 때부터 취급하였으나, 학문중심 교육과정에서는 초등학교 1학년 교과서에서도 다루게 된다. 집합이라는 교과내용은 초등학교 1학년부터 고등학교 3학년까지 동일하되 학년의 진전에 따라 그 수준이 달라지도록 한다는 것이다.

5. 발견학습의 장점과 교육적 시사점

1) 장점

- 교과 내용의 전달이 용이하다.
- 유의미학습이 되도록 도와준다.
- 문제해결력을 길러준다.
- 전이가 잘 된다.
- 동기유발이 촉진된다.
- 고등정신기능을 길러준다.

2) 교육적 시사점

- 시행착오 때문에 시간이 많이 걸리고, 체계적으로 학습하지 못할 경우도 있는 단점이 있다.
- 오늘날처럼 변화가 빠른 시대에는 곧 변화해버릴 표면적 지식을 전달하는 것보다 즉, 지식을 가르치는 것보다 지식의 구조를 가르치는 것이 효과적이다.

문제 1   다음의 설명에서 올바르지 않은 것은?

① 성취동기가 높은 학습자는 자신의 수행에 대한 결과를 알고 싶어 한다.

② 격려나 칭찬은 내적 동기유발방법으로 적합하다.

③ 수업을 흥미있게 하여 주의를 집중시킨다.

④ 학습자가 자신감을 가질 수 있도록 한다.

정 답   ②

해 설   격려나 칭찬은 외적 동기유발방법이다.

문제 2   다음의 설명에서 올바르지 않은 것은?

① 감각기억은 정보를 극히 짧은 순간 동안 저장하는 기억이다.

② 감각기억에서 단기기억으로 전이되지 않은 정보는 소멸된다.

③ 단기기억에서 동시에 활성화될 수 있는 정보의 양에는 제한이 없다.

④ 장기기억은 무한한 정보를 영구적으로 저장할 수 있는 저장고이다.

정 답   ③

해 설   단기기억에서 동시에 활성화시킬 수 있는 양은 7±2 항목이다.

문제 3   다음 중 브루너의 발견학습 이론에 관한 다음의 설명에서 올바르지 않은 것은?

① 교육과정은 학습자의 인지구조에 적응하는 표상형태로 조직해야 한다.

② 행동적 표상단계는 사물을 직접 조작하면서 이해하는 단계이다.

③ 자신의 경험을 언어 등의 기호에 의해서 표현할 수 있는 것은 상징적
  표상단계이다.

④ 영상적 표상은 정보처리체계 중에서 가장 기초적인 형태이다.

정 답   ④

해 설   인지발달은 행동적 표상, 영상적 표상, 상징적 표상이라는 3단계를
        거치므로, 행동적 표상이 가장 기초적인 형태이다.

- 동기란 유기체로 하여금 어떤 행동을 하게 하거나 하지 않게 하는 유인(誘因)이다.
- 동기의 기능에는 시발적 기능, 지향적 기능, 강화적 기능, 지속성의 기능이 있다.
- 동기의 종류에는 내재적 동기와 외재적 동기가 있다.
- 일반적으로 보통 이상의 학업성취를 보이는 학생들은 내적 동기에 의하여,
  그리고 능력수준과 성취수준이 낮은 학생들은 외적 동기에 의하여 학습동기가 유발되기 쉽다.
- 교사는 외적 동기유발과 내적 동기유발을 적절히 활용하는 것이 바람직하다.
- 정보처리이론은 정보와 관련된 인간의 내적 처리과정, 즉 인지과정을 컴퓨터의 처리 과정에
  비유하여 설명하는 이론이다.
- 감각기억은 감각기관(시각이나 청각 등)으로 들어온 정보를 극히 짧은 순간 동안 저장하는
  기억이다.
- 감각기억의 용량은 상당히 크지만, 매우 짧은 순간만 파지되기 때문에 들어온 정보를 즉시
  처리하여 단기기억으로 전이하지 않으면, 정보가 소멸된다.
- 주의를 기울인 정보는 단기기억으로 전이된다.
- 단기기억의 내용은 감각기억에서 넘어온 정보와 장기기억에서 인출된 정보로 구성된다.
- 단기기억에서 동시에 활성화시킬 수 있는 양은 7±2 항목이며, 지속시간은 성인의 경우
  12초 정도이다.
- 군단위화(群單位化, chunking)나 자동성 등을 통하여 제한된 단기기억의 정보의 양
  (기억범위)을 극복할 수 있다.
- 장기기억은 무한한 정보를 영구적으로 저장할 수 있는 저장고이다.
- 단기기억에 있던 정보는 시연이나 부호화에 의해 장기기억으로 전송되며 장기기억으로
  전송되지 못한 정보는 소멸되어 망각한다.
- 인출(retrieval)은 장기기억에 저장된 정보를 탐색하여 단기기억으로 가져오는 가정이다.
- 망각을 피하려면 단기기억에서 정보를 장기기억으로 보낼 때 부호화, 조직화 등을 잘하여
  장기기억에 체계적으로 저장하는 것이 필요하다.

명언 한마디

식물은 재배함으로써 자라고 인간은 교육을 함으로써 사람이 된다. - 루소 -

다음 학습 예고

다음 Chapter에는 "**11. 교육방법론/교육공학**"에 대해 학습하겠습니다. 수고하셨습니다.

교육방법론/교육공학

복습점검 | 다음 설명이 맞으면 O, 틀리면 X를 하세요.

문제 1 학습동기와 밀접한 관련이 있는 성취동기에 대해 연구하며 성취동기를 강조한 사람은 매클런드(D. McClelland)이다.

정 답 O

해 설 매클런드(D. McClelland)가 제시한 성취동기가 높은 사람의 특성으로는 과업지향성, 적절한 모험성, 성취가능성에 대한 책임감, 정력적·혁신적 활동성, 결과를 알고 싶어 하는 성향, 미래지향성이다.

문제 2 학습자에게 격려와 칭찬을 하는 것은 외적 동기 유발 방법에 해당한다.

정 답 O

해 설 내적 동기유발방법과 외적 동기유발방법에서 격려와 칭찬, 포상을 하는 것은 외적 동기유발방법이다.

문제 3 정보처리이론에서의 정보처리단계는 자극 → 단기기억 → 감각기억 → 장기기억의 순서이다.

정 답 X

해 설 정보처리이론에서는 자극→감각기억→단기기억→장기기억→인출의 단계를 거친다.

제1절	**교수-학습방법의 기초**

1. 교수 – 학습방법의 일반적 원리	개별화의 원리; 사회화의 원리; 자발화의 원리; 직관의 원리
2. 교수 – 학습방법의 유형	강의법; 학습동기 유발; 발문법; 격려하기; 반복하기
3. 기타 교수 – 학습방법의 유형	문제해결법; 프로젝트 학습법

1. 교수–학습방법의 일반적 원리

(1) 개별화의 원리

❶ 개성과 개인차를 존중한다.

❷ 본격화: 20c 이후 신교육운동의 시작

❸ 수업의 개별화 8양식

ⓐ 문제해결식

ⓑ 탐구식(의문식)

ⓒ 게임식

ⓓ 개인 교수식: computer와 학생이 1:1관계를 유지하면서 computer가 학생에 대한 정보를 분석해서 문제를 주고 응답하는 양식

ⓔ 자율교수식(학생으로 하여금 자기 통제 강조)

ⓕ 모의실험(시뮬레이션): 현실에서 실시하기 어려운 것을 computer로 해볼 수 있도록 만든 양식

ⓖ 반복연습식: 영어단어, 수학공식 암기

ⓗ 복합식

(2) 사회화의 원리

❶ 학교와 사회를 연결한다.

• Olsen(지역사회학교)

• Dewey('학교와 사회'. 1899)

❷ 사회성: 토의학습. 협동학습. 공동학습

(3) 자발화(自發化)의 원리

❶ 자기활동 존중 원리, 흥미의 원리, 창조성의 원리

❷ 본격화: 20c 이후 신교육운동이 시작

❸ 예

• Dewey: 문제해결학습

• Kilpatrick: 구안 학습

• Bruner: 탐구, 발견학습

❹ 20c 중반 이후 가장 중시하는 원리

(4) 직관의 원리

❶ 언어 위주 교육보다는 직접 보여주고 경험하게 해줌

❷ 효시: Comenius. 1658. '세계도회'

❸ 예 Comenius → Rousseau → Pestalozzi → Dewey, Montessory, Ellin Key → Bruner

(5) 통합성의 원리

❶ 부분적 X: 지, 덕, 체, 기가 조화로운 인간교육(전인교육)

❷ 분과적 X: 학습 경험들 간에 연결시켜 조직

(6) 과학성의 원리

• 과학적인 절차 중시(기본개념, 원리, 법칙, 논리적 사고 증진)

(7) 목적성의 원리

• 목적, 목표를 명백하게 제시해야 함

2. 교수-학습방법의 유형

• 어느 수업에서나 적용할 수 있는 최선의 교수-학습방법이란 없다.

• 따라서 교수자는 언제나 교수 목표를 달성하는 데 적합한 교수법을 신중하게 선택하는 것이 중요하다.

• 교수법에는 강의법, 토의법, 문제해결법, 구안법, 발견학습법, 협동학습법 등 다양한 방법이 개발되어 있다.

• 여기에서는 가장 널리 쓰이고 있으며 또한 목적에 따라 다른 강의법과 병용할 경우 효율적인 교수법인 강의법, 강의법의 단점을 보완하는 발문법을 중심으로 다룬다.

(1) 강의법

• 강의법은 교수-학습형태 중에서 가장 오랜 역사를 가진 것이며 또한 오늘날에도 거의 모든 교수-학습에 부분적으로라도 사용되고 있다.

❶ 강의법의 특징

- 강의법은 특정한 태도나 가치를 길러주기 위하여 설득력 있는 웅변적 교수가 필요할 때 효과적이다.
- 강의법은 논쟁의 여지가 없는 사실적 정보나 개념을 논리적·객관적으로 분명하게 짧은 시간에 효율적으로 전달하고자 하는 경우에 사용하면 좋다.
- 강의법은 교수자가 명확하게 설명을 해주기 때문에 학습자에게 심리적으로 안정감을 줄 수 있고, 경직되고 융통성이 없는 학습자와 순응형 학습자에게 효과적이다.

❷ 강의법의 장점
- 정해진 시간 내에 다양한 지식을 많은 학습자에게 전달할 수 있으므로 경제적이다.
- 설득력 있게 설명할 수 있는 교수자는 짧은 시간에 학습자의 동기를 높일 수 있다.
- 학습자가 교수자의 설명에 집중할 수 있는 조건이라면 장소와 시설에 크게 구애받지 않고 다양한 장소에서 수업을 할 수 있다. (예: 야외, 버스 등)

❸ 강의법의 단점
- 수업이 주로 언어에 의하여 이루어지므로 수업의 질이 교수자의 설명력에 따라 크게 좌우된다.
- 설명이 지루할 경우에는 학습자의 주의집중과 동기가 떨어진다.
- 준비가 덜 되었거나 능력이 낮은 학습자에게는 불리하다.
- 교수자가 일방적으로 전달하기 때문에 수업이 획일적이게 되고 학습자들의 개인차가 고려되기 어렵다.

- 학습자의 학습동기유발이 어렵고 수동적 학습자가 되기 쉽다.

❹ 강의법의 활용

- 강의법은 많은 장점과 단점을 가지고 있다. 그러나 강의법을 기초로 하고, 다른 교수−학습 방법을 추가하여(예: 토의법, 협동학습법 등) 강의 법의 장점은 살리고 단점은 보완하여 적재적소에 활용한다면 수업의 효과를 높일 수 있다.

❺ 강의를 성공적으로 진행하는 비법

- 강의법은 강의자의 설명력에 그 성공이 크게 좌우되기 때문에 강의 자는 수업의 성공적인 진행을 위해 여러 가지 유의해야 할 사항이 있다.
- 수업이 목적한 방향에서 이탈하지 않으려면 목표를 명확히 설정해야 한다.
- 강의 내용은 사실에 근거를 두어야 한다.
- 강의자의 목소리의 크기, 말하는 속도는 적절해야 하고, 발음은 똑똑 하고 명확해야 한다.
- 목소리는 크기, 음의 고저, 속도의 빠르고 느림을 내용에 따라 적절 하게 변화시킬 때 단조롭지 않고 활력이 있는 수업이 될 수 있다.
- 서 있는 자리를 적절하게 바꿔준다.
- 학생들의 눈을 보면서 말하며, 모든 학생들에게 눈길을 고루 준다.
- 의사소통에 있어서 의사전달에 영향을 미치는 것은 몸짓이 55%, 목 소리가 38%, 그리고 말이 7%라고 한다.

몸짓 55%	목소리 38%	말 7%

- 따라서 몸동작을 적절히 사용하는 것이 효과적이다.
- 호주머니에 손을 넣고 강의를 하거나, 다리를 떨거나, 무의미하게 백묵을 만지작거리는 행동은 하지 말아야 한다.
- 강의자가 교실상황을 장악하고 있다는 느낌을 주기 위해서 학생을 향해서 걸어가거나 때에 따라 뒤에 앉은 학생에게 질문을 하는 것도 좋은 방법이다.

(2) 발문법

- 강의법이 많은 장점을 지녔음에도 불구하고 비판을 받는 이유 중의 하나는 강의자의 학습자들에 대한 의사소통이 일방적이고, 강의자 중심적이며 학습자들이 수동적이게 된다는 점이다.
- 그러나 강의법도 여러 가지 기법을 활용함으로써 학습자들을 수업에 끌어들여 적극적인 참여자로 만들 수 있다. 그중의 한 가지 방법이 발문을 활용하는 것이다.

❶ 발문의 목적과 기능
- 발문은 의사소통을 촉진시킨다. 교사가 발문을 하면 학생들은 응답을 해야 하기 때문에 의사소통 과정에 능동적으로 참여하게 된다.
- 발문은 주제의 특정한 내용이나 특징에 학습자의 주의를 집중시킨다.
- 발문은 학습자들에게 학습동기를 유발시킬 수 있다.
- 발문을 통하여 교과에 대한 학생들의 지식과 이해정도를 평가할 수 있다. (교사는 학생들이 답하는 것을 보고 진도를 조절하고 심화·보충학습을 실시할 수 있다.)
- 발문을 통하여 학습자들은 교과의 핵심내용을 복습할 수 있다.
- 발문의 여러 유형을 사용하여 학생들의 인지활동을 자극할 수 있다.

• 발문을 통하여 교사와 학습자 사이에 공감대가 형성될 수 있다.

❷ 발문의 방법

• 발문은 학습의 효과를 높이는 수단이므로 교과의 내용과 관련된 것으로 목적이 뚜렷해야 한다.

• 효과적인 발문이 되도록 교사는 수업 전에 발문을 세밀하게 계획하고 준비해야 한다.

• 한 번에 한 가지씩 물어야 한다.

• 발문은 학습자의 지적 수준에 적합한 것이어야 한다.

• 발문을 먼저 하고 학습자들이 생각할 시간을 준 다음 지명을 한다.

• 지명을 한 다음에는 성급하게 재촉하지 말고 대답을 준비할 수 있도록 기다린다.

• 신속하고 자동적인 반응을 필요로 하는 질문인 경우(예: 교과의 기초적인 사실을 복습하는 질문)가 아니라면 시간을 여유 있게 주어야 한다.(예: 지적인 노력이 요구되는 질문) 질문에 따라 다르지만 일반적으로 약 3~5초 정도가 적절하다.

• 한 사람에게만 집중적으로 질문하지 말고 모든 학생에게 골고루 질문해야 한다.

• 학생들이 거의 언제나 올바르게 대답할 수 있는 발문을 한다. 학생들은 교사의 발문에 대하여 빠르고 정확하게 대답할 수 있을 때 효율적으로 학습하게 된다.

• 과정-산출 연구에 의하면 학생들이 교사발문의 대부분(약 70~80%)을 올바르게 대답한 수업에서 가장 높은 성취를 보인다고 한다.

• 발문에 성공적으로 대답하는 학생에게 칭찬과 격려로 성취감을 갖게 한다.

- 올바르지 않을 답을 한 학생을 위축되게 해서는 안 되며 자존심을 상하게 하는 일도 없어야 한다.
- 수줍음이 많거나 대인공포증, 말을 더듬는 학생, 표현에 어려움을 겪는 학생이 없는지 사전에 알아두어야 한다.

❸ 학생들이 대답을 못 하거나 미흡한 경우 교사의 전략
- 학생들이 발문에 대한 해답을 찾는 데 어려워할 경우, 교사는 적절한 해답을 찾도록 도와주어야 한다. 교사가 사용할 수 있는 전략을 소개하면 다음과 같다.

가) 격려하기
- 학생들이 답변을 못 하거나 부분적인 답변을 하는 경우에, 교사는 계속적으로 자극하고 격려하여 완전한 답을 얻을 수 있도록 한다. 즉, 시각적이거나 언어적인 단서 혹은 조장적인 발언 등으로 격려한다. (예: "그래, 답이 참 좋구나. 그런데 거기에 무언가를 더 포함시키면 더 좋을 것 같은데, 무엇이 있을까?")

나) 반복하기
- 일반적으로 교사가 같은 발문을 반복하면 학생들이 귀담아 듣지 않기 때문에 같은 발문을 반복하지 않는 것이 좋지만, 학생이 발문을 잘 듣지 못하여 대답하지 못하는 경우에는 발문을 반복한다.

다) 고쳐서 발문하기
- 학생들이 발문을 이해하지 못했을 경우에는 학생들이 이해할 수 있는 형태로 발문을 고쳐서 해 본다.(예: "네가 그것을 더 잘 이해할 수 있는

방식으로 물어볼까?")

라) 추가적인 정보 제공하기

• 학생들이 정보의 핵심내용을 몰라서 정확한 답을 제시하지 못할 경우, 학생들이 답할 수 있도록 누락된 정보를 보충해 주어야 한다. 추가적인 정보를 제공하여 학생으로 하여금 답하게 하는 것이 교사가 정답을 말해주는 것보다 좋은 방법이다.

마) 다른 학생에게 묻기

• 지명된 학생이 교사의 격려나 추가적인 도움에도 불구하고 대답에 어려움을 겪을 경우, 그 학생이 불안해하거나 당황하지 않도록 정답을 말해주거나 다른 학생에게 묻는다.(예: "잘 생각이 안 나는 모양이구나. 그러면 다른 사람이 대답해 볼까요?")

❹ 대답에 대한 교사의 자세

• 교사는 어떤 경우에도 학생들의 대답에 대하여 수용적인 자세를 가져야 한다.
• 교사의 태도가 학생들의 발문에 대한 반응에 직접적으로 영향을 준다. 올바른 답에 대해서는 칭찬을 해 주고, 올바르지 못한 답에 비판이나 비난을 해서는 안 된다. 학생들은 교사의 질문에 올바르게 답하지 못하면 교사에게 비난을 받거나 다른 학생들의 웃음거리가 될지도 모른다는 두려움을 가지고 대답을 기피하게 될 것이다.
• 교사가 학생들이 대답할 수 있도록 도움을 주며 또 올바르지 못한 답에도 따뜻하고 수용적으로 반응할 때 학생들은 교사의 발문에 적극적으로 대답하려 할 것이다.

❺ 학생의 질문을 받을 때 유의할 점

- 질문은 강의자만 하는 것이 아니다. 교사는 수업 도중에 적절한 시기에 학습자에게 질문할 시간을 주어야 하고, 또 학습자가 자유롭게 질문할 수 있도록 항상 허용적인 분위기를 만들어야 한다.
- 어떤 종류의 질문이든 일단 모두 받아들이고 따뜻하게 응답한다. 학생들이 편안하게 질문할 수 있는 분위기를 만드는 것도 능력이다.(예: "그것 참 좋은 질문이구나.", "그러한 문제점을 발견했다니 참 대단하구나.")
- 학생의 질문을 다른 학생이 듣지 못했을 경우에는 모든 학생이 들을 수 있도록 학생의 질문을 큰 소리로 반복해 준다.
- 예상치 않은 질문에도 당황하지 않고 재치 있고 융통성 있게 대처해야 한다.
- 질문에 당황하거나 강하게 반문해서는 안 된다.
- 공격적인 태도를 취하지 말고, 침착하고 조용한 어조로 대답한다.
- 학습자의 질문에 대한 답을 모를 경우에는 잘 모르겠으니 다음 시간에 답해 주겠다고 한다. 그리고 답을 준비하여 반드시 알려주어야 한다. 모르는 것을 얼버무리거나 부정확한 답을 알려주어서 학생들의 신뢰를 잃는 것보다는 모른다고 말하는 것이 더 낫다.

3. 기타 교수-학습방법의 유형

1) 문제해결법(problem solving)

(가) 개념

- 문제법 또는 문제해결법이란 학생이 생활하고 있는 현실적인 장면에서 당면하는 여러 문제들을 해결해 나가는 과정에서 지식, 기능, 태도, 기술 등을 종합적으로 획득하도록 하는 학습방법이다.

- 문제가 제기될 경우 학습자는 자신이 기존에 배운 내용이나 지식을 사용하여 주어진 문제를 파악하고 분석하며, 문제의 해결책을 고안하고, 문제의 해결을 위한 자료를 모으며 학습을 진행한다.
- 문제해결법은 개인별, 소집단별, 학급 전체 등의 방식으로 전개될 수 있다.
- 발견학습과 문제해결학습

(나) 문제해결학습의 과정
- 문제 사태 단계
- 문제 형성 단계
- 가설 성정 단계
- 가설 검증 단계
- 문제 해결 단계
- 반성 및 발전 단계

(다) 문제해결법의 장점
❶ 학습자의 자발적 행동으로 수업진행 ➡ 자율성이 촉진됨
❷ 실제생활의 문제를 학습함 ➡ 실생활과 연계됨
❸ 교재의 논리에 얽매이지 않음 ➡ 학생의 흥미에 맞는 학습진행방법으로 종합적 사고능력이 신장됨
❹ 협동적 학습활동 ➡ 태도형성에 도움이 됨
❺ 실제적인 경험 바탕의 학습 ➡ 장기기억에 유용함

(라) 문제해결법의 단점
❶ 문제 중심의 학습 진행으로 기초학력이 부실해진다(학습에 투자한 노력

에 비해 학습효과가 떨어질 수 있음).

❷ 교과의 체계적인 지도, 일관성 있는 지도가 어렵다.

❸ 급변하는 학문의 진보를 따라잡을 수가 없다.

❹ 지적 성장이 비능률적이다.

2) 프로젝트 학습법(project method)

(가) 개념

- 학습자가 선정한 문제를 중심으로 진행: 프로젝트법은 교사가 부과한 활동이 아니라 학습자 자신이 제안한 프로젝트를 중심으로 진행된다.

- 학습에 대한 학습자의 책임 강조: 학습자는 학습의 전 과정에 의사결정권을 행사할 수 있는 기회를 가지며, 학습에 대한 책임도 동시에 지닌다.

- 주제, 문제에 대한 탐구활동과 표현활동 수행: 프로젝트법은 주제, 문제, 쟁점 등에 대한 탐구활동과 표현활동을 하게 된다.

- 과정중심의 교육과정: 학습자가 교사와 함께 계획하여 운영하며 전개의 방향을 계속적으로 변화시켜 나가는 과정중심의 교육과정이다.

  ➡ 반성적 사고를 통해 지식을 획득하게 하고자 하는 문제해결법에서 한 걸음 더 나아가 구체적인 결과물을 만들어 내는 데 더 중점을 둔다.

(나) 프로젝트 학습법의 장점

❶ 학습활동에 대한 확실한 동기부여: 학습자의 흥미에서부터 출발하므로 학습활동에 대한 확실한 동기부여가 가능하다.

❷ 자발적·능동적 학습활동 촉구: 학습자가 계획하고 실천하는 것이므로 자발적이고 능동적인 학습활동을 촉구할 수 있다.

❸ 창조적·구성적 태도 신장에 도움: 구체적인 결과를 만들어 내는 실천적인 면을 중시함으로써 창조적, 구성적 태도를 기를 수 있다.

❹ 학교생활과 실제생활의 연결: 현실생활에서 부딪치게 되는 실천적 문제해결을 통해 학교생활과 실제생활을 연결시킬 수 있도록 해준다.

❺ 만족감과 성취감 제공: 학습자 스스로 계획하고 실천하는 활동을 통해 학습자 개개인에게 만족감을 제공하고, 학습의 단계마다 이루어지는 결과물을 통해 성취감을 맛볼 수 있도록 한다.

(다) 프로젝트 학습법의 단점

❶ 능력이 부족한 학생에게는 시간 낭비 우려: 학습자 자신에 의해 계획되고 실천되므로 능력이 부족한 학생에게는 시간과 정력의 낭비가 될 우려가 있다.

❷ 무질서한 수업 가능: 학생의 자율적 활동이 보장되므로 수업이 무질서하게 될 우려가 있다.

❸ 논리적 체계 무시: 문제 중심으로 수업이 진행되므로 교재의 논리적 체계가 무시된다.

제2절	교수-학습 지도의 실제

1. 가네(R. M. Gagné)의 교수이론	행동주의; 인지주의; 교수설계전략; 도입; 전개; 정리
2. 교수–학습 지도안 작성요령	교수방법; 수업목표; 수업전략; 동기유발; 평가방법
3. 소방안전 행동별 교수–학습 지도안(예시)	학습목표; 학습내용; 교수–학습 활동

1. 가네(R. M. Gagné)의 교수이론

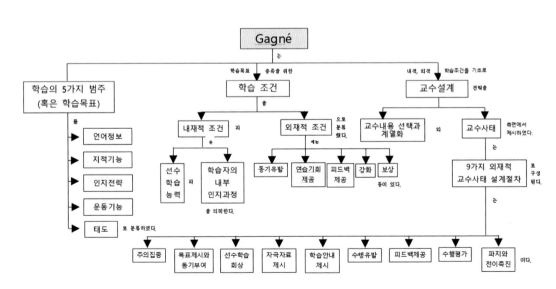

한정선(2004), 교육공학 인포맵을 통해 찾아 본 뿌리와 줄기, 교육과학사. p129

수업을 잘하려면 우선 수업을 잘 설계하고, 그 설계에 기초하여 수업을 잘 진행해야 한다. 그러면 어떻게 해야 할까? 가네의 교수이론을 살펴보기로 한다.

1) 가네 이론의 특징

- 가네의 이론은 행동주의 이론을 바탕으로 복합적인 인지과정, 문제해결 과정, 즉 인지주의 이론을 절충시킨 이론이다.
- 가네는 학습을 파지될 수 있는 인간의 성향 또는 학습 능력, 즉 학습된 능력의 변화라고 보았다.
- 학습의 영역을 세분하여 포괄적으로 다루면서 각 영역을 가르치고 배우는 최적의 방법을 처방하고 있는 이론으로서 가장 널리 알려진 이론 중 하나이다.
- 학습은 누가적(累加的)이어서 선행학습은 후속학습에 긍정적으로 전이된다고 가정한다.
- 학습이 일어나는 데 있어 외재적 수업사태와 내재적 인지과정이 동등하게 중요함을 강조한다.

2) 가네의 교수설계전략

학습목표와 학습조건을 기초로 해서 교수설계 전략을 세운다.

(1) 학습의 5가지 범주(혹은 학습목표)

가네는 블룸(J. S. Bloom)의 인지적, 정의적, 심동적 학습분류 체계를 발전시켜 인간학습을 다섯 가지 범주로 분류하였다.

가) 언어정보(verbal information): 사실, 이름 등의 저장된 정보를 인출하는 능력

나) 태도(attitudes): 사람이나 사물에 대하여 개인이 갖는 긍정적인, 부정적인 성향; 특정한 방식으로 행동할 것을 선택함

다) 지적기능(intellectual skills): 사실이나 정보를 적용할 수 있는 능력

라) 운동기능(motor skills): 학습으로 익숙해진(정교하게 다듬어진) 신체적 행동을 유연하고 적절한 계열에 따라 실행하는 능력

마) 인지전략(cognitive strategies): 문제에 관한 새로운 해결방안을 모색하고 자신의 사고·학습과정을 통제하고 효과적인 다양한 수단을 사용하여 실제적 문제를 해결하는 것

(2) (학습목표 충족을 위한) 학습 조건

가) 내적 조건:
❶ 선수학습 능력
❷ 학습자의 내부 인지과정

나) 외적 조건: 동기유발, 연습기회 제공, 피드백 제공, 강화, 보상

(3) 교수설계의 절차

내적, 외적 학습조건을 기초로 하여 교수설계를 하는데, 그 절차는 다음과 같다.

가) 교수 내용 선택과 계열화
❶ 교수 내용 선택:
• 고려할 요소:

- 선수학습
- 교수목표 설정(교수목적 설정, 교수목표 진술)

❷ 계열화

- 수준별 계열화
- 학습의 위계

나) 교수사태

- 교수사태(수업상황, events)란 학습자의 내적 학습과정을 지원해 주는 외적 학습조건이나 상황이다.
- 교사는 수업시간[수업사상(instructional events, 교수사태)]에 학습자의 내적 인지과정이 활성화되도록 지원해 주어야 하는데, 이때 사용하는 다양한 방법들을 외적 조건이라고 한다.
- 그런데 이에 앞서 학습의 범주를 5가지로 나눈 이유는 학습의 유형에 따라 도와주는 방법(외적 조건)도 달라져야 하기 때문이다.

	교수사태
수업의 도입부	① 주의집중 [학습의 내적 측면: 주의] • 수업이 원활히 이루어지도록 먼저 학습자의 주의를 집중시킨다. 학습동기를 유발시키기 위하여 관심을 끌 수 있는 시각 자료, 교과내용과 관련된 시사정보, 간단한 일화 등을 활용하는 것이 효과적이다. ② 목표제시 [학습의 내적 측면: 기대] • 수업이 끝난 다음에 학습자가 무엇을 할 수 있게 될 것인지, 학습자의 행동이 어떻게 변화되어야 하는지, 즉 수업의 목표와 방향을 제시해 주는 것이다. • 또한 평가의 기준이 무엇인지를 알려주는 것이기도 하다. • 학습목표를 알려주는 이유는 학습자가 제시된 목표를 이루도록 학습을 효율성 있게 진행할 수 있기 위함이다. ③ 선행학습 상기 [학습의 내적 측면: 재생] • 새로이 학습하게 될 내용은 선수학습에 기초하여 이루어지는 것이므로, 새로 학습하게 될 내용과 관련되는 선수학습 내용을 상기시켜 주어야 한다. 결손이 있을 경우에는 처방(보충 · 심화학습)을 제시해야 한다.

	교수사태
수업의 전개부	④ 학습내용(자극자료) 제시 [학습의 내적 측면: 자극요소의 선택적 지각] • 수업을 통해 학습할 구체적인 자료(자극)를 제시하는 단계이다. • 일제수업 형태로 이루어진다. • 제시할 자료(자극)는 학습목표에 맞게(예: 개념학습, 원리학습, 변별학습 등) 정보를 구조화하고 계열화하여 명료하게 제시하여야 한다. • 자극자료로는 언어정보의 진술형태, 개념의 예들, 운동기능의 시범 등이 있다. ⑤ 학습 안내 및 지도 [학습의 내적 측면: 정보의 저장] • 학습 자료가 장기기억에 유의미하게 저장될 수 있도록 다양한 상황과 맥락을 이용하여 구조적으로 제시해야 한다. • 학습자가 반드시 알아야 할 핵심적인 원리나 개념, 어떤 부분[목표에 명세화된 특정 능력]에 주의를 기울여야 하는지에 대해 안내해야 한다. ⑥ 연습 [학습의 내적 측면: 재생과 반응] • 이 단계에서는 학습자가 배운 내용을 스스로 [반복적으로] 연습하고 실행해 볼 기회를 학습자에게 제공한다. • 학습자의 반응을 유도하기 위한 질문을 하거나 행동을 하도록 지시할 수 있다. • 질문을 할 때에는 명료하게 인지적 수준에 맞게 난이도를 고려하여 진위형, 단답형, 완결형, 선다형, 행동형 등으로 할 수 있다. ⑦ 피드백 제공 [학습의 내적 측면: 강화] • 학습자가 연습한 결과에 대한 지식을 제공하는 단계이다. • 학습자의 수준이나 결과의 정확성에 따라 정·오 확인 피드백, 설명적 피드백, 오류 교정 피드백 등 다양한 형태의 피드백을 제시하여 개별 처방식 수업이 이루어지도록 한다. • 정보적인 피드백이 가장 효과적이다. 즉, 반응에 대한 정·오판단에 그치는 것보다는 오답일 경우 이를 수정할 수 있도록 보충 설명을 해주는 피드백이 효과적이다.
수업의 정리부	⑧ 형성평가 [학습의 내적 측면: 자극에 의한 재생] • 학습목표가 달성되었는지를 확인하기 위하여 목표 관련 평가를 실시하는 단계이다. • [형성]평가의 목적은 학생의 성취를 평가하는 데 있는 것이 아니라 차기 수업을 개선하기 위한 자료를 얻는 데 있다. ⑨ 파지 및 전이 촉진하기 [학습의 내적 측면: 일반화] • 파지를 위하여 학습된 내용을 요약·정리하고 학습된 내용이 적용될 수 있는 [전이] 사례를 소개하여 일반화 가능성을 높인다.

2. 교수-학습 지도안 작성요령

1) 교수-학습의 단계와 주요 활동계획

· 교수-학습활동은 도입, 전개, 정리라는 세 단계로 구분할 수 있다.

· 한 수업시간에 제공된 주요한 교수-학습활동을 도입, 전개, 정리의 세 단계로 나누어 요약, 제시하면 다음과 같다.

〈 교수-학습과정의 단계별 주요 활동 〉

지도단계	도입	전개	정리
주요활동	동기유발 목표인지 선수학습 관련짓기	학습내용의 제시 학습 자료의 제시 학습자의 참여 다양한 수업기법의 활용 시간과 자료의 관리	요약정리 강화 일반화의 유도 보충 및 예고

2) 교수-학습지도안 작성

· 교수자는 매 시간 수업을 위한 계획을 작성하여 그것을 기초로 수업을 진행한다.

· 수업을 위한 계획은 교수-학습 계획안, 교수-학습지도안, 시안(試案) 등으로 부른다.

(1) 교수-학습지도안의 작성

· 교수-학습지도안이란 단원의 전개계획에 따라 단시 수업을 효율적으로 전개시키기 위하여 수업의 전반적인 내용을 문서화한 지도계획이다.

· 교수-학습지도안은 형식적인 것이 되어서는 안 되며, 체계적·조직적으로 충실하게 작성되어야 한다.

(2) 교수-학습지도안의 양식

· 교수-학습지도안을 작성하는 데 있어서 정해진 양식이 있는 것은 아니다.

· 교수-학습지도안은 교과목의 종류, 단원의 성격, 교육 현장의 여건, 학습자 특성 등에 따라 다양한 방식으로 작성해야 하되, 누가 보더라도 잘 알 수 있게 작성하는 것이 바람직하다.

(3) 교수-학습지도안의 구성요소: 단원명, 지도대상, 차시

· 한 단원은 일반적으로 여러 시간의 수업으로 구성된다. 예를 들어, 한 단원이 3시간으로 구성되었다면 1차시, 2차시, 3차시의 수업은 각각 차시별로 교수-학습지도안이 작성되어야 한다.

· 각각의 교수-학습지도안은 본시 수업안이 되는 것이다.

· 교수-학습지도안을 작성할 때에는 단원의 총 시수와 본시가 몇 번째 수업에 해당하는가, 즉 차시를 기재해야 한다.

0. 교수방법

0. 수업목표

0. 수업의 진행 과정(도입, 전개, 정리 단계별 학습내용) 및 시간 배당

0. 교수-학습활동(교수자 및 학습자의 학습활동 내용과 방법)

0. 교재, 자료, 수업매체

0. 수업전략(동기유발 방법, 발문 등)

0. 판서계획

0. 평가방법

0. 과제의 내용

0. 학습지도 시 유의사항

(4) 수업목표 진술방법

수업목표를 진술하는 방법은 다음과 같다.

· 간단하고 명료하게 기술한다.

· 수업목표는 학습자들이 수업과정에서 습득하는 것을 기술하는 것이
아니라 수업으로 인하여 일어난 행동의 변화, 즉, 수업 이전에 할 수
없었던 것을 수업이 끝난 직후에 할 수 있게 되는 것을 기술한다.

· 수업목표는 이원 분류하여 진술한다. 이원 분류란 내용과 (도달점)행동
으로 분류하는 것을 뜻한다.

· 교수자가 아니라 학습자를 주어로 하여 진술하되, 진술문에는 주어인
학습자가 생략될 수 있다.

· 도달점 행동은 명세적 행위동사로 진술한다.

> ex (학습자는) 삼각형의 합동조건을 열거할 수 있다.

가) 메이거(R. F. Mager)의 행동적 수업목표 진술방식

· 수업목표 진술방식에는 여러 가지가 있으나 일반적으로 많이 사용되
는 Mager의 진술방식은 다음과 같다.

➊ 도착점 행동과 행위동사 사용

➋ 그 도착점 행동이 일어나는 상황 및 조건

➌ 도착점 행동이 어느 정도 숙련되어야 하는지를 밝혀 놓은 준거(수
락 기준)를 명시해야 한다.

> ex 현미경을 통해서 세포의 핵, 세포막, 액포, 미토콘드리아를 그릴 수 있다.

> ex 트랙에서 100m를 15초 이내에 뛸 수 있다.

· 수업목표진술에서 반드시 상황이나 조건을 제시하는 것은 아니며,
준거를 반드시 포함해야만 하는 것은 아니다.

나) 수업목표 진술을 위한 행위동사

상세한 수업목표 진술을 위한 행동별 명세적 행위동사의 예는 다음의 표와 같다.

행동	하위영역	명사적 행위동사	일반 수업목표
지식	용어에 관한 지식	정의하다, 구별하다, 습득하다, 확인하다, 재생하다	공통용어를 안다, 특정 사실을 안다, 방법과 절차를 안다, 기초 개념을 안다, 원리를 안다
	특수 사실에 관한 지식	재생하다, 습득하다, 확인하다	
	형식에 관한 지식	재생하다, 습득하다, 확인하다	
	경향과 순서에 관한 지식	재생하다, 습득하다, 확인하다	
	분류와 유목에 관한 지식	재생하다, 습득하다, 확인하다	
	준거에 관한 지식	재생하다, 습득하다, 확인하다	
	방법론에 관한 지식	재생하다, 습득하다, 확인하다	
	원리와 통칙에 관한 지식	재생하다, 습득하다, 확인하다	
	이론과 구조에 관한 지식	재생하다, 습득하다, 확인하다	
이해	번역	번역하다, 변형하다, 자기 말로 표현하다, 예시하다, 준비하다, 읽다, 나타내다, 변화시키다, 다른 말로 바꾸어 말하다, 재진술하다	사실과 원리를 이해한다, 언어자료를 해석한다, 도표와 그래프를 해석한다, 언어자료를 수학공식으로 바꾼다, 자료에 함축된 미래의 결과를 추정한다, 방법과 절차를 정당화한다
	해석	해석하다, 재정리하다, 재배열하다, 구분하다, 구별하다, 만들다, 그리다, 설명하다, 논증하다	
	추론	적용하다, 일반화하다, 연관짓다, 선택하다, 발전시키다, 조직하다, 사용하다, 이용하다, 변경하다, 재구성하다, 분류하다	

적용	적용	적용하다, 일반화하다, 연관짓다, 선택하다, 발전시키다, 조직하다, 사용하다, 이용하다, 변경하다, 재구성하다, 분류하다	개념과 원리를 새로운 장면에 적용한다. 법칙과 이론을 실제 상황에 적용한다. 도표와 그래프를 작성한다. 방법과 절차를 바르게 사용한다
평가	내적 준거에 의한 판단	판단하다, 입증하다, 인증하다, 평가하다, 결정하다	작품의 논리적 일관성을 판단한다. 결론의 적절성을 판단한다. 작품의 가치를 판단한다
	외적 준거에 의한 판단	판단하다, 입증하다, 고려하다, 비교하다, 표준화하다, 평가하다	
분석	요소의 분석	구별하다, 찾아내다, 확인하다, 분류하다, 식별하다	진술되지 않은 가정을 알아낸다. 논리적 모순을 알아낸다. 자료의 적절성을 평가한다. 작품의 조직적 구조를 분석한다
	관계의 분석	분석하다, 대조하다, 비교하다, 구별하다, 연역하다	
	조직원리의 분석	분석하다, 찾아내다, 연역하다	
종합	독특한 의사전달의 창안	쓰다, 말하다, 관련짓다, 생산하다, 구성하다, 전달하다, 창작하다, 수정하다, 문서로 증명하다	잘 구성된 글을 쓴다. 잘 짜인 연설을 한다. 창작을 한다. 실험계획을 세운다. 상이한 영역의 학습을 통합한다. 대상을 분류하기 위한 새로운 설계를 구성한다.
	계획의 작성 또는 조작의 창안	제안하다, 계획하다, 산출하다, 수정하다, 열거하다	
	추상적 관계의 도출	산출하다, 도출하다, 전개하다, 결합하다, 조직하다, 종합하다, 분류하다, 연역하다, 형성하다, 수정하다	

(5) 교수-학습지도안의 예

교수자는 각 수업에 적합한 교수-학습지도안을 작성해야 한다. 다음에 소개하는 몇 가지 교수-학습지도안의 예를 참고로 하여 창조성과 융통성을 발휘한다면 좋은 교수-학습지도안이 될 수 있을 것이다.

예시 1

지도 일시	년 월 일 제 ( ) 교시	지 도 대 상	( ) 학년 ( ) 반	지도교사	( ) 선생님
				지도교생	이름 ( )
주제					
본시 교수- 학습 목표					
지도상 유의점					
교수- 학습 자료	학생			교사	

단계	학습 과정	교수-학습활동		시간 (분)	유의점 및 교수-학습자료
		학생	교사		

도입
 	
전개
 	
정리
	· 전시 교수-
	  학습 확인
	· 선수 학습
	  요소의
	  발견과 처치
	· 본시 교수-
	  학습목표 제시
	· 본시 내용 전개
	· 교수-
	  학습 내용 정리
	· 형성평가
	· 과제제시
	· 차시예고				

예시 2

단원명		대상		차시 *	/	지도일시		지도장소	
수업목표									
지도단계	주요학습 내용	교수 – 학습활동				시간	수업매체	지도상 주의점	
		교사		학생					
도입									
전개									
정리									
판서내용, 형성평가 문항 및 과제물 제시									

* 차시는 사선 윗부분에 본시의 차시를, 그리고 아랫부분에는 단원지도에 소요되는 총 시수를 숫자로 기입한다.
예를 들면, 2/3이란 단원지도 총 소요시간이 3시간이며 본시가 2차시란 뜻이다.

예시 3

1. 주제	
2. 단원의 개관	
3. 수업의 목표	
4. 수업활동계획	
5. 학습자료 및 기자재 (유의사항)	
6. 평가계획	
7. 본시의 수업계획 (제 ( )차시)	(1) 본시의 주제 (2) 본시의 수업목표 (3) 수업의 과정 (4) 평가

3. 소방 안전 행동별 교수 지도안(예시)

1) 소방안전 행동별 교수 지도안

(1) 옷에 불이 붙으면 멈추고 엎드려 구른다

　가) 학습목표

➡ **기능적 목표**

입고 있는 옷에 불이 붙으면 멈춰서 구른다.

➡ **태도적 목표**

입고 있는 옷에 불이 붙었을 때는 멈춰서 구르는 행동이 가장 효과적이라는 것을 안다.

➡ **인지적 목표**

이 행동은 옷에 불이 붙었을 경우에만 해야 한다는 것을 안다.

나) 학습내용

(가) 옷에 불이 붙었을 때 취해야 할 행동 요령

➡ **행동순서**

❶ 멈춘다: 뛰지 않는다.

❷ 엎드린다: 장소에 관계없이 즉시 그 자리에 엎드리고 손으로 얼굴을 가린다.

❸ 구른다: 불이 꺼질 때까지 계속 구른다.

- 구르면서 담요, 수건 등으로 몸을 감싸면 불을 더 쉽게 꺼지게 할 수 있다. 그러나 담요나 수건 등을 찾기 위해 달리거나 시간을 지체해서는 안 된다.
- 다른 사람의 옷에 불이 붙었을 경우에는 바닥이나 땅에 엎드리게 한 뒤 불이 꺼질 때까지 계속해서 구르라고 하고 주변에 있는 담요나 수건으로 덮어 준다.
- 상의에 불이 붙었다고 옷을 벗으려고 하면 얼굴과 머리에 더 심각하게 화상을 입을 수 있다. 옷에 불이 붙더라도 불은 옷의 외부에 있기 때문에 구르는 것이 가장 효과적이다.
- 불이 꺼지면 화상 부위를 차가운 물로 식히고 병원으로 간다.

(나) 멈추고 엎드려 굴러야 하는 이유

- 옷에 불이 붙었을 때 구르는 이유는 산소 공급이 줄기 때문에 쉽게 불이 꺼진다.
- 양손으로 얼굴을 가리는 것은 화염과 열기로부터 얼굴과 머리를 보호하고, 호흡할 때 열기가 폐로 들어가지 않게 하기 위해서이다.

(다) 불이 잘 붙지 않는 옷을 입자

- 헐겁게 짠 섬유로 된 옷, 레이스가 많이 달린 옷, 헐렁한 옷 등은 불이 붙기 쉽고 잘 탄다.
- 조밀하게 짠 섬유로 된 옷, 레이스가 없고 몸에 달라붙는 옷은 상대적으로 위험성이 적다.
- 평상시에 불이 잘 붙지 않는 옷을 입어야 사고를 예방할 수 있다.

다) 교수-학습 활동

(가) 학습자료

- 매트, 상자, 양면 접착테이프
- 학생들이 미리 자기 이름을 불꽃 모양으로 그린 뒤 오려 둔다.

(나) 학습전개

➡ **학생들에게 어떤 경우에 옷에 불이 붙을 수 있는지 질문한다.**

❶ 불이 있는 곳에 너무 가까이 가거나 주위에 있을 때

❷ 불 위에 넘어질 때

❸ 옷에 불티가 튈 때

❹ 석유나 기름이 옷에 묻어 있을 때

➡ **옷에 불이 붙었다면 어떻게 해야 하는지 질문한다. 멈추고, 엎드려, 구른다.**

➡ **옷에 불이 붙은 것을 가정해 멈추고, 엎드려, 구르는 연습을 해 본다.**

❶ 학생들을 두 개 조로 나눈다.

❷ 매트 끝에 학생들을 세운다.

❸ 이름이 그려진 불꽃 뒤에 양면 접착테이프를 붙인 뒤 상자에 담아 각 조 앞에 놓는다.

❹ 호루라기 소리와 함께 첫 번째 조원이 자신의 불꽃을 찾아 몸에 붙이고, 매트 위로 올라가서 멈추고, 엎드려, 매트 끝까지 구른다.

❺ 선생님은 학생들이 손으로 얼굴을 감싸고 매트의 길이만큼 구르는지 지켜본다.

❻ 학생들이 제대로 동작을 취하면 불꽃을 제거해서 '멈추고, 엎드려, 구른다.'라는 글자를 쓴 나무 위에 자기의 불꽃 이름을 붙이게 한다.

❼ 모든 조원이 불꽃을 나무에 붙인 조가 승리한다.

라) 다른 교수-학습 활동

(가) 토의

• 옷에 불이 붙었을 때 멈추고, 엎드려, 구르는 것이 불을 끄는 데 왜 효과가 있는지 토의 해 본다.

(나) 연극

• 한 학생은 옷에 불이 붙어 뒹구는 연기를 하고, 다른 학생들은 담요 나 큰 수건으로 덮어 주는 연극을 해 본다.

마) 다른 과목에 적용

(가) 미술

• 옷에 불이 붙었을 때 멈추고 구르는 놀이를 할 수 있도록 자기 이름 을 불꽃 모양으로 도화지에 그린 뒤, 오려서 준비해 둔다.
• 옷에 불이 붙었을 때 취해야 하는 행동을 단계별로 그림을 그려 전시 해 본다.

(나) 과학

• 옷에 불이 붙었을 때 멈추고 쓰러져 구르면 왜 불이 꺼지는지, 그렇 게 하면 왜 산소공급이 줄어드는지, 달리면 왜 불이 더 잘 타는지를 설명해 준다.

교육공학

1. 교육공학의 기초	설계; 개발; 활용; 관리; 평가; 데일의 경험의 원추설
2. 데일(E. Dale)의 경험의 원추설	시청각 교재; 진보주의; 직접적 경험; 간접적 경험;
3. 수업매체	ASSURE모형; 수업매체 선정절차; 디오라마

1. 교육공학의 기초

(1) 교육공학의 개념

- 교수공학은 교육의 전 과정인 설계, 개발, 활용, 관리, 평가의 영역을 포함한다.
- 교수공학은 교수 방법 및 전략, 필요 자원을 설계하고 새롭게 개발하며 개발된 자료를 활용하고 자원 및 전달 체제를 관리·평가하는 모든 활동을 포함한다.

(2) 교육공학의 영역

- 설계: 설계란 교수 목적을 달성하기 위하여 학습 과정을 분석하고 이에 적합한 전략을 수립하는 과정이다.
- 개발: 설계에서 결정된 것을 물리적 형태로 만드는 과정
- 매체활용: 혁신의 보급, 실행과 제도화, 정책과 규제 등을 응용하는 과정이다.

• 관리영역: 프로젝트 관리, 자원관리, 전달체제 관리, 정보관리 등

(3) 장점

• 교육의 생산성 증대, 개별화, 과학화, 직접화, 즉시화, 기회균등

(4) 단점

❶ 교육의 비인간화: 681km 인공위성 등 차가운 매체를 통해서 감성 전달

❷ 학습자의 자발성 무시

• 전통적 교육: 인간자원끼리의 접촉

• 교육공학: 교육의 효율성을 높이기 위하여 비인간적 자원까지를 동원한 교수과정의 전 영역이라고도 한다. (비인간적 자원: 과학적 기술)

(5) 시각교육

❶ 이론

가) 데일의 경험 원추설

• 시청각 교육: 세계를 교실 안으로 끌어들이는 방법.

• 시청각자료: 의미 전달을 위해 주로 읽기에만 의존하지 않은 자료, 진보주의 입장

나) 경험의 단계

• 행동적 경험: 직접 / 시청각 경험: 간접 / 상징적 경험: 언어기호, 시각기호

❷ 장점

• 교육활동 및 학습지도의 효율성을 도모할 수 있다.

- 과학적 사고방식을 배양할 수 있다.
- 학습내용을 간결하게 구체화할 수 있다.

❸ 단점
- 경험이 구체성을 지나치게 강조한다.
- 간접적인 인격접촉으로 인해 참다운 인간교육이 곤란하다.
- 시청각교육에 의한 교육효과를 지나치게 과신하고 있다.

(6) 시청각통신
- 시청각교육이론과 통신이론을 결합하여 학습의 효과를 극대화하고자 하는 교육이론으로 신행동주의의 S-O-R모형을 적용시킨 것이다.

❶ 의의: 시청각교육과의 비교
- 시청각교육은 일방적인 데 비해 시청각통신은 쌍방적이라는 특징을 가지고 있다.
- 시청각교육은 시각과 청각만을 이용하는 데 비해 시청각통신은 인간의 5감을 모두 이용하고 있다.

❷ 유형
- 벌로(Berlo)의 SMCR(source, message, channel, receiver) 이론: 송신자 − 전달내용−통신방법−수신자
- 샤논(Shannon)과 슈람(Schramm)의 커뮤니케이션 이론: 송신자−기호화−신호−해독−수신자

2. 데일(E. Dale)의 경험의 원추(cone of experience)설

(1) 개념

- 인간이 하게 되는 경험은 현실 그 자체와 같은 수준인 직접적이고 목적적인 경험에서부터 점차 간접성의 정도가 높아져 마지막에는 언어기호와 같이 아주 추상적이며 고안된 경험에 이르는 원추의 모양을 이루게 된다는 것.
- 원추의 저변에는 직접적 경험이 놓이며, 다음에는 고안된 경험, 극화(劇化) 경험, 연시(演示), 견학, 전시, 텔레비전, 영화, 녹음물이나 라디오, 시각적 기호의 순서가 되며 원추의 제일 높은 꼭지에는 언어적 기호가 자리 잡게 된다. – 어떤 경험의 종류에서나 결국 핵심이 되는 것은 의미의 전달인데, 의미는 단순한 매체로만 이루어지는 것이 아니라 매체에 담겨지는 통신(또는 메시지)의 내용과 형식에 달려 있기 때문이다.

(2) 경험의 원추 설명그림

[출처] 서울대학교 교육연구소(2011). 교육학용어사전. 서울. 하우동설

행동적 경험	시청각 경험	상징적 경험
직접	간접	언어기호, 시각기호

3. 수업매체

(1) 의의

- 수업매체란 학습에 사용되는 자극, 수단, 환경 등 모든 것을 총칭하
  는 개념이다.

(2) 수업매체의 분류

- 뜨거운 매체(쌍방향성), 차가운 매체(일방향성)

(3) 수업매체 선정 절차모형: 아쉬레모형 (ASSURE)

❶ 학습자 분석, 목표 진술, 교수매체, 교재의 활용, 학습자 참여,
  평가와 수정

❷ ASSURE모형의 각 단계별로 하나씩 살펴본다.

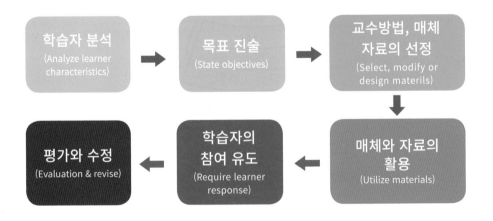

(4) 종류

❶ 디오라마(Diorama)

- 디오라마는 19세기에는 이동식 극장 장치를 의미했으나, 현재는 3차원의 실물 또는 축소 모형을 말한다.
- 경우에 따라서는 박물관에 전시되기도 한다. 디오라마는 종종 관련 취미로 제작되기도 한다.
- 그림이나 무대 등을 입체화시켜 강한 현실감을 나타낼 수 있도록 한 것이다.

❷ OHP: 투사 매체로 모든 학습자들에게 동시적으로 제공할 수 있다는 장점이 있다.

(5) 컴퓨터 활용

❶ 컴퓨터 보조수업(CAI): 직접적으로 교육에 활용

❷ 컴퓨터 관리수업(CMI): 간접적으로 교육에 활용

- 멀티미디어: 컴퓨터가 중심 역할을 하는 정보화 사회에서 멀티미디어는 문자정보, 그래픽, 정사진, 애니메이션, 음성정보, 비디오정보 등이 상호작용적인 링크에 의해 통합된 체제를 말한다.
- 멀티미디어는 정보를 조직하고 접근하는 데 있어서 사용자 주도적인 비선형적인 방법을 제공한다.

❸ UCC(User Created Content)

- 인터넷, 디지털카메라, 휴대전화 등 정보통신분야의 발달을 이용하여 전문가 집단이 아닌 일반인들이 기존의 미디어보다 빠르고 의미 있는 정보를 생산해내면서 확산된 사용자제작 콘텐츠를 말한다.

(6) 인터넷

❶ 의의

- 전 세계의 컴퓨터 망을 연결하여 각각의 컴퓨터가 가지고 있는 정보들을 주고받을 수 있는 종합 통신망을 말한다. 원격교육에 활용된다.

❷ 특성

- 신속성: 메시지가 매우 신속히 전달된다.
- 초시간성: 메시지는 사용자가 보내고 싶은 편리한 시간에 보낼 수 있다.
- 초공간성: 전송된 메시지나 자료는 세계 어느 곳에서든 어떠한 상황에서도 받아 볼 수 있으며 교환할 수 있다.
- 통신의 동시성: 사용자들은 실시간으로 동시에 대화할 수 있다.
- 통신의 비동시성: 사용자들이 반드시 동시에 대화할 필요는 없다.
- 학습의 선형 및 비선형성: 학습은 교사에 의해서 구조화되고 제시되고, 학습자는 자신의 학습속도에 따라 학습을 하게 되며 자신의 학습양식에 따라 학습하게 된다.

문제 1 다음 중 가네(R. Gagné)의 학습목표 분류에 해당하지 <u>않는</u> 것은?

① 언어정보　　② 수업사상
③ 태도　　　　④ 인지전략

정 답 ②

해 설 가네의 학습목표 5가지 범주는 언어정보, 지적기능, 운동기능, 인지전략, 태도이다.

문제 2 가네(R. Gagné)의 9단계 수업사태 중 다음 단계에 해당하는 교사의 수업활동에 대한 설명으로 가장 적합한 것은?

① 주의집중: 학생들이 내용의 핵심을 선택적으로 지각하여 용이하게 저장할 수 있도록 안내하였다.

② 선행학습 상기: 학생들이 유의미한 지식구조를 구축하는 데 초점을 맞추어 필요한 기법을 활용하였다.

③ 학습 안내 및 지도: 학생들이 배운 내용을 단기기억에 저장하도록 다양한 흥미 유발 기법을 활용하였다.

④ 피드백 제공: 성공적 수행에 대해서는 강화를 제공하고, 잘못된 수행은 교정할 수 있도록 정보를 제공하였다

정 답 ④

해 설 성공적 수행에 대해서는 강화를 제공하고, 잘못된 수행은 교정할 수 있도록 정보를 제공하는 것은 피드백 제공 단계에서 한다.
가네(R. Gagné)의 9단계 수업사태는 "주의집중, 학습목표 제시, 선행학습 상기, 자극 제시, 학습안내 및 지도, 수행유도, 피드백 제공, 수행평가, 파지 및 전이 높이기"이다.

문제 3 다음 중 교사의 발문에 대한 다음 설명 중 옳지 <u>않은</u> 것은?

① 한 번에 한 가지만 질문한다.

② 발문을 먼저 하고 학습자들이 생각할 시간을 준 다음 지명을 한다.

③ 교사의 발문량이 많을수록 학습이 더욱 촉진된다.

④ 학습자의 능력을 고려하여 다양한 수준의 질문을 한다.

정 답 ③

해 설 교사의 발문량이 많을수록 학습이 더욱 촉진되는 것은 아니다.

- 가네의 교수이론은 행동주의 이론을 바탕으로 복합적인 인지과정, 문제해결 과정, 즉 인지주의 이론을 절충시킨 이론이다.

- 가네는 학습이 일어나는 데 있어 외재적 수업사태와 내재적 인지과정이 동등하게 중요함을 강조한다.

- 가네는 인간학습을 다섯 가지 범주로 분류하였다: 언어정보, 태도, 지적기능, 운동기능, 인지전략

- 가네의 교수이론에서 학습 조건에는 내적 조건과 외적 조건이 있다. 내적 조건은 선수학습 능력과 학습자의 내부 인지과정이며, 외적 조건은 동기유발, 연습기회 제공, 피드백 제공, 강화, 보상 등이다.

- 교수사태(수업상황, events)란 학습자의 내적 학습과정을 지원해주는 외적 학습조건이나 상황이다.

- 가네의 교수이론이 제시하는 교수사태의 단계는 다음과 같다.

  · 수업의 도입부: ① 주의집중, ② 목표제시, ③ 선행학습 상기

  · 수업의 전개부: ④ 학습내용 제시, ⑤ 학습 안내 및 지도, ⑥ 연습, ⑦ 피드백 제공

  · 수업의 정리부: ⑧ 형성평가, ⑨ 파지 및 전이의 촉진

- 교수-학습지도안은 체계적 · 조직적으로 충실하게 작성되어야 한다.

- 교수-학습지도안의 구성요소에는 단원명, 지도대상, 차시, 교수방법, 수업목표, 수업의 진행 과정 및 시간 배당, 교수-학습활동, 교재, 자료, 수업매체, 수업전략, 판서계획, 평가방법, 과제의 내용, 학습지도 시 유의사항 등이 있다.

- 수업목표는 수업으로 인하여 일어난 행동의 변화를 기술한다.

- 수업목표는 이원 분류(내용과 행동)하여 진술한다.

- 수업목표는 학습자를 주어로 하여 진술하되, 진술문에는 주어인 학습자가 생략될 수 있다.

- 도달점 행동은 명세적 행위동사로 진술한다.

- 강의법은 특정한 태도나 가치를 길러주기 위하여 설득력 있는 웅변적 교수가 필요할 때 효과적이다.

- 강의법은 논쟁의 여지가 없는 사실적 정보나 개념을 논리적 · 객관적으로 분명하게 짧은 시간에 효율적으로 전달하고자 하는 경우에 사용하면 좋다.

- 강의법은 정해진 시간 내에 다양한 지식을 많은 학습자에게 전달할 수 있으므로 경제적이다.

- 교수자가 일방적으로 전달하기 때문에 수업이 획일적이 되고 학습자들의 개인차가 고려되기 어렵다.

다음 학습 예고

다음 Chapter에는 "**12. 교육평가론**"에 대해 학습하겠습니다. 수고하셨습니다.

교육평가론

제12장

복습점검 | 다음 설명이 맞으면 O, 틀리면 X를 하세요.

문제 1 가네(R. M. Gagné)의 인간학습에 대한 학습목표 분류에는 언어정보, 태도, 지적기능, 운동기능, 인지전략이 있다.

정 답 O

해 설 가네는 블룸(J. S. Bloom)의 인지적, 정의적, 심동적 학습분류 체계를 발전시켜 인간학습을 위의 다섯 가지 범주로 분류하였다.

문제 2 가네의 교수설계전략이론에 의하면, 수업의 도입부에는 주의집중, 목표제시, 선행학습의 상기 등이 있다.

정 답 O

해 설 교수사태 중에서 도입부에는 주의집중[학습의 내적 측면:주의], 목표제시[학습의 내적 측면:기대], 선행학습 상기[학습의 내적 측면:재생] 가 있다.

가네의 교수설계전략이론에 의하면, 형성평가[학습의 내적 측면: 자극에 의한 재생]는 수업의 전개부에서 실시하는 영역이다.

정 답 X

해 설 형성평가란 학습목표가 달성되었는지를 확인하기 위하여 목표 관련
평가를 실시하는 단계이다. 형성평가의 목적은 학습자의 성취를 평가하는 데
있는 것이 아니라 차기 수업을 개선하기 위한 자료를 얻는 데 있다.

제1절	**교육평가의 기초**

1. 교육평가의 개념	교육평가; 발달적 교육관; 블룸(Bloom); 교육효과; 향상
2. 교육평가의 목적과 기능	교수적 기능; 행정적 기능; 상담적 기능; 목적; 기능
3. 교육관과 현대의 교육평가	선발적 교육관; 발달적 교육관; 인본주의; 교육관; 현대; 평가; 교육평가

1. 교육평가의 개념

1) 교육평가의 정의

사전적 정의

- 교육평가는 사전적으로 "학생의 학습과 행동 및 여러 교육조건을 교육목적에 비추어 측정하고, 이에 대하여 내리는 가치적 판정으로 교육측정으로 얻어지는 수량적 결과를 교육목적에 비추어 해석하고, 이를 교육문제의 해결에 활용하려는 것"이라고 정의된다.

- 우리 사회에서 평가를 '줄 세우기'와 동일시하는 왜곡된 평가관이 퍼져 있지만 교육평가의 궁극적인 목적은 교육효과의 향상을 꾀하는 데 있으므로 올바른 평가관을 세우는 것을 매우 중요한 일이다.

2) 교육평가에 대한 세 가지 입장

교육평가에 대하여 다양한 정의가 있지만, 다음과 같이 크게 세 가지로 정리할 수 있다.

교육목표와 어느 정도 합치되었는지를 확인하는 과정으로 보는 입장

교육적인 의사결정을 위해 필요한 정보를 수집하는 활동 또는
그 과정으로 보는 입장

교육과 관련된 어떤 대상의 장점, 질, 가치 등을 판단하는 과정과
그 산물로 보는 입장

(1) '교육목표와 어느 정도 합치되었는지를 확인하는 과정'으로 보는 입장 (발달적 교육관)

- 타일러(R. W. Tyler)가 대표적인데 그는 교육과정 및 수업의 프로그램에 의하여 교육목표가 실제로 얼마나 달성되었는지를 밝히는 과정으로 보았다.
- 교육의 단계에서 목표에 접근해 있는 정도를 확인하는 작업을 뜻한다.
- 모든 학습자에게 적절한 교수-학습방법만 제시한다면, 누구나 일정한 교육목표를 달성할 수 있다는 교육관이다.
- 교육이 목적하고 있는 바람직한 방향으로의 변화가 일어났는가를 판단하는 활동
- 교육이 끝난 후 평가를 실시하므로 평가의 기능을 약화시키거나 제한하는 단점이 있다.

(2) '교육적인 의사결정을 위해 필요한 정보를 수집하는 활동 또는 그 과정'으로 보는 입장

- 크론바흐(L. J. Cronbach)와 스터플빔(D. L. Stufflebeam) 등이 대표적이다.
- 크론바흐(Cronbach)는 어떤 교육 프로그램에 관한 결정을 내리기 위하여 정보를 수집하고 사용하는 과정으로 정의하였다.

- 예를 들어 학습 부진아 교육을 위한 판별을 한다면 교육평가의 범위를 정보를 제공하는 것으로만 제한하고 최종적 의사결정 자체는 교육평가의 영역을 벗어나는 것으로 간주한다.
- 블룸(Bloom)은 "학습자에게 실제로 어떠한 변화가 일어났는지를 밝히고 그와 동시에 학생에게 일어나는 변화의 양이나 정도를 결정하기 위한 체계적인 증거 모집의 절차"로 봄
- 학교평가를 한다면, 평가하려는 학교로부터 수집될 수 있는 정보나 자료를 수집하는 과정을 평가로 보는 것이다.
- 평가(정보를 수집하는 사람)의 임무는 자신의 가치관을 배제하고 교육현장을 있는 그대로 기술(Describe)하는 것이다. 이 입장은 평가자와 의사결정자의 역할을 분리하고 있다.

(3) '교육과 관련된 어떤 대상의 장점, 질, 가치 등을 판단하는 과정과 그 산물'로 보는 입장

- 대표적인 학자로는 스크리븐(M. Scriven)과 스테이크(R. E. Stake) 등이 있다.
- 예를 들어, 교육청에서 학교와 관련된 정보를 이용하여 가치 판단 하는 것이다.
- 이 입장에서 평가자는 평가대상의 상태를 가치 판단하는 역할을 수행해야 한다.

(4) 종합적 정의

- 평가에 대한 다양한 입장들은 어느 하나가 옳고 다른 것은 옳지 않은 것으로 볼 수 없고 평가가 이루어지는 구체적인 맥락, 상황에 따라 상호 보완적으로 이해되어야 할 것이다.

- 교육평가는 단순히 교육의 결과뿐만 아니라 교육의 입력이나 과정에도 관심을 가진다. 이러한 의미에서 교육평가는 일정한 준거를 잣대로 하여 교육의 입력, 과정 및 성과에 대한 가치를 조사하고 판단하는 행위로 정의할 수 있다.
- 이러한 정의를 종합해 보면 교육평가란 교육목표의 달성 정도나 교육과정의 효율성을 판단하기 위해 학습자의 행동 변화 및 학습과정에 관한 제반 정보를 체계적으로 측정하여 의사결정을 내리는 과정이다.

2. 교육평가의 목적과 기능

1) 교육평가의 목적
(1) 교육목적에 대한 학생의 성취도를 알기 위함이다.
(2) 교육과정과 교수–학습지도 방법의 개선을 위한 정보를 수집하고 사용하기 위함이다.
(3) 학생의 진로지도에 대한 자료를 얻기 위함이다.

2) 교육평가의 기능

교수적 기능 | 행정적 기능 | 상담적 기능

(1) 교수적 기능: 가장 중요한 기능
- 궁극적으로 교육(또는 교수–학습)의 전(全)과정(교육목표 설정, 교육내용 선정 및 조직, 교수–학습 활동, 평가), 학습지도법을 개선하고 발전시키는 기능을 한다.

- 교육의 과정이란 계속적으로 이어지는 순환활동이기 때문에, 교수-학습의 전 과정에서 평가가 이루어져서 후속 활동 개선에 도움을 주어야 한다.
- 교사에게 학습목표를 확인 시켜주며 학생과 교사 간 Feedback이 가능하도록 하며 학습 동기를 유발한다.

  ex 수업 시간 중 평가를 해서 복습 시키는 경우
- 교육평가는 교육관련 주체들의 자기 이해를 돕는 기능을 한다. 학습자, 교사, 학교 행정가 등이 평가를 통하여 자신의 단점이나 장점, 문제점 등을 스스로 판단하고 이해할 수 있는 단서를 얻을 수 있다.

(2) 행정적 기능

- 교육평가를 통하여 우수한 학생들을 선발하거나 진급, 자격증 부여, 수상 등을 위한 자료를 얻을 수 있다.
- 상위 학교 진학을 위한 학생 선발, 학교의 책무성 평가 등을 수행하는 기능

  ex 수능결과를 이용해 신입생을 선발하는 경우

(3) 상담적 기능

- 생활지도의 기본자료 제공
- 학생의 행동특성을 진단하고 치료하는 기능

  ex 흥미검사, 성격검사 등

3. 교육관과 현대의 교육평가

1) 교육관과 교육평가의 기능

(1) 선발적 교육관(상대평가, 불완전학습)

- 모든 사람들이 똑같이 교육을 받는다 하더라도 결국에는 소수의 사람들만이 교육적 목표를 달성할 수 있다고 보는 관점이다.
- 대부분 사람들이 교육을 바라보는 관점으로 선발적 교육관의 관점으로 인해 지나친 경쟁이 일어나기도 한다.
- 교육을 통하여 달성하고자 하는 특정한 교육목적이나 교육수준에 도달할 수 있는 사람은, 어떤 교육방법을 동원하든지 소수에 지나지 않는다는 교육관이다.
- 교육목표에 도달할 가능성이 있는 소수의 우수자를 사전에 선발하기 위한 평가로, 개인차 변별에 중점을 둔다.
- 유전론에 입각하여 인간의 지적 능력은 타고났으며 고정적이어서 변하지 않는다고 전제한다.
- 일정한 교육 후에 우수아와 열등아를 구분하는 개인차 변별에 더 중점을 두며, 일정한 교육수준이나 교육목표에 도달할 가능성이 있는 소수의 우수자를 선발하는 것을 평가의 목적으로 삼는다.
- 따라서 학생들을 상대적으로 비교하는 것이 목적인 규준지향 평가방식을 지향한다.

(2) 발달적 교육관(절대평가, 완전학습)

- 학교에서 학생들에게 적절한 교육방법을 제시하면 학생들이 좋은 방향으로 성장한다는 것
- 학생이 계획 세운 목표를 달성하게 해주기 위하여 학교는 많은 노력을 해야 한다고 보는 관점
- 환경론에 입각하여 모든 학습자에게 적절한 교수-학습 환경을 제공하면 누구나 의도하는 바의 주어진 교육목표에 도달할 수 있다는 신

념을 가진 교육관이다.

- 교육을 통해 적절한 자극을 제공하면 인간행동이 긍정적으로 변화할 수 있다는 입장을 보인다.
- 학습자들의 교육목표 도달여부를 확인하여 목표 수준 미달 시에는 교정학습을 제공하고, 교수–학습 방법의 적절성 여부를 판단하여 목표 도달에 가장 적절한 교수방법을 제공하여 완전학습을 달성하는 데 평가의 목적을 둔다.
- 따라서 발달적 교육관은 목표지향 평가방식과 상통한다.

(3) 인본주의적 교육관

- '학생이 하고 싶어 하는 것, 학생이 하고자 하는 것을 할 때 비로소 좋은 교육이다'라는 관점이다.
- 현실적으로 선발적 교육관에 비해 인본주의적 교육관의 관점을 지닌 사람이 소수이다.
- 인간을 환경과 능동적으로 상호작용하는 존재로 간주하며, 교육을 인성적 성장, 통합을 통한 자아실현의 과정이라고 전제한다.
- 학습자의 개별성을 존중하기 때문에 평가의 목적을 전인적 특성의 파악에 둔다.

2) 교육평가의 현대적 동향

❶ 절대평가의 중요성을 강조한다.
❷ 교육활동 자체를 위한 평가로서의 활용을 강조한다.
❸ 형성평가의 중요성을 강조한다.
❹ 잠재적 교육과정의 중요성을 강조한다.

교육평가의 유형과 평가도구 기준

1. 교육평가의 유형	진단평가; 형성평가; 총괄평가; 준거지향평가; 규준지향평가
2. 평가도구의 기준	타당도; 신뢰도; 객관도; 실용도; 평가도구; 기준
3. 교육평가의 요소 및 절차	교수-학습목표; 설정; 예비평가; 실시; 평가; 요소; 절차

1. 교육평가의 유형

1) 교육평가의 유형

다양한 기준에 의해 다양한 분류가 가능하다.

2) 주요 학습 내용

- 학교현장에서 일반적으로 이루어지는 평가유형들을 대상별, 시기별, 평가기준별, 평가방법별로 나누어 살펴봄.
- 특정 분류에 포함되는 것은 아니지만 현재 학교 일선에서 주요 평가 방법으로 사용되고 있는 수행평가에 대해 소개하도록 한다.

3) 평가대상별 유형

(1) 개요

- 어떤 대상을 평가하느냐에 따라 평가유형은 달라질 수 있다.
- 전통적으로 교육평가는 학생들의 학업성취 정도에만 관심을 두었다.

- 그러나 교육은 다양한 형태로 이루어지는 것이므로 교육과 관련된 모든 현상과 구성요소를 평가대상으로 삼아야 한다. 평가대상이 인적인 것이냐 아니면 물적인 것이냐에 따라 평가의 접근방법은 달라진다.
- 또한 개인 혹은 단체일 경우에도 평가의 전체적인 특징이나 해석 방법이 달라질 수 있기 때문에 유형별 특징들을 충분히 숙지하고 목적에 부합하는 평가를 시행하도록 해야 한다.

(2) 내용

❶ 학생평가
- 학생의 능력이나 특성을 가치 판단하는 것으로 학교현장에서 가장 많이 실시되는 평가이다.
- 주로 교사에 의해 수행되며 시험, 교사와의 면담, 관찰 등을 통하여 학생들의 발달 정도를 평가한다.
- 학생의 능력은 크게 지적 영역, 정의적 영역, 심리·운동적 영역으로 구분될 수 있다.

❷ 교사평가
- 공교육의 국가적인 책무성이 강조되기 시작하면서 교사평가에 대한 요구가 높아지면서 주목을 받고 있다.
- 교사평가란 교사가 수행하는 교수활동이나 학생지도활동 등에 대하여 가치를 판단하는 것이다.

❸ 교육과정평가
- 교육의 전(全)과정을 교육목표에 비추어 평가하는 것을 말한다.
- 선정된 교육내용이 교육목표에 얼마나 부합하는지, 사용된 학습 자료가 교육목표를 달성하기에 유용한 것인지, 교육평가 과정은 교육

적이었는지 등을 평가하게 된다.

❹ 학교평가

- 학교가 제공하는 교육서비스나 교육환경의 질을 평가하는 것을 말한다.
- 학교의 실상을 국가적인 차원에서 파악하고 교육의 주체뿐만 아니라 교육 수혜자 모두에게 정보를 제공함으로써 교육의 질을 높이기 위하여 수행되어야 한다.

4) 평가시기별 유형

(1) 개요

- 교육평가는 시행하는 시기에 따라 진단평가, 형성평가, 총괄평가로 분류할 수 있다.
- 평가의 목적이나 진행방식, 평가도구의 특성, 활용방식 등에 있어서 각각 차이가 있으므로 평가의 의도에 따라 적절히 사용할 수 있어야 한다.

(2) 내용

❶ 진단평가

- 진단평가(Diagnostic Evaluation)란 교수-학습 활동이 시작되기 전에 학습과제에 대한 학습자들의 준비도를 진단하는 평가이다.
- 진단평가를 통하여 교사는 학습자들의 출발점 행동이나 적성, 흥미, 동기, 지능 등을 파악하여 교수-학습의 수준이나 교수전략 등을 조절할 수 있다.
- 선수학습의 정도, 기초학력, 학습흥미, 학습동기, 학습자의 성격적 특성, 학습자의 정서 등을 파악하여, 효율적인 수업을 위한 평가이다.
- 수업의 전개과정에서 학생들의 학업성취에 있어서의 결함을 사전에

예진하는 것이 주된 목적이다.

- 예를 들어 교수-학습목표가 '이차방정식의 원리를 적용한다'인 수업을 시작하기 전에 일차방정식의 원리를 적용할 수 있는 능력을 갖추고 있는지 진단하는 것이다.
- 진단평가는 출발점행동의 확인에 있다.
- 진단평가의 유형은 정치(定置)를 위한 진단평가, 시발행동과 기능의 진단, 선택적인 교수전략을 위한 진단 등이 있다.
- 진단평가의 시기는, 새로운 단원, 신학기, 학년 초에 정치를 위해서 실시하고, 절대평가와 상대평가를 모두 사용한다.
- 진단평가는 학습자들을 변별해 내는 것이 아니라 초기상태를 진단하는 것이 목적이기 때문에 진단평가의 평가도구는 다양한 난이도 수준의 문항을 포함할 필요가 없다.
- 교사는 진단평가의 결과가 이후의 학습자 평가에 지속적으로 영향을 주는 일이 없도록 유의하여야 한다.

❷ 형성평가

i. 개념

- 형성평가(Formative Evaluation)는 교수-학습이 진행되고 있는 과정에서 각 차시별 교수 목표를 달성하고 있는지를 확인하기 위해서 실시되는 평가이다.
- 교수-학습활동을 전개하는 도중에 Feedback 효과를 주고, 교육과정을 개선하고, 수업방법을 개선하기 위해서 실시하는 평가이다.
- 대부분 학생들이 완전학습의 수준에 도달할 수 있다는 가정을 전제로 한다.

ii. 목적

- 학습지도방법의 개선
- 학습방법의 개선
- 학습활동의 조정
- 학생이 학습해 나갈 때 적절한 도움을 주는 것

iii. 특징

- 주기적 평가(소단원 또는 주제가 끝난 후)이다.
- 학습결손의 교정을 위함에 있다.
- 교수활동의 활용에 필요한 정보를 얻는 데 있다.
- 절대평가로 이루어진다.
- 형성평가에서 얻은 정보를 가지고 학습자의 학습곤란을 진단하여 적절한 교육적 처방을 제공할 수 있다.
- 교사는 형성평가를 통하여 교수방법의 효율성, 학습자들의 학습동기 수준, 학습내용에 대한 접근 정도, 학습교재의 적절성, 학생 개인차에 따른 학습장애와 결손정도, 전반적인 수업의 분위기 등을 수시로 점검할 수 있다.
- 진단평가와 마찬가지로 다양한 난이도 문항을 포함할 필요가 없으며 적정 난이도를 유지한다.
- 수업활동의 일부로서 이루어질 수도 있고 수시로 별도의 절차로서 시행될 수도 있다.

  `ex` 수업 중에 실시되는 퀴즈나 쪽지시험 등

❸ 총괄평가

i. 개념

- 총괄평가(Summative Evaluation)는 단원이나 과제의 교수-학습을 마친

시점에서 교육목표의 달성도를 알아보기 위하여 실시하는 것이다.

- 자격 인정에는 절대평가, 선발·분류를 위한 목적에는 상대평가, 교육과정이나 교수 프로그램에 관한 의사결정을 위해서는 절대평가 또는 상대평가를 실시할 수 있다.
- 학습자의 총괄적인 능력을 평가하는 것이므로 평가문항은 다양한 난이도로 구성하는 것이 일반적이다.

ii. 특징

- 총괄평가는 일반 교수목표인 상위수준의 목표달성 여부를 측정한다.
- 학생의 성적에 대한 상대적 위치뿐만 아니라 주어진 교수목표 달성도를 아는 데 있다.
- 다음 학습에의 성적을 예언해 주고 있다.
- 효과적인 교수-학습계획을 수립하는 데 자료를 얻을 수 있다.
- 집단 간의 학습효과를 비교할 수 있다.
- 교육목적 이원분류표를 작성하고 평가를 실시하여야 한다.

5) 평가기준별 유형

(1) 개요

- 평가의 기준을 어디에 두는가에 따라 준거지향평가와 규준지향평가로 구분된다.
- 이것은 흔히 상대평가와 절대평가로 불리는 것으로 학생들의 성취정도를 나타내는 대표적인 방식이다.

(2) 내용

❶ 준거지향평가

i. 개념

- 준거지향평가(Criterion-Referenced Evaluation)는 교수-학습 목표를 준거로 하여, 학습자가 무엇을 얼마나 알고 있는지를 재는 평가이다.
- 목표지향평가, 절대평가, 타당성, 완전학습, 부적분포 평가라고 한다.

ii. 특징

- 타당성을 중시한다.
- 알맞은 교수-학습의 기회만 제공된다면 주어진 학습목표에 도달할 수 있다.
- 협동적인 학습을 가능하게 하고, 보다 많은 성취감과 성공감을 갖게 한다.
- 수업절차와 교육과정을 개선하는 데 유용하다.
- 정신위생에 적합한 평가이다.
- 인간의 생명과 관계되는 자격증, 학습의 위계성이 뚜렷한 수학이나 과학 등의 평가, 모든 학습의 기초 과정에 대한 평가는 절대평가방법이 적용되어야 한다.
- 선발·분류가 목적이 아니라 학습자의 성장 가능성에 초점을 둔다.
- 거의 대부분의 학습자들이 높은 점수를 받기 때문에 점수빈도 분포가 부적 분포를 이룰 것이라고 기대한다.
- 학습자들이 교수 목표 달성에 노력을 기울이기 때문에 고등정신 능력을 신장시킬 수 있고, 개별화 학습이나 협동학습을 조장한다.

iii. 장점

- 심리적으로 지나친 경쟁심, 이기심에서 벗어나 학습자들의 정신건강과 내적 동기화를 고취시킨다.
- 교육의 개선과 교육의 질적 향상을 도모하는 데 필요한 일련의 자료

를 제공한다.

- 협동학습을 촉진시키고, 성취감과 성공감을 가져다주어, 학생들의 긍정적인 자아개념 형성에 도움을 준다.
- 현대적 학습이론에 맞는 평가방법이다.

iv. 단점

- 거의 모든 학습자들이 높은 점수를 받기 때문에 개인차 변별이 어렵다.
- 경쟁을 통해 동기화되는 성향의 학습자들을 동기화시키기 어렵다.
- 타 집단과의 비교가 어렵다.
- 평가기준과 교육목표의 명확한 절대기준을 설정하는 일이 매우 어렵다.

❷ 규준지향평가

i. 개념

- 규준지향평가(Norm–Referenced Evaluation)는 학습자의 원점 수를 비교 집단의 규준(Norm)에 비추어 상대적인 서열에 의해 비교하는 평가 방식이다.
- 상대비교평가, 상대평가, 규준지향적 평가, 신뢰도, 정상분포, 개인차 변별력 중심 평가이다.

ii. 특징

- 신뢰도를 강조한다.
- 선발적 교육관을 배경으로 한다.
- 표준화검사의 지수나 표준점수, 백분위점수도 상대평가에 의한 것이다.
- 변환점수 표시는 수(5%), 우(25%), 미(40%), 양(25%), 가(5%)의 5단계 표시방법이 많이 사용된다.

- 학습자들의 개인차를 변별하여 선발·분류하는 목적으로 시행된다.
- 규준지향 평가는 모집단의 분포를 정규분포라고 가정한다.

iii. 장점

- 개인차 변별이 용이하고 상호경쟁을 통하여 외재적 학습동기를 유발할 수 있다.
- 교사의 편견이 배제된다.
- 외발적 동기 유발이 가능하다.
- 객관적인 평가가 가능하다.
- 정상분포를 전제하고 있어 통계적으로 건전하다.

iv. 단점

- 심한 경쟁은 높은 긴장, 불안감을 야기하고, 학습자들의 협동의식을 해칠 수 있고 지나친 서열의식 등의 비교육적 결과를 초래할 수 있다.
- 집단 간의 비교가 불가능하다.
- 경쟁의식을 조장해 정신위생에 좋지 않다.
- 교수–학습 개선을 위한 정보를 얻을 수 없다.
- 학습목표 달성의 실패 원인을 밝혀내기가 어렵다.

6) 객관식(선택형) 평가와 주관식(논문형) 평가

구분	장점	단점
객관식 평가	• 채점의 객관성, 신뢰도가 유지된다. • 문항의 내용타당도가 유지된다. • 문항표본이 광범위하다. • 채점과 통계처리가 쉽다.	• 단순한 상기력 측정에 치우칠 우려 • 자기표현과 창의력을 나타낼 기회가 부족하다. • 추측의 요인이 들어갈 수 있다. • 좋은 문항을 제작하는 데 시간과 노력과 경비가 많이 든다.

| 주관식 평가 | • 학생의 고등정신기능을 측정할 수 있으며, 반응의 자유도가 크다.
• 교과내용의 전체적인 통합이 가능하다.
• 문항 제작이 쉽고, 추측 요인의 영향을 배제할 수 있다.
• 인성진단의 자료를 얻는 데 유용하다. | • 채점에 시간과 경비가 많이 든다.
• 채점에 있어 객관성과 신뢰성이 약하다.
• 문항의 표준이 제한된다. |

7) 교육평가의 절차

교육평가의 과정은 일반적으로 다음과 같은 절차를 통해 이루어진다.

❶ 교육목표의 확인 및 분석

❷ 평가 장면의 선정(평가 장면에는 필답검사, 질문지, 각종 표준화검사, 면접, 투사적 방법, 관찰 등이 있다.)

❸ 평가도구의 제작 또는 선정

❹ 평가의 실시 및 결과처리

❺ 평가결과의 해석 및 활용

2. 평가도구의 기준

좋은 평가도구가 갖추어야 할 조건들에는 다음과 같은 것들이 있다.

1) 타당도
(1) 개념

• 타당도(Validity)란 그 검사 또는 평가도구가 평가하려고 하는 내용을 충실하게 측정하고 있는 정도를 뜻한다.

• 즉, 검사점수가 검사의 사용 목적에 얼마나 부합하는가 하는 합목적

성을 뜻한다.

- 측정하려고 하는 것을 어느 정도 충실히 측정하였는지에 대한 정도이다.
- 타당도는 "무엇을 측정하는 데 타당하다"고 표현해야 한다.
- 예를 들어 "수학 교과"의 평가문항에서는 수학 교과만을 측정해야 하며, "지능"을 재려고 한 평가도구는 다른 것이 아닌 "지능"을 충실하게 평가하는 것이어야 한다.
- 타당도는 정도에 관한 것이기 때문에 타당도가 '있다' 혹은 '없다'가 아니라 어느 정도 '낮다', '적절하다', '높다' 등으로 표현해야 한다.

(2) 종류

❶ 내용 타당도

- 타당도를 높이기 위한 구체적 방법으로 목표 이원분류표를 작성하고 문항을 제작하면, 교과내용의 포괄적 표집이 가능하며, 타당도가 높아질 수 있다.
- 내용타당도를 높이기 위해서는, 문항내용이 수업목표에 비추어 타당성이 있어야 하고, 문항곤란도가 적절하여야 한다.

❷ 예언 타당도

- 한 검사결과가 피험자의 미래의 행동이나 특성을 어느 정도로 정확하고 안전하게 예언하느냐 하는 것이다.

❸ 공인타당도(동종검사 타당도)

- 평가도구에 의해서 밝혀진 피험자의 행동특성이 평가도구 밖에 있는 행동준거와 현재 어느 정도로 잘 일치하느냐 하는 것이다.
- 검사의 목적은 기준변인에 관한 자료의 수집을 대신하는 데 있다.

❹ 구인타당도

- 어떤 검사가 조작적으로 정의되지 않는 어떤 특성이나 성질을 측정했을 때 그것을 심리학적 개념으로 분석하고, 의미를 부여하는 과정이다.

2) 신뢰도

(1) 개념

- 신뢰도(Reliability)는 한 평가도구가 '어떻게'(How) 측정하고 있는가의 문제이다.
- 평가도구가 측정하고 있는 정도에 일관성이 있는가에 관한 것으로, 즉 측정의 오차가 얼마나 적은가의 문제이다.
- 항상성(Consistency), 신빙성(Dependability)과 같은 뜻이다.
- 예를 들어, 같은 물체의 무게를 재는데 잴 때마다 다르게 측정되는 저울이라면 측정의 일관성이 없으므로 오차가 크고 정확성이 떨어지는 평가도구라고 할 수 있다.

(2) 종류

❶ 재검사 신뢰도(안정성 계수)

- 한 검사를 동일집단에 일정한 간격을 두고 두 번 실시해서, 전후 두 검사결과의 상관계수를 산출하는 방법이다.

❷ 동형검사 신뢰도(동형성 계수)

- 동질적인 내용으로 구성된 두 개의 동형검사를 같은 피험자에게 실시하여 신뢰도를 산출하는 방법이다.
- 이 동형검사의 특색은 문항곤란도, 변별도, 검사내용, 문항형식, 문항 수 및 검사체제 등이 모두 같아야 한다.

❸ 반분신뢰도(동질성 계수)

• 한 검사를 두 부분으로 나누어 하나의 독립된 검사로 간주해서 상관
계수를 산출하는 방법이다.

3) 객관도

(1) 개념

• 객관도(Objectivity)란 측정의 결과에 대하여 여러 검사자 혹은 채점자
가 어느 정도로 일치된 평가를 하느냐의 정도이다. 검사자의 신뢰도
라고도 한다.
• 측정의 결과에 대하여 채점자가 어느 정도 일치된 평가를 하느냐의
정도이다. 그래서 객관도를 '평가자 신뢰도'라고 한다.
• 객관식 검사 문항이 아닌 논술형 평가의 경우, 또는 평가에 평가자의
주관적 판단이 포함되는 경우에 객관도는 중요한 문제가 된다.

(2) 종류

❶ 평가자 간 신뢰도
• 측정의 결과에 대하여 여러 사람의 채점이나 평가가 일치하는 정도
를 뜻한다.
❷ 평가자 내 신뢰도
• 동일한 평가자가 동일한 측정 결과에 대하여 상황에 따라 다르게 평
가하는 것을 뜻한다.

(3) 객관도 향상방법

• 평가도구를 객관화 시키고, 평가자의 소양을 높이며, 명확한 평가기
준이 있어야 한다.
• 평가도구의 객관화, 평가자의 소양, 평가 기준의 구체화, 다인수 평

가, 문항별 채점, 응시자 이름을 가리고 채점하는 것 등의 측면이 고려되어야 한다.

4) 실용도

(1) 개념

- 실용도(Usability)는 평가도구의 제작, 구성, 실시에 있어서 경비, 시간, 노력이 적게 들어야 한다는 것으로 평가도구의 경제성을 의미한다.
- 실용도의 조건으로는 실시와 채점의 용이성, 해석의 용이성과 활용 가능성 등이 있다.
- 한 검사도구가 경비, 시간, 노력을 적게 들이고도 소기의 목적을 얼마나 달성할 수 있느냐의 정도이다.

(2) 실용도의 향상방법

- 실시의 용이성, 채점의 용이성, 해석의 용이성, 비용과 체제

3. 교육평가의 요소 및 절차

1) 평가요소

- 평가요소는 일반적으로 크게 네 단계로 나뉜다.
❶ 1단계: 목표설정의 적절성 여부
❷ 2단계: 목표달성을 위한 계획의 적합성
❸ 3단계: 계획에 따른 시행 여부
❹ 4단계: 결과의 목표달성 여부
- 교육목표가 적절하게 설정되었는지, 그 목적을 달성하기 위해 세부 시

행계획이 제대로 구성되어 있으며 주변 환경이 좋은지, 계획대로 시행되었는지, 시행결과가 목표에 얼마만큼 도달하였는지를 평가한다.

2) 교육평가 절차

- 평가 절차는 다음과 같다.

❶ 교수 −학습목표의 설정

❷ 교수 −학습목표의 구체화

❸ 교수 −학습목표를 행위동사로 표현

❹ 구체적인 평가상황 제시

❺ 자료수집 방법 선택

❻ 예비평가 실시

❼ 평가방법의 개선과 결정

❽ 평가실시

❾ 평가결과의 해석과 활용

❿ 평가에 대한 평가

1. 수행평가 도입의 배경 및 필요성	지식정보화사회; 학교교육; 정상화; 교육; 수월성; 도모
2. 수행평가의 정의와 성격	학습과제; 직접관찰; 과정중시평가; 수행평가; 정의; 성격
3. 수행평가의 유형과 방법	절대평가; 고등정신능력; 지속적인 평가; 유형; 방법
4. 블룸(B. S. Bloom) 의 교육목표 분류	인지적영역; 정의적영역; 심리운동적영역; 블룸; 분류; 목표

제3절 수행평가

1. 수행평가 도입의 배경 및 필요성

1) 도입의 배경
- 산업화 사회가 세계화·지식정보화 사회로 진입하면서 교육목표·내용·방법·평가에 대한 전체적인 재점검이 필요해졌는데, 평가에서는 수행평가가 기존의 평가체제의 대안으로 부상하였다.
- 미국의 경우에는 1980년대 말부터 적용되고, 우리나라에서는 1990년대 말부터 수행평가체제가 적용되고 있다.

2) 수행평가 도입의 필요성
(1) 21세기 지식정보화 사회에의 대비
- 지식정보화 사회는 단편적·사실적인 지식의 암기능력보다는 정보를

탐색·수집하며, 분석·비판·종합·창출할 수 있는 고등정신능력이 절실하게 요구되기 때문에 이러한 고등정신능력을 측정하는 수행평가 방식의 도입이 필요하다.

(2) 학교 교육의 정상화

- 우리 교육이 제시한 고등정신 능력 및 바람직한 품성의 함양이라는 교육 목표에 비추어 볼 때 기존에 시행된 교육방법과 평가는 이러한 목표에 부합하지 않다.
- 따라서 학교 교육의 정상화를 위해서는 교육목표의 성격에 부합하도록 교육방법과 평가 방법을 개선해야 한다.

(3) 교육의 수월성 도모

- 교수-학습과정이 교육목표를 달성시키는 방향으로 이루어지고 교육의 효율성과 수월성이 보장되기 위해서는 수행평가의 도입이 시급하다.

(4) 새로운 지식관, 학습관에의 부응

- 포스트모더니즘 철학이 대두하면서 기존의 객관적으로 절대적인 진리관은 주관적·상대적 진리관으로 바뀌고 있으며, 지식에 대한 관점 역시 객관적·절대적 지식관에서 주관적·상대적 지식을 강조하는 방향으로 변화하고 있다.
- 새로운 지식관에 따라 학습은 학생 외부에 객관적으로 존재하는 지식을 수동적으로 받아들이는 과정이 아니라, 지식의 요소들을 받아들여 이를 학생 내부에서 능동적으로 처리하고 구성하는 과정으로 이해된다.
- 학습자 개개인의 특징 및 학습의 결과보다는 과정을 중시하는 새로

운 교육과정이 대두되었고, 또한 새로운 교육과정에 적합한 평가 체제로서 수행평가의 출현이 요구된다.

2. 수행평가의 정의와 성격

1) 정의
- 교육부(1998)는 수행평가를 "평가자가 학습자들의 학습 과제 수행의 과정과 결과를 직접 관찰하고, 그 관찰 결과를 전문적으로 판단하는 평가 방식"이라고 정의하였다.

2) 정의에 나타난 중요 요소
(1) 학습 과제
- 가능한 한 실제 생활에서 보다 의미 있고 중요하며, 유용한 과제들을 뜻한다.

(2) 수행의 과정과 결과
- 학습자가 단순히 답을 선택하는 것이 아니라, 스스로 답을 구성하는 것, 산출물이나 작품을 만들어 내는 것, 태도나 가치관을 행동으로 드러내는 것의 과정과 결과를 중시한다.

(3) 직접 관찰
- 학습자가 수행하는 과정이나 그 결과를 평가자가 직접 읽거나, 듣거나, 보거나, 느끼거나 하는 활동을 모두 포함한다.

3) 수행평가의 성격
❶ 학생이 문제의 정답을 선택하는 것이 아니라, 자기 스스로 답을 작

성 또는 구성하거나 행동으로 나타내도록 하는 평가방식이다.

❷ 학생의 구성능력을 평가의 대상으로 보기 때문에 교육목표의 달성 여부를 가능한 한 실제 상황하에서 달성하는지를 평가한다.

❸ 교수·학습의 결과뿐만 아니라 교수·학습의 과정도 중시하는 평가방식이다. 급변하는 현대 사회에서는 기존의 지식이나 가치관을 그대로 암기하는 것보다 학습하는 방법을 학습하는 것이 중요하기 때문이다.

❹ 수행평가는 단편적인 영역에 대한 일회적 평가가 아니라, 학생의 변화·발달과정을 종합적으로 평가하기 위한 전체적·지속적 평가를 강조한다.

❺ 학생 개인을 단위로 평가하기도 하지만, 집단에 대한 평가도 중시한다.

❻ 학생의 학습과정을 진단하고 개별 학습을 촉진하려는 노력을 중시한다.

❼ 학생의 인지적인 영역(창의성이나 문제 해결력 등 고등사고 기능 포함) 뿐만 아니라, 행동발달 상황·흥미·태도 등 정의적인 영역 및 운동기능 영역에 대한 종합적이고 전인적인 평가를 중시한다.

❽ 기억, 이해와 같은 단순 사고능력보다는 창의, 비판, 종합과 같은 고등사고능력의 측정을 중시한다.

❾ 학생의 적극적 학습활동, 자기주도적 학습을 직접적으로 조장할 수 있는 평가방법이다.

3. 수행평가의 유형과 방법

❶ 학습자 스스로 자신의 기능이나 지식을 나타낼 수 있도록 답을 구성하거나 산출물을 만들도록 요구하는 수행평가는 객관식 평가를 지양하고 주관식 평가 방식을 선호한다.

❷ 수행평가의 결과는 상대평가 방식이나 절대평가의 방식으로 평가될 수 있으나, 수행평가의 일차적 목적이 학습자들의 개별학습 촉진에 있으므로 상대평가보다는 절대평가의 방식이 바람직하다.

❸ 수행평가는 진단평가, 총괄평가 모두에 적용될 수 있다.

❹ 서술형 및 논술형 평가(주관식 평가), 구술시험, 토론법, 실기시험, 실험·실습법, 면접법, 관찰법, 자기평가 및 동료평가 보고서법, 연구보고서법, 포트폴리오법 등을 사용할 수 있다.

❺ 수행평가의 문제점

- 신뢰도와 객관도 유지가 어렵다.
- 문항이 제대로 제작되지 않을 경우에는 타당도가 떨어질 수 있다.

〈 기존 평가방식과 수행평가방식의 비교 〉

비교 측면	기존 평가방식	수행평가방식
평가대상 (사고능력)	단순 암기력이나 이해력	비판적, 창의적 사고력 (고등정신능력)
평가상황	인위적인 시험 상황 (탈상황적 지식 평가)	실제 상황 또는 유사 모의 상황 (맥락적 지식, 상황에서의 적용능력 평가)
평가대상 (지식 유형)	결과로서의 지식	과정으로서의 지식＋결과로서의 지식 (인지적, 정의적, 운동기능적 영역을 포함한 다면적 평가)
평가횟수	일회성 평가	지속적인 평가

비교 측면	기존 평가방식	수행평가방식
평가방법	표준화 검사, 선택형 지필검사	다양한 유형의 검사
평가방법 성격	간접적 (검사 위주)	직접적 (관찰 위주)
평가단위	개인 중심의 평가	개인 평가 및 개인이 소속한 집단의 평가

4. 블룸(B. S. Bloom)의 교육목표 분류

1) 개요

- 블룸(B. S. Bloom)은 교육목표를 "교육에 의하여 학생들이 변화되어야 한다고 기대되는 방향, 즉 그들에게 기대되는 그들의 사고, 감정, 행동의 변화방향을 분명하고 간결하게 서술한 것"이라고 정의하였다.
- 교육목표를 효율적으로 그리고 계획성 있게 운영하려면 먼저 단원의 중요한 교육목표를 분명히 규정하는 것이 중요하다고 강조한다.

2) 분류

- 블룸과 그의 동료들은 교육목표를 행동차원을 기준으로 하여 지적 영역, 정의적 영역, 심리운동적 영역으로 분류하였다.
- 각 영역과 그 하위 영역은 다음과 같다.

❶ 인지적 영역(Cognitive Domain)

- 인지적 영역은 복잡성의 원칙에 따라 단순한 행동으로부터 복잡한 행동으로의 위계 단계에 의하여 분류하였다.
- 하위 영역은 지식, 이해, 적용, 분석, 종합, 평가로 이루어지는데, 지

식과 이해력은 기초정신과정에 속하고 나머지는 고등정신과정에 속한다.

- 어떤 과목에서 사실, 개념, 법칙, 원리 등을 얼마만큼 기억, 이해, 적용하고 있는지를 평가하는 것은 지적 영역의 평가이다.
- 음악, 미술, 체육 과목에서 지식의 획득 정도를 평가하는 이론 시험도 지적 영역의 평가에 해당한다.
- 이 분류에 따르면 인지적 영역에서 평가력이 가장 고차적 능력이므로 학습자 스스로 평가주체가 되어 평가할 수 있는 기회를 제공할 필요가 있다.

❷ 정의적 영역(Affective Domain)

- 정의적 영역은 내면화 정도, 정의적 영역의 학습목표가 달성된 정도를 기준으로 분류하였다.
- 정도는 수용, 반응, 가치화, 조직화, 인격화의 순서로 구분된다.
- 평가에 있어서는 일반적으로 협동성, 책임감, 준법성, 사회성, 자아개념, 흥미, 태도, 가치관 등이 변화되거나 획득된 정도를 평가한다.
- 학교생활기록부에 기록하는 행동발달상황 평가는 가장 전형적인 정의적 영역의 평가이다.
- 학교 또는 교과에 대한 흥미와 태도의 평가도 정의적 영역의 평가에 속한다.

❸ 심리운동적 영역(Psychomotor Domain)

- 복잡성의 원리에 따라 반사적 운동, 초보적 기초 동작, 운동지각 능력, 신체적 기능, 숙련된 운동기능, 동작적 의사소통으로 분류하였다.
- 이 영역의 평가는 손, 발, 다리, 어깨 등과 같은 신체의 일부 또는 전신을 움직여서 성취할 수 있는 학습목표의 달성여부와 그 정도를 확인하는 평가를 의미한다.

- 예체능 교과목에서 노래 부르기, 그림 그리기, 율동 등의 실기평가, 기술교과에서 도구나 기계를 조작하는 능력, 과학과목에서 실험기기를 다루는 능력의 평가 등은 심리운동적 영역의 평가에 속한다.
- 영어나 국어과목에서 쓰기능력을 재는 것, 수학에서 컴퍼스를 이용하여 선분을 이등분하는 능력을 평가하는 것도 심동적 영역의 평가이다.

연습문제

문제 1 이해력 측정을 목표로 하는 검사가 실질적으로 기억력을 측정하는 수준에 그쳤다면, 평가도구의 기준 중 어느 것에 문제가 있는가?

① 타당도   ② 신뢰도   ③ 객관도   ④ 실용도

정 답 ①

해 설 타당도(validity)란 그 검사 또는 평가도구가 평가하려고 하는 내용을 충실하게 측정하고 있는 정도를 뜻하는 것으로, 이해력 측정이 평가의 목표였다면 기억력이 아닌 이해력을 충실히 측정해야 한다.

문제 2 규준지향평가를 적절히 설명한 것은 무엇인가?

① 학습자의 성장 가능성에 초점을 둔다.
② 성취수준의 상대적 위치를 설명해 준다.
③ 고등정신 능력을 신장시킬 수 있다.
④ 개별화 학습이나 협동학습을 조장한다.

정 답 ②

해 설 규준지향평가(상대평가)는 성취수준의 상대적 위치를 설명해 주며, 준거지향평가(절대평가)는 학습자의 성장 가능성에 초점을 둔다.
①, ③, ④는 준거지향평가에 대한 설명이다.

문제 2 다음 중 수행평가에 대한 설명으로 가장 거리가 먼 것은?

① 고등정신능력의 배양과 평가를 중시한다.
② 다면적 평가이다.
③ 자아실현을 중시하므로 개인의 평가를 중시한다.
④ 지속적으로 평가한다.

정 답 ③

해 설 수행평가는 개인 평가뿐 아니라 개인이 소속한 집단의 평가도 중시한다.

1. 교육평가의 일반적 정의는 "학생의 학습과 행동 및 여러 교육조건을 교육목적에 비추어 측정하고, 이에 대하여 내리는 가치적 판정으로 교육측정으로 얻어지는 수량적 결과를 교육목적에 비추어 해석하고, 이를 교육문제의 해결에 활용하려는 것"이다.

2. 교육평가를 보는 세 가지 입장은 다음과 같다.
   · '교육목표와 어느 정도 합치되었는지를 확인하는 과정'으로 보는 입장
   · '교육적인 의사결정을 위해 필요한 정보를 수집하는 활동 또는 그 과정'으로 보는 입장
   · '교육과 관련된 어떤 대상의 장점, 질, 가치 등을 판단하는 과정과 그 산물'로 보는 입장

3. 교육평가의 기능은 다음과 같다
   · 교육(또는 교수-학습)의 전(全)과정(교육목표 설정, 교육내용 선정 및 조직, 교수-학습활동, 평가)을 개선하고 발전시키는 기능
   · 학습자의 동기를 유발하는 기능
   · 교육관련 주체들의 자기 이해를 돕는 기능
   · 우수한 학생들을 선발하거나 진급, 자격증 부여, 수상 등을 위한 자료를 얻는 기능

4. 평가대상별 유형에는 학생평가, 교사평가, 교육과정평가, 학교평가 등이 있다.

5. 평가시기별 유형에는 진단평가, 형성평가, 총괄평가가 있다.

6. 진단평가는 학습자의 초기상태를 진단하는 것이 목적이기 때문에 진단평가의 평가도구는 다양한 난이도 수준의 문항을 포함할 필요가 없다.

7. 형성평가는 진단평가와 마찬가지로 다양한 난이도의 문항을 포함할 필요가 없으며 적정 난이도를 유지한다.

8. 총괄평가는 학습자의 총괄적인 능력을 평가하는 것이므로 평가문항은 다양한 난이도로 구성하는 것이 일반적이다.

9. 평가기준별 유형에는 규준지향평가와 준거지향평가가 있다.

10. 규준지향평가는 상대평가라고도 하며 학습자의 원점수를 비교집단의 규준(norm)에 비추어 상대적인 서열에 의해 비교하는 평가방식이다.

11. 준거지향평가는 교수-학습 목표를 준거로 하여 학습자가 무엇을 얼마나 알고 있는지를 재는 평가로서 목표지향평가 혹은 절대평가라고도 한다.

12. 준거지향평가는 선발·분류가 목적이 아니라 학습자의 성장 가능성에 초점을 둔다.

13. 평가도구가 갖추어야 할 기준에는 타당도, 신뢰도, 객관도, 실용도가 있다.

14. 타당도(validity)란 그 검사 또는 평가도구가 평가하려고 하는 내용을 충실하게 측정하고 있는 정도를 뜻한다.

15. 신뢰도(reliability)는 한 평가도구가 측정하고 있는 정도에 일관성이 있는가에 관한 것으로, 측정의 오차가 얼마나 적은가의 문제이다.

16. 객관도(objectivity)란 측정의 결과에 대하여 여러 검사자가 어느 정도로 일치된 평가를 하느냐의 정도이다. 검사자의 신뢰도라고도 한다.

17. 객관도(즉 검사자의 신뢰도)에는 검사자 간 신뢰도와 검사자 내 신뢰도가 있다.

18. 수행평가 도입의 필요성으로는 21세기 지식정보화 사회에의 대비, 학교 교육의 정상화, 교육의 수월성 도모, 새로운 지식관·학습관에의 부응 등이 있다.

19. 교육부(1998)는 수행평가를 "평가자가 학습자들의 학습 과제 수행의 과정과 결과를 직접 관찰하고, 그 관찰 결과를 전문적으로 판단하는 평가 방식"이라고 정의하였다.

20. 교육부의 수행평가 정의에 나타난 중요 요소는 '학습 과제', '수행의 과정과 결과', '직접 관찰'로 요약된다.

21. 수행평가는 학생이 문제의 정답을 선택하는 것이 아니라, 자기 스스로 답을 작성 또는 구성하거나 행동으로 나타내도록 하는 평가방식이다.

22. 수행평가는 서술형 및 논술형 평가(주관식 평가), 구술시험, 토론법, 실기시험, 실험·실습법, 면접법, 관찰법, 자기평가 및 동료평가 보고서법, 연구보고서법, 포트폴리오법 등을 사용할 수 있다.

23. 수행평가의 문제점으로는 신뢰도와 객관도 유지가 어렵다는 점이다.

다음 학습 예고

다음 Chapter에는 "**13. 교육행정론/교육연구**"에 대해 학습하겠습니다. 수고하셨습니다.

교육행정론/교육연구

학습목표 및 목차

복습점검 | 다음 설명이 맞으면 O, 틀리면 X를 하세요.

문제 1 **교육평가의 기능에는 교수적 기능, 행정적 기능, 상담적 기능 등이 있는 바, 그중 가장 중요한 기능은 교수적 기능이다.**

정 답   O

해 설   교육평가의 기능은 궁극적으로 교육의 전(全)과정, 학습지도법을 개선하고 발전시키는 기능을 하는 것이다.

문제 2 **교육평가는 시행하는 시기에 따라 진단평가, 형성평가, 총괄평가로 분류한다.**

정 답   O

해 설   진단평가는 교수-학습 활동이 시작되기 전, 형성평가는 교수-학습이 진행되고 있는 과정에서, 총괄평가는 단원이나 과제의 교수-학습을 마친 시점에서 이루어지는 교육평가라는 점에서 차이가 있다.

문제 3 좋은 평가도구가 갖추어야 할 조건들 중에서 신뢰도(reliability)는 그 검사 또는 평가도구가 평가하려고 하는 내용을 충실하게 측정하고 있는 정도를 뜻한다.

정 답   X

해 설   그 검사 또는 평가도구가 평가하려고 하는 내용을 충실하게 측정하고 있는 정도는 타당도(validity)라고 한다.

제1절	교육행정의 기초

1. 교육행정의 대두 배경 및 보는 관점	산업사회의 성립과 발전; 법규해석적 관점
2. 교육행정의 정의 및 일반적 성격	국가공권설; 교사중심의 행정; 민주적 성격
3. 교육행정의 독자적 성격	서비스의 중요성; 인간관계의 친밀성; 교사의 전문성

1. 교육행정의 대두 배경 및 보는 관점

1) 교육행정의 대두 배경

사람들이 교육행정에 관심을 가지게 된 이유는 18~19세기 산업혁명 이후 산업사회의 성립과 발전, 시민사회와 민주주의의 발전, 공교육제도의 성립과 확립, 도시화 등의 여러 가지 사회적 변화로 교육이 확대되면서 교육을 효과적으로 관리해야 할 필요가 생겼기 때문이다. 교육은 현대국가에서 중요한 국가사업의 하나이고, 교육행정은 행정 가운데서도 중요한 부분을 차지한다.

2) 교육행정을 보는 관점

- 교육행정에 관한 관점은 크게 두 가지로 분류할 수 있다.

(1) 법규해석적 관점

- 교육행정을 국가 일반 행정활동의 한 영역으로 보는 관점으로 교육

행정을 '교육에 관한 행정'으로 보는 입장이다.

- 교육관계 법규와 정책의 테두리 안에서 교육제도와 시설을 유지하고 관리하는 작용으로 본다. 공권설이라고도 하며, 교육보다는 행정이라는 개념을 더 중시한다.
- 국가가 교육을 통제하는 행정, 곧 '위에서부터 아래로'의 전통적이고 권위적인 행정의 성격을 지닌다.
- 교육의 공공성을 중시하고 법에 의한 행정 행위를 지나치게 강조하게 되면 획일적인 통제가 지배하게 되어 자율적이고 독창적인 교육활동이 저해될 수 있다.

(2) 기능주의적 관점

- 교육행정을 '교육을 위한 행정'으로 정의하는 관점으로 교육행정을 교육목표를 설정하며 목표달성에 필요한 조건을 정비하고 확립함으로써 교육활동을 지원하는 것으로 규정한다. 조건정비설이라고도 한다.
- 행정활동 그 자체가 목적이 아니라 교육활동이 잘 수행될 수 있도록 돕는 수단으로 간주된다. 즉, 행정을 강조하는 법규해석적 관점과 달리, 행정보다는 교육 그 자체에 강조점을 둔다.
- 교육이 이루어지는 현장인 학교에서 교수-학습활동이 원활하게 이루어지도록 인적·물적 조건을 정비하고 지원하는 것을 교육행정의 기능이자 책무라고 보는 관점이다.
- '아래에서부터 위로'의 민주적인 교육활동을 강조한다.
- 교육행정을 보는 관점에는 이 밖에 행위론적 관점, 경영주의적 관점 등이 있다.

2. 교육행정의 정의 및 일반적 성격

1) 교육행정에 대한 관점과 그에 따른 정의

(1) **국가공권설**: 행정은 공적권력작용, 중앙집권적이고 통제적인 행정형태

(2) **조건 정비설**: 교육목표달성을 위해 필요한 인적, 물적 자원 제공

(3) **Moehlman**: 교사중심의 행정

(4) **행정행위설**: 공동의 노력(양자의 조화, 협동)

(5) **포괄설**: 국가가 하는 모든 행위

2) 교육행정의 개념

- 교육에 관계되는 조직에서 교육목표를 효과적으로 달성하기 위해 필요한 인적·물적 요소를 조직·관리하는 제반 지원활동으로 정의된다.
- 일반적으로 국가나 지방자치단체가 교육에 관하여 공권력을 배경으로 작용하는 활동을 말한다.

3) 교육행정의 일반적 성격

(1) **장기적 성격**

- 장기적인 관점에서 교육의 계획을 세워야 한다.

(2) **조성적·봉사적 성격**

- 교육행정은 규제행정보다는 조성행정의 성격이 강하므로 적극적으로 사회의 공공복지 증진을 목적으로 한다.
- 교육행정은 권력의 행사에 의존하는 것이 아니라 봉사에 역점을 두고 지도·조언을 수단으로 한다.

(3) **수단적·기술적 성격**

- 교육행정은 교육을 위한 행정으로 교육목적을 달성하기 위한 수단

적 · 기술적 성격을 갖는다.

(4) 전문적 성격

교육행정은 특수행정으로서의 그 전문성이 요구되며 교육행정직은 전문적 교육과 특수한 훈련을 받은 전문가에 의해 수행되어야 한다.

(5) 민주적 · 중립적 성격

교육의 자주성을 보장하기 위하여 정치적 파당적, 종교적, 개인적 편견으로부터 중립적이어야 한다.

3. 교육행정의 독자적 성격

교육이 갖는 특수성으로 인하여 교육행정은 다른 영역의 행정과 구별되는 독자적인 성격을 갖는다. 캠벨(Campbell, 1968)이 정리한 교육행정의 특수성은 다음과 같다.

1) 교육조직이 제공하는 서비스의 중요성과 공개성

중요성이란 교육조직은 사회를 유지하고 발진시키는 데 있어서 없어서는 안 될 중요한 기능을 수행함을 뜻한다. 그런데 교육은 학부모나 주민들의 요구 때문에 존재하기 때문에 교육조직은 공공(the public)의 요구에 민감하게 반응할 수밖에 없는데, 이 특성이 공개성이다.

2) 수행하는 활동의 복잡성과 인간관계의 친밀성

학교조직의 활동은 교수-학습, 상담활동 등 복잡한 활동으로 이루어지며, 학교조직에서는 교사와 학생, 교사와 교사, 교사와 학부모 등의 관계가 인간적으로 친밀하다는 특성이 있다.

3) 교사의 전문성

학교조직에 속한 교사들은 전문성을 바탕으로 직무를 수행하며, 사회적으로 전문가 집단이라는 인정을 받는다.

4) 학교조직 활동에 대한 양적 평가의 난해성

교육은 목적지향적인 활동이기는 하지만 복잡한 속성을 갖는 인간을 대상으로 하기 때문에 인지적·정의적·정신적 속성의 변화를 수량화(quantification)하기 어려울 뿐 아니라, 단기적으로 그 효과가 나타나는 것도 아니다.

제2절	교육행정이론의 발달
1. 과학적 관리론	F. W. Taylor; 시간 및 동작 연구; 표준화된 조건
2. 인간관계론	호손연구; 조명실험; 전화계전기 조립실험; 건반배선 조립실험
3. 행동과학이론	Barnard & Simon; 집단의 역동적인 과정
4. 사회과정이론	Getzlels와 Guba의 모형; 역할과 인성 간의 상호작용
5. 의사소통이론	정보의 교환; Johari의 창; 개방된; 맹목적; 잠재적; 미지의
6. McGregor의 X, Y이론	성악설; 본능적 행동; 강제적 외적 동기; 성선설; 인본주의
7. Alderfer의 ERG이론	생존의 욕구(E); 관계의 욕구(R); 성장의 욕구(G)
8. Herzberg의 동기, 위생이론	만족과 불만족; 동기와 위생; 직무요인; 환경요인
9. Argyris의 미성숙-성숙이론	미성숙; 성숙; 인간관계론; 자아실현의 욕구
10. Vroom의 기대이론	기대치; 수단성; 유의성; 동기유발의 힘
11. Adams의 공평성이론	공평성의 정도; 노력; 급료; 승진; 교육
12. 교육행정조직의 정의와 속성	집합체; 공동목표; 계선조직; 막료조직; Katz와 Kahn
13. 베버(M.Weber)의 관료제론	분업과 전문화; 몰인정성; 경력지향성; 권위의 위계
14. 학습조직으로서의 학교	개인적 숙련; 정신적 모형; 비전의 공유; 팀 학습

교육행정 이론은 특히 성립 초기에 행정학의 영향을 받아 발전하였기 때문에, 여기에서는 행정학 이론이 교육행정 이론에 미친 영향을 중심으로 살펴보기로 한다. 행정학(science of public administration)은 행정현상을 실증적으로 연구하는 사회과학으로 19세기 후반부터 사회적 필요에 의하여 발달한 학문이다. 사회적 필요란 산업사회의 발달로 생산성을 높여야 할 필요성을 뜻하는 것으로 행정의 관심은 행정의 능률화에 있었다.

1. 과학적 관리론(1900～1930년)

행정학의 발달 초기에 나온 고전적 관리론을 두 가지로 분류하면, 공장에서의 작업과 작업자의 관리에 초점을 두는 과학적 관리론과 조직을 어떻게 전체적으로 구조화할 것인가에 관한 문제를 다루는 행정관리론으로 구분할 수 있다.

- 테일러(F. W. Taylor)가 창시하였다.
- 테일러의 저서: 《과학적 관리의 원리》
  (The Principle of Scientific Management, 1911)
- 인간을 기계처럼 다룰 수 있다는 신념에 기초한다.
- 노동자들은 경제적 요인에 의하여 과업동기가 유발되고 생리적 요인에 의해서 성과가 제한을 받기 때문에 노동자들을 지속적으로 감독해야 할 필요가 있다는 입장이다.
- 신중한 과학적 분석을 통하여 작업의 최대 효율성을 추구한다.

1) 핵심 원리
(1) 시간 및 동작 연구(time and motion study)

- 작업을 수행하는 데 가장 빠르고 쉬운 방법을 기준으로 하여 표준 시간과 표준 동작을 정한다.

(2) 표준화된 조건(standardization of tools)

표준화된 작업 조건과 작업 방법을 제시하여 노동자들이 이에 따라 작업하게 한다.

(3) 1일 표준 생산량 제시(과업관리)

시간 및 동작 연구의 결과에 기초하여 노동자가 수행해야 할 1일 작업량을 제시하며, 이를 기준으로 임금을 책정하거나 보너스를 지급한다.

(4) 차별적 성과급제도

표준 작업량을 기준으로 이에 도달하지 못한 경우에는 낮은 비율의 성과급을 지급하고, 표준을 넘어서면 보다 높은 비율의 성과급을 지급한다.

(5) 관리(management)와 수행(performance)의 분리

기획이나 생산 설계를 담당하는 사람과 생산을 담당하는 사람을 분리한다.

2) 과학적 관리론과 교육행정

20세기 초반에 미국에서는 공교육의 양적인 팽창과 더불어 학교는 비능률과 낭비의 전형적인 기관으로 비난의 표적이 되었다. 이때 교육행정 특히 학교행정에 과학적 관리론을 도입해야 한다는 주장이 일어났는데, 스폴딩(F. Spaulding)과 보비트(F. Bobbitt) 등이 대표적이다.

스폴딩은 '과학적 관리에 의한 학교제도의 개선'(1913)이라는 강연에서 성과의 측정과 비교, 성과를 달성할 수 있는 조건·수단·시간의 비교분석, 그 성과에 의해서 정당화될 수 있는 수단의 계속적인 채택과 활용 등을 주장하였다.

보비트는 〈도시학교 제도에 과학적 관리론의 적용〉(1913)이라는 논문에서 교육에서도 기업에서와 마찬가지로 생산품(학생)과 생산방법(교육방법)의 표준화, 생산자(교원)의 자격 및 생산자의 교육과 훈련에 과학적 관리론을 적용해야 하며, 특히 생산자들에게 작업의 성격, 달성하여야 할 목표, 목표를 달성하기 위한 방법의 채택, 그리고 활용해야 할 시설에 관한 상세한 지시를 해주어야 한다고 주장하였다.

과학적 관리론이 학교조직의 관리를 과학화하여 낭비를 감소시키고 능률성을 제고하는 데 기여한 측면이 있지만, 교육의 특성을 무시하는 것이고, 교육의 발전을 저해한다는 점에서 비판을 받았다.

2. 인간관계론(1930~1950년대)

과학적 관리론이 행정관리의 체계화·효율화에 많은 기여를 하였으나, 인간을 경제적인 보상에 의해 동기유발되는 존재로 보고 인간의 사회적·정서적·심리적 측면을 무시하면서 비인간화를 가져왔다고 비판하면서 인간관계론이 등장하였다.

1) 호손연구

인간관계론의 대표적인 연구로는 일명 호손연구(Hawthorne research)가 있는데, 이 연구는 하버드 대학의 교수인 메이요(E. Mayor), 뢰스리스버거(F. J. Roethlisberger)와 동료들이 미국의 전화기 제조회사인 웨스턴 일렉트릭사(社)의 시카고 근처 호손 공장에서 1924~32년에 걸쳐 실시한 연구이다.

중요한 실험으로는 조명실험, 전화계전기 조립실험, 건반배선 조립 관찰실험 등이 있다.

(1) 호손연구의 결론

호손연구는 작업능률과 생산성은 인간관계, 감독 방식, 작업자 개개인의 노동의욕 등과 밀접한 관계가 있다는 것, 그리고 비공식조직의 리더의 존재를 밝혀냈다.

호손연구의 결론을 정리하면 다음과 같다.

❶ 경제적 유인은 동기를 유발시키는 유일한 요인이 아니며 사회적 및 심리적 욕구도 동기유발의 중요한 요소이다.

❷ 구성원들은 개인으로서가 아니라 비공식적 집단의 구성원으로서 관리층에 반응한다.

❸ 생산성은 생리적 능력에 의해서보다 비공식적 조직의 사회적 규범에 의해 더 제한된다.

❹ 업무의 전문화가 반드시 효율적인 것은 아니다.

❺ 비공식 조직의 지도자는 공식 조직의 감독자만큼 중요하다.

❻ 구성원들은 지원적인 관리 아래에서 더욱 사기가 높아지고 그 결과 생산성이 증가한다.

2) 인간관계론과 교육행정

인간관계론은 교육행정의 민주화와 발전에 공헌하였다. 교육과 관련하여서는 듀이(J. Dewey)의 《민주주의와 교육》(1916)이 1930년대 이후 교육과 교육행정의 민주화에 크게 기여하였다.

특히 학생을 전인격적인 존재로 인정하고 교육목적의 결정에 교원들의 참여를 강조했던 진보주의 교육운동도 교육의 민주화에 크게 영향을 미쳤다.

사기(士氣)·상호신뢰감·민주주의 등의 용어들이 등장하게 되었고, 교육행정가는 교원의 사기·학생과 교원 간의 신뢰감 등을 강조하게 되었다.

3) 인간관계론에 대한 비판

  인간관계론은 조직 구성원의 심리적 측면을 지나치게 강조한 나머지 조직의 운영과 관련된 주요 문제점을 제대로 파악하지 못하였다는 비판을 받았다.

  지나치게 인간적 관계만을 중요시하고 조직의 생산성이나 효과의 측면을 소홀히 했다는 점 등이 한계로 지적되었다.

3. 행동과학이론

  1950~1970년대 Barnard & Simon에 의해 체계화된 것. 과학적 관리시대가 조직목적을 강조했다면, 인간관계시대는 개인목적을 강조했는데 행동과학시대는 이들의 종합이다.

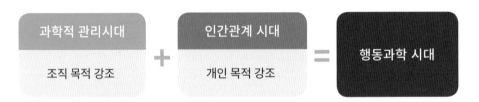

  행동과학이론에서는 조직을 협동체로 보고, 지도자의 역할과 조직의 역할관계에 관심을 갖고, 행동을 개인과 집단의 역동적인 과정으로 파악하고 있다.

4. 사회과정이론

1) Getzlels와 Guba의 모형

❶ Getzlels와 Guba는 교육행정을 사회과정으로, 학교조직을 사회체제로 보고, 그 사회체제 안에서 이루어지는 사회적 행위에 관한 일반적인 개념모형을 다음과 같이 제시하고 있다.

❷ 사회적 행위는 역할과 인성 간의 상호작용의 기능이라 볼 수 있다.
　〔B=f(R × P)〕

❸ 군대나 교도소와 같은 사회는 역할이, 예술인 사회는 인성이 지배적이나, 학교나 교회와 같은 규범사회는 역할과 인성의 비중이 같은 정도로 중요시되며 균형 있게 행사되고 있다.

2) Getzels와 Thelen의 모형

❶ Getzlels와 Guba의 사회적 행위의 개념모형을 확충한 것으로, 조직에서의 역할과 기대는 외부 사회환경의 관습, 기풍, 가치와의 관련 속에서 고찰되어야 한다는 점을 첨가하였다.

❷ 사회제도란, 사회의 관습이나 가치를 지니고 있기 때문에 인류학적 요소가 역할과 역할기대에 많은 영향을 주고, 개인의 행동은 심리학적인 면뿐만 아니라, 생물학적 면에 영향을 받을 수 있다.

3) 사회체제이론의 특징

❶ 교육행정과정에서 인성의 복잡성과 그 중요성을 강조하였다.

❷ 조직과 그 성원이 개인 간의 균형과 조화를 찾아야 한다.

❸ 교육행정가의 기능이 조직중심과 개인중심을 조화시킴으로써 양측 면에서 유래되는 갈등을 해소하여야 한다.

❹ 전체와의 관련 속에서 교육조직체를 운영해 나가야 한다.

5. 의사소통이론

1) 정의

정보의 교환이며, 의미의 전달인 의사소통은 조직의 본질이다.

즉, 의사소통은 의미의 전달과 이해를 포함한다.

2) 의사소통의 기능

| 통제 | 동기 부여 | 감정 표현 | 정보 제공 |

3) 효과적인 의사소통의 기준

❶ 전달내용이 명료해야 한다.(명료성)

❷ 전달시기 또는 시간이 적절해야 한다.(적시성)

❸ 발신자와 수신자의 상호관심이 높아야 한다.(상호관심도)

❹ 전달하고자 하는 내용이 적절해야 한다.(양의 적절성)

4) 의사소통의 주요 기법인 Johari의 창(Johari's windows)

인간은 자신에 대한 정보가 자신에게 잘 알려진 부분도 있고, 그렇지 않는 부분도 있다.

또한 타인에게 잘 알려지지 않는 부분도 있고, 그렇지 않는 부분도 있다.

이들의 결합관계에 따라 개방된(open), 맹목적(Blind), 잠재적(hidden), 미지의(unknown) 부분 등 4개의 영역으로 나누고 설명하고 있다.

여기에서 효과적인 의사소통을 위해서는 개방성이 매우 중요하다.

	자신은 안다	자신은 모른다
타인은 안다	개방된 영역 Open	지각하지 못하는 영역 Blind
타인은 모른다	숨겨진 영역 Hidden	미지의 영역 Unkown

6. McGregor의 X, Y이론

1) 개요

- 전통적 관리체제를 정당화시켜 주는 인간관을 X이론이라 명명한다.
- 인간적 측면에 착안한 새로운 관리체제를 뒷받침해 주는 인간관을 Y 이론이라 한다.
- 관리자가 어떤 철학을 가지고 있느냐에 따라 동기유발의 방법이 달라질 것이다.

2) X, Y이론의 인간관

X 이론	Y 이론
• 성악설 • 개인 중시 • 본능적 행동 • 현실적 인생관 • 강제적·외적 동기 • 일을 싫어함	• 성선설 • 집단 중시 • 인본주의에 • 낙천적 인생관 따라 행동 • 일을 좋아함 • 자발적 동기

3) 인간을 X이론으로 가정한다면, 관리전략도 강제, 명령, 통제, 금전에 의한 유인 등으로 일관한다. 그리고 과학적 관리론이나, 권위적인 지도성이론과 일치한다.

4) 인간을 Y이론으로 가정하면, 개개인의 자발적 근무의욕과 동기가 발생하도록 유인하며, 사회, 심리적 욕구충족을 중요시한다. 그리고 인간관계론이나, 민주적 지도성과 일치한다.

7. Alderfer의 ERG이론

1) 생존의 욕구(E)
Maslow의 생리적 욕구와 안정욕구

2) 관계의 욕구(R)
Maslow의 대인관계 측면의 안전욕구와 사회적 욕구, 그리고 존경의 욕구 일부 포함

3) 성장의 욕구(G)
Maslow의 존경의 욕구와 자아실현의 욕구를 포함

8. Herzberg의 동기, 위생이론

1) 개요
❶ 조직구성원들의 불만을 야기시키는 요인은 직무의 환경과 관련이 있는 반면, 만족을 야기시키는 요인은 주로 직무 자체와 관련이 있다

는 것을 밝혔다.

❷ 불만족과 만족은 별개의 차원에 있어서 불만족을 일으키는 요인과 만족을 주는 요인은 서로 다르다.

❸ 불만족 요인의 제거는 소극적이며, 단기적인 효과를 가질 뿐이며, 만족요인이 크면 적극적이며 장기적인 효과를 가진다.

2) 요인

(1) 위생요인

불만족요인 → 환경적 요인(조직의 정책과 관리, 보수, 지위, 작업조건 등의 직무환경 및 조건과 관련된 것들)

(2) 동기요인

만족요인 → 직무 그 자체의 요인(성취감, 안정감, 직무 자체, 책임감, 승진 등이다.)

(3) (동기요인은 Maslow의 욕구계층에서 보면, 존경이나 자아실현의 욕구와 같은 상위 욕구와 관계가 있다.)

(4) 특징

만족과 불만족은 별개이며, 반대개념이 아니다. 동기요인은 위생요인이 제거된 다음에야 작용하며, 위생요인의 제거나 개선은 불만족을 감소시킬 뿐이다.

(5) 학교조직에 대한 시사점

학교행정가는 교사의 '인정'을 중시하고, 업무결정에 참여하여 책임으로부터 성취감을 맛보게 해야 한다.

9. Argyris의 미성숙 – 성숙이론

1) 인간의 발달

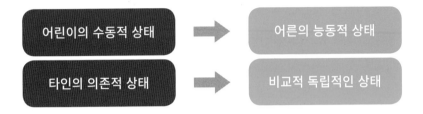

① 인간관계론적 관리방법은 구성원을 성숙하게 하여 조직의 효과성을 증진시키나, 과학적 관리론적 관리방법은 미성숙에 머물게 하여 비효과성을 가져온다.

② 미성숙한 조직풍토에선 X이론에 근거하여 인간을 부정적이고 수동적인 존재로 여긴다. 따라서 의심 많은 인간관계가 형성되어 대인관계가 저하되고, 미성숙한 인간으로 취급을 받는 사람들은 냉담하거나 공격적인 반응을 나타내어 조직의 효율성이 떨어진다.

③ 구성원들에게 책임의 폭을 넓혀주고 믿음으로 대해 주며 직장에서 성장 성숙할 수 있는 기회를 부여하게 되면, 구성원의 자아실현욕구가 충족됨과 동시에 조직의 욕구도 충족되며 조직의 목표가 쉽게 달성된다고 본다.

10. Vroom의 기대이론

1) 개요

- 기대이론은 조직 속에서 어떻게 행동하는 것이 좋은 것인가에 대한 이

해득실을 미리 예견하는 의식적 과정을 통해서, 행동을 결정한다고 봄.

2) 이론을 구성하는 주요개념

(1) 기대치: 성과 기대치로 주관적 확률

(2) 수단성: 어떤 일의 성취가 가져올 보상에 대한 기대치

(3) 유의성: 어떤 특성 보상에 대해 개인이 평가하는 중요성을 말한다.

(4) 동기유발의 힘: 동기부여 = f [기대치(E) × 수단성(I) × 유의성(V)]

11. Adams의 공평성이론

1) 개요

공평성이론은 어느 개인이든 자기가 직무수행을 위해서 투입한 것과 그로부터 얻어진 결과의 비율을, 다른 사람의 그것과 비교하여 공평성의 정도를 지각한다는 것이다.

2) 주요변인

(1) 투입요인: 노력, 교육, 과업달성, 능력 등

(2) 산출(결과)요인: 급료, 승진, 인정, 성취, 지위 등

12. 교육행정조직의 정의와 속성

1) 조직의 정의

조직(organization)이란 어떤 기능을 수행하도록 협동해 나가는 체계로

서 개개의 요소가 일정한 질서를 유지하면서 결합하여 일체적인 것을 이루고 있는 형태를 말한다.

2) 조직의 속성

조직의 정의는 학자에 따라 다양하지만 조직의 속성은 다음과 같이 정리할 수 있다.

첫째, 조직은 달성하고자 하는 공동의 목표를 갖고 있는 집합체다.

둘째, 조직은 조직목표를 달성하기 위해 조직구성원들의 행동을 조정·통제하는 규정과 규칙이 있다.

셋째, 공동목표를 합리적으로 달성하기 위해 사람들은 주어진 역할범위에서 상호 협력적인 관계를 유지한다. 조직을 이루고 있는 사람들은 각자 역할·의무·과업·책임·권한 등이 분담되고, 보다 효과적으로 목표를 달성하기 위해서 상호 협력한다.

3) 조직의 분류

(1) 명령계통에 따른 분류

계선조직	막료조직
1. 명령이 신속 2. 권한과 책임이 명확 3. 조직운영에 비용이 적게 든다. 4. 분업화 5. 소규모조직	1. 수평적 조직 2. 자문기능 3. 명령권이 없다. 4. 전문가에 의해 조직 5. 융통성 예) 비서실, 기획실, 정책조정실

(2) Katz와 Kahn의 기능에 따른 분류

❶ **적응적 조직**: 새로운 기술개발(연구소)

❷ **체제유지적 조직**: 학교, 종교단체

❸ **생산조직**: 재화·용역 공급(회사)

❹ **관리조직**: 정부

(3) Blow와 Scott의 수혜자에 따른 분류

❶ **호혜조직**: 정당, 조합

❷ **공공복리조직**: 대중의 이익, 정부

❸ **봉사조직**: 고객이 이득(병원, 법률사무소, 학교)

❹ **사업조직**: 소유자의 이익, 회사

13. 베버(M. Weber)의 관료제론

관료제(bureaucracy)는 책상과 사무실을 의미하는 'bureau'라는 단어에 '통치(rule)'를 뜻하는 그리스어의 접미사를 붙여 만들어진 용어이다.

베버가 발전시킨 이론으로 조직이론의 고전적 이론에 속한다.

베버는 관료제가 개인의 기본적 자유를 위협할 수는 있지만 가장 효율적인 조직화 시스템이라는 것을 인식하였다.

1) 관료제의 특징

❶ **분업과 전문화**: 조직의 목적 달성을 위해 과업이 구성원의 직무로 배분되고 전문화된다.

❷ **몰인정성**: 구성원이 개인적인 감정이나 정에 지배되지 않고 합리성에 근거하여 직무를 수행한다.

❸ **권위의 위계:** 부서 및 직위가 권위에 따라 위계적으로 배치되고 하위 부서 및 하급자는 상위 부서 및 상급자의 통제와 감독을 받는다.

❹ **규칙과 규정:** 구성원의 권리와 의무를 포함한 역할 수행이 규칙과 규정에 의해 일관성 있게 규제된다.

❺ **경력지향성:** 구성원들은 자신의 직무를 경력으로 간주하고, 연공서 열이나 실적 또는 양자를 조합하여 승진이 결정된다.

〈관료제의 순기능과 역기능〉

관료제의 특징	순기능	역기능
분업 몰인정성 권위의 위계 규칙과 규정 경력지향성	전문성 합리성 순응과 조정 계속성과 통일성 동기 유발	권태감 사기저하 의사소통 장애 경직과 목표 전도 실적과 연공 간의 갈등

2) 학교조직에 나타난 관료제의 특징

- 업무의 기능적 분업: 학교의 업무는 크게 교수–학습 활동을 중심으로 한 수업과 이를 지원하기 위한 각종 행정업무로 나누어진다.
- 공식적 직무로서의 교직원 역할의 정의: 초·중등교육법 제20조에는 교장과 교감, 교사, 행정직원과 같은 직원의 역할이 명확하게 규정되어 있다. 부장교사와 같은 학교의 보직교사의 경우, 그 명칭은 관할 지역교육청이 정하고 업무분장은 학교장이 정하도록 규정하고 있다.
- 절차 규정에 따른 운영: 공식적 행위의 목적과 형태를 상술하여 교사

의 재량에 제한을 두는 절차가 존재한다.
- 직책의 위계구조: 학교조직은 직제표에 따라 명확하고 엄격한 위계구조를 지니고 있다.

  > ex 교장-교감-학급담임의 구조, 교장-교감-교과담임의 구조, 교장-교감-부장교사-교사의 구조 등이 있다.
- 승진구조: 교사는 전문적 능력에 따라 채용되고, 승진은 연공서열과 업적에 따라 결정된다.

14. 학습조직으로서의 학교

- 학교는 교수와 학습을 주요 과업으로 삼는 봉사조직으로 학교경영의 주요 과제는 학교교육의 성과를 높이는 데 있다.
- Senge(1990)는 학습이라는 학교의 본질적 기능에 초점을 맞추어 학교를 학습조직(learning organization)으로 개념화하였다.
- Senge(1990)의 학습조직 정의: "구성원들이 진정으로 원하는 성과를 달성할 수 있도록 지속적으로 역량을 확대시키고, 새롭고 포용력 있는 사고능력을 함양하며, 학습방법을 서로 공유하면서 지속적으로 배우는 조직"

1) 학습조직의 원리
- Senge가 제시한 학습조직의 원리는 다음과 같다.

(1) 개인적 숙련(personal mastery)
- 개인이 추구하는 지식·기술·태도 등에 대한 개인적 역량을 지속적으로 넓혀가고 심화시켜가기 위한 학습활동을 의미한다.

(2) 정신적 모형

- 주변에서 발생하는 현상들에 대해 교사 개인의 정신적 모형에 따라 다르게 해석하고 판단하는 인식체계이다.

(3) 비전의 공유(shared vision)

- 구성원 모두가 조직이 추구하는 방향과 중요성에 대해 공감대를 형성하는 것이다. 구성원 각자가 가지고 있는 열망을 한 방향으로 정렬하여 구성원들이 함께 만들기를 원하는 미래에 대한 이미지를 개발한다.

(4) 팀 학습(team learning)

- 구성원들이 팀을 이루어 학습하여 개인수준의 학습을 증진시키고, 조직학습을 유도하는 것이다. 팀 학습은 대화와 토론을 통하여 학습함으로써 개인이 해결할 수 없는 복잡한 문제나 핵심적인 문제를 해결하고 서로의 학습을 촉진하는 시너지 효과를 준다. 학교는 팀 활동이 풍부한 조직이다.

(5) 시스템 사고(system thinking)

- 조직에서 일어나는 사건이나 활동을 부분이 아니라 전체적·역동적 관계에서 인지·이해하고 사고하는 접근 방식이다.
- 결론적으로, "학습조직은 학교 내외적으로 정보를 교사들이 공유하고, 협력적인 학습활동을 전개하여 지속적으로 새로운 지식을 창출하며 학교의 환경에 적응해 나가는 조직이라 할 수 있다."

제3절	교육연구

1. 교육연구의 기초	연구계획서; 이론적 배경; 연구의 필요성; 연구의 방법
2. 기타 서론에 포함될 수 있는 내용	용어의 정의; 연구 범위; 연구의 대상

1. 교육연구의 기초

1) 교육연구의 목적
- 교육적 상황에서 행동을 예언하고 교육의 절차와 그 실현 계획을 세우는 데 사용될 수 있는 일반법칙을 만들어내는 데 있다.

2) 교육연구의 필요성
- 교육직의 전문성을 높이기 위하여
- 교육발전과 그 효용성을 높이기 위해서
- 급변하는 지식, 기술, 사회변화에 적응하기 위해서

3) 연구계획서의 작성 요령
(1) '연구제목' 진술요령
- 간결하고, 명확하게 진술하여야 한다.
- 연구의 목적 또는 유형, 방법이 반영될 수 있도록 진술 → 연구의 내용을 압축하여 반영하는 것이 연구 목적이고 연구목적을 압축한 것

이 연구의 제목이다.

> ex 민주주의 우월성의 신념화 방안 연구 (×),
>
> 남북체제 비교학습을 통한 민주주의 우월성의 신념화 방안 (○)

가) 연구를 통해 조사할 변인(독립변인, 종속변인)을 포함하도록 진술

→ 독립변인+종속변인 순서로

> ex 창의성 신장을 위한 발상법 훈련에 관한 연구 (×)
>
> 발상법 훈련이 창의성 신장에 미치는 영향 (○)

나) 될 수 있으면 연구의 모집단이 반영되도록 진술

> ex 정적강화가 성취동기에 미치는 영향 (×)
>
> 초등학교 수업에서 정적강화가 성취동기에 미치는 영향 (○)

다) 군더더기 표현은 될 수 있으면 피함

> ex '~에 관한 연구' '~에 관한 조사' '~에 관한 일 고찰'

라) 객관성을 고려하여 가치 중립적인 기술

→ 효율적, 개선, 바람직한, 증진, 향상 등의 주관적 용어는 사용하지
않는 것이 좋다.

> ex 남북체제 비교학습을 통한 민주주의 우월성의 효율적 신념화 방안 연구 (×),
>
> 남북체제 비교학습을 통한 민주주의 우월성의 신념화 방안 (○)

마) 될 수 있으면 부제는 달지 않는다→ 부제는 연구의 제한에서 기술

> ex 정적강화가 성취동기에 미치는 영향 : 초등학생 중심으로 (×),
>
> 초등학교 수업에서 정적강화가 성취동기에 미치는 영향 : 서울지역을 중심으로 (○)

(2) 연구계획서 본문 작성요령

```
Ⅰ. 서론              Ⅱ. 이론적 배경        Ⅲ. 연구의 방법
1. 연구의 필요성      (관련이론 고찰)        1. 연구설계
2. 연구목적 / 가설    (선행연구 분석)        2. 연구대상
3. 용어의 정의        (문헌고찰을 통한       3. 조사도구
4. 연구의 제한         연구자의 결론)        4. 자료수집
                      연구문제에 따라        5. 자료분석
                      적절히 명명
```

가) 서론

(가) '연구의 필요성' 작성요령

- 연구를 수행하게 된 현실적 / 이론적 배경을 진술
- 문제의 위상 : 연구하려는 문제의 사회문화적인 맥락
- 이론적 배경 중에 중요한 부분 : 연구문제와 관련한 선행연구들의 역사에 대한 연구자의 통찰, 선행연구 간의 모순 또는 이론적 공백
- 연구의 직접적 필요성 : '이 연구는 해 볼 가치가 있겠구나'를 부각
- 연구문제의 진술 : 독자에게 연구하려는 내용에 관하여 간단하게 설명

(나) (구체적) 연구목적 / 가설

- 연구문제를 논리적으로 분해하여 독자로 하여금 연구에서 구체적으로 달성하려는 목표를 설명
- 연구목표(물음), 가설은 이론적 배경에 진술된 문헌고찰과 직접적 관련을 가지고 있어야 한다.
- 조사연구 시에는 연구물음 또는 연구목적, 실험연구 시에는 가설을 사용
- 소급연구(ex post facto)는 실험연구는 아니지만 가설 사용이 가능

(다) '용어의 정의' 작성요령

- 연구에서 중요한 의미를 갖고, 다른 연구와 비교하여 논란의 여지가 있는 변수의 개념(concept)과 주요 용어(term)에 대한 정의
- 사전적(constitutive), 조작적(operational)으로 정의
- 일반적으로 알려져 있는 개념, 원칙에 대해서는 정의하지 않는다.

  `ex` 직업교육, 중등교육, 성인교육……(×)

- 연구의 제한이나 범위를 용어의 정의를 통해 간접적으로 제시할 수도 있다.

  `ex` 초등 실과교육연구 : 초등학교 교과교육으로서 실과교육에 관한 연구, 즉 실과교과 교육연구를 의미하는 것으로 이 글에서는 '실과교육연구'지에 게재된 논문을 비롯하여 초등 실과교육 관련 현장연구 및 국내 초등 실과교육 관련 학위논문에 한정한다.

- 연구대상에 대한 정의는 될 수 있으면 여기서 하지 않는다(연구의 제한에서).

  `ex` 대학생 : 대학생은 ○○대학교 ○○대학에 2011학년도 2학기 3학년 과정에 재학하고 있는 학생들을 의미한다 → 연구의 제한에서

(라) 연구의 제한

- 연구 전체적인 제한사항 기술
- 전체 연구수행 과정상의 한계를 위주로 진술
- 구체적인 연구 방법상의 제한은 연구방법란에서 기술
- 일반적으로 연구대상이 한정적이고, 측정도구의 일반화에 대한 제한사항을 기술 → 연구제목에서 부제를 통해 연구를 제한하는 것은 바람직하지 않다.

  `ex 1` 유아교사의 교직전문성 인식과 역할 수행 : 충북농촌지역을 중심으로

  `ex 2` 유아의 부분-전체 지각의 발달적 차이와 인지양식 : 장의존성, 장독립성을 중심으로

2. 기타 서론에 포함될 수 있는 내용

가) 기타 서론의 구성요소

- 서론에서는 연구계획서의 종류에 따라 이론적 배경, 연구의 내용 및 범위, 연구의 방법, 연구의 중요성(연구의 기대효과/활용방안) 등을 기술할 경우가 있다.
- 특히 기관지원 연구계획서의 경우 연구의 내용 및 범위, 연구의 방법, 연구의 중요성(연구의 기대효과/ 활용방안)은 필수적으로 포함되어야 한다.

〈서론의 구성요소〉

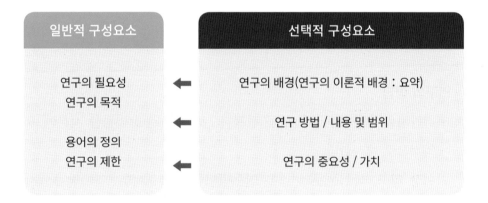

■연구 내용 및 범위

- 기관지원 계획서의 경우 연구 목적에 따라 구체적으로 수행하게 될 연구내용 그리고 그 연구내용에서 중점적으로 살펴볼 사항(연구범위)를 일대일로 대응되게 기술

〈연구 내용 및 범위의 작성 방식의 예〉

연구목적	연구내용	연구범위
산업인력구조 고도화 관련법령을 분석한다.	산업인력구조 고도화에 관한 법규의 변천과정을 고찰한다. 산업교육진흥법을 비롯한 현행 산업인력개발에 관련된 법령을 분석한다. 산업인력구조 고도화에 따른 현존하는 관련법령의 제한점 및 보완사항을 도출한다.	우리나라 산업인력고도화 관련법령인 산업교육진흥법, 직업교육촉진법, 자격기본법, 교육기본법, 초·중등교육법, 고등교육법, 평생교육법, 근로자직업훈련촉진법, 고용정책기본법, 직업안정법, 중소기업창업지원법, 벤처기업육성에관한특별조치법, 산업기술기반조성에관한법률, 산업기술단지지원에관한특례법 등을 분석한다.

■ **연구의 방법**

- 기관지원계획서의 경우 연구 전체적으로 사용된 방법들을 서론에 요약적으로 제시한다.

- 현장 연구, 학위논문의 경우 연구방법은 서론보다는 '연구방법'에서 진술하는 것이 보통이다.

■ **연구의 중요성(기대효과 / 활용방안)**

- 보통 기관지원 연구계획서의 경우에만 작성한다.

- 연구를 통해 생산될 구체적인 새로운 지식과 결과물(조사도구)의 가치에 대한 기술

- 연구결과의 정확한 적용대상, 적용방법, 기여내용에 대한 기술

- 연구결과의 일반화의 가능성에 대한 기술

나) 이론적 배경 (관련문헌고찰)

■ 이론적 배경을 통해 문헌고찰을 하는 목적

- 연구문제의 이론적 맥락 파악
- 적절한 연구방법과 조사도구의 발견
- 불필요한 연구의 반복 회피
- 연구결과의 효과적 해석
- 연구문제와 관련된 기본 Keyword를 정리하고, 이것을 토대로 관련 문헌 자료를 수집한 후, 연구자는 관련문헌 조사를 위한 기본틀을 가지고 관련연구를 정리해야 한다.
- 수많은 관련연구를 어떻게 정리할 것인가에 따라 다양하게 평가 / 분석 / 정리되어질 수 있다.
- 문헌고찰을 할 때에는 관련연구 정리에 있어 관심의 초점(Focus of Attention), 관련연구 정리의 최종목적(Goal of synthesis), 관련연구 정리에 대한 연구자의 기본 관점(Perspective on the literature), 관련 연구 정리의 범위(Coverage of the literature), 관련 연구제시를 위한 조직 원칙(Organization of the presentation), 연구의 독자(Intended audience) 등에 대해 명확히 한 후 정리를 해야 할 것이다.

■ '이론적 배경' 작성 요령

0. '관련이론 고찰' 부분
- 연구문제관련 주요 개념 / 이론에 대한 다양한 기초 이론
- 관련 조사도구에 대한 기본적 자료
- 연구자의 종합적 개념 정의(용어의 정의와 동일)

0. '선행연구 분석' 부분
- 관련이론과 연구문제에 관련한 선행연구에서 밝혀진 결과

• 단락단위 또는 세부제목 단위로 동일결과를 나타난 연구들은 묶음.

0 '문헌연구를 통한 연구자의 결론' 부분

• 연구자의 결론 : 문헌고찰을 통해 얻어진 잠정적 결론, 문제 해결책

• 문헌고찰의 결과를 종합하여 그림이나 이론적 / 개념적 모형 (theoretical or conceptual framework), 표 등으로 제시하여 독자가 선행 연구들의 흐름을 알 수 있게 함

다) 연구의 방법

■ 작성요령

• 문헌연구, 사례연구, 개발연구, 조사연구, 참여조사연구, 현지방문조사, 전문가 협의회, 실험연구 등 연구에서 사용한 모든 연구 방법에 대한 전체적인 서술을 한 후 구체적인 연구방법별로 자세히 서술한다.

• 다음은 조사연구, 실험연구의 경우 구체적으로 서술하는 방법이다.

① 연구설계

0 조사연구, 상관연구, 소급연구의 경우 작성요령

• 연구의 목적과 종류에 대한 진술(~기술연구, ~상관연구, ~소급연구)

• 연구대상 변인에 대한 설명과 변인 간의 관계 설명

• 대립 변인(rival variable or intervening variable)이 있을 경우 이에 대한 설명

0 실험연구의 경우 작성요령

• 실험설계 유형 진술(Campbell and Stanley의 실험설계유형에 따라)

• 타당도 저해요인 진술

• 실험 통제 / 처치(독립변인) 진술

• 실험설계 요약도 제시

② 연구 대상

0 작성요령

• 모집단(실험대상) 설명

• 표본집단에 대한 제한(조사연구의 경우)사항 서술

• 표본집단 선정과정(조사연구의 경우) 서술 → 표본대상자 명단 입수 (sampling frame) 과정, 표집방법(무선표집, 계층화비율무선표집…), 표집크 기의 결정과 근거, 표본단위(sampling unit), 표본집단의 특성(가능하면 모집단의 특성도 같이 제시, 비교→대표성 판단 근거) 등을 서술

③ 조사도구

0 작성요령

• 조사도구 개발과정 서술

• 조사도구의 특성 : 측정대상, 측정구조

• 조사도구의 신뢰도(reliability), 타당도(validity) 서술

• 조사도구의 현장적용성(suitablity) 서술

※ 이미 개발되어 있는 조사도구를 사용할 경우에도 각 도구에서 명시 한 개발과정, 측정대상 및 구조, 신뢰도, 타당도, 현장적용성 등과 조 사과정상의 유의사항 등을 기술해주어야 함.

④ 자료수집(실험실시)

0 작성요령

• 자료수집기간, 자료수집일정 명시

• 연구 참여자 인센티브 부여 사항 서술

• 조사실시 시간, 장소 서술

• 조사실시 과정 묘사(질문지 작성요령 및 개인 비밀보장 약속을 포함)

- 자료수집장소 묘사
- 무응답자(non-respondent) 처리(조사연구의 경우) 과정 서술

5 자료분석

0 작성요령

- 각 연구문제나 가설별 통계 적용방법에 대한 설명, 결과물 제시방법에 대한 소개
- 검증 방법 선택의 이론적 근거 제시 : 연구목적, 표본크기, 척도 등의 측면에서
- 자료분석법별로 적합한 표나 그림 제시방법에 대한 설명

라) 연구 보고서 작성 시 유의점

- 형식에 익숙해야 함.
- 많은 연구 보고서를 읽어 보아야 함.
- 충분한 시각적 여유를 가지고 작성하여야 함.
- 보고서의 목차가 정해지면 주요한 내용에 관하여 몇 장 쓰고, 전문가의 지도를 받아야 함.
- 보고서의 인쇄는 깨끗해야 함.

마) '부록' 부분 작성에 포함될 수 있는 사항

- 연구대상자들에게 한 말
- 연구대상자들의 조사동의서 내용
- 연구대상자들이 속한 기관의 연구수행 동의서
- 예비조사결과
- 연구의 세부일정

- 조사도구 예
- 자료수집원에게 지시한 훈련사항(교육사항)
- 전문가 위원회에 참여한 전문가들 양력
- 연구설계와 통계분석에 대한 그림으로의 표현
- 최종 보고서를 위한 장 구성요도
- 연구마감까지의 연구수행계획서

문제 1 교육행정을 보는 관점에 관한 설명에서 올바르지 않은 것은?

① 법규해석적 관점은 '교육을 위한 행정'이다.

② 법규해석적 관점은 교육의 공공성을 중시한다.

③ 기능주의적 관점은 조건정비설이라고도 한다.

④ 기능주의적 관점은 행정보다는 교육 그 자체에 강조점을 둔다.

정 답 ①

해 설 법규해석적 관점은 '교육에 관한 행정'이다.

문제 2 과학적 관리론을 학교행정에 적용한 것이 아닌 것은?

① 생산품(학생)과 생산방법(교육방법)을 표준화할 것

② 학교조직의 낭비를 감소시킬 것

③ 교육의 특성을 중시할 것

④ 생산자들에게 활용해야 할 시설에 관하여 상세한 지시를 해 줄 것

정 답 ③

해 설 과학적 관리론은 학교조직의 관리를 과학화하여 능률성 제고에 기여한 측면이 있으나, 교육의 특성을 무시하였다는 점에서 비판을 받았다.

문제 3 다음에서 관료제와 관련이 없는 것은?

① 분업과 전문화

② 조직의 유연성

③ 권위의 위계

④ 경력지향성

정 답 ②

해 설 관료제는 규칙과 규정을 특징으로 하기 때문에 역기능으로 조직의 경직과 목표전도가 나타날 수 있다.

학습정리

1. 교육행정에 대한 관심은 18~19세기 산업혁명 이후 산업사회의 성립과 발전, 시민사회와 민주주의의 발전, 공교육 제도의 성립과 확립, 도시화 등으로 교육이 확대되자 교육을 효과적으로 관리해야 할 필요에 의하여 대두하였다.

2. 교육행정을 보는 관점에는 법규해석적 관점과 기능주의적 관점이 있다.

① 법규해석적 관점은 교육행정을 '교육에 관한 행정'으로 보는 입장으로, 교육관계 법규와 정책의 테두리 안에서 교육제도와 시설을 유지하고 관리하는 작용으로 본다.

② 기능주의적 관점은 교육행정을 '교육을 위한 행정'으로 정의하는 관점으로, 교육목표를 설정하며 목표달성에 필요한 조건을 정비하고 확립함으로써 교육활동을 지원하는 것으로 규정한다.

3. 교육행정이란 교육에 관계되는 조직에서 교육목표를 효과적으로 달성하기 위해 필요한 인적·물적 요소를 조직·관리하는 제반 지원활동으로 정의된다.

4. 교육행정의 일반적 성격에는 장기적 성격, 조성적·봉사적 성격, 수단적·기술적 성격, 전문적 성격, 민주적·중립적 성격 등이 있다.

5. 교육행정의 독자적 성격으로는 교육조직이 제공하는 서비스의 중요성과 공개성, 수행하는 활동의 복잡성과 인간관계의 친밀성, 교사의 전문성, 학교조직 활동에 대한 양적 평가의 난해성 등이 있다.

6. 과학적 관리론(1900~1930년)은 노동자들은 경제적 요인에 의하여 과업동기가 유발되고 생리적 요인에 의해서 성과가 제한을 받기 때문에 노동자들을 지속적으로 감독해야 할 필요가 있다는 입장으로 신중한 과학적 분석을 통하여 작업의 최대 효율성을 추구한다.

7. 과학적 관리론의 핵심 원리에는 시간 및 동작 연구, 표준화된 조건, 1일 표준 생산량 제시(과업관리), 차별적 성과급제도, 관리와 수행의 분리 등이 있다.

8. 과학적 관리론은 학교조직의 관리를 과학화하여 낭비를 감소시키고 능률성을 제고하는 데 기여한 측면이 있지만, 교육의 특성을 무시하는 것이고, 교육의 발전을 저해한다는 점에서 비판을 받았다.

9. 인간관계론(1930~1950년대)은 과학적 관리론이 인간의 사회적·정서적·심리적 측면을 무시하면서 비인간화를 가져왔다고 비판하면서 등장하였다.

10. 인간관계론의 대표적인 연구인 호손연구(Hawthorne research)의 성과는 작업능률과 생산성은 인간관계, 감독 방식, 작업자 개개인의 노동의욕 등과 밀접한 관계가 있다는 것, 그리고 비공식조직의 리더의 존재를 밝혀낸 것 등이다.

11. 인간관계론은 교육행정의 민주화와 발전에 공헌하였다.

12. 인간관계론은 조직 구성원의 심리적 측면을 지나치게 강조한 나머지 조직의 운영과 관련된 주요 문제점을 제대로 파악하지 못하였다는 비판을 받았다.

13. 조직(organization)이란 어떤 기능을 수행하도록 협동해 나가는 체계로서 개개의 요소가 일정한 질서를 유지하면서 결합하여 일체적인 것을 이루고 있는 형태를 말한다.

14. 관료제론은 베버(M. Weber)가 발전시킨 이론으로 조직이론의 고전적 이론이다.

15. 관료제의 특징에는 분업과 전문화, 몰인정성, 권위의 위계, 규칙과 규정, 경력지향성 등이 있다.

16. 학습조직으로서의 학교: "학습조직은 학교 내외적으로 정보를 교사들이 공유하고, 협력적인 학습활동을 전개하여 지속적으로 새로운 지식을 창출하며 학교의 환경에 적응해 나가는 조직이라 할 수 있다."

명언 한마디

스스로 배울 생각이 있는 한, 천지 만물 중 하나도 스승이 아닌 것은 없다.

사람에게는 세 가지 스승이 있다. 하나는 대자연, 둘째는 인간, 셋째는 사물이다.   - 루소 -

다음 학습 예고

다음 Chapter에는 "**14. 교사론/장학론**"에 대해 학습하겠습니다. 수고하셨습니다.

교사론/장학론

복습점검 | 다음 설명이 맞으면 O, 틀리면 X를 하세요.

문제 1 **교육행정을 바라보는 기능주의적 관점은 '교육을 위한 행정'으로 정의하는 관점이다.**

정 답 O

해 설 기능주의적 관점은 교육행정을 교육목표를 설정하며 목표 달성에 필요한 조건을 정비하고 확립함으로써 교육활동을 지원하는 것으로 규정한다. 조건정비설이라고도 한다.

문제 2 **교육행정학에서의 과학적 관리론은 테일러(F. W. Taylor)가 창시하였다.**

정 답 O

해 설 과학적 관리론의 창시자인 테일러의 저서로는 《과학적 관리의 원리》 (The Principle of Scientific Management, 1911)가 있다.

문제 3 **호손 실험연구의 결론으로는, 효율적인 결과를 위해 권위주의적 리더십이 민주적 리더십보다 더 중요하다는 것이다.**

정 답 X

해 설 호손 실험은 권위주의적 리더십보다 민주적 리더십이 더 중요하다는 결론을 도출함.

교사의 중요성과 역할

1. 교직의 중요성 및 교사의 직무	국가의 미래; 스승; 공인된 자격증; 직업인; 소명
2. 교직의 특성	인간; 직업; 봉사; 사랑; 아동의 성장
3. 교사의 역할	사회 대표자; 평가자; 지식자원; 학습과정의 조력자; 판단자
4. 바람직한 교사상	편견으로부터의 탈피; 공감의 태도; 믿음을 주는 교사

1. 교직의 중요성 및 교사의 직무

1) 교직의 중요성

- 교육이란 개인의 측면에서 인간형성을 목적으로 하며, 사회·국가의 측면에서 볼 때, 한 사회와 국가의 미래는 교육에 달려 있다.
- '교육의 질은 교사의 질을 능가할 수 없다.'는 말을 생각해 볼 때, 교사의 중요성은 아무리 강조해도 지나치지 않다.

2) 교사는 누구인가

- 교사, 스승, 선생님, 이 세 단어는 무엇을 기준으로 정의하는가에 따라 구분되는 측면도 있고 또 서로 겹치는 측면도 가지고 있다.
- 공인된 자격증을 가지고 학생들에게 가르치는 직업을 가진 사람이 교사이며, 교사를 우리는 선생님이라고 부른다.
- 뿐만 아니라 우리는 우리가 존경하는 사람, 우리에게 가르침을 주었

다고 생각하는 사람도 선생님, 스승이라고 부른다.

- 다시 말해서, 교사, 선생님, 스승이라는 말은 같은 뜻으로 쓰이기도 하고 다른 뜻으로 쓰이기도 한다.

3) 직업으로서의 교사

- 직업인으로서의 교사는 교원 양성기관에서 전문적인 교육과정을 이수하고 교원 자격증을 획득하여 공식적인 인정을 받은 후 학생들을 대상으로 교육활동을 하는 사람으로서의 교사를 뜻한다.
- 직업은 사전적으로 "사회에서 생활을 영위하는 사람들이 재능과 능력에 따라 업에 종사하며, 정신적·육체적 에너지의 소모에 따른 대가로서 경제적 급부를 받아 생활을 지속해 나가는 활동양식"이라고 정의된다.(두산 세계대백과)
- 이 정의에 따르면, 직업인으로서의 교사는 현대사회에서 매우 다양한 직업들 중의 하나이다.

4) 직업의 의미: occupation과 vocation

- 영어의 'occupation'과 'vocation'이라는 낱말은 모두 직업이라고 번역된다.
- occupation은 '사람이 보수를 받기 위해 정해 놓고 종사하는 일'을 뜻한다.
- 그러나 vocation은 '부르심을 받은 일'(calling)을 뜻한다.
- 즉, 영어의 calling은 독일어의 Beruf를 번역한 것으로 그 뜻은 '천직(天職)' 또는 '신이 맡기신 소명(召命)'을 뜻하며, 소명은 일에 대한 정열과 성의, 헌신을 요청한다.
- 교사가 자신의 직업을 어떤 의미로 받아들이는가에 따라 교사가 하

는 일은 영향을 받게 되므로 교사가 올바른 직업관을 가지는 것은 매우 중요하다고 하겠다.

5) 소방안전교육사와 다양한 전문직의 한자표현

- 소방안전교육사(消防安全敎育師) (cf. 平生敎育師)
- 師: 교사, 강사, 의사, 간호사, 목사, 전도사, 이발사, 미용사, 약사, 요리사, 조련사 등
- 士: 간호조무사, 박사, 변호사, 변리사, 법무사, 회계사, 세무사, 장학사, 항해사, 조경사, 영양사 등
- 事: 판사, 검사, 형사, 도지사 등

2. 교직의 특성

- 여기에서 교직의 특성을 살펴보면 다음과 같다.
❶ 교직의 대상은 인간이다. 교사는 사람을 대상으로 하여 인간을 형성하는 자이다.
❷ 교직은 인간의 정신생활을 대상으로 하는 직업이다. 의사 역시 사람을 대상으로 하는 직업이기는 하나 그는 인간의 신체적인 면을 담당하고 교사는 피교육자의 건강에 대한 관심과 더불어 주로 인간의 정신 형성을 본연의 임무로 한다.
❸교직은 비교적 미성숙한 자를 대상으로 하는 직업이다. 아직 성숙하지 못한 아동을 대상으로 하여 내일의 바람직한 성인으로서 성장을 기대하면서 꾸준히 발전시켜 가는 직업이다.
❹ 교직은 그 대상인 아동의 성장에 대한 관심과 아울러 그들이 장차 구성원이 될 사회의 발전에 대하여 관심을 가져야 하는 직업이다.

❺ 교직이 전문직이기 위해서는, 교사는 물질적 보수보다는 타인을 위한 봉사를 중요시해야 한다.

3. 교사의 역할

• 리들(E. Reedle)과 바텐버그(W. Wattenberg)가 제시한 교사의 역할은 다음과 같다.

1) 사회 대표자로서의 교사
• 교사는 학생들이 살아가는 사회에서 요구하는 바람직한 가치관, 신념, 태도, 규범 등을 내재화시켜 가는 사회화 과정에서 그 사회의 삶의 양식을 대표하는 위치에 있다.
• 특히 교사의 언행은 학생들의 사회화에 모델이 될 수 있기 때문에 스스로 삶의 태도를 반성하며 살아가야 한다.
• 이러한 의미에서 잠재적 교육과정은 매우 중요하다고 하겠다.

2) 평가자로서의 교사
• 교사는 학생들의 성적평가, 행동평가, 수상 대상자의 결정, 처벌의 결정 등의 일에서 객관적으로 평가해야 한다.
• 교사의 판단과 평가 자체는 학생들의 긍정적 자아개념의 형성은 물론 강화체제에도 중요한 작용을 하며 교수·학습상황에도 직접적인 영향을 미치게 된다는 사실을 잊지 말아야 한다.

3) 지식자원으로서의 교사

- 교사들의 첫째 임무는 학생들에게 필요한 지식을 제공하는 것이다.
- 따라서 교사는 학생들의 수준에 맞게 교수내용을 조직해서 전달하여 학생의 지적 호기심을 충족시킬 수 있어야 한다.

4) 학습과정의 조력자로서의 교사

- 교사는 학생들이 주어진 과제를 학습하는 과정에서 학생들 스스로 중요한 지식을 이해하고 새로운 지식을 찾아내며, 배운 지식을 적용하여 새로운 문제를 해결할 수 있도록 돕는 조력자의 역할을 해야 한다.

5) 판단자로서의 교사

- 교사는 학급에서 학생들의 의견이 일치하지 않거나 갈등·대립하는 현상이 있을 때 가장 만족스럽고 합리적인 방법으로 문제를 해결할 수 있어야 한다.
- 이때 교사의 공정성 여부가 교사의 권위에 영향을 미칠 수 있다.

6) 훈육자로서의 교사

- 때에 따라 학습활동에 방해가 되고 학급집단의 공동목표달성에 지장을 초래하는 학생이 있다. 이러한 경우에 교사는 학급의 질서를 유지하기 위해 민주적인 훈육을 통하여 학생들의 잘못된 행동을 수정해 주어야 한다.

7) 동일시 대상으로서의 교사

- 교사는 학교에서 학생들의 중요한 동일시 대상이 되는데, 이러한 동일시는 학생들의 인성발달뿐만 아니라 학업성취에도 영향을 준다.

즉, 교사의 여러 가지 행동특성은 학생들에 의해서 잘 모방된다는 것이다.

- 예를 들면 존경하는 교사의 말투, 필체, 인생관, 가치관 등도 동일시의 대상이 될 수 있다.

8) 불안 제거자로서의 교사

- 다양한 발달과정에서 학생들은 여러 가지 불안을 경험하게 된다.
- 교사는 일관성 있는 태도로 학생들의 불안을 제거해 주는 역할을 수행해야 한다.

9) 자아 옹호자로서의 교사

- 성장과정에 있는 학생들은 흔히 자신감을 상실하여 스스로 열등의식에 빠져 자포자기하는 경우가 있다.
- 이때 교사는 학생들에게 성취감을 맛보게 하고 적절한 강화를 통하여 긍정적인 자아개념을 형성할 수 있도록 도와주어야 한다.

10) 집단 지도자로서의 교사

- 교사는 담당하고 있는 학급의 지도자로서 민주적 지도성을 발휘하여 학생들의 사기를 높이고 학습 응집력을 길러주어야 한다.

11) 부모 대행인으로서 교사

- 교사는 부모 대신의 역할을 할 때도 있다. 특히 초등학교 저학년의 학생들은 교사를 가정의 부모처럼 생각하기 때문에 교사는 친자식과 같은 양육태도를 가지고 교육에 임해야 한다.

12) 적대감정의 표적으로서의 교사

- 성장과정에 있는 학생들이 사춘기 또는 청년기를 지날 때 기성사회의 문화와 권위에 도전하면서 적대감을 표출하기도 한다.
- 적대감정의 표출대상자는 교사가 될 수 있다. 학생들의 적대감정의 표적이 되어 주는 것은 학생들의 스트레스 해소와 정신건강에도 도움이 된다.

13) 친구로서의 교사

- 학생들은 친한 친구처럼 대화하고 싶고 자기의 마음을 털어놓고 싶은 교사를 원한다.

14) 애정 상대자로서의 교사

- 성장과정에서 학생들은 이성의 교사를 사랑하는 감정을 가질 수 있다.
- 교사는 학생들의 이러한 마음을 자연스러운 것으로 받아들이고 이러한 감정을 잘 조정하고 처리해 줄 책임도 있다.

4. 바람직한 교사상

1) 편견으로부터 탈피하는 교사

- 학생을 대할 때, 가장 중요한 것이 바로 모든 것을 있는 그대로 받아들이는 수용(收容)의 자세이다.
- 교사에게 가장 신경써야 할 부분이 바로 편견으로부터 벗어나는 것이다.
- 사람의 인상은 30초 이내에 결정된다는 초두효과로부터 벗어나야 한다.
- 어떤 학생은 인상이 좋으니까, 어떤 학생은 잘생겼으니까, 그 자체로

바로 긍정적으로 생각하고, 징계를 받았던 기록을 보고 부정적으로 생각한다면 이는 바로 편견에 해당한다.
- 교사는 학생의 모든 것을 있는 그대로 받아들이는 태도와 자세가 매우 중요하다.

2) 공감의 태도를 지닌 교사

- 공감의 의미는 상대방과 마음 상태를 같이하는 것, 자타일체감의 태도라 할 수 있다.
- 선생과 제자가 서로 감정의 교류를 통해 감사와 존경의 마음이 스스로 우러나오는 것이 바로 공감이다.
- 80년대 조용필이 불렀던 노래 "친구여"의 가사를 보면, '기쁨도 슬픔도 괴로움도 함께했지'라는 구절이 나온다.
- 바로 이런 동고동락에서 오는 끈끈한 인간애, 서로의 관계가 친밀하여 열린 마음의 상태가 공감이다.
- 학생에 대한 공감의 태도 중에서 가장 우선해야 하는 것이 공감적 경청의 태도이다.
- 공감적 경청은 먼저 학생이 찾아오면 교사는 모든 것을 멈추고, 일단 상대방과 눈을 마주치면서 마음을 열 수 있도록 관심을 보여야 한다.
- 예를 들면, 음료수를 마시자고 하면서 안부를 묻는 가벼운 이야기로 시작해서 진심으로 경청하는 자세를 취해야 한다.

3) 믿음을 주는 교사

- 믿음과 신념을 통해서 학생들의 행동 수정은 물론 목표하는 교육적 효과가 크다.
- 신뢰관계가 가장 돈독한 것이 모자(母子)관계이다. 누구보다 슬퍼하고

근심과 걱정을 하는 존재가 바로 자신의 엄마라는 사실을 잘 알기 때문이다.

- 학생들이 자신의 인생을 챔피언으로 만들 수 있도록 멘토 역할을 잘 할 수 있는 선생님이라는 믿음을 줄 때, 학생들의 성적향상과 생활지도는 저절로 이루어지게 된다.

4) 질책과 칭찬의 균형을 견지하는 교사

- 유대인의 속담에 '오른손으로 벌하고 왼손으로 안아주라'는 말이 있다. 칭찬과 꾸지람이 조화와 균형을 이뤄야 한다.
- 유능한 교사는 학습지도 능력과 생활지도 능력을 함께 갖춘 사람을 말한다.
- 머릿속에 아는 것은 많은데, 교수법이 시원찮아서 학생들의 수업만족도가 떨어진다거나 생활지도를 제대로 하지 못해서 학생들이 바른 인성과 기본생활습관 태도가 길러지지 않는다면, 진정한 의미에서 훌륭한 교사로서 자질 부족이라 할 수 있다.
- 학생들을 질책할 때도 반드시 그 이유와 체벌 정도를 설명하고, 감정이 개입되지 않게 체벌이나 질책을 하되 적당한 시간에 불러서 위로와 칭찬을 해주어야 한다.
- 늘 학생들을 교육할 때, 저울추의 역할과 한쪽으로 기울지 않는 마음의 자세, 질책보다는 더 칭찬을 많이 하려는 태도를 지닐 때 균형을 이룬다.

5) 좋은 인간관계를 맺는 교사

- 선생은 같은 동료교사들뿐 아니라 학생들과 좋은 관계를 맺어야 한다.
- 선생이 싫어서 학교 가기가 싫다거나, 선생이 싫어서 그 과목 공부를

하지 않는다면 분명히 문제가 있는 것이다.

- 실력 있는 선생님, 학생들을 감화시키는 인격과 지도능력이 있는 선생님이라면 학생들이 바짝 긴장하고, 엄격하게 생활하게 된다.

6) 꿈을 심어주는 열정이 있는 교사

- 기본적으로 선생에게 필요한 것은 실력이다.
- 그러나 그것보다 더 중요한 것은 교육에의 열정이며, 한걸음 더 나아가서 투철한 교육관이다. 교사는 항상 자기만족 속에서 보람을 찾는 존재이다.
- 선생이 어떤 열정과 열의를 가지고 학생들의 장래를 생각하는 교육을 하느냐에 따라 학교가 달라지고 학생의 인생이 달라진다.
- 인생에서 어떤 스승을 만나느냐에 따라 그 사람 인생이 달라지고, 성공과 실패가 극명하게 갈라진다.
- 코이라는 물고기는 작은 수족관에서 5~8센티, 작은 연못에서 25센티, 큰 강에서는 90센티에서 120센티까지 자란다.

7) 생각하는 힘을 길러주는 교사

- 생각하는 힘을 길러주는 선생님은 좋은 교사이다.
- 학생들이 왜 공부를 해야 하는지, 왜 학교에 다니는지 스스로 묻고 해답을 찾을 수 있도록 동기부여를 잘하는 교사이다.
- 기러기의 리더십이 시사하는 바를 깨달아야 한다.
- 선생님은 학생들을 인도하여 나가는 맨 앞에 선 기러기이다.
- 선생님이 앞선 기러기로서 풍부한 경험과 지혜, 바람직한 교육철학과 인생관의 방향설정, 그리고 솔선수범의 자세가 필요하다고 볼 수 있다.

- 선생님이 혼자 너무 앞서 나가지 않고, 뒤따라오는 학생 기러기들의 능력과 형편을 고려하면서, 적절히 보조를 맞추어 이끌어 나가는 지혜도 필요하다.
- 학생들의 생각하는 힘이 길러지면 자기주도적학습 능력이 길러지고, 자신의 꿈을 구체화시켜 행동으로 실천하게 된다.

<table>
<tr><td colspan="2">제2절</td><td>교사의 자질과 교권</td></tr>
</table>

1. 교사의 능력	교과내용; 교수방법적 기술; 인성; 학습자에 대한 이해;
2. 교사의 자질	우수한 교사; 일반적 교사; 교육관; 진실된 교사
3. 교육과 권위	권위와 권위적; 권리상의 권위; 사실상의 권위; 미성숙

1. 교사의 능력

- 다양한 역할을 잘 수행하기 위하여 교사는 객관적·개인적 측면에서 여러 가지 능력을 갖추고 있어야 한다.
- 몇 가지로 정리하면 다음과 같다.

1) 교과내용에 대한 지식

- 교사가 교과내용을 전달하기 위하여 교사는 무엇보다도 가르치는 교과목의 내용에 대하여 철저하고 정확한 지식과 이해를 가지고 있어야 한다.
- 이에 더불어 교사는 담당과목 이외에 폭넓은 일반교양을 갖추고 있어야 한다.

2) 교수 방법적 기술

- 전문직으로서의 교사는 교육내용의 선정뿐만이 아니라 편성·조직 및 교육방법에 대하여서도 잘 알고 있어야 한다.
- 효과적인 지식전달을 위한 교육기술로는 흥미를 자극하는 능력, 풍

부한 보충설명, 교육내용의 효과적인 조직, 잘 정리된 과제물 부과, 학생이 성취한 것에 대한 평가기술, 적절한 교수매체·자료의 사용, 정교한 언어표현능력 등이 있다.

3) 인성

- 인성(人性)이란 넓은 의미의 성격이라고도 할 수 있으며, 기분, 태도, 의견 등을 포괄하는 폭넓은 개념이다.
- 인성은 특히 다른 사람들과의 상호작용에서 표현된다. 교사는 학생들과는 물론이지만 동료교사, 학부모들과도 긍정적 사고방식, 신뢰감, 협동성, 공평성을 기초로 한 바람직한 인간관계를 맺을 수 있는 인성을 갖추고 있어야 한다.

4) 학습자에 대한 이해

- 교사는 가르치는 대상인 아동의 특성에 대한 전문적인 지식과 이해를 가지고 있어야 한다.
- 아동의 신체-운동적, 인지적, 정의적 발달단계에 대한 지식, 이와 더불어 아동 및 청소년 심리에 관한 지식은 학습지도에 있어서 교육내용의 종류, 수준 및 양을 결정하는 데 필요할 뿐 아니라 생활지도를 하는 데 있어서도 꼭 필요한 것이다.

2. 교사의 자질

1) 우수한 교사의 준거

❶ 투입 변인(교사입장=독립변인): 전인적인 성장을 갖춘 교사

❷ 산출 변인(학생입장=종속변인): 학생으로 하여금 전인적인 성장을 촉진

시켜주는 교사

※ Patterson(1973): 인간중심 교육과정의 제1인자 /

인간주의 입장에서의 우수한 교사

ⓐ 진실된 교사

ⓑ 한 개인으로서 아동을 존중해 주는 교사

ⓒ 공감적 이해를 가진 교사(내면까지 이해해주는 교사; 제3의 '귀')

2) 일반적 교사의 자질

❶ 인간으로서의 교사

❷ 전문가로서의 교사

㉠ 교육에 관한 투철한 교육철학의 소유자: 국가, 사회, 민족 등

㉡ 교직에 필요한 여러 가지 전문적인 소양의 소유자:

교육과정계획, 교수, 평가, 상담 등

㉢ 교육현상에 대한 설명, 분석, 종합력의 소유자

3) 교육관에 따른 교사의 자질

❶ 전통주의 입장(~1910) ▶ 현대: 본질, 항존주의

㉠ 인격적 감화자(성직관)

※ 교직관

ⓐ 성직: 소명의식

ⓑ 노동직: 임금, 근무조건 개선, 생활보장, 사회적경제적 지위 향상

ⓒ 전문직(현대): 성직 + 노동직

㉡ 문화유산 전달자(=체계적 지식 전수자)

㉢ 사회적인 통제자

ㄹ 권위 존중자

❷ 진보주의 입장(1920~1930)

    ㄱ 아동의 필요, 흥미, 욕구 존중자

    ㄴ 스스로 학습하는 것을 도와주는 조력자, 안내자

    ㄷ 자율학습을 촉진시켜주는 교사

    ㄹ 개인차를 존중

    ㅁ 넓은 다방면에 걸친 지식, 기술의 소유자(전인교육)

    ㅂ 심리학, 사회학에 관한 지식의 소유자

    ㅅ 융통성 있고 아동과 더불어 고등 계획을 세울 줄 아는 교사

❸ 인간주의적 입장(1970~), Patterson

- 진실된 교사
- 한 개인으로서의 아동을 존중해 주는 교사
- 공감적 이해를 가진 교사

3. 교육과 권위

1) 대두배경

- 우리가 "그 사람은 권위적이야."라는 말을 들으면 지칭된 사람에 대하여 부정적인 느낌을 떠올리게 되는가 하면, "권위 있는 사람"이 되고 싶기도 하다. 이처럼 "권위"라는 단어는 흔히 우리에게 이중적인 느낌, 부분적으로 모순되는 느낌을 준다.
- 교육과 권위의 관계에 대하여 살펴보려면 먼저 혼동을 가져오는 여러 단어들의 뜻을 분명하게 정의해보는 일이 필요하다.

2) 권위주의와 권위의 사전적 정의

(1) 권위주의(authoritarianism)

- 외재적인 권위에 대하여 맹목적으로 복종하는 태도 및 그에 따르는 여러 사고방식·행동양식(두산 세계대백과)

(2) 권위(authority)

- 제도·이념·인격·지위 등이 그 가치의 우위성을 공인시키는 능력 또는 위력. 권력(power)과 권위(authority)는 인간을 복종시키는 힘이며 위력이라는 의미에서 예로부터 흔히 동의어로 사용되어왔으나 권력은 사람들이 그 정당성을 승인하여야만 비로소 권위가 되는 것이다.
- 권위는 정당성을 획득한 권력이라고 일컬어지는 까닭도 여기에 있다.
- 한 사람의 최고자에게 권위를 집중시켜 비판을 허용하지 않는 권위국가나 권위주의로도 사용된다.(두산 세계대백과)
- 권위주의적(authoritarian)이란 말은 경멸적인 의미를 가지고 있다. 이 것은 '권위적'(authoritative)이란 말과 대조적이다.
- 후자는 찬양되는 말이지만 전자는 비난어로서 피해야 할 속성임을 시사한다. '권위주의적'이란 말은 '무자비한', '거친', '부정한', '거만한', '강제적' 등 여러 가지 의미를 포함하고 있다.

3) 권리상의 권위와 사실상의 권위

(1) 권리상의 권위

- 권리상의 권위는 제도화된 권위, 즉 직위가 주는 권위를 의미한다.
- 권리상의 권위는 직위와 규칙으로부터 오는 권위로서, 법률제도는 권위자가 그의 권위를 침해당할 때 그를 적극 보호해 준다.

(2) 사실상의 권위

- 사실상의 권위는 타인의 동의를 실제로 얻어내는 능력이다.

- 사실상의 권위는 당사자가 가지고 있는 능력과 자질 등에 의하여 실제로 권위를 행사하고 있다는 것을 의미한다.

(3) 교사의 권위

- 교사는 권리상의 권위와 사실상의 권위(權威)를 가질 수 있다.
- 즉, 교사는 정부 또는 공인된 단체에 의해 주어진 자격증을 가지고 있는데, 그 자격증은 곧 교사가 권리상의 권위를 가지고 있음을 뜻한다.
- 그러나 교사가 권리상의 권위를 가지고 선언하고 명령하는데 학생들이 더 이상 그 명령에 자발적으로 복종하지 않는다면 교육은 제대로 이루어질 수 없다.
- 따라서 교사는 그 직분을 권리상의 권위로 시작하지만, 학생들이 자발적으로 따르도록 하려면 사실적 권위를 갖추어야 한다. 이러한 사실적 권위는 신뢰를 바탕으로 이루어진다.

4) 교육과 미성숙

- 교육이 가르치고 배우는 행위라고 할 때, 가르치는 사람과 배우는 사람은 성숙과 미성숙의 관계에 있다.
- "미성숙"의 내용은 지식일 수도 있고, 인격일 수도 있고, 도덕적 판단일 수도 있다
- 배우는 사람의 연령이 어릴 경우에는 특히 교사는 지식에서뿐만 아니라 인격, 도덕적 판단 등에서 학생들이 자발적으로 따를 수 있는 사실적인 권위를 갖추어야 할 것이다.

5) 권위주의적 교육에 대한 학생들의 반응

- 권위주의적 태도로 교육하는 교사에게 보이는 학생들이 보일 수 있는 행동은 다음과 같다.

❶ 반항하기, 저항하기, 도전하기

❷ 보복하기

❸ 거짓말하기, 비열한 짓 하기, 감정 숨기기

❹ 비난하기, 비밀 누설하기

❺ 부정행위 하기, 표절하기

❻ 군림하기, 약자를 골려주기, 폭력 쓰기

❼ 치열한 경쟁하기

❽ 조직하기, 동맹하기

❾ 굴복하기, 순응하기, 저자세 취하기

❿ 아첨하기

제3절	장학론

1. 장학의 기초	성장과 발달; 협동장학; 수업장학; 발달장학
2. 장학의 유형	요청장학; 확인장학; 임상장학; 동료장학
3. 장학지도의 기능과 원리	효과의 원리; 지도성의 기술; 인간관계의 기술
4. 장학의 문제점 및 개선방향	장학의 민주화; 장학의 전문화; 장학의 자율화

1. 장학의 기초

1) 개념

- 학생들의 성장과 발달을 증진시키기 위해 교사들의 활동을 전문적으로 개선·향상시키는 일
- 학생들의 학습을 돕고자 동원하는 수업과정에 직접적으로 영향을 주는 방식으로 학교를 경영해 나가거나 변혁을 가져오도록 인적·물적 요소를 다루는 일(B.N. Harris)
- 교수−학습의 효율화를 목적으로 교사의 전문성 신장, 교육과정 운영 및 학교경영의 합리화를 위해 제공되는 지도조언, 조정, 정보 제공, 자원 봉사 등 일련의 전문 기술적 활동

2) 장학의 목적

- 가능한 모든 방법을 활용하여 교수-학습 방법을 개선한다.
- 학습에 알맞는 물리적, 사회적, 심리적 환경이나 풍토를 조성한다.
- 모든 교육적 노력과 자료를 조정, 통합하여 계속성을 마련한다.
- 구성원 자신들의 요구와 상황의 요구에 알맞는 구성원의 협동을 끌어내며 교육상의 어려움을 타개하고 새로운 책임을 맡은 사람들의 성장을 위한 기회를 제공한다.
- 창의성을 마음껏 발휘할 수 있도록 돕고 격려하고 조언한다.

3) 장학의 발달

- 관리장학시대(~1930): 과학적 관리론의 영향으로 능률과 생산성을 강화하는 방향에서 통제와 책임 능률을 강조하는 과학적 장학이 강조되었다.
- 협동장학시대(1930~1955): 인간관계론의 영향으로 인간적이고 민주적인 장학으로 개인의 존중과 인간관계를 중시하였다.
- 수업장학시대(1955~1970): 학문중심교육의 영향으로, 장학도 교육과정의 개발과 수업효과 증진에 중점을 두었다.
- 발달장학시대: 인간자원장학이 등장하여 교사들이 참여를 통해 학교 효과성을 증대시키고 그 결과로서 교사들의 직무만족을 목표로 하는 장학이 이루어진다.

2. 장학의 유형

1) 한국의 장학방법
- 일반장학(일반 행정적인 장학): 교육운영 전반에 걸친 일반적 지도와 조언을 하는 장학이다.
- 특수장학: 특수한 교과나 문제중심으로 하는 장학이다.
- 협동장학: 행정가, 교사는 물론 교육전문가 외부인사들까지 포함시키는 협동장학위원회를 조직하여 그들로 하여금 장학에 참여케 하는 방법이다.
- 통신장학

2) 광역자치교육체제하의 장학방법
(1) 종합장학: 학교운영 전반에 관련된 장학

(2) 개별장학: 교과중심

(3) 요청장학: 일선학교나 교사가 장학에 필요성을 느껴 장학자를 요청함으로써 이루어지는 장학

(4) 확인장학: 미흡한 사항의 보안 결과를 확인하는 형식의 장학지도

◇ 교육장학(중앙장학): 교육부 내에서 이루어지는 모든 장학행정을 말한다.

◇ 학무장학(지방장학): 시, 도 교육청과 그 하급 교육행정기관에서 이루어지는 장학행정을 말한다.

◇ 교내장학(교내 자율장학): 임상장학, 동료장학, 자기장학, 행정직 감독 등

◇ 수업장학: 교내장학과 임상장학과도 유사한 것으로 교사의 수업행동에 직접적으로 영향을 미쳐, 수업을 개선하는 활동이다.

◇ 임상장학

❶ Cogan에 의해 개발된 방법이며 Acheson에 의해 발전된 것으로 교

사와의 회의, 학급관찰, 평가회의의 3단계를 거치는 현장 방문중심의 장학방법이다. 이는 학급단위의 장학으로, 학급 내에서 교사와 학생의 상호작용에 초점을 둔 장학이다.

❷ 목표: 교사의 수업의 개선에 있다.

　※수업의 문제점을 진단하고 해결한다.

❸ 특징 :

- 상호작용적 민주적 교사중심적인 장학이다.
- 교사와 장학사 간의 쌍방적 동료적 관계이고, 친밀한 인간관계를 강조한다.
- 교사의 자발적인 노력을 강조하고, 수업분석에 중점을 둔 주로 언어적 상호작용과정이다.

◇ **동료장학: 상호 간에 수업을 관찰하고, 분석하여 피드백하고, 공통적인 관심사에 대하여 토의하는 방법이다. 특징으로 수업개선의 효과, 자유로운 의사교환과 피드백 가능, 동료 간의 유대 강화, 교사들이 이용하기 편리하다.**

◇ **자기장학**(자율 장학)**: 외부의 지도에 의해서보다는 교사 자신이 전문적 성장을 위해 스스로 계획을 세우고 실천해 나가는 자율장학이다.**

◇ **인간자원 장학: 교사가 학교의 의사결정에 참여하여 직무만족을 갖게 하는 것을 목적으로 하는 장학**

◇ **선택적 장학**

❶ 교사와 교장이 필요한 사정에 의하여 교사에게 맞는 것을 합의 선택하여 적용하는 장학, 즉 절충적 장학이다.

❷ 교사의 희망에 따르지만 적절한 대상의 선정 기준은 다음과 같다.

- 임상장학(10%): 초임교사
- 동료장학(20%): 높은 동료의식을 가진 경험 있고, 유능한 교사

- 자기장학(10%): 경험 있고 유능한 교사
- 전통적 장학(60%): 모든 교사 또는 위의 3개를 선택하지 않는 교사(모든 단계의 교사)

◇ **발전장학: 교사의 발전정도와 장학방법에 맞게 장학하여, 교사의 발전 수준을 높인다는 원리에 근거하고 있다.**

❶ **책임장학:** 교사가 무엇을 하느냐에 관심을 갖는 것이 아니라, 학생이 무엇을 배우느냐에 관심을 갖는 장학으로, 장학사는 주로 학생이 의도한 목적을 달성하였는지 알아보기 위한 관찰을 한다.

❷ **지구자율장학:** 지구별 장학협력회 간사학교가 중심이 되어 회원교가 상호방문을 통해 교육연구, 생활지도 및 특색사업을 공개적으로 협의하는 장학이다.

❸ **전통적 장학:** 학교장이나 교감이 잠깐(5~10분) 비공식적으로 교실에 들러서 수업을 관찰하는 방법을 말한다.

구분	임상장학	동료장학	자기(자율)장학	약식장학	자체연수
개념	·학급 내에서 교사와 학생의 상호작용에 초점을 두는 장학 (상호작용적, 민주적, 교사중심적인 장학) ·학급단위의 장학	동료교사들 간에 그들의 교육활동의 개선을 위하여 공동으로 노력하는 과정	교사 개인이 자신 발달을 위하여 스스로 체계적인 계획을 세우고 이를 실천하는 과정, 내적 보상이 크다	교장, 교감이 짧은 시간 동안 수업참관을 통하여 교사들의 수업을 관찰하고 이에 대해 교사들에게 지도하는 과정	단위학교 자체에서 실시하는 연수활동
주장학 담당자	교장, 교감(외부장학 요원, 전문가 포함)	동료교사	교사 개인	교장, 교감	전체교직원
형태	· 마이크로 티칭 · 수업연구	동료 간 수업 연구	자기 수업 반성	학습순시, 수업참관	각종 교내연수 등

대상	초임교사, 수업기술 향상 필요성을 느끼는 교사	전체 교사, 협동으로 일하기를 원하는 교사	전체 교사, 자기분석, 자기지도의 기술을 갖고 있는 교사	전체 교사	전체 교직원
공식성	공식적	공식적+ 비공식적	비공식적	비공식적	공식적

※ **마이크로 티칭:**

교사가 수업한 것을 필름으로 영상화하여 장학담당자와 필름을 보면서 피드백을 받는 것으로 교사의 실제적 수업을 기술·분석하기에 용이한 장학방법

3. 장학지도의 기능과 원리

1) 장학의 기능
- 전문적 성장을 돕는 일
- 교육과정 운영의 개선
- 교수–학습 지도 개선
- 교육 환경과 관리 개선을 돕는 일

2) 장학의 원리(W.T.Melchor)
- 태도의 원리: 장학지도자가 장학지도에 올바르고 건설적이고 진취적인 태도를 가져야 한다는 것
- 창조의 원리: 교사들이 효과적인 지도안과 기술을 발견할 수 있도록

격려하고, 답습적인 것을 개선하고 새로운 것을 창조하도록 하려는 원리

- 협력의 원리: 민주주의 기본 이념에 의한 교육이 다양한 협동과정으로 이루어진 것임을 존중하여야 한다는 원리
- 과학성의 원리: 문제의 파악, 자료의 수집과 분석·해결 방안 모색 등은 과학적인 방법에 의하여야 한다는 원리
- 효과의 원리: 태도·창조성·협동성·과학성 등을 토대로 수행될 때 효과를 기대할 수 있고 교육의 발전을 기할 수 있다는 원리

3) 장학의 기술

- 지도성의 기술: 집단 속에서 일하는 지도형(민주형)이 바람직
- 인간관계의 기술: 자기개선을 통한 자기 확립과 타인의 가치에 대한 신임, 타인의 욕구 존중으로 형성
- 집단과정의 기술: 집단구성원의 공동관심사를 확인하고 탐구하며 해결하려고 노력하는 민주적인 절차로 공동의 목표 의식과 가치관을 발전시켜 집단의 융화와 단결을 강조하고 사기를 앙양시킴으로써 집단의 효과성을 높이고자 하는 것
- 인사관리의 기술: 민주적 집단분위기 조성, 민주적 의사소통기술 발휘, 교사의 능력을 발전시킬 것
- 평가의 기술: 자신들의 직능을 높이고 효과적인 교수 능력 및 성적을 올리는 데 필요한 기초 제공

4) 장학담당자의 자질

- 인성적 자질: 존경과 신뢰를 얻는 능력, 감수성, 정열, 문제대처력, 창의성, 유머, 성실성, 풍부한 자원

- 전문적 자질: 폭넓은 교양 교육, 교육과정 역할에 대한 명확한 인식, 학습 자료와 교수 방법에 대한 지식, 생산적인 교수–학습 요소를 평가하고 해석할 수 있는 능력, 실험과 연구에 관한 숙달, 전문성 신장을 계속할 의욕과 능력, 평가 능력 등
- 장학지도 기술: 전문적인 지도성 기술 등

4. 장학의 문제점 및 개선방향

1) 장학의 문제점

- 장학담당자의 수가 매우 모자람
- 장학담당자의 비전문적 업무가 과다하게 부과되고 있음
- 장학 지도 방법에 아직도 전근대적인 방법 사용
- 장학에 대한 재정적 지원이 미흡
- 장학지도는 학교의 특수성을 고려하지 못하고 있음
- 장학행정 및 장학 활동에는 그 방침의 일관성이 결여됨
- 교사들은 장학에 대한 부정적인 시각을 가지고 있음

2) 장학의 개선 방향

◇ 장학의 민주화를 위해서
- 장학지도자의 장학관이 긍정적이어야
- 장학행정의 권한 배분을 행정 계층 조직에 따라 적정화해야
- 장학지도자와 교사들 간의 상호협조적인 수업 개선의 장을 마련해야

◇ 장학의 전문화를 위해서
- 장학행정조직의 단계별·수준별 전문화가 선행되어야

- 장학지도자의 양성을 위한 프로그램 개발과 함께 직전교육과 현직 교육 체제를 강화해야
- 장학직과 교육전문직에 대한 자격 기준과 임용 제도가 개선되어야
- 장학에 대한 평가 제도를 확립해야
- 장학지도자의 처우 개선과 신분 보장
- 장학보조원 수를 늘려야
- 지역에 맞는 장학 프로그램을 마련하여야

◇ **장학의 자율화를 위해서**

- 장학 과제에 대한 민주적인 의사결정과 권한의 적절한 업무 분담을 통하여 장학 행정의 민주화·분권화가 이루어져야
- 전문적 지식과 기술을 갖춘 장학담당자에 의해 장학 활동이 수행되어야
- 학교장을 중심으로 한 교내자율장학이 장려되어야

문제 1   다른 직업과 비교해 교직의 특성과 가장 거리가 먼 것은 무엇인가?

① 교직은 비교적 미성숙한 자를 대상으로 하는 직업이다.

② 교직은 교육자이기에 앞서 생계수단을 위한 직업이다.

③ 교직은 인간을 대상으로 하는 직업이다.

④ 교직은 사회의 발전에 대하여 관심을 가져야 하는 직업이다.

정 답   ②

해 설   교직은 물론 직업으로서 물질적 보수를 받아야 하는 것이지만, 다른 직업과
달리 소명을 필요로 하는 직업이다.

문제 2   다음에서 교사의 역할이 아닌 것은?

① 사회 대표자로서의 교사   ② 지식자원으로서의 교사

③ 결정자로서의 교사   ④ 자아 옹호자로서의 교사

정 답   ③

해 설   교육이란 미성숙한 학생이 스스로 자신의 문제를 해결해 나갈 수 있도록
돕는 것이며, 교사는 학생의 올바른 결정을 돕는 일을 하는 사람이지 결정
하는 사람이 아니다.

문제 3   다음의 설명 중에서 옳지 않은 것은 무엇인가?

① 권위주의는 맹목적인 복종을 요구한다.

② 권리상의 권위는 제도화된 권위, 즉 직위가 주는 권위를 의미한다.

③ 사실상의 권위는 타인의 동의를 실제로 얻어내는 능력이다.

④ 교사는 사실상의 권위를 권리상의 권위로 전환시켜야 한다.

정 답   ④

해 설   교사는 교실에서 제도화된 권위, 즉 직위가 주는 권위인 권리상의 권위로
교수-학습을 시작하지만 학생들이 자발적으로 따르는 사실상의 권위를
획득해야 한다.

1. '교육의 질은 교사의 질을 능가할 수 없다.'는 말이 뜻하듯이, 교육에 있어서 교사의 역할은 매우 중요하다.

2. 교사라는 직업은 '사람이 보수를 받기 위해 정해 놓고 종사하는 일'(occupation)이면서, 정열과 성의, 헌신이 필요한 '소명(召命)'(vocation)의 측면도 가지고 있다.

3. 교직의 특성은 다음과 같다.

   ① 교직의 대상은 인간이다.

   ② 교직은 인간의 정신생활을 대상으로 하는 직업이다.

   ③ 교직은 비교적 미성숙한 자를 대상으로 하는 직업이다.

   ④ 교직은 그 대상인 아동의 성장에 대한 관심과 아울러 그들이 장차 구성원이 될 사회의 발전에 대하여 관심을 가져야 하는 직업이다.

   ⑤ 교사는 물질적 보수보다는 타인을 위한 봉사를 중요시해야 한다.

   ⑥ 교직은 사회발전에 있어서 중대한 역할을 담당해야 하는 직업이다.

4. 리들(E. Reedle)과 바텐버그(W. Wattenberg)가 제시한 교사의 역할은 다음과 같다.

   ① 사회 대표자로서의 교사

   ② 평가자로서의 교사

   ③ 지식자원으로서의 교사

   ④ 학습과정의 조력자로서의 교사

   ⑤ 판단자로서의 교사

   ⑥ 훈육자로서의 교사

   ⑦ 동일시 대상으로서의 교사

   ⑧ 불안 제거자로서의 교사

   ⑨ 자아 옹호자로서의 교사

   ⑩ 집단 지도자로서의 교사

   ⑪ 부모 대행인으로서 교사

   ⑫ 적대감정의 표적으로서의 교사

   ⑬ 친구로서의 교사

   ⑭ 애정 상대자로서의 교사

5. 교사가 갖추어야 할 능력과 자질은 다음과 같다

① 교과내용에 대한 지식

② 교수방법적 기술

③ 인성

④ 아동·학생에 대한 이해

6. 바람직한 교사상

1) 편견으로부터 탈피하는 교사

2) 공감의 태도를 지닌 교사

3) 믿음을 주는 교사

4) 질책과 칭찬의 균형을 견지하는 교사

5) 좋은 인간관계를 맺는 교사

6) 꿈을 심어주는 열정이 있는 교사

7) 생각하는 힘을 길러주는 교사

명언 한마디

뛰어난 사람은 두 가지 교육을 받고 있다. 그 하나는 교사로부터 받는 교육이요,
다른 하나는 자기 자신으로부터 받는 것이다.   - 탈무드 -

오늘의 교훈

교육에 임하는 사람은
언제나 **"교육자는 무엇을 고민해야 할 것인가?"**
라는 물음에 답하려는 노력을 해야 할 것입니다.
감사합니다.

참고문헌

김원경(2021), 최신 특수 교육학개론, 양성원.

박선영(2015), 교육학개론, 박영스토리.

성태제 외 11인(2018), 최신 교육학개론, 학지사.

이선화(2021), 교육학(상하), 미래가치.

이지혜(2021), 파워특강 교육학개론, 서원각.

전태련·박지영(2019), 함께하는 교육학(上下), 캠버스.

정미경(2021), 교육학개론, 공동체.

조화섭(2013), 교육학(New Mind Map 上,下), 현대고시사.

동아출판사 편집부(2018), 동아 새국어사전, 동아출판사.

한정선(2004), 교육공학 인포맵을 통해 찾아 본 뿌리와 줄기, 교육과학사.

김성제(2021), 그대는 남을 위해 죽을 수도 있는가, 지우북스.

최신기출문제

2021년도 국가공무원 7급공채 시험

교 육 학

문 1. 매슬로우(Maslow)의 욕구위계이론상 욕구를 결핍 욕구와 성장 욕구로 구분할 때, 성장 욕구에 해당하는 것은?
① 안전의 욕구
② 소속과 애정의 욕구
③ 자존의 욕구
④ 자아실현의 욕구

문 2. 정보처리이론에서 장기기억에 해당하지 않는 것은?
① 감각기억
② 의미기억
③ 일화기억
④ 절차기억

문 3. 다음에 해당하는 이론은?

○ 특정한 행동을 관찰하고 흉내내는 모델링
○ 타인의 행동을 관찰함으로써 학습이 되는 대리학습
○ 타인의 행동을 관찰하고 유사한 행동을 하는 관찰학습

① 톨만(Tolman)의 잠재학습
② 반두라(Bandura)의 사회인지학습이론
③ 쾰러(Köhler)의 통찰학습
④ 브루너(Bruner)의 발견학습

문 4. 다음에 해당하는 신뢰도는?

○ 같은 집단에 특성이 비슷한 두 개의 검사를 각각 실시하고 두 검사점수 간의 상관계수를 산출하여 신뢰도를 구한다.
○ 기억효과와 연습효과가 감소된다.

① 검사-재검사 신뢰도
② 동형검사 신뢰도
③ 반분 신뢰도
④ 문항내적 일관성 신뢰도

문 5. 다음에 해당하는 학자는?

○ 기존의 교육을 은행예금식 교육으로 비유하면서, 기존의 교육이 피억압자들을 수동적으로 만들고 비인간화한다고 비판한다.
○ 대화의 교육방식을 통해 불평등한 사회구조를 타파하고 인간해방을 지향하는 문제제기식 교육을 할 것을 주장한다.

① 지루(Giroux)
② 프레이리(Freire)
③ 애플(Apple)
④ 잭슨(Jackson)

문 6. 에릭슨(Erikson)의 심리사회적 발달이론에서 (가) ~ (라)에 들어갈 발달단계를 A ~ D와 바르게 연결한 것은?

신뢰감 대 불신감 - (가) - (나) - 근면성 대 열등감
- (다) - (라) - 생산성 대 침체감 - 통합성 대 절망감

A. 자율성 대 수치심과 회의
B. 주도성 대 죄책감
C. 정체성 대 역할혼미
D. 친밀감 대 고립감

	(가)	(나)	(다)	(라)
①	A	B	C	D
②	A	B	D	C
③	B	A	C	D
④	B	A	D	C

문 7. 타일러(Tyler)가 제시한 학습경험 선정의 일반적 원리에 해당하지 않는 것은?
① 다성과의 원리
② 가능성의 원리
③ 통합성의 원리
④ 만족의 원리

문 8. 라이겔루스(Reigeluth)의 교수설계이론에서 제시한 교수방법의 세 가지 전략에 해당하지 않는 것은?
① 조직전략
② 전달전략
③ 평가전략
④ 관리전략

문 9. 위긴스(Wiggins)와 맥타이(McTighe)가 제시한 이해중심교육과정 (백워드 설계)의 세 가지 설계 단계에 해당하지 않는 것은?
① 학습자의 요구와 상황 분석하기
② 바라는 결과 확인하기
③ 학습경험 계획하기
④ 수용 가능한 증거 결정하기

문 10. 「2015 개정 교육과정」 총론에서 제시한 학교 급별 교육과정 편성·운영의 기준에 해당하지 않는 것은?
① 학년 간 상호 연계와 협력을 통해 학교 교육과정을 유연하게 편성·운영할 수 있도록 학년군을 설정한다.
② 학습 부담을 적정화하고 의미 있는 학습 활동이 이루어질 수 있도록 학기당 이수 교과목 수를 조정하여 집중이수를 실시할 수 있다.
③ 학교 교육과정을 편성·운영할 때 교원의 요구, 학생의 요구, 학부모의 요구, 지역사회의 요구 등을 반영하도록 노력한다.
④ 초등학교 1학년부터 중학교 3학년까지의 공통 교육과정과 고등학교 1학년부터 3학년까지의 선택 중심 교육과정으로 편성·운영한다.

문 11. 다음에 해당하는 서양 근대의 교육사조는?

○ 교육은 합리적인 자연의 원리에 합당해야 한다는 교육 방법의 원칙을 채택한다.
○ 교육의 목표를 사회적 분업에 따른 유용한 인간을 양성하는 데 둔다.

① 계몽주의
② 국가주의
③ 인문주의
④ 신인문주의

문 12. 조선시대 과거제도에 대한 설명으로 옳지 않은 것은?
① 크게 문과, 무과, 잡과의 세 종류로 나뉜다.
② 3년에 한 번, 식년(式年)에 실시하는 것을 원칙으로 한다.
③ 잡과의 시험은 초시, 복시, 전시의 3단계로 처러진다.
④ 생원시와 진사시의 합격자에게는 성균관에 입학하여 수학할 수 있는 자격이 주어진다.

문 13. 종교개혁이 서양 근대교육에 미친 영향으로 옳은 것은?
① 교육의 구심점이 국가에서 교회로 이동하였다.
② 성서 중심 교육이 중시되어 교육의 종교화를 초래하였다.
③ 아동의 발달단계에 따른 교육을 강조하는 계기가 되었다.
④ 라틴어 대신에 모국어가 성경과 교육의 언어로 사용되면서 교육의 보편화에 기여하였다.

문 14. 교육행정의 원리 중 지방분권과 중앙집권의 적정한 균형을 유지하려는 것과 가장 관계가 깊은 원리는?
① 민주성의 원리
② 적도집권의 원리
③ 자주성의 원리
④ 합법성의 원리

문 15. 20세기 교육행정 이론의 핵심 주장을 등장 시기순으로 바르게 나열한 것은?

(가) 학생의 표준화, 교수방법의 표준화, 교사의 자격 강화 및 훈련의 과학화
(나) 동기유발, 정확하고 신속한 의사소통, 민주적인 권력구조, 고도로 앙양된 사기
(다) 학교조직 목적의 불분명함, 교사·행정가·장학 요원이 사용하는 기술의 불명확성, 참여자의 유동성

① (가) → (나) → (다)
② (가) → (다) → (나)
③ (나) → (가) → (다)
④ (다) → (가) → (나)

문 16. 피아제(Piaget)의 인지발달 단계에서 구체적 조작기에 대한 설명으로 옳은 것만을 모두 고르면?

ㄱ. 가설연역적 사고가 가능하다.
ㄴ. 서열화와 분류가 가능하다.
ㄷ. 상징을 형성하고 사용하는 능력이 발달하기 시작한다.
ㄹ. 가역적 사고가 가능하다.

① ㄱ, ㄷ
② ㄱ, ㄹ
③ ㄴ, ㄷ
④ ㄴ, ㄹ

문 17. 교육이론을 기능주의 이론과 갈등주의 이론으로 구분할 때, 기능주의 이론에 해당하는 것은?
① 인간자본론
② 재생산이론
③ 종속이론
④ 저항이론

문 18. 보빗(Bobbitt)의 교육과정이론에 대한 설명으로 옳지 않은 것은?
① 교육에 과학적 관리기법을 적용하였다.
② 원만한 성인생활을 영위하는 데 필요한 준비로서의 교육을 주장하였다.
③ 직무분석을 통한 교육과정 개발을 주장하였다.
④ 아동의 흥미와 요구를 중심으로 교육과정을 구성할 것을 주장하였다.

문 19. 20세기 미국의 재건주의 교육의 기본 원리에 해당하지 않는 것은?
① 교육에서는 개인의 자유가 존중되어야 하며, 교육의 목표는 개인적 자아실현의 추구이어야 한다.
② 교육은 문화의 기본적 가치 실현을 위한 새로운 사회질서 창조에 기여해야 한다.
③ 교육의 목적과 방법은 행동과학의 연구성과에 의해 혁신되어야 한다.
④ 교사는 새로운 사회건설의 긴급성과 타당성을 학습자들에게 교육해야 한다.

문 20. 호이(Hoy)와 미스켈(Miskel)의 학교조직에 대한 관점에 해당하지 않는 것은?
① 학교는 하나의 개방된 사회체제이다.
② 학교에서는 환경의 영향을 받으며 각종 투입이 이루어지고, 몇 가지 하위체제를 통해 전환이 일어난다.
③ 학교의 하위체제로는 기획·조직·명령·조정·통제 체제가 있다.
④ 학교의 산출로는 성취, 직무 만족, 출석(결석률), 중도탈락 등이 있다.

문 21. 초·중등교육법령상 학교운영위원회의 구성 및 운영에 대한
설명으로 옳은 것만을 모두 고르면?

> ㄱ. 국립·공립학교에 두는 학교운영위원회는 그 학교의
> 교원 대표, 학부모 대표 및 지역사회 인사로 구성한다.
> ㄴ. 국립·공립학교뿐만 아니라 사립학교도 학교운영위원회를
> 구성·운영하여야 한다.
> ㄷ. 국립·공립학교의 학교운영위원회는 학교 교육과정의
> 운영 방법 및 교과용 도서의 선정 등을 심의한다.
> ㄹ. 학생회는 법적 기구가 아니므로 학교운영위원회는 학생
> 대표 등을 회의에 참석하게 하여 의견을 들을 수 없다.

① ㄱ, ㄴ
② ㄱ, ㄹ
③ ㄱ, ㄴ, ㄷ
④ ㄴ, ㄷ, ㄹ

문 22. 노울즈(Knowles)가 강조하는 성인 학습자의 특징으로 옳지 않은
것은?
① 사회적으로 풍부한 경험을 바탕으로 학습한다.
② 아동·청소년과 달리 내적 동기만이 학습의 원동력이 된다.
③ 사회적 지위와 역할에 따라서 학습 준비도가 결정된다.
④ 아동기의 수동적·의존적 자아개념에서 점차 주도적·독립적
자아개념으로 변화한다.

문 23. 일리치(Illich)의 탈학교론에 대한 설명으로 옳은 것은?
① 1990년대 초 학교교육에 대한 비판과 함께 처음 등장하였다.
② 학습망(learning webs)을 통한 의무교육의 실현을 제안하였다.
③ 학교제도 자체의 폐지를 주장하지는 않았다.
④ 학습이 학교에 의해서만 이루어지는 것은 아니며, 학교가
반드시 학습의 증진을 가져다 주는 것도 아니라고 강조한다.

문 24. 서지오반니(Sergiovanni)가 제시한 문화적 지도성을 가진 지도자의
특징과 가장 관계가 깊은 것은?
① 학교 구성원의 기대와 동기를 지속적으로 자극하여 높은
수행과 발전을 유도한다.
② 학교로 하여금 독특한 정체성을 갖게 만드는 가치와 믿음,
관점을 창조하고 강화·유지하는 것을 중요시한다.
③ 미래 비전의 제시, 인상 관리, 자기희생 등을 통해 학교의
과업 수행과 관련된 구성원들의 강한 동기를 유발한다.
④ 학교 구성원 각자가 자율적으로 자신의 지도력을 발휘하여
조직의 생산성을 제고하는 방향으로 일하게 한다.

문 25. 우리나라 근대 초등교육의 역사에 대한 설명으로 옳은 것은?
① 1895년에 한성사범학교가 설립되어 근대적인 초등교원을
양성하였다.
② 통감부 시기에 초등 교육기관의 명칭이 보통학교에서 소학교로
바뀌었다.
③ 제1차 조선교육령(1911년)에는 소학교와 보통학교의 수업연한
상의 차별이 없었다.
④ 제2차 조선교육령(1922년)에 의해 초등 교육기관의 명칭이
국민학교로 바뀌었다.

연번 8   **과목명** 교육학   **책형** 가

1번	4	6번	1	11번	1	16번	4	21번	3
2번	1	7번	3	12번	3	17번	1	22번	2
3번	2	8번	3	13번	4	18번	4	23번	4
4번	2	9번	1	14번	2	19번	1	24번	2
5번	2	10번	3	15번	1	20번	3	25번	1

교육학개론

문 1. 다음 설명에 해당하는 교내 자율장학의 형태는?

> ○ 교사들의 교수−학습 기술 향상을 위해 교장·교감이나 외부 장학요원, 전문가, 자원인사 등이 주도하는 개별적이고 체계적인 성격이 강한 조언 활동이다.
> ○ 주로 초임교사, 저경력교사 등을 대상으로 진행된다.
> ○ 구체적인 형태로는 임상장학, 마이크로티칭 등이 있다.

① 동료장학   ② 발달장학
③ 수업장학   ④ 자기장학

문 2. 경제협력개발기구(OECD)에 의하여 구상된 혁신적 교육프로그램으로, 사회에 진출한 사람들을 다시 정규교육 기관에 입학하게 하여 재학습의 기회를 주는 교육은?

① 계속교육   ② 생애교육
③ 성인교육   ④ 순환교육

문 3. (가), (나)에 들어갈 단어를 바르게 나열한 것은?

> (가) 은/는 사회화를 보편적 사회화와 특수 사회화로 구분하면서 도덕교육을 강조하였다. 그리고 사회의 동질성을 유지하기 위해 한 사회의 공통적인 감성과 신념, 집단의식을 새로운 세대에 내면화시키는 (나) 가 필요하다고 주장하였다.

	(가)	(나)
①	뒤르켐(Durkheim)	특수 사회화
②	뒤르켐(Durkheim)	보편적 사회화
③	파슨스(Parsons)	특수 사회화
④	파슨스(Parsons)	보편적 사회화

문 4. 교육행정의 원리에 대한 설명으로 옳지 않은 것은?

① 안정성의 원리는 교육정책을 일관되고 지속적으로 추진해야 한다는 것이다.
② 효율성의 원리는 교육에 투입되는 비용을 상대적으로 적게 하면서 교육목표를 달성하려는 것이다.
③ 자주성의 원리는 지역의 특수성과 다양성을 반영하여 주민의 적극적인 의사와 자발적인 참여를 강조하는 것이다.
④ 민주성의 원리는 이해당사자들의 의사를 적극적으로 반영하고 그들을 의사결정과정에 적절하게 참여시켜야 한다는 것이다.

문 5. 교사의 동기과정이론에 대한 설명으로 옳은 것은?

① 목표설정 이론은 직무에서 만족을 주는 요인과 불만족을 주는 요인을 독립된 별개의 차원으로 본다.
② 공정성 이론은 보상의 양뿐 아니라 그 보상이 공정하다고 지각하는 정도가 만족을 결정한다고 본다.
③ 기대 이론은 동기를 개인의 여러 가지 자발적인 행위 중에서 자신의 선택을 지배하는 과정으로 본다.
④ 성과−만족 이론은 자신이 투자한 투입 대 결과의 비율을 타인의 그것과 비교하여 공정성을 판단한다고 본다.

문 6. 문화실조론의 주장으로 옳지 않은 것은?

① 학생의 학습실패 중요 요인으로 학생의 문화적 경험 부족을 지목한다.
② 문화적 상대주의 관점이며, 학생 간의 교육격차가 문화적 결핍보다는 문화적 차이 때문이라고 본다.
③ 빈곤가정의 결핍된 문화적 환경을 보상하기 위한 프로그램 중 하나가 헤드스타트 프로그램이다.
④ 학교에서 학생들의 성공과 실패는 유전적으로 결정된 것이 아니라고 본다.

문 7. 「평생교육법」상 평생학습도시에 대한 설명으로 옳지 않은 것은?

① 평생학습도시의 지정 및 지원에 필요한 사항은 교육부장관이 정한다.
② 전국평생학습도시협의회의 구성 및 운영에 필요한 사항은 교육부령으로 정한다.
③ 평생학습도시 간의 연계·협력 및 정보교류의 증진을 위하여 전국평생학습도시협의회를 둘 수 있다.
④ 국가는 지역사회의 평생교육 활성화를 위하여 시·군 및 자치구를 대상으로 평생학습도시를 지정 및 지원할 수 있다.

문 8. 우리나라의 현행 지방교육자치제도에 대한 설명으로 옳은 것은?

① 부교육감은 대통령이 임명한다.
② 교육감의 임기는 4년이며 2기에 걸쳐 재임할 수 있다.
③ 지방교육자치제의 실시 단위는 시·군·구 기초자치단체를 단위로 한다.
④ 시·도 교육청에 교육위원회를 두고 교육의원은 주민이 직접 선거하여 선출한다.

문 9. 「2015 개정 교육과정」에 근거해 볼 때, (가)에 들어갈 말은?

> (가) 은/는 학생들이 교과를 통해 배워야 할 내용과 이를 통해 수업 후 할 수 있거나 할 수 있기를 기대하는 능력을 결합하여 나타낸 활동의 기준을 의미하며, 학생의 특성·학교 여건 등에 따라 교육과정 및 교과서 내용을 분석하여 교과협의회를 통해 재구조화할 수 있다.

① 성취기준
② 성취수준
③ 평가기준
④ 평가요소

문 10. 개화기에 설립된 우리나라 관립 신식학교에 해당하는 것만을 모두 고르면?

> ㄱ. 동문학
> ㄴ. 육영공원
> ㄷ. 연무공원

① ㄱ, ㄴ
② ㄱ, ㄷ
③ ㄴ, ㄷ
④ ㄱ, ㄴ, ㄷ

문 11. 포스트모더니즘의 특징으로 옳지 않은 것은?
① 다원주의를 표방한다.
② 반권위주의를 표방한다.
③ 반연대의식을 표방한다.
④ 반정초주의를 표방한다.

문 12. 렌줄리(Renzulli)가 제시한 영재성의 세 가지 요소에 해당하지 않는 것은?
① 높은 도덕성
② 높은 창의성
③ 높은 과제집착력
④ 평균 이상의 능력

문 13. 강화에 대한 설명으로 옳은 것만을 모두 고르면?

> ㄱ. 행동의 강도와 빈도를 높이는 데 있어 강화보다 벌이 더 효과적이다.
> ㄴ. 선호하지 않는 것을 제거함으로써 행동의 강도와 빈도를 높일 수 있다.
> ㄷ. 선호하는 것을 제공함으로써 행동의 강도와 빈도를 높일 수 있다.

① ㄱ, ㄴ
② ㄱ, ㄷ
③ ㄴ, ㄷ
④ ㄱ, ㄴ, ㄷ

문 14. 학습이론에 대한 설명으로 옳지 않은 것은?
① 형태주의 심리학에 따르면 학습은 계속적인 시행착오의 결과이다.
② 사회인지이론에 따르면 개인, 행동, 환경의 상호작용에 의해 학습이 이루어진다.
③ 행동주의 학습이론에 따르면 학습의 근본적인 원리는 자극과 반응 간의 연합이다.
④ 정보처리이론에 따르면 정보저장소는 감각기억, 작업기억, 장기기억의 세 가지로 구분된다.

문 15. 다음 설명에 해당하는 교수-학습 이론은?

> 전문가와 초심자 간의 특정한 관계 속에서 실제적 과제를 해결해 나가는 과정을 통하여 새로운 지식을 구성함으로써 개념을 발전시켜 나간다. 전문가는 초심자의 지식 구성과정을 도와주는 역할을 하며, 초심자는 전문가와의 토론이나 초심자 간의 토론을 통하여 사회적 학습행동을 습득하고 자신의 인지적 활동을 통제하면서 인지능력을 개발한다.

① 상황학습 이론
② 문제기반학습 이론
③ 인지적 융통성 이론
④ 인지적 도제학습 이론

문 16. 다음 설명에 해당하는 상담이론은?

> 이 상담이론에서는 인간이 통제력 또는 선택할 수 있는 능력을 갖고 있으므로, 궁극적으로 자기 삶에 책임을 가져야 한다고 주장한다. 상담의 목표는 내담자로 하여금 책임 있는 행동을 학습하여 성공정체감을 발달시키게 하는 것이다. 따라서 상담자는 내담자에게 '원하는 게 무엇인지를 확인한 후 지금부터 계획을 세우자'고 유도함으로써 내담자가 변명이나 구실을 찾지 못하게 하고 자신의 감정이나 행동에 책임을 지도록 도와준다.

① 인간중심 상담
② 정신분석적 상담
③ 행동주의 상담
④ 현실 요법

문 17. 준거참조평가의 특징으로 옳은 것만을 모두 고르면?

> ㄱ. 경쟁을 통한 학습자의 외적 동기 유발에 부족하다.
> ㄴ. 탐구정신 함양, 지적인 성취동기 자극 등을 장점으로 들 수 있다.
> ㄷ. 고등 정신능력의 함양보다는 암기 위주의 학습을 유도할 가능성이 있다.
> ㄹ. 일정 점수 이상을 획득한 대상에게 자격증을 부여할 때 주로 사용하는 평가이다.

① ㄴ, ㄷ
② ㄷ, ㄹ
③ ㄱ, ㄴ, ㄹ
④ ㄱ, ㄴ, ㄷ, ㄹ

문 18. 「2015 개정 교육과정」 총론에서 제시된 핵심역량에 해당하지 않는 것은?
① 세계시민 역량
② 자기관리 역량
③ 심미적 감성 역량
④ 창의적 사고 역량

문 19. 교육재정 제도와 정책에 대한 설명으로 옳지 않은 것은?
① 사립학교의 재원은 학생 등록금, 학교 법인으로부터의 전입금 두 가지로만 구성된다.
② 학부모 재원은 수업료, 입학금, 기성회비 혹은 학교 운영 지원비로 구분할 수 있다.
③ 국세교육세는 「교육세법」에 의하여 세원과 세율이 결정되고, 지방교육세는 「지방세법」에 의하여 세원과 세율이 결정된다.
④ 중앙정부가 부담하는 지방교육재정 교부금 재원은 교육세 세입액 중 일부와 내국세의 일정 비율에 해당하는 금액으로 구성된다.

문 20. 통일신라의 국학과 고려의 국자감에서 공통으로 필수 과목이었던 두 책은?
① 『논어』와 『맹자』
② 『논어』와 『효경』
③ 『소학』과 『가례』
④ 『소학』과 『대학』

2021년도 시·도교육청 지방공무원 9급 등
임용 필기시험 정답표(6월 5일 시행)

연번 5   **과목명** 교육학개론   **책형** Ⓐ

1번	3	6번	2	11번	3	16번	4
2번	4	7번	2	12번	1	17번	3
3번	2	8번	1	13번	3	18번	1
4번	3	9번	1	14번	1	19번	1
5번	3	10번	4	15번	4	20번	2

2020년도 제9회 소방안전교육사 자격시험

2020년도 제9회 소방안전교육사 1차 국가자격시험

교 시	문제형별	시험시간	시 험 과 목
1교시	**A**	**75분**	① 소방학개론 (1~25번) ② 구급 및 응급처치론 (26~50번) ③ 재난관리론 (51~75번) ④ 교육학개론 (76~100번)

수험번호		성 명	

【 수험자 유의사항 】

1. **시험 문제지 표지**와 시험 문제지 내 **문제형별**의 **동일 여부** 및 시험 문제지의 **총면수, 문제번호 일련순서, 인쇄상태** 등을 확인하시고, 문제지 표지에 수험번호와 성명을 기재하시기 바랍니다.

2. 답은 각 문제마다 요구하는 **가장 적합하거나 가까운 답 1개**만 선택하고, 답안카드 작성 시 시험문제지 **형별누락, 마킹착오**로 인한 불이익은 전적으로 **수험자에게 책임**이 있음을 알려 드립니다.

3. 답안카드는 국가전문자격 공통 표준형으로 문제번호가 1번부터 125번까지 인쇄되어 있습니다. 답안 마킹 시에는 반드시 **시험문제지의 문제번호와 동일한 번호**에 마킹하여야 합니다.

4. **감독위원의 지시에 불응하거나 시험시간 종료 후 답안카드를 제출하지 않을 경우 불이익이 발생할 수 있음을 알려 드립니다.**

5. 시험문제지는 시험 종료 후 가져가시기 바랍니다.

안내사항

1. 수험자는 **QR코드**를 통해 가답안을 확인하시기 바랍니다. (※ 사전 설문조사 필수)

2. 시험 합격자에게 **'합격축하 SMS(알림톡) 알림 서비스'**를 제공하고 있습니다.

▲ 가답안 확인

– 수험자 여러분의 합격을 기원합니다 –

HRDK 한국산업인력공단
Human Resources Development Service of Korea

76. 진보주의 교육에 관한 설명으로 옳은 것은?

① 생활 중심, 경험 중심 교육이다.

② 인간의 이성 계발을 목표로 한다.

③ 교사 중심이며, 교사는 모범 제공자이다.

④ 의식화 과정을 교육의 역할이라고 본다.

77. 교육의 3요소를 모두 고른 것은?

ㄱ. 교사	ㄴ. 학생	ㄷ. 학부모
ㄹ. 교육내용	ㅁ. 교육방법	ㅂ. 교육매체

① ㄱ, ㄴ, ㄷ   ② ㄱ, ㄴ, ㄹ   ③ ㄷ, ㅁ, ㅂ   ④ ㄹ, ㅁ, ㅂ

78. 다음 제시문에 해당하는 교육철학은?

> ○ 기존의 이성 혹은 합리성의 절대성을 거부하고, 감정과 정서를 중요시하여 정의 영역의 교육에 더 관심을 기울인다.
> ○ 지식은 사회적·시간적 맥락에 따라 달라지며, 다양한 형태의 작은 담론을 중시하는 다원주의를 표방한다.
> ○ 다양한 문화의 관점을 중시하고 사회의 이질성과 다원성을 인정하는 교육을 강조한다.

① 진보주의   ② 비판주의   ③ 구성주의   ④ 포스트모더니즘

79. 매슬로우(A. Maslow)의 욕구 위계에서 가장 높은 단계는?

① 심미적 욕구   ② 자아 존중의 욕구

③ 안전 욕구   ④ 자아실현의 욕구

80. 피아제(J. Piaget)의 인지발달단계에 관한 것으로 옳지 않은 것은?

① 전조작기에서는 의사, 슈퍼맨 등의 역할을 설정하여 가상의 이야기를 할 수 있다.

② 구체적 조작기에서는 가설을 세워 검증하는 가설 연역적 사고를 할 수 있다.

③ 감각운동기에서는 장난감을 보여주고 나서 숨기면 찾으려고 한다.

④ 형식적 조작기에서는 문제해결에 필요한 변인을 골라 체계적으로 조합, 구성할 수 있다.

81. 가드너(H. Gardner)가 제시한 8개의 다중지능 중 다음 제시문에 해당하는 것은?

> ○ 자기 자신을 이해하고, 느낄 수 있는 인지 능력
> ○ 자신이 누구인가 등 자기존재에 대한 이해 능력
> ○ 이 지능이 높은 사람은 자기존중감이 높고, 반성적 사고가 발달됨

① 언어지능　　　② 개인 내적 지능　③ 대인관계 지능　④ 자연지능

82. 에릭슨(E. Erikson)의 발달이론에 관한 설명으로 옳지 않은 것은?

① 인생의 각 단계에는 사회심리적 위기와 사회적 과업이 있다.

② 발달은 전 생애에 걸쳐서 이루어진다.

③ 성격의 구조를 본능, 자아, 초자아로 구분하여 제시한다.

④ 발달에서는 후천적, 사회문화적 인간관계가 중요하다.

83. 콜버그(L. Kohlberg)의 도덕성 발달이론에 관한 설명으로 옳지 않은 것은?

① 도덕성 발달을 전인습, 인습, 후인습 수준으로 분류하였다.

② 인습 수준의 사람은 법체계에 근거하여 도덕적 의사결정을 한다.

③ 후인습 수준의 사람은 대인관계 조화를 위해 도덕적 의사결정을 한다.

④ 6단계에 있는 사람은 보편적 원리에 의해 도덕적 의사결정을 한다.

84. 사회구성원들로 하여금 사회의 핵심적 가치, 규범, 태도를 습득하게 하여 사회의 안녕과 질서를 유지하게 하는 교육의 사회적 기능은?

① 문화 유산 전달 기능　　　　　② 사회 통제 및 통합 기능

③ 사회 개혁 기능　　　　　　　④ 사회 충원 기능

85. '학교 교육은 사회의 균형과 조화를 위한 수단이다'는 관점을 공유하지 않는 교육 사회학 이론은?

① 인간자본론　　② 기술기능주의론　③ 교육사회화론　　④ 문화재생산론

86. 교육사회학 이론에 관한 설명으로 옳지 않은 것은?

① 갈등이론에서는 자본주의 사회의 학교 교육을 계층 이동의 수단으로 본다.

② 기능이론에서는 체제 유지를 강조하는 보수주의적 입장을 지향한다.

③ 갈등이론에서는 갈등을 역사 발전과 사회 변동의 원동력으로 본다.

④ 기능이론에서는 사회화, 선발과 배치를 통해 사회가 유지·존속한다고 본다.

87. 교육적 평등관 중 교육적 능력주의로부터 비판을 받는 것은?

① 교육 기회의 허용적 평등   ② 교육 기회의 보장적 평등

③ 교육 결과의 평등   ④ 교육 조건의 평등

88. '안전한 생활' 단원을 도입한 교육과정은?

① 제1차 교육과정   ② 제3차 교육과정

③ 2009 개정 교육과정   ④ 2015 개정 교육과정

89. 학습 경험(내용 및 교과)들 간의 수평적 조직과 관련된 교육과정 조직 원리는?

① 통합성의 원리   ② 범위의 원리   ③ 계열성의 원리   ④ 계속성의 원리

90. 다음 진술과 관련이 있는 교육과정 이론은?

○ 지식의 상대성	○ 학습의 맥락성
○ 학생의 주체적 의미 형성	○ 과정 평가와 질적 평가

① 교과 중심 교육과정   ② 경험 중심 교육과정

③ 구성주의 교육과정   ④ 학문 중심 교육과정

91. 교육과정 재개념주의자에 관한 설명으로 옳지 않은 것은?

① 교육과정 개발보다 교육과정 이해에 관심을 둔다.

② 자연주의보다 합리주의적 탐구 방법을 강조한다.

③ 교육과정 이론 구성보다 실천에 관심을 둔다.

④ 이론을 통해 불확실성을 극복할 수 없다고 본다.

92. 우리나라 교육과정 개발 수준에 관한 설명으로 옳지 않은 것은?

① 국가 수준 교육과정은 초·중등 교육법에 의거하여 제정된 법규이다.

② 국가 수준 교육과정은 학교교육의 질관리를 위한 기준이 된다.

③ 지역 수준 교육과정은 국가 수준과 학교 수준 교육과정 사이의 교량적 역할을 한다.

④ 학교 수준 교육과정은 학교에서 교육하기 위해 만든 교육과정 문서이다.

93. 특정 학교에서 교수자가 수업매체를 선정할 때 고려해야 할 사항이 아닌 것은?

① 수업집단의 크기   ② 학습자의 학습양식

③ 학습자의 거주 지역   ④ 매체에 대한 교수자의 태도

94. 문제중심학습(Problem-Based Learning)에 관한 설명으로 옳은 것은?
① 학습과정에 대한 교수자의 적극적 참여가 필요하다.
② 개념이나 원리 학습 후, 이를 확인하기 위한 목적으로 수행한다.
③ 교수자가 제시하는 문제는 비구조적이어야 한다.
④ 학습자가 문제를 직접 만들어 해결하는 것이 바람직하다.

95. 메이거(R. Mager)가 제시한 수업목표 진술방법의 구성요소에 포함되지 않는 것은?
① 내용　　　　　　② 행동　　　　　　③ 조건　　　　　　④ 수락기준

96. 수업방법 중 강의법에 관한 설명으로 옳지 않은 것은?
① 교수자 역량에 대한 의존성이 크다.
② 적용 가능한 교과영역이 제한적이다.
③ 학습자의 감정 자극이나 동기화가 가능하다.
④ 학습분량, 시간 등에 대한 융통성 있는 조절이 가능하다.

97. A 초등학교에서는 학생들의 키, 몸무게, 정서 상태 등에 대한 정보를 확인한 다음 그 수치를 아동전문기관에 보내 학생들의 종합적 발달 상태를 확인하고자 한다. 관련 수치를 보내기 전 이 학교에서 이루어진 활동을 모두 고른 것은?

| ㄱ. 검사 | ㄴ. 측정 | ㄷ. 평가 | ㄹ. 결정 |

① ㄱ, ㄴ　　　　② ㄱ, ㄹ　　　　③ ㄴ, ㄷ　　　　④ ㄷ, ㄹ

98. 소방안전교육사 자격시험과 같이 특정 점수를 목표달성의 판단 근거로 정하는 평가 방식은?
① 규준지향평가　　② 준거지향평가　　③ 진단평가　　④ 형성평가

99. 수행평가에 관한 설명으로 옳지 않은 것은?
① 서술형 평가를 포함한다.　　　　　② 교수자의 전문적 판단이 중요하다.
③ 학습결과에 대한 평가를 반영한다.　④ 평가는 객관적 채점에 근거한다.

100. 다음 상황을 설명하는 점수유형은?

> ○ 철수는 기말고사에서 국어 과목의 점수가 80점, 수학 과목의 점수가 70점이 었지만, 국어 과목보다 수학 과목에서의 상대적 서열이 더 높았다.
> ○ 철수의 성적을 이해하기 위해서는 과목 내 상대적 서열에 대한 고려가 필요하다.

① 원점수　　　　② 평균점수　　　　③ 상관점수　　　　④ 표준점수

수험자 안내문

우리 공단은 수험자 여러분의 합격을 진심으로 기원하며, 다음과 같이 시험 관련 정보를 안내하고 있습니다.

첫째, 향후 시험일정을 알려드립니다.

☐ 제1차 시험 의견제시 및 가답안 공개 : '20. 7. 25.(토) 17:00 ~ 7. 31.(금) 18:00

☐ 제1차 시험 합격예정자 발표 : '20. 9. 16.(수) 09:00

☐ 제1차 시험 합격예정자 응시자격서류 제출 기간
  - '20. 9. 16.(수) 09:00 ~ 10. 12.(월) 18:00 [토·일·공휴일 제외]

☐ 제1차 시험 최종합격자 발표 : '20. 10. 21.(수) 09:00

☐ 제2차 시험 합격예정자 발표 : '20. 12. 16.(수) 09:00

☐ 제2차 시험 최종합격자 발표 : '20. 12. 30.(수) 09:00

○ Q-Net 소방안전교육사 홈페이지(60일간) 및 ARS 1666-0100 [4일간]

둘째, 국가전문자격시험 신분확인 및 전자(통신)기기 관리·운영 변경사항에 대해 안내해 드립니다. (2021. 1. 1. 이후 실시하는 시험부터 적용)

☐ 시험당일 인정 신분증을 지참하지 않은 경우 당해시험 정지(퇴실) 및 무효 처리

☐ 전자·통신기기(전자계산기 등 소지를 허용한 물품 제외)의 시험장 반입 원칙적 금지

☐ 소지품 정리시간(수험자교육 시 휴대폰 등 전자기기 지정장소 제출) 이후 시험 중 전자·통신기기 등 소지불가 물품을 소지·착용하고 있는 경우에는 당해시험 정지(퇴실) 및 무효(0점)처리

※ 자세한 사항은 Q-Net 공지사항을 참고하시기 바랍니다.

셋째, 기타 자격 관련 정보를 안내해 드립니다.

☐ 소관부처 : 소방청   ☐ 자격증 발급 : 소방청 119생활안전과

☐ 직업 및 취업정보 : 워크넷 www.work.go.kr

지진 발생 시 행동요령	화재 발생 시 행동요령	코로나 19 행동수칙
흔들림이 느껴지면 직원의 안내에 따라 책상 아래로 들어가 머리를 보호합니다.	화재 발생 시 수건이나 천 등으로 코와 입을 막으며 신속하게 대피합니다.	질병관리본부
흔들림이 멈추면 가방이나 소지품으로 머리를 보호하며 직원의 안내에 따라 대피합니다.	대피 시에는 최대한 몸을 낮춘 자세로 화재발생 지역 반대방향 비상구로 이동합니다.	
대피 시에는 물건이 떨어질 수 있으니 주의하면서 안전한 장소로 이동합니다.	대피 시에는 엘리베이터는 위험함으로 계단을 이용해야 합니다.	

안전문화 정착을 위해 항상 노력하겠습니다.

HRDK 한국산업인력공단
Human Resources Development Service of Korea

2020년도 제9회 소방안전교육사 1차 국가전문자격시험 최종 정답

1교시 A형   **과목명** 교육학개론

76번	1	81번	2	86번	1	91번	2	96번	2
77번	2	82번	3	87번	3	92번	1	97번	1
78번	4	83번	3	88번	4	93번	3	98번	2
79번	4	84번	2	89번	1	94번	3	99번	4
80번	2	85번	4	90번	3	95번	1	100번	4

소방안전교육사 자격시험의 응시자격 및 향후 전망

| 소방안전교육사 자격시험의 응시자격 및 향후 전망 |

■ **법적 근거: 소방기본법 제17조의2(소방안전교육사)**

① 소방청장은 제17조제2항에 따른 소방안전교육을 위하여 소방청장이 실시하는 시험에 합격한 사람에게 소방안전교육사 자격을 부여한다.

② 소방안전교육사는 소방안전교육의 기획·진행·분석·평가 및 교수업무를 수행한다.

③ 제1항에 따른 소방안전교육사 시험의 응시자격, 시험방법, 시험과목, 시험위원, 그 밖에 소방안전교육사 시험의 실시에 필요한 사항은 대통령령으로 정한다.

④ 제1항에 따른 소방안전교육사 시험에 응시하려는 사람은 대통령령으로 정하는 바에 따라 수수료를 내야 한다.

■ **소방안전교육사시험의 응시자격**

1. 소방공무원으로서 다음 각 목의 어느 하나에 해당하는 사람

　가. 소방공무원으로 3년 이상 근무한 경력이 있는 사람

　나. 중앙소방학교 또는 지방소방학교에서 2주 이상의 소방안전교육사 관련 전문교육과정을 이수한 사람

2.「초·중등교육법」제21조에 따라 교원의 자격을 취득한 사람

3.「유아교육법」제22조에 따라 교원의 자격을 취득한 사람

4.「영유아보육법」제21조에 따라 어린이집의 원장 또는 보육교사의 자격을 취득한 사람(보육교사 자격을 취득한 사람은 보육교사 자격을 취득한 후 3년 이상의 보육업무 경력이 있는 사람만 해당한다)

5. 다음 각 목의 어느 하나에 해당하는 기관에서 소방안전교육 관련 교

과목(응급구조학과, 교육학과 또는 제15조제2호에 따라 소방청장이 정하여 고시하는 소방 관련 학과에 개설된 전공과목을 말한다)을 총 6학점 이상 이수한 사람

　　가.「고등교육법」제2조제1호부터 제6호까지의 규정의 어느 하나에 해당하는 학교

　　나.「학점인정 등에 관한 법률」제3조에 따라 학습과정의 평가인정을 받은 교육훈련기관

6.「국가기술자격법」제2조제3호에 따른 국가기술자격의 직무분야 중 안전관리 분야(국가기술자격의 직무분야 및 국가기술자격의 종목 중 중직무분야의 안전관리를 말한다. 이하 같다)의 기술사 자격을 취득한 사람

7.「화재예방, 소방시설 설치·유지 및 안전관리에 관한 법률」제26조에 따른 소방시설관리사 자격을 취득한 사람

8.「국가기술자격법」제2조제3호에 따른 국가기술자격의 직무분야 중 안전관리 분야의 기사 자격을 취득한 후 안전관리 분야에 1년 이상 종사한 사람

9.「국가기술자격법」제2조제3호에 따른 국가기술자격의 직무분야 중 안전관리 분야의 산업기사 자격을 취득한 후 안전관리 분야에 3년 이상 종사한 사람

10.「의료법」제7조에 따라 간호사 면허를 취득한 후 간호업무 분야에 1년 이상 종사한 사람

11.「응급의료에 관한 법률」제36조제2항에 따라 1급 응급구조사 자격을 취득한 후 응급의료 업무 분야에 1년 이상 종사한 사람

12.「응급의료에 관한 법률」제36조제3항에 따라 2급 응급구조사 자격을 취득한 후 응급의료 업무 분야에 3년 이상 종사한 사람

13.「화재예방, 소방시설 설치·유지 및 안전관리에 관한 법률 시행령」

제23조 제1항 각 호의 어느 하나에 해당하는 사람

14. 「화재예방, 소방시설 설치·유지 및 안전관리에 관한 법률 시행령」 제23조제2항 각 호의 어느 하나에 해당하는 자격을 갖춘 후 소방안전관리대상물의 소방안전관리에 관한 실무경력이 1년 이상 있는 사람

15. 「화재예방, 소방시설 설치·유지 및 안전관리에 관한 법률 시행령」 제23조제3항 각 호의 어느 하나에 해당하는 자격을 갖춘 후 소방안전관리대상물의 소방안전관리에 관한 실무경력이 3년 이상 있는 사람

16. 「의용소방대 설치 및 운영에 관한 법률」 제3조에 따라 의용소방대원으로 임명된 후 5년 이상 의용소방대 활동을 한 경력이 있는 사람

17. 「국가기술자격법」 제2조제3호에 따른 국가기술자격의 직무분야 중 위험물 중직무분야의 기능장 자격을 취득한 사람

■ 소방안전교육사의 향후 배치기준

배치대상	배치기준(단위: 명)	비고
1. 소방청	2 이상	
2. 소방본부	2 이상	
3. 소방서	1 이상	
4. 한국소방안전원	본회: 2 이상시 도지부: 1 이상	
5. 한국소방산업기술원	2 이상	

나라의 미래는 교육에 달려 있습니다

권선복

| 도서출판 행복에너지 대표이사

한 나라를 책임지는 가장 큰 기둥 중 하나는 교육입니다. 교육이 없으면 인재도 없고 인재가 없으면 나라를 지탱하는 힘이 없을 것이기 때문입니다.

따라서 '교육자'에게는 막중한 임무가 주어져 있습니다. 각 학생의 자질과 개성을 눈여겨보며 그의 잠재력을 최대한 끌어내고 뛰어난 능력과 훌륭한 인격을 가진 개인을 육성하는 것이 교육자의 목표가 되어야 합니다. 그래서 그러한 개인을 육성하기 위한 '교육학'은 매우 중요하고 깊이 파고들어야 할 학문이라고 할 수 있을 것입니다.

이처럼 교육학이 지닌 중요성 때문에 오늘날까지 수많은 교육에 관한 이론이 생겨났고 발달되어 왔습니다. 본서는 그렇게 이어져 온 교육학에 관한 상세한 설명을 수록한 유용한 책입니다. 교육학을 공부하는 학생들에게 도움이 될 수 있도록 친절하게 이해를 돕고 있어 교육학에 처음 입문한 수험생들도 개념을 잡을 수 있고 핵심내용을 한눈에 알아볼 수 있습니다.

방대한 교육학을 공부하느라 힘든 수험생들을 위해 이토록 섬세하게 책을 집필하신 작가님들의 의지력이 대단합니다. 작가님들은 교육학을 전공하고 현재 대학교에서 교육학을 가르치는 강사 및 현직 교사들이십니다. 때문에 누구보다 이 분야에 대해서 박식하게 알고 계십니다. 교육행정직 객관식 시험, 교원임용고시, 소방안전교육사 등의 시험을 준비하는 수험생들을 위해 최적화된 수험서를 만들고 싶었다고 집필 의도를 밝히신 대로 책 전체가 꼼꼼하게 짜여 있습니다.

교육을 하는 교육자나, 교육을 받는 학생이나, 때로는 교육의 방식에 불만을 품을 수 있고 회의를 느낄 수도 있습니다. 그러한 장애물을 넘어서 포기하지 않고 끝까지 개인 대 개인으로 누구에게나 최상의, 적절한 교육을 베풀고 받는 것이 교육자로서의 의무이자 학생으로서의 권리일 것입니다.

부디 교육학을 배우는 모든 분들이 장래 훌륭한 교육자로서, 본인 스스로 한 나라의 인재이자, 동시에 또 다른 인재를 길러내는 숭고한 임무를 무사히 수행하시기를 바라겠습니다. 스스로에게 자부심을 느끼시고 여러분이 맡은 고귀한 임무를 자랑스럽게 여기시길 바랍니다.

부디 이 땅의 모든 교육자와 학생들이 자신의 적성과 천성을 깨달아 모두 행복하고 보람찬 삶을 살아가 그 건강한 토대가 대한민국에 우뚝 서기를 바랍니다.

올 여름, 뜨거운 열정이 불타듯 더운 여름날 본서가 시원한 청량제 역할을 하길 바라며 기쁜 마음으로 본서를 세상에 내놓습니다. 가르치고 배우는 자 모두가 행복한 삶 영위하시길 바랍니다.

모두 하루하루 충만하십시오!

감사합니다.